논리적 사고를 기르는
알고리즘 수업

Algorithmic Problem Solving

논리적 사고를 기르는 알고리즘 수업
알고리즘보다 먼저 공부하는 알고리즘 사고 방식

초판 1쇄 발행 2024년 1월 31일 **2쇄 발행** 2024년 2월 29일 **지은이** 롤랜드 백하우스 **옮긴이** 김준원, 윤교준 **펴낸이** 한기성 **펴낸곳** (주)도서출판인사이트 **편집** 나수지 **영업마케팅** 김진불 **제작·관리** 이유현 **용지** 월드페이퍼 **출력·인쇄** 예림인쇄 **제본** 예림원색 **등록번호** 제2002-000049호 **등록일자** 2002년 2월 19일 **주소** 서울특별시 마포구 연남로5길 19-5 **전화** 02-322-5143 **팩스** 02-3143-5579 **이메일** insight@insightbook.co.kr **ISBN** 978-89-6626-424-7 책값은 뒤표지에 있습니다. 잘못 만들어진 책은 바꾸어 드립니다. 이 책의 정오표는 https://blog.insightbook.co.kr에서 확인하실 수 있습니다.

프로그래밍인사이트

논리적 사고를 기르는
알고리즘 수업

롤랜드 백하우스 지음 | 김준원·윤교준 옮김

인사이트

차례

1부 알고리즘 문제 해결   1

1장 들어가며   3

2장 불변량   9

8장　하노이의 탑　159

9장　알고리즘 설계의 원칙　171

10장　다리 건너기 문제　197

13장 불리언 대수 **289**

14장 한정 기호 **307**

15장 정수론의 요소들 **333**

16장 관계, 그래프, 경로 대수   **351**

옮긴이의 말

《논리적 사고를 기르는 알고리즘 수업》은 노팅엄 대학교의 강의를 기반으로 하며, 알고리즘 설계와 관련된 문제 해결 기술에 중점을 두고 있습니다. 이 책의 전반부 (~11장)는 실제 문제를 해결하는 과정에서 이론을 전달해, 자연스럽게 문제 해결에 필요한 논리적 사고를 기르고 알고리즘적 접근법을 익힐 수 있도록 구성되어 있습니다. 후반부(12장~)에서는 수학의 언어를 이용해, 알고리즘을 공부하는 데 필요한 기호논리와 수리논리를 다룹니다.

이 책의 내용과 구조는 컴퓨터 과학의 거장 에츠허르 데이크스트라의 철학으로부터 큰 영향을 받았습니다. 저자 롤랜드 백하우스는 전통적인 수학적 관행에 도전하며, 독특한 표기법과 방법론을 채택하여 이 철학을 깊이 있게 전달합니다. 역자로서 이러한 저자의 시도를 존중하여, 이 책을 한국어로 옮길 때 그의 철학을 최대한 명확하고 이해하기 쉽게 전달하고자 노력했습니다. 표기법은 독특하지만, 철학이 담겨 있습니다. '이걸 이런 방법으로도 표기할 수 있구나!' 하는 열린 마음으로 읽어 주세요.

이 책은 다른 알고리즘 책과 꽤 다릅니다. 프로그래밍 언어로 작성된 코드가 한 줄도 등장하지 않습니다. 하물며, 알고리즘 문제를 푸는 데 사용하는 여러 방법론조차 구체적으로 설명하는 일이 없습니다. 이 책에서 시종일관 강조하는 것은 불변량, 귀납법 등 알고리즘 문제 풀이를 관통하는 사고 방식입니다. 사람들에게 알고리즘 문제 풀이를 가르칠 때, "문제는 많이 풀어 봤는데, 비슷한 다른 문제들을 보면 전혀 감이 잡히지 않는다."라는 고민을 자주 듣습니다. 문제를 풀거나, 풀이를 알게 된 다음에는, 다시 생각해 보면서 문제에서 풀이로 향하는 '논리적 사고'를 구조화해야 합니다. 단순히 하나의 사례일 뿐인 특정한 문제의 풀이를 외우는 것으로 끝난다면, 홀로 남겨진 지식이 될 뿐입니다.

저자는 이 책에서 '논리적 사고'를 기르기 위한 각종 도구를 알려 주기 위해 다분히 노력하고 있습니다. 추상적이고 뜬구름 잡는 이야기라고 생각될지라도 저자의 의도를 따라간다면 분명히 알고리즘 문제 해결의 깊은 철학을 얻어 갈 수 있을 것이라 믿습니다. 흔히 알고리즘을 단순히 암기해야 할 학문으로 보고, 문제 해결 능력은 타고난 재능이라고 여깁니다. 이 책을 통해 이러한 오해를 바로잡고, 알고리즘 문제 해결의 본질을 이해함으로써 더 큰 성장을 이루기를 희망합니다.

저희는 수년간 알고리즘 대회를 준비하고 공부하며, 관련된 일에 종사해 왔습니다. 그러기에 저자가 강조하는 문제 해결 능력의 중요성에 깊이 공감하고 있습니다. 이 책이 여러분에게 알고리즘 문제 해결의 깊은 철학을 전달하고, 학문적 여정에 도움이 되기를 바랍니다. 부족한 저희에게 번역을 제안해 주시고, 부끄러운 초벌 번역 안을 출판할 수 있을 정도로 다듬고 편집, 조판해 주신 인사이트 출판사에 감사드립니다. 여러분도 이 책을 읽으며 문제 해결의 즐거움을 경험해 보세요!

김준원, 윤교준

머리말

현대의 발전된 세상에서 우리의 생활 방식과 생계, 심지어 삶 자체는 50년 전에는 상상하기 어려웠을 정도로 컴퓨터 기술에 크게 의존하게 되었다. 그리고 이러한 발전의 근간은 우리의 문제 해결 능력의 본질적인 변화에 있다. 많은 경우, 고난도 문제의 해결책은 컴퓨터라는 어리석은 기계에서 실행될 프로그램으로 구현되어야 한다. 해결하려는 문제의 크기와 복잡성뿐만 아니라, 해결책을 공식화하는 데 요구되는 정밀도와 정확성에도 혁명적인 변화가 일어났다. 알고리즘 문제 해결은 우리가 직면한 새로운 도전에 대처하기 위해 필요한 기술에 관한 것이다.

이 책은 2003년 9월, 노팅엄 대학교에서 처음 도입한 1학년 1학기 교과목을 기반으로 한다. 처음에는 선택 과목이었지만, 2006년에는 모든 1학년 컴퓨터 과학 및 소프트웨어 공학 학생들의 필수 수강 과목이 되었으며, 이는 지금까지도 유지되고 있다.[1] 중국과 말레이시아, 영국에 있는 대학 캠퍼스 세 곳에서 이 교과목을 채택했다.

이 책의 목표는 좋은 문제 해결 기술을 심어 주는 것이며, 특히 알고리즘 설계가 필요한 문제를 다루는 기술을 강조한다. 접근 방식은 문제 중심적이다. 이 책의 주요 부분인 1부는 알고리즘 문제 해결의 원칙을 체계적으로 소개하는 여러 예제로 구성되어 있다. 문제 중심적인 접근법은 학생들의 도전 성향을 자연스럽게 자극할 수 있기에 매우 중요하다. 그러나 이론 없는 예제는 무의미하므로 2부는 예제를 뒷받침하는 수학에 관하여 다루었다. 본문에 등장하는 상자는 특정 예제와 관련된 수학 지식을 알려 준다.

이 책에서 사용하는 표현 방식은 여러 측면에서 전통적인 수학적 관행에서 벗어나 있다. 일례로, 불리언 대수와 논리를 다루는 방법은 표준적이지 않고, 사용하는 표기법 또한 그러하다. 그러나 이러한 이탈은 적어도 20년 동안 잘 이해되어 온 알

---

1 (편집자) 이 과목은 2013년에 그가 은퇴하면서 폐강되었다.

고리즘 문제 해결의 발전에 기반하고 있다. (수학 발전에서 20년은 아주 짧은 시간이지만, 현대 컴퓨터 시대에서는 비교적 긴 기간이다.) 아직 자료에 대한 확신이 없거나 익숙하지 않은 교육자는 개방적인 마음가짐으로 접근하기를 부탁드린다.

이 책의 대부분은 수업에서 이미 테스트를 거쳤지만 모두 그런 것은 아니다. 또한 모든 내용이 학부 1학년 1학기 수준인 것도 아니다. 저자는 3년 동안 수학적 기법(이 책의 2부) 과목과 알고리즘 문제 해결(이 책의 1부) 과목을 같은 학기에 가르쳐 보기도 했지만, 더 이상 그렇게 하지 않는다. 또한 책의 두 부분 모두 한 해 동안 다루기 어려운 양의 자료를 담고 있다. 불리언 대수와 같은 일부 주제는 고등학교 수준에서 가르칠 수 있지만 (뒷부분에서 다루는) 일부 주제는 나중으로 미루는 편이 좋을 것이다.

예제가 아주 많으면 선택의 폭이 넓어진다는 장점이 있다. 저자는 학생들이 적극적으로 문제 해결에 참여하도록 하는 수업 과제를 토대로 평가하며, 매년 수업 내용을 바꾸고 있다. 모든 연습문제의 모범 풀이는 학생들에게 피드백 목적으로 제공했으며, 이 책의 끝에 포함되어 있다. 그러나 수업에서 '프로젝트'라고 칭하는 일부 연습문제의 풀이는 생략했고, 몇몇 프로젝트는 아예 책에 싣지 않았다. (프로젝트의 모범 풀이는 표절의 위험 없이 재사용하기 위하여 학생들에게 인쇄물로 제공한다.)

이와 같은 주제를 가르칠 때, 학생들이 해결하기에는 어렵지만 이해는 할 수 있을 만한 수준의 예제를 사용하는 것이 매우 중요하다. 이 책에 수록한 문제 대부분은 독자가 수학적 지식 없이도 무차별 대입 방식으로 해결할 수 있지만 지식을 활용하면 더 효과적으로 해결할 수 있다. 이 책의 숨겨진 목표는 독자를 '수학 하는 과정'에 참여시키는 것이다. 즉, 수학과 직접적인 관련이 없어 보여도 문제의 해결 방법을 모델링하고 계산하는 수학적 과정을 체험하도록 하는 것이다.

여기에 제시된 내용은 에츠허르 데이크스트라(1930-2002)의 글에 매우 큰 영향을 받았다. 데이크스트라는 알고리즘 설계에 기여한 것으로 유명하다. 또한 그는 경력 전반에 걸쳐 수학적 방법을 명확하게 표현하고 이를 통해 수학적 방법을 개선하는 데 많은 노력을 기울였다. 개인적으로 데이크스트라가 컴퓨터 과학 분야에 기여한 것보다 수학적 방법의 개선에 기여한 바가 더 크다고 본다. 가끔 직접적인 언급 없이 데이크스트라의 표현을 사용하기도 했는데, 독자는 이를 옛날 속담처럼 (데이크스트라의 권위를 신경 쓰지 말고) 받아들이기를 바란다. 그중 하나는 데이크스트라가 수학을 '효과적인 추론의 예술'로 정의한 것이다(12장 참조). 저자는 그의 문제 해결 능력을 따라갈 수 없겠지만, 그의 수학적 방법에 관해 계속해서 연구하려는 노력을 통해 사람들이 좋고 나쁜 문제 해결 능력에 대해 더 비판적으로 생각하고, 명확하게 설명할 수 있게 도움을 주고자 한다.

이 책을 준비하는 과정에서 저자는 동료들로부터 아주 많은 도움을 받았고 모두에게 감사의 말씀을 전한다. 특히 세세한 비평과 개선 제안을 해 주신 Diethard Michaelis와 David Gries에게 감사드린다. 이 교과목을 강의하는 데에 도움을 주신 분들에게도 특별한 감사를 표한다. Siang Yew Chong과 John Woodward는 각각 수년 동안 말레이시아와 중국에서 이 교과목을 강의해 주셨다. João Ferreira는 저자의 안식년 동안 영국 노팅엄에서 강의를 해 주셨고, 그 이후로도 Wei Chen와 Alexandra Mendes와 함께 수업과 과제 평가 및 시험 채점에서 저자를 돕고 있다. 비전통적이고 틀에 얽매이지 않은 교육 방법에 대한 도전을 매우 긍정적으로 받아 주신 모든 분들에게 매우 감사하게 생각한다. 출판사 John Wiley & Sons와, 특히 Georgia King과 Jonathan Shipley의 인내심과 협조에 감사를 표하며, 또한 10명의 (대부분 익명의) 평론가들에게 의견과 피드백을 주신 데 감사드린다. 마지막으로, 이 강의를 성공적으로 수강한 학생들에게 감사를 표한다. 저자가 받은 최고의 피드백은 "수업은 매우 어려웠지만, 도전하는 게 즐거웠습니다."이었다. 이렇게 말해 준 학생의 이름은 모르지만, 얼굴은 아직까지도 기억에 남는다.

롤랜드 백하우스
2011. 3.

제1부

알고리즘 문제 해결

ALGORITHMIC PROBLEM SOLVING

1장

A l g o r i t h m i c   P r o b l e m   S o l v i n g

들어가며

1964년에 출간된 영어 사전 《Concise Oxford Dictionary(간결한 옥스퍼드 사전)》 5판에서, '알고리즘(Algorithm)'은 없는 단어였다. 그러나 이제 '알고리즘'은 누구나 자주 접하는 단어가 되었다. 인터넷의 부적절한 사용을 감지하는 알고리즘, 자동차의 안전을 개선하는 알고리즘, 사용자의 동작을 인식하고 응답하는 알고리즘 등. 모든 것이 전산화된 현대 사회에서 알고리즘이라는 단어의 뜻을 모르는 사람은 이제 거의 없다.

이는 알고리즘이 최근에 새로이 생겨난 개념이라는 뜻이 아니다. 오히려 알고리즘은 수천 년 동안 사용되어 왔다. 예를 들어, 알고리즘은 건설과 측량에 사용되어 왔다. 산의 양쪽에 터널을 뚫어 중간에서 만나게 하는 데 알고리즘을 사용했다. 지도를 만드는 사람들은 직접 산에 오르지 않고 산의 높이를 확인하기 위해 알고리즘을 사용했다. 그러나 컴퓨터 시대가 오기 전, 사람들은 이러한 작업에 알고리즘이 사용된다는 사실을 중요하게 여기지 않았다.

1.1 알고리즘

알고리즘은 차례대로 실행되는 몇 개의 명령으로 이루어진, 올바르게 정의된 과정이다. 과거에는 알고리즘을 실행하는 주체가 대부분 인간이었기 때문에, 알고리즘은 크게 강조되지 않았다. 인간은 똑똑하기 때문에 불완전하거나 엄밀하지 않은 명령도 잘 해낼 수 있다. 그러나 현대에 들어서 알고리즘의 실행은 더욱 자동화되었고, 보통 컴퓨터가 실행한다.[1] 컴퓨터는 '멍청한' 기계이기 때문에, 알고리즘을 이루는 명령들은 엄밀해야 하고, 매우 구체적으로 정의되어야 한다. 이 점은 문제 해결을 까다롭게 하는 새로운 도전 과제가 되었으며, 문제를 푼다는 것이 무엇인가에 대한 우리의 생각을 뒤바꿨다. 컴퓨터 시대는 우리 삶의 방식뿐 아니라 우리가 생각하는 방식에도 대변혁을 일으켰다.

1.2 알고리즘 문제 해결

인간은 알고리즘을 실행하는 데 꽤 능하다. 예를 들어 어린이들은 일찍이 123456을 78로 나눈 몫과 나머지 같은 것을 계산하기 위해 큰 수를 나눗셈하는 방법을 배우고, 곧 능숙해진다. 그러나 인간은 자주 실수를 한다. 컴퓨터는 알고리즘이 엄밀하고 올바르게 정의되었을 때 우리보다 알고리즘을 더 잘 실행할 수 있다. 반복적인 계산을 수행하는 데 컴퓨터를 사용하는 것은 매우 효과적이다.

알고리즘을 표현하는 것은 실행하는 것과 다른 문제이다. 알고리즘을 표현하는 연습을 하는 사람은 거의 없고, 인간이 알고리즘을 표현하는 데에 능하다고 하기는 힘들다. 하지만 알고리즘을 표현할 능력이 없는 컴퓨터와 달리, 인간은 창의적이다. 소위 '지능적인' 시스템은 컴퓨터가 실행할 수 있도록 알고리즘을 표현하는 인간의 능력에 의존하고 있다. 알고리즘 문제 해결은 여러 가지 문제를 해결하는 알고리즘을 표현하는 능력에 관한 것이다. 알고리즘 문제 해결 능력을 키우는 것은 컴퓨터 시대의 주요 과제이다.

이 책은 입문서이고, 여기서 다루는 문제들은 아주 작은 '토이' 문제들이다. 아래 문제는 전형적인 토이 문제 중 하나로 '손전등' 문제나 'U2' 문제라는 이름으로 불리곤 한다. (지금은 너무 잘 알려진 문제이지만) 과거 주요 소프트웨어 기업에서 입사 면접으로 쓰인 문제로 알려져 있다.

> 4명의 사람이 다리를 건너려고 한다. 밖은 어두워서, 다리를 건너려면 횃불을 들고 건너야 한다. 횃불은 하나뿐이다. 다리는 동시에 두 명까지만 건널 수 있다. 사람들이 다리를 건너는 데 서로 다른 시간이 걸린다. 두 명이 같이 건널 때는 둘 중 느린 사람이 건너는 데 드는 시간만큼 걸린다. 첫 번째 사람은 다리를 건너는 데 1분, 두 번

---

1 오래 전 '컴퓨터(computer)'는 계산을 하는 사람을 뜻했기 때문에, 엄밀히 '디지털 전자 계산기(electronic digital computer)'라 부르는 것이 맞겠다. 하지만 여기서는 '디지털 전자 계산기'가 '컴퓨터'의 유일한 의미라고 생각하기로 하자.

째 사람은 2분, 세 번째 사람은 5분, 네 번째 사람은 10분이 걸린다. 횃불은 다리를 왔
다 갔다 할 때 항상 들고 다녀야 한다.

4명이 모두 다리를 건너는 데 17분이면 충분함을 보여라.

이 문제에 대한 해답을 제시하려면, 4명이 모두 다리를 건너는 데 필요한 명령들을
나열하면 된다. 명령은 일반적으로 '사람 x와 y가 함께 다리를 건넌다'나 '사람 z가
다리를 건넌다'와 같은 꼴이 될 것이다. 만약 명령을 모두 실행하는 데 드는 시간이
(최대) 17분이라면 정답이 된다.

알고리즘은 주로 이보다 일반적이다. 보통 알고리즘은 **입력**을 받는다. 각 입력에
대해, 알고리즘은 **출력**을 계산해 내야 한다. 입력과 출력은 서로 **입력-출력 관계**라
고 불리는 관계를 가진다. 다리 건너기 문제의 경우, 알고리즘은 각 사람이 다리를
건너는 데 걸리는 시간을 나타내는 4개의 정수를 입력으로 받고, 4명이 모두 다리
를 건너는 데 드는 최소 시간을 출력한다. 예를 들어 입력이 1, 3, 19, 20이라면 출
력은 30이 되고, 입력이 1, 4, 5, 6이라면 출력은 17이 될 것이다. 입력 값은 알고리
즘의 **매개변수**라고 한다. (다리 건너기 문제를 푸는 알고리즘은 3.5절에서 유도한
다. 문제를 체계적으로 다루는 법을 보여 주기 위해, 풀이는 면접관과 면접자의 가
상 대화 형태로 서술했다.)

두 번째 예제는 9장에 있는 닭 쫓기 문제이다. 이 문제는 1914년에 유명한 퍼즐
제작자 샘 로이드(Sam Loyd)가 만들었다. 요약하면, 이 문제는 체스판 위에서 하는
(체스보다 훨씬) 간단한 규칙의 게임이다. 이 게임은 인터넷으로 플레이할 수 있으
며, 매우 쉽게 승리할 수 있다. 대부분의 플레이어는 조금만 해 보면 승리할 수 있
을 것이다. 하지만 임의의 크기의 체스판에서 최소한의 움직임만으로 게임에서 승
리하는 알고리즘을 표현할 수 있는 사람은 거의 없을 것이다. 그는 최소의 움직임
으로 게임에서 승리하는 방법을 묻는 문제를 냈지만, 그의 풀이는 알고리즘이 아니
라 단지 횟수만을 제시한다. 현대에는 알고리즘을 실행하는 컴퓨터에 대한 의존이
커져, 문제 해결에 대한 개념이 바뀌었다. 과거의 문제 해결이 단순히 문제에 대한
답을 제시하는 것이었다면, 현대의 문제 해결은 특정한 종류의 문제를 모두 해결할
수 있는 알고리즘을 표현하는 것이다. 알고리즘 문제 해결은 이를 다룬다.

알고리즘을 표현해야 한다는 것은 확실히 문제 해결을 어렵게 한다. 문제를 해결
하는 절차를 엄밀하고 명확하게 표현해야만 하기 때문이다. 문제가 더 일반적일수
록 더 어려워진다. (예를 들어, 다리 건너기 문제는 다리를 건너는 사람의 수가 정

해져 있지 않으면 더 어려워진다.) 그렇지만, 풀이를 더욱 잘 이해할 수 있다는 장점이 있다. 알고리즘을 표현하는 과정은 **알고리즘이 왜 옳은가**에 대한 완전한 이해를 필요로 한다.

1.3 개요

효율적으로 문제를 풀 때 중요한 것은 효율적으로 생각하고 표현하는 것이다. 불필요한 세부 사항과 복잡도를 피해야 한다. 컴퓨터 프로그램의 크기가 전례 없이 커지고 있기 때문에, 복잡도에 대한 이해는 컴퓨터 시대에 특히 중요해지고 있다. 일반적인 컴퓨터 프로그램은 수백, 수천, 심지어 수백만 줄의 코드로 이루어져 있다. 단 하나의 오류로도 시스템 전체가 무너질 수 있는 디지털 컴퓨터의 까다로운 특성 때문에, 알고리즘을 잘 설계하는 것은 우리의 문제 해결 능력에서 매우 중요한 부분을 차지한다.

이 책은 예제들을 함께 풀어 보면서 새로운 기술과 통찰을 전달하는 것을 목표로 한다. 수학적 계산의 중요성을 보여 주는 것을 목표로 하지만, 다루는 예제들은 수학적이지 않다. 오히려, 닭 쫓기나 다리 건너기 문제처럼 수학적 지식이 없는 사람들도 기초 지식만으로 이해할 수 있다. 이 책은 또한 도전하기 위한 책이다. 대부분의 문제는 특히 잘 훈련되지 않은 사람들에게는 꽤 어려울 것이다.

이 책은 두 부분으로 이루어져 있다. 앞부분은 도전할 만한 소규모의 문제로 구성되어 있다. 뒷부분은 이 문제들을 이어 붙여서 풀이를 얻어내는 수학적 방법을 다룬다. 책의 앞부분에서는 문제와 관련된 수학적 기술이 팁으로 제시될 것이다.

여기 등장하는 많은 문제들은 재미 삼아 푸는 수학 문제로 잘 알려져 있지만, 우리는 새로운 분야의 수학인 '알고리즘'에 집중한다. 문제들은 알고리즘 이론에 체계적으로 입문할 수 있게 하는 순서대로 제시되어 있다. 이미 수학에서 잘 정립된 분야이지만 새로운 관점을 얻을 수 있을 것이다.

책은 '불변성'을 다루는 2장에서부터 본격적으로 시작한다. 이는 자명하지 않은 모든 알고리즘의 중심이 되는 용어이다. 알고리즘은 몇 개의 서로 다른 종류의 '문장'의 조합으로 표현되어 있다. 문장의 종류와 문장을 조합하는 법(대입 구문, 순차적 분석, 조건 분기, 그리고 수학적 귀납법과 반복문 등)이 예제와 함께 하나씩 소개될 것이다. 그렇기 때문에, 독립적으로 읽을 수 있는 5장을 제외하고 2장에서 7장까지는 순서대로 읽는 것을 추천한다. 이후의 장들은 앞서 소개된 법칙들을 어려운 문제에 적용하는 장들로서, 원하는 순서대로 읽을 수 있다.

예제를 통해 접근하면 예제 자체가 책의 주제라고 생각할 수도 있겠다. 그러나 이 책의 가장 큰 목표는 알고리즘 문제 해결에 핵심적인 기술을 전달하는 것이다. 어떻게 문제를 분석하는지, 수학적으로 모델링하는지, 그리고 어떻게 알고리즘적 인 해답을 계산해 내는지. 그렇기에 이 책은 일차적으로 지식이 아니라 방법에 대한 책이다. 흥미가 생겼다면, 그리고 도전을 받아들일 준비가 되었다면 계속해서 읽어 나가도록 하자!

1.4 참고 자료

1960년대까지 '알고리즘'이라는 단어가 유명한 사전에 등장하지 않았다는 관찰은 도널드 커누스(Donald Knuth)[Knu68]가 하였다. (사실 그의 관찰은 1950년대에 이루어졌다. '알고리즘'은 1980년대가 되어서야 유명한 사전에 실리기 시작했다.) 도널드 커누스는 알고리즘과 계산 수학에 관한 매우 영향력 있고 해박한 책들을 집필했다. 계산 수학은 추후 공부해 보기를 강력히 권장하는 분야이다.

저자는 '알고리즘 문제 해결'이라는 단어를 처음 접한 자료이기도 한 [Lev03]에서 처음 다리 건너기 문제를 보았다. [MM08]은 이 책과 유사하게 문제 기반으로 알고리즘에 접근한(하지만 알고리즘에 대해서는 이 책과 달리 암묵적으로만 강조한) 기초 서적이다.

2장

불변량

'불변'은 '변하지 않음'을 의미하는 한자어다. 어떤 변환의 불변량이란 그 변환을 아무리 적용해도 변하지 않는, 항상 일정한 값이나 특징을 말한다. 비슷한 용어로는 '상수'와 '패턴'이 있다.

문제에 숨겨진 불변량을 찾아내는 것은 문제 해결 기법 중에서 가장 중요하다고 해도 과언이 아니다. 이 장에서는 불변의 개념을 소개하고, 이를 적용할 수 있는 다양한 예제를 다룬다.

불변이 무엇인지 알아보기 전에, 이 장에서 다룰 문제들을 먼저 풀어 보자. 이 중에는 쉽게 풀 수 있는 문제도 있고, 많이 어렵거나 혼자서는 풀 수 없는 문제도 있을 것이다. 만약 어떤 문제에서 막혔다면 주저 없이 다음 문제로 넘어가자. 그러나 풀이를 읽기 전에 모든 문제를 한 번씩은 시도해 보는 것이 좋다.

첫 번째 문제에서는 불변량이 문제 해결에 어떻게 활용되는지 자세하게 논의한다. 그 과정에서 컴퓨터 프로그래밍과 관련된 기본 기술인 대입문의 사용법과 대입적으로 사고하는 방법을 소개한다. 문제 뒤에는 유사한 방법으로 해결할 수 있는 연습문제가 있으니 꼭 풀어 보자.

두 번째 문제에서는 앞에서 다룬 문제 해결 기법을 더 발전시킨다. 이후, 좋은 접근 방법과 나쁜 접근 방법에 대하여 논의한다. 세 번째 문제는 꽤 쉽지만 새로운 개념을 포함하며, 이 개념에 대하여 자세하게 다룬다. 여기까지 각 문제의 풀이를 충분히 이해하면서 잘 따라왔다면 남은 문제들을 스스로 충분히 해결할 수 있을 것이다. 이 책에서는 한 문제의 풀이 과정을 설명하고, 뒤이어 여러분이 직접 해결할 수 있도록 몇 개의 추가 문제를 제공한다. 이러한 학습 과정은 문제가 어려워질수록 더 많이 반복된다. 그러나 너무 걱정할 필요는 없다. 앞에서 다룬 문제 해결 기법을 적용해서 추가 문제들을 쉽게 풀고 있는 자신을 발견할 수 있을 것이다.

1. 초콜릿

   격자무늬로 금이 가 있는 직사각형 모양의 초콜릿이 있다. 하나의 큰 초콜릿을 여러 개의 작은 정사각형 조각으로 쪼개려고 한다. 초콜릿을 쪼갠다는 것은 하나의 초콜릿 조각을 직선의 금을 따라 자른다는 것이다. (즉, 한 번 쪼갤 때마다 하나의 조각은 둘로 나뉘게 된다.)

   그림 2.1은 다섯 조각으로 쪼개진 4 × 3 크기의 초콜릿을 나타낸다. 굵은 선은 초콜릿을 어떻게 쪼갰는지 보여 준다.

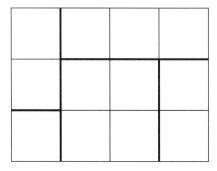

   그림 2.1 초콜릿 문제

   하나의 직사각형 초콜릿을 작은 정사각형 조각들로 완전히 나누기 위해서는 초콜릿을 총 몇 번 쪼개야 하는가?

2. 빈 상자

   책상 위에 크기가 큰 빈 상자 11개가 놓여 있다. 몇 개의 상자를 골라, 각각의 상자 안에 중간 크기의 빈 상자 8개를 넣는다. 다시, 중간 크기의 상자 몇 개를 골라, 각각의 상자 안에 작은 크기의 빈 상자 8개를 넣는다.

   이 과정을 모두 마친 후, 안이 비어 있는 상자의 개수를 세었더니 총 102개였다. 상자의 총 개수는 몇 개인가?

3. 종이컵

책상 위에 몇 개의 종이컵이 놓여 있다. 그림 2.2처럼, 일부는 위아래가 뒤집혀 있고, 나머지는 똑바로 놓여 있다. 두 개의 종이컵을 잡아 각각을 동시에 위아래로 뒤집는 작업을 반복해서 모든 종이컵이 똑바로 놓이게 만들고자 한다.

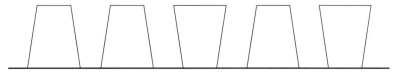

그림 2.2 종이컵 문제

종이컵을 뒤집는 작업을 적절히 수행하여 모든 종이컵이 똑바로 놓이게 할 수 있는 종이컵들의 초기 상태는 무엇인가?

4. 흰 돌과 검은 돌

항아리에 흰 돌과 검은 돌이 아주 많이 들어 있다. 항아리 밖에도 돌이 많이 놓여 있다. 이제, 항아리 안에 단 하나의 돌만 남을 때까지 다음 과정을 반복할 것이다.

'항아리에서 돌 두 개를 꺼낸다. 단, 둘이 같은 색이라면 검은 돌을, 다른 색이라면 흰 돌을 새로 하나 항아리에 넣는다.'

위의 과정을 한 번 할 때마다 항아리 안의 돌의 개수는 하나씩 줄어든다. 항아리 안에 정확하게 한 개의 돌만 남았을 때에 반복을 멈추자.

초기에 항아리에 들어 있는 흰 돌과 검은 돌의 개수와 관련해서, 항아리에 남는 최후의 돌의 색에 대하여 논하라.

5. 도미노

그림 2.3과 같이, 8 × 8 크기의 체스판에서 대각선으로 마주 보는 두 꼭짓점 칸을 제거한 62칸의 망가진 체스판이 있다. 여러분은 충분히 많은 도미노를 가지고 있고, 각 도미노는 정확하게 체스판 두 칸을 덮는다.

도미노끼리 겹치거나 망가진 체스판 밖으로 도미노가 삐져 나오지 않도록, 도미노로 망가진 체스판을 완벽하게 덮을 수 있는가?

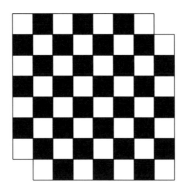

그림 2.3 망가진 체스판

6. 테트로미노

테트로미노(tetromino)란 크기가 같은 네 개의 정사각형으로 만들어진 다각형이다. 테트리스 게임의 조각을 떠올려도 좋다. 그림 2.4처럼, 테트로미노는 총다섯 종류가 있고, 각각 O, Z, L, T, I 조각이라고 부른다.

직사각형 모양의 격자판을 테트로미노로 완벽하게 덮고자 한다. 격자판의 한칸은 테트로미노를 이루는 정사각형과 크기가 같으며, 편의상 이 넓이를 1이라고 하자. 덮을 때, 테트로미노끼리 겹치거나, 격자판 밖으로 테트로미노가 삐져나오면 안 된다.

(a) 격자판을 테트로미노로 덮을 수 있다면, 격자판의 적어도 한 변의 길이는 짝수임을 증명하라.

(b) 격자판을 T 조각 테트로미노만 써서 덮을 수 있다면, 격자판의 넓이는 8의 배수임을 증명하라.

(c) 격자판을 L 조각 테트로미노만 써서 덮을 수 있다면, 격자판의 넓이는 8의 배수임을 증명하라.

(d) 8×8 크기의 격자판은 한 개의 O 조각과 15개의 L 조각으로 덮을 수 없다. 왜 그런가?

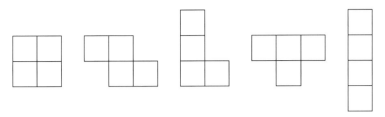

그림 2.4 O, Z, L, T, I 조각의 테트로미노

중요한 사실을 하나 언급하자면, 앞의 모든 문제에 알고리즘이 포함되어 있다. 각 문제에서 알고리즘은 초콜릿을 쪼개고, 상자를 넣고, 두 종이컵을 뒤집는 등의 간단한 작업을 반복한다. 이렇게 반복되는 작업은 알아채기 쉽다. 알고리즘이 이러한 형태를 띤다면, 문제 해결의 첫 단계는 알고리즘의 '불변량'을 찾는 것이다. 이 중요한 기술이 바로 이 장의 핵심이다.

2.1 초콜릿

초콜릿 문제를 다시 보자.

> 격자무늬로 금이 가 있는 직사각형 모양의 초콜릿이 있다. 하나의 큰 초콜릿을 여러 개의 작은 정사각형 조각으로 쪼개려고 한다. 초콜릿을 쪼갠다는 것은 하나의 초콜릿 조각을 직선의 금을 따라 자른다는 것이다. (즉, 한 번 쪼갤 때마다 하나의 조각은 둘로 나뉘게 된다.)

> 하나의 직사각형 초콜릿을 작은 정사각형 조각들로 완전히 나누기 위해서는 초콜릿을 총 몇 번 쪼개야 하는가?

2.1.1 풀이

초콜릿 문제의 풀이는 이러하다. 초콜릿을 한 번 쪼갤 때마다 항상 초콜릿을 쪼갠 총 횟수는 1만큼 증가하고, 초콜릿 조각의 수도 1만큼 증가한다. 즉, 쪼갠 횟수와 조각의 수 둘 다 변한다. 그러나 여기서 변하지 않는 값이 있다. 바로 쪼갠 횟수와 조각의 수의 차이이다. 이 값이 초콜릿을 쪼개는 작업의 '불변량'이자 '상수'이다.

처음에 초콜릿 조각은 단 하나고, 쪼갠 횟수는 0이다. 따라서 조각의 수와 쪼갠 횟수 간의 차이는, 초기에 1이다. 이 값이 상수라는 것은, 초콜릿을 어떻게, 얼마나 많이 쪼개는지와 관계없이 이 값은 항상 1이라는 뜻이다. 말하자면, 조각의 수는 언제나 쪼갠 횟수보다 하나 많다. 반대로, 쪼갠 횟수는 항상 조각의 수보다 하나 적다.

그러므로 하나의 초콜릿을 작은 정사각형 조각들로 나누기 위해서는, 정사각형 조각의 총 개수보다 하나 적은 횟수만큼 초콜릿을 쪼개야 한다.

2.1.2 수학적 풀이

불변량을 찾는 기법을 익히고 나면 이 문제를 쉽게 풀 수 있을 것이다. 이러한 이유로 앞에서는 풀이를 수학적 표기를 사용해서 공식화하지 않고 말로만 표현했다. 하지만 더 복잡한 문제에서는 수학적 표기법이 상당히 도움이 된다. 수학적 표기는 말보다 더 간결하고 정확하기 때문이다. 이 문제를 통해 수학적 표기법의 강점을 보여 주고자 한다.

> ⚠️ 정확한 서술을 위해 본문 내내 수학의 언어를 사용할 것이다. 예를 들어, '함수'나 '집합'과 같은 용어를 수학적 의미로 사용하며, 때로는 소개 없이 사용할 것이다. 2부 '수학적 기법'에서는 필요한 배경지식을 설명한다. 12장에서는 많은 용어를 소개한다. 생소한 용어가 있다면 12장을 참조하라.

추상화

수학적 풀이는 다음 두 변수를 정의하면서 시작한다. 변수 p를 조각의 수, c를 쪼갠 횟수라고 하자. 이 두 변수의 값은 초콜릿의 상태를 나타낸다.

이러한 풀이의 첫 단계를 '추상화'라고 한다. 문제에서 핵심적인 요소를 완전하게 기술하는 변수(또는 매개변수(parameter))로 문제를 추상화하는 것이다. 이 단계에서 불필요한 세부 사항은 사라진다.

문제에서 초콜릿을 가지고 무언가를 한다는 것이 바로 불필요한 세부 사항이다. 이는 문제 풀이와 전혀 관련이 없으므로 사라져야 한다. 우표딱지에서 우표를 한 매씩 자른다고 해도 똑같은 문제가 된다. 이 문제는 수의 성질에 관한 것이기 때문에 실생활 문제보다는 수학 문제에 더 가깝다. 실생활 문제는 매우 어렵고 해결 불가능하기도 하다. 반면 수학적 분석에 굴복한 문제는 상대적으로 쉽다.

초콜릿을 쪼개는 순서와 조각들의 모양 및 크기 또한 불필요한 세부 사항이다. 즉, 변수 p와 c는 지금까지 수행된 절단 순서와 초콜릿 조각들의 상태를 완전하게 기술하지 않는다. 예를 들어, 총 네 번 쪼개어 조각이 다섯 개가 생겼다는 사실만으로는 각 조각들의 크기를 알 수 없다. 그러나 이는 문제 해결과 관련이 없다.

추상화 단계는 수행하기 가장 어렵기도 하다. 불필요한 세부 사항을 포함하는 함정에 빠져 문제와 풀이가 지나치게 복잡해지기 십상이다. 반대로, 어떤 요소가 필수적인지를 결정하는 것은 결코 쉬운 작업이 아니다. 심지어 그러한 결정을 내리는 알고리즘은 존재하지 않는다! 최고의 문제 해결자는 아마도 추상화에 가장 능숙한 사람일 것이다.

(문제 해결에 관한 글을 보면, 그림을 그려 보라는 조언을 흔하게 볼 수 있다. 그림을 그리면 문제 표현을 명확히 하는 데 도움이 될 수 있다. 예를 들어, 그림 2.1은 쪼개기가 의미하는 바를 명확히 하기 위해 삽입되었다. 그러나 이는 함정이 될 수도 있다! 크게 두 가지 이유가 있다. 첫째, 간혹 극단적인 경우가 있어 그림으로 표현하기 어렵다. 이 점은 나중에 되짚어 볼 것이다. 둘째, 그림 2.1과 같이 그림에 불필요한 세부 정보가 많이 포함될 수도 있다. 최대한 주의해서 그림을 그릴 것을 조언한다. 그리고 보통은 수학 공식이 훨씬 더 효과적이다.)

대입

문제 풀이의 다음 단계는 초콜릿을 쪼개는 과정을 모델링하는 것이다. 이 과정에서 **대입문**을 사용한다.

$$p, c := p + 1, c + 1$$

대입문에는 좌변과 우변으로 이루어진 양변이 있다. 양변은 대입 기호 ':='로 구분되며 '(좌변)은 (우변)이 된다'라고 읽는다. 좌변에는 쉼표로 구분된 변수 목록을 적는다(지금의 경우, p, c). 어떤 변수도 왼쪽에 두 번 이상 등장하면 안 된다. 우변에는 쉼표로 구분된 표현식 목록을 적는다(지금의 경우 $p + 1$, $c + 1$). 이 목록의 길이는 좌변에 있는 변수의 개수와 같아야 한다.

대입은 상태를 바꾼다. 대입문을 수행하려면, 먼저 현재 상태에서 우변의 각 표현식을 계산한 후, 좌변의 각 변수의 값을 우변의 해당 표현식의 값으로 바꾼다. 위

식의 경우, $p+1$과 $c+1$을 계산한 다음, p와 c의 값을 각각 이 값으로 대체하여 상태(조각의 수와 쪼갠 횟수)를 바꾼다. 즉, p는 $p+1$이 되고 c는 $c+1$이 된다. 이것이 대입문이 초콜릿을 한 번 쪼개는 과정을 모델링하는 방법이다.

> ⚠️ (자바(Java) 또는 C와 같은 언어로 프로그래밍하는 법을 이미 아는 독자를 위한) 경고의 말: 이 책에서는 동시 대입이라는 것을 사용한다. 이는 좌변에 변수 여러 개를 쓸 수 있고, 우변에서 계산된 여러 값을 변수에 동시에 대입하는 방식이다. 그런데 대부분의 프로그래밍 언어는 대입문의 좌변에 단 하나의 변수만 쓸 수 있도록 제한한다. 자바가 대표적인 예다. 동시 대입 대신 일련의 대입문을 사용해야 한다. 이는 성가신 작업 그 이상도 이하도 아니다. 훨씬 더 나쁜 점은 대입 기호로 등호 '='가 사용된다는 것이다. 또다시 자바가 그러한 예다. 이는 서로 매우 다른 대입문과 등식 간의 혼란을 일으키기에 중대한 문제다. 대부분의 초보 프로그래머는 이 둘을 자주 헷갈려 하고, 심지어 숙련된 프로그래머도 때때로 혼동하며, 이때 발생한 오류는 찾기 어렵기까지 하다. 자바 또는 C로 프로그래밍할 때에는 대입문을 '좌변과 우변이 같다'가 아니라 반드시 '좌변은 우변이 된다'로 읽어야 한다. 또한, 대입문은 $p := p+1$과 같이 좌변의 변수를 '=' 기호에 붙여 씀으로써 좌우가 대칭으로 보이지 않도록 하는 것이 좋다.

대입문의 불변량은 대입 이전과 이후의 값이 일정하게 유지되는 상태의 함수다. 예를 들어, $p - c$는 다음 대입문의 불변량이다.

$$p, c := p+1, c+1$$

표현식 E가 상태 변수의 값에 따라 달라진다고 가정하자. (예를 들어, 표현식 $p - c$의 값은 변수 p와 c의 값에 따라 달라진다.) 모든 변수를 대입문에 적힌 대로 바꾸었을 때 E의 값이 달라지는지 확인하는 것만으로도 E가 불변량인지 알 수 있다. 예를 들어, 다음 등식은 p와 c의 값이 무엇이든 성립한다.

$$p - c = (p+1) - (c+1)$$

이는 $p - c$가 대입문 $p, c := p+1, c+1$의 불변량임을 알려 준다. 이 등식의 좌변은 식 E고, 우변은 대입문에 적힌 대로 모든 변수를 바꾼 후의 식 E다.

다음은 $(p+1) - (c+1)$을 $p-c$로 단순화하는 상세한 계산 과정이다. 아래의 계산은 본문 전체에서 사용할 스타일을 보여 준다. 이 스타일은 12장, 특히 12.8절에서 자세하게 설명한다. 이 예시는 간단한 소개를 제공한다.

$$(p+1) - (c+1)$$
$$= \quad \{ \ [x-y=x+(-y)] \text{에서 } x, y := p+1, c+1 \text{ 대입} \ \}$$
$$(p+1) + (-(c+1))$$
$$= \quad \{ \ [\text{덧셈에 대한 부정의 분배법칙}] \ \}$$
$$(p+1) + ((-c) + (-1))$$
$$= \quad \{ \ [\text{덧셈에 대한 결합법칙과 교환법칙}] \ \}$$
$$p + (-c) + 1 + (-1)$$
$$= \quad \{ \ [x-y=x+(-y)] \text{에서}$$
$$\qquad x, y := p, c \text{ 대입 후 } x, y := 1, -1 \text{ 대입},$$
$$\qquad [x-x=0] \text{에서 } x := 1 \text{ 대입} \ \}$$
$$p - c$$

이 계산은 네 단계로 이루어져 있고, 각 단계는 두 개의 산술 표현식 간의 관계를 나타낸다. 이 계산에서 각 표현식 사이에는 (값의) 등호 관계가 성립한다. 때로는 등호 외에도 부등호($\leq$) 등의 다른 관계가 등장하기도 한다.

각 단계는 두 표현식 간의 관계가 '어디서든', 즉, 두 표현식에 등장하는 변수가 가질 수 있는 모든 값에 대해서, 성립한다는 뜻이다. 예를 들어, 마지막 단계는 변수 p와 c가 어떤 값을 가지든지 표현식 $p + (-c) + 1 + (-1)$의 값이 표현식 $p-c$의 값과 같다는 뜻이다.

각 단계는 **힌트**로 설명된다. 첫 번째와 마지막 단계와 같이, 때때로 힌트는 하나 이상의 법칙과 그 법칙의 적용 방법을 함께 보여 준다. 법칙은 '어디서든' 성립한다는 것을 나타내기 위해 **대괄호**로 감싸서 표기한다. 예를 들어, '$[x-x=0]$'은 $x-x$가 '어디서든', 즉, 변수 x가 가질 수 있는 모든 값에 대해, 0임을 의미한다. 법칙은 가끔, 중간의 두 단계에서 쓰인 것처럼, 문장으로 표현된다.

힌트에 적힌 용어에 익숙하지 않다면, 예를 들어 '분배법칙'의 의미를 모른다면, 2부에서 적절한 장을 참조하라.

또 다른 예로, 두 변수 m, n과 아래의 대입을 살펴보자.

$$m, n := m + 3, n - 1$$

m과 n의 값에 관계없이 다음의 식이 항상 참임을 이용해, $m + 3 \times n$이 불변량임을 확인할 수 있다.

$$m + 3 \times n = (m + 3) + 3 \times (n - 1)$$

간단한 계산으로 이것이 성립함을 보일 수 있다. 따라서, m을 3 증가시키고 동시에 n을 1 감소시키는 대입은 $m + 3 \times n$의 값을 바꾸지 않는다.

표현식 E와 대입 $ls := rs$에 대해서, 다음 표현식

$$E[ls := rs]$$

를 ls에 열거된 E의 모든 변수를 대응하는 rs의 표현식으로 치환하여 얻은 식을 나타내는 데 사용하자. 아래는 몇 가지 예시를 나타낸 것이다.

$$(p - c)[p, c := p + 1, c + 1] = (p + 1) - (c + 1),$$
$$(m + 3 \times n)[m, n := m + 3, n - 1] = (m + 3) + 3 \times (n - 1),$$
$$(m + n + p)[m, n, p := 3 \times n, m + 3, n - 1] = (3 \times n) + (m + 3) + (n - 1)$$

대입에 대해 불변량 여부를 판단하는 방법은 이러하다. 만약, E에 있는 변수가 가질 수 있는 모든 값에 대해

$$E[ls := rs] = E$$

가 참이라면 대입 $ls := rs$는 표현식 E의 **불변량**이다.

앞에서 본 예시에 이 방법을 적용해 보자. 첫째로, $p - c$는 대입 $p, c := p + 1, c + 1$의 불변량이다. 왜냐하면, 두 변수 p, c의 값에 상관없이 아래의 등식이 참이기 때문이다.

$$(p - c)[p, c := p + 1, c + 1] = p - c$$

둘째로, $m + 3 \times n$은 대입 $m, n := m + 3, n - 1$의 불변량이다.

$$(m + 3 \times n)[m, n := m + 3, n - 1] = m + 3 \times n$$

귀납

초콜릿 문제 풀이의 마지막 단계는 $p - c$의 불변성을 활용하는 것이다.

초기 상태에 $p = 1$이고 $c = 0$이다. 따라서 처음에는 $p - c = 1$이다. 그러나 $p - c$는 불변량이다. 따라서 초콜릿을 얼마나 쪼갰는지에 관계없이 $p - c = 1$이다. 초콜릿을 작은 정사각형 조각들로 완전하게 나누면 $p = s$다. 여기서 s는 정사각형 조각의 개수다. 즉, 쪼갠 횟수를 c라고 한다면 $s - c = 1$이 성립한다. 고로, $c = s - 1$이다. 쪼갠 횟수는 초콜릿 조각의 수보다 하나 적다.

여기에는 **수학적 귀납법**이라는 중요한 원리가 사용되었다. 이 원리는 단순하다. 어떤 대입에 의해 표현식의 값이 바뀌지 않는다면, 그 대입을 몇 번 적용하더라도 값이 변하지 않는다. 대입을 0회 적용하면 표현식의 값은 바뀌지 않는다. (대입을 0회 적용한다는 것은 자명하게도 아무것도 하지 않음을 뜻하기 때문이다.) 대입을 1회 적용하면 가정에 따라 표현식의 값은 바뀌지 않는다. 대입을 2회 적용한다는 것은 1회 적용한 후 다시 한 번 더 적용한다는 의미다. 두 번 모두 표현식의 값이 바뀌지 않은 채로 유지되므로 최종 결과도 변하지 않는다. 그리고 3회를 적용해도, 4회를 적용해도, 계속 그러하다.

참고로 여기에는 **0회 적용**하는 경우가 포함된다. 0을 고려하는 것을 잊지 않아야 한다! 초콜릿 문제에서는 초콜릿이 정확하게 하나의 조각으로 이루어진 경우에 (이때는 0회의 쪼개기가 필요하다) 문제를 해결하는 것이 중요하다.

요약

이것으로 초콜릿 문제에 대한 논의를 마친다. 추상화, 불변량, 그리고 귀납과 같은 문제 해결의 중요한 원리 몇 가지를 소개하였다. 이 원리들은 앞으로도 계속 등장할 것이다.

---

⑦ 연습문제 2.1

싱글 엘리미네이션 토너먼트(single-elimination tournament)는 일련의 게임으로 최종 승자를 결정하는 일반적인 토너먼트 방식이다. 각 게임에서는 두 명의 플레이어가 경쟁한다. 여기서 패자는 추가적인 게임 없이 곧바로 탈락하고 승자는 토너먼트를 이어 나간다. 토너먼트의 최종 승자는 다른 모든 플레이어가 탈락한 후 유일하게 남은 플레이어다.

1234명의 플레이어가 토너먼트에 참가했다고 가정하자. 토너먼트의 최종 승자가 결정되기까지 몇 번의 게임이 진행되는가? (힌트: 적절한 변수를 선택하고 불변량을 찾아라.)

2.2 빈 상자

빈 상자 문제를 다시 보자.

책상 위에 크기가 큰 빈 상자 11개가 놓여 있다. 몇 개의 상자를 골라, 각각의 상자 안에 중간 크기의 빈 상자 8개를 넣는다. 다시, 중간 크기의 상자 몇 개를 골라, 각각의 상자 안에 작은 크기의 빈 상자 8개를 넣는다.

이 과정을 모두 마친 후, 안이 비어 있는 상자의 개수를 세었더니 총 102개였다. 상자의 총 개수는 몇 개인가?

이 문제는 2.1절에서 본 초콜릿 문제, 그리고 연습문제 2.1의 토너먼트 문제와 매우 비슷하다. 핵심은 반복해서 적용되는 간단한 알고리즘이다. 초기 상태와 최종 상태에 대한 불완전한 조건을 가지고 최종 상태를 완전히 분석해야 한다. 이 문제를 풀기 위한 전략은 다음과 같다.

> ⚠ 포여 죄르지(George Pólya, 1887-1985)는 문제 풀이에 관해 많은 책을 집필한 저명한 수학자이다. 그의 책《어떻게 문제를 풀 것인가(How To Solve It)》[1]에서 수학에서 새로운 문제에 접근할 때 적용할 수 있는, 쉽지만 똑똑한 방법을 제시했다. 그의 제안은 다음과 같이 요약할 수 있다.
>
> 첫째, 문제에서 주어진 것과 주어지지 않은 것을 확인한다.
> 둘째, 문제 풀이 계획을 짜고, 차례차례 실행한다.
> 셋째, 풀이를 검증한다.
>
> 물론 문제 풀이는 대개 직관적이지 않다. 그럼에도 불구하고 포여의 방법은 많은 문제에 적용 가능하다. 새로운 문제를 마주할 때마다 이러한 방법을 떠올려 보는 것은 좋은 습관이다.

---

1 《어떻게 문제를 풀 것인가(How to solve it)》(교우사, 2005)

첫째, 최종 상태에 대해 알려진 것과 알려지지 않은 것을 확인한다.

둘째, 임의의 시점에서의 상태를 나타낼 수 있는 변수를 도입한다.

셋째, 상자에 상자를 넣는 과정을 변수에 값을 대입하는 과정으로 모델링한다.

넷째, 이 과정에서의 불변량을 찾는다.

다섯째, 위 과정을 결합해 최종 상태를 유도한다.

첫 단계는 쉽다. 최종 상태에 대해 알려진 것은 빈 상자의 개수이고, 알려지지 않은 것은 상자의 총 개수이다. 그렇다면 두 번째 단계에서는 두 변수 b와 e를 도입할 수 있다. 이 두 변수는 각각 어떤 시점에서 상자의 개수와 빈 상자의 개수를 나타낸다.

첫 두 단계가 문제 풀이에서 특히 중요하다. 여기에서 하는 일은 문제가 요구하는 최종 목적과 직접적으로 연관되어 있다. 흔히 저지르는 실수는 중간 크기의 상자나 작은 상자의 개수를 나타내는 변수를 도입하려고 하는 것이다. 이 값들은 문제의 요구사항과 크게 관련이 없고, 이러한 값을 이용한 풀이는 과하게 복잡해지기 마련이다. 효과적인 문제 풀이의 원칙은 최대한 간결하게 푸는 것이다.

이제 다음 세 단계를 진행하자. 문제에서 설명한 상자를 채우는 과정은 다음과 같다. 하나의 상자를 채울 때, 상자의 총 개수는 8만큼 늘어난다. 빈 상자의 개수는 $8 - 1 = 7$만큼 늘어난다. 이는 빈 상자가 8개 생기면서, 한 상자가 채워지기 때문이다. 그렇다면 다음 대입이 이 과정을 나타낸다.

$$b, e := b + 8, e + 7$$

이제, 이 대입에서 불변량을 찾자.

지금까지는 대입이 단순했고 불변량을 찾는 것이 그리 어렵지 않았다. 그러나 이번 대입은 더욱 복잡하기에, 경험이 부족하다면 불변량을 찾는 데 어려움을 겪을 수 있다. 전통적으로, 답을 추측하는 것은 꽤 좋은 해결 방법이다. 그러나 여기서는 추측과 우연에 의존하고 싶지 않다. 또 다른 전략은 상자가 채워진 횟수를 나타내는 새로운 변수를 도입하는 것이다. 빈 상자 문제의 경우 이는 매우 자연스러운 접근이지만, 여기서는 이렇게 해결하지 않을 것이다. 대신에, 불변량을 찾을 때 추측을 계산으로 바꿀 수 있는 좀 더 일반적인 방법론을 소개하고자 한다. (2.2.1절에서 횟수를 나타내는 새로운 변수를 도입하는 전략을 소개한다.)

이 방법에서도 불변량에 대한 약간의 추측이 필요하다. b와 e에 대한 대입을 개별로 살펴보자. b에 대한 대입은 $b := b + 8$이다. 따라서 8이 b에 반복적으로 더해지고, b는 차례대로 b_0(초깃값, 여기서는 11이지만 지금 당장은 중요하지 않다), $b_0 +$ $8, b_0 + 2 \times 8, b_0 + 3 \times 8, ...$의 값을 갖게 된다. 마찬가지로 e는 차례대로 $e_0, e_0 + 7,$ $e_0 + 2 \times 7, e_0 + 3 \times 7, ...$의 값을 갖는다. 수학 용어로, e의 값은 e_0과 7의 **선형 결합**으로 표현할 수 있다. 마찬가지로 b의 값은 b_0과 8의 선형 결합으로 나타낼 수 있다. 찾고자 하는 불변량이 b와 e의 선형 결합이라고 추측해 보자. 이제, 이 추측을 공식화하고 계산을 수행하자.

어떤 수 M과 N에 대해 $M \times b + N \times e$가 대입의 불변량이라고 추측하고, 다음과 같이 M과 N의 값을 계산하고자 한다.

$\quad M \times b + N \times e$는 대입 $b, e := b + 8, e + 7$의 불변량

$= \quad \{ \ 불변량의 \ 정의 \ \}$

$\quad (M \times b + N \times e)[b, e := b + 8, e + 7] = M \times b + N \times e$

$= \quad \{ \ 치환의 \ 정의 \ \}$

$\quad M \times (b + 8) + N \times (e + 7) = M \times b + N \times e$

$= \quad \{ \ 계산 \ \}$

$\quad (M \times b + N \times e) + (M \times 8 + N \times 7) = M \times b + N \times e$

$= \quad \{ \ 소거 \ \}$

$\quad M \times 8 + N \times 7 = 0$

$\Leftarrow \quad \{ \ 계산 \ \}$

$\quad M = 7 \wedge N = -8$

마침내! 계산을 통해 $7 \times b - 8 \times e$가 대입의 불변량이라는 결론을 얻었다. 이제 빈 상자 문제를 해결하는 데 필요한 정보를 충분히 얻었다.

초기에 b와 e는 모두 11이다. 따라서, $7 \times b - 8 \times e$의 초깃값은 −11이다. 이 값은 상자를 채우는 과정 내내 변하지 않는다. 최종 상태에서 e는 102이다. 따라서, 최종 상태에서 상자의 수 b는 등식 $-11 = 7 \times b - 8 \times 102$를 통해 알 수 있다.

이 등식을 풀면, $115 = b$다. 즉, 최종 상태에서 상자는 총 115개다.

2.2.1 돌아보기

효과적으로 문제를 해결하는 법을 배우는 가장 좋은 방법 중 하나는 서로 다른 풀이를 비교하는 것이다. 아마도 이는 자주 저지르는 '실수'를 찾을 수 있는 유일한 방

법일 것이다. 여기서 '실수'란 사실이 아닌 오류를 뜻하는 것이 아니라, 풀이를 찾기 더 어렵거나 불가능하게 만드는 접근이나 선택을 의미한다.

작은 크기의 상자와 중간 크기의 상자, 그리고 큰 상자 각각의 개수를 나타내는 변수를 도입하는 것은 실수라고 이미 언급하였다. 그렇게 해도 문제를 해결할 수 없는 것은 아니지만, 풀이 방법이 더 복잡해진다. 물론, 그럼에도 불구하고 실수는 흔하게 발생하지만, 문제 해결에 대한 목표 지향적 접근법을 통해 실수를 줄일 수 있다. 첫째로 해야 할 질문은 '무엇이 미지수인가'이며, 그런 다음 미지수를 결정하는 데 어떤 정보가 필요한지 확인하면서 역으로 풀어 나간다.

목표 지향적 논증법은 M과 N의 계산 과정에서 분명해진다. 계산 과정은 속성을 정의하면서 시작하고 해당 속성을 만족하는 값을 도출하면서 끝난다. 마지막 단계는 만약(if) 단계. 선형 결합 $M \times b + N \times e$는 M이 7이고 N이 -8인 경우 불변량이다. M과 N이 다른 값을 가져도 불변량이 될 수 있다. 예를 들어, M이 -7이고 N이 8인 경우에도 불변량이 된다. (극단적인 경우로, M과 N이 모두 0인 경우가 있다. 이 경우, 0이 대입의 불변량이라는 결론을 얻는다. 그러나 상수 0은 모든 대입의 불변량이므로 이러한 관찰이 문제 해결에 도움이 되지는 않는다!)

계산 과정에서 만약 단계를 사용하는 방법은 비교적 최근 발견된 혁신이며, 전통적인 수학 교과서에서는 거의 소개하지 않았다. 일반적으로 수학자는 풀이를 가정한 다음, 가정이 올바른지 검증한다. 이러한 방법은 서술을 짧게 만들지만 풀이를 찾는 동기와 과정을 알려 주지는 않는다. 따라서, 이 책에서는 풀이를 구성하는 기법이 이미 명확할 때에만 이러한 방법을 사용할 것이다.

⚠️ M과 N의 계산은 이 책에서 사용하는 계산 방식의 또 다른 예시다. 이 계산은 다섯 단계로 이루어진다. 각 단계는 두 개의 불리언 표현식을 관계 짓는다. 예를 들어, 세 번째 단계는 표현식

$$M \times (b+8) + N \times (e+7) = M \times b + N \times e \qquad (2.2)$$

와

$$(M \times b + N \times e) + (M \times 8 + N \times 7) = M \times b + N \times e \qquad (2.3)$$

를 관계 짓는다.

마지막을 제외한 모든 단계에서의 관계는 (불리언) 등호다. 마지막 단계에서의 관계는 '⇐'이고 '만약'이라고 읽는다. 불리언 표현식은 변수의 값에 따라 참($true$) 또는 거짓($false$)으로 계산된다. 예를 들어, M과 N의 값이 모두 0이면 표현식 $M \times 8 + N \times 7 = 0$의 값은 참이고 $M = 7 \wedge N = -8$의 값은 거짓이다. 기호 '∧'는 '그리고'라고 읽는다.

각 단계는 두 표현식 사이의 관계가 '어디서든' 성립한다고 주장한다. 즉, 두 표현식의 변수들이 가질 수 있는 모든 값에 대해서 성립한다. 예를 들어, 세 번째 단계는 변수 M과 N, b, e가 어떤 값을 가지든 표현식 (2.2)의 값과 표현식 (2.3)의 값이 서로 같다고 주장한다. (예를 들어, 변수 M과 N, b, e의 값이 모두 0이면 (2.2)와 (2.3)의 값이 모두 참이고, 모든 변수의 값이 1이면 (2.2)와 (2.3) 둘 다 값이 거짓이다.) 이러한 주장은 중괄호로 감싼 힌트를 근거로 한다.

계산 과정에는 =과 ⇐, ∧의 세 가지 불리언 연산자가 사용된다. 이러한 연산자가 사용된 식을 계산하는 방법은 12.6절을 참조하라. 계산의 마지막 단계는 $M = 7 \wedge N = -8$이 참일 때에 $M \times 8 + N \times 7 = 0$도 참이 되는 경우이기 때문에 등호 단계가 아니라 ⇐ 단계(만약(if) 단계)다. 하지만, M과 N이 모두 0인 경우 전자는 거짓인 반면에 후자는 참이다. 따라서 이 두 표현식이 '어디서든' 같지는 않다.

참고로, 등호 기호 =는 (첫 네 단계처럼) 불리언 값과 ('$M = 7$'처럼) 수의 값 모두에 대해서 사용한다. 이를 소위 연산자의 '과적화(overloading)'라고 하며, 12장에서 다룬다.

이 문제를 푸는 또 다른 방법은 8개의 상자가 채워지는 횟수를 나타내는 변수 n을 도입하는 것이다. 상자를 n번 채웠을 때 상자의 개수와 빈 상자의 개수를 아래첨자로 ($b_0, b_1, b_2, \ldots$ 혹은 $e_0, e_1, e_2, \ldots$와 같이) 표기하자. 이제, 대입 대신에 다음과 같은 등식을 얻을 수 있다.

$$b_{n+1} = b_n + 8 \wedge e_{n+1} = e_n + 7$$

이렇게도 문제를 해결할 수는 있다. 하지만 아래첨자로 사용하는 변수가 많아지면 다루기 상당히 어려워진다. 대입에 의해 상태가 변한다는 점이 알고리즘 문제에서 필연적이라는 사실을 받아들인다면, 이러한 복잡함을 피할 수 있다. 그러므로, 대입을 직접적으로 다루고 추론할 수 있어야 한다.

그러한 풀이법은 우리의 기존 풀이와 아래첨자를 사용하는 풀이의 중간 정도 된다. 개수 변수는 도입하지만, 변수를 아래첨자로 사용하지는 않는다. 이제 다음 대입의 불변량을 찾아야 한다.

$$b, e, n := b + 8, e + 7, n + 1$$

대입을 적용한 횟수를 세는 변수 n을 **보조 변수**(auxiliary variable)라고 한다. 이 변수는 추론을 돕는 데 사용될 것이다. 보조 변수는 때때로 더 복잡한 문제에 유용하다. 지금의 경우, $b - 8 \times n$과 $e - 7 \times n$이 대입의 불변량임을 알아내는 것이 더욱 쉽다. 또한 E와 F가 둘 다 대입의 불변량이면 임의의 조합 $E \oplus F$도 불변량이다. 따라서 $7 \times (b - 8 \times n) - 8 \times (e - 7 \times n)$도 불변량이며, 이는 $7 \times b - 8 \times e$로 단순화된다. 이처럼 대입에 세 개 이상의 변수가 포함된 경우, 몇몇의 변수만으로 이루어진 불변량 조합을 찾은 다음, 이들을 하나로 조합하는 것이 유용한 전략일 것이다.

보조 변수를 활용하는 세 번째 방법은 대입을 n번 연속으로 수행한 결과를 고려하는 것이다. 다음 대입을 n번 수행해 보자.

$$b, e := b + 8, e + 7$$

이는 아래의 대입을 한 번 실행하는 것과 동일하다.

$$b, e := b + n \times 8, e + n \times 7$$

e가 11인 상태에서 시작하여 e가 102인 상태로 끝나는 것은 $n = 13$인 경우에만 가능하다. 이때 b의 최종 값은 $11 + 13 \times 8$이어야 한다. 이 풀이는 불변량을 전혀 사용하지 않는 것처럼 보이지만 사실이 아니다. 논증을 더 엄밀하게 하면, 대입을 n번 실행한 결과의 주장을 뒷받침할 때에 불변량이 사용된다.

---

⑦ 연습문제 2.4

여러분은 빈 상자 문제를 일반화할 수 있는가? 처음에 m개의 상자가 있고, 하나의 빈 상자에 k개의 작은 상자를 넣는 작업을 반복한다고 하자. 마지막에 빈 상자가 총 n개라고 가정하자. 이때 여러분은 총 상자의 수를 계산할 수 있는가? 문제가 잘 공식화(well-formulated)되었음을 알 수 있는 m과 k, n에 대한 조건을 밝히고 풀이를 제시하라.

여러분은 k가 1일 때 문제가 제대로 공식화되지 않는다는 사실을 알아차렸는가? 왜 이런 일이 일어나는지 이유를 설명하라.

2.3 종이컵 문제

종이컵 문제를 다시 보자.

책상 위에 몇 개의 종이컵이 놓여 있다. 일부는 위아래가 뒤집혀 있고, 나머지는 똑바로 놓여 있다. 여러분은 두 개의 종이컵을 잡아 각각을 동시에 위아래로 뒤집는 작업을 반복해서 모든 종이컵이 똑바로 놓이게 만들고자 한다.

종이컵을 뒤집는 작업을 적절히 수행하여 모든 종이컵이 똑바로 놓이게 할 수 있는 종이컵들의 초기 상태는 무엇인가?

위아래가 뒤집힌 종이컵의 개수가 짝수이면 모든 종이컵을 똑바로 놓을 수 있음을 알아내는 것은 어렵지 않다. 알고리즘은 두 개의 뒤집힌 종이컵을 잡고 뒤집는 작업을 반복하는 것이다. 이러면, 뒤집힌 종이컵의 수는 감소하고 결국에는 0이 된다. 그러나 더 어려운 문제는 이 특별한 경우뿐만 아니라 모든 가능성을 고려하는 것이다.

알고리즘은 뒤집힌 종이컵의 수를 나타내는 하나의 변수를 도입할 것을 암시한다. 이 변수를 u라고 부르자.

두 개의 종이컵을 잡아 위아래로 뒤집으면, 세 가지의 가능성이 있다. 먼저, 똑바르게 놓인 종이컵 두 개를 뒤집는 경우다. 이는 아래의 대입으로 모델링할 수 있다.

$$u := u + 2$$

둘째로, 뒤집힌 종이컵 두 개를 똑바로 놓는 경우다. 이때, u는 2만큼 감소하며 이는 아래의 대입으로 모델링된다.

$$u := u - 2$$

마지막으로, 똑바로 놓인 종이컵 하나와 뒤집힌 종이컵 하나를 동시에 뒤집는 경우다. u의 값은 변하지 않는다. 프로그래밍 용어로 이는 건너뛰기 문($skip$ statement)으로 모델링된다. '건너뛰기'는 '아무것도 하지 않음' 또는 '효과가 없음'을 의미한다. 이 예제에서는 아래의 대입과 동치다.

$$u := u$$

그러나 이러한 대입은 어떠한 변수에도 의존하지 않도록 이름을 부여하는 편이 좋을 것이다. 여기서는 *skip*이라고 이름을 붙이자. 따라서 세 번째 가능성은 아래의 구문을 실행하는 것이다.

skip

이 세 구문 중 어느 것이 실행될지는 명시되지 않았다. 따라서 뒤집기 과정의 불변량은 세 구문 각각의 불변량이어야 한다.

모든 표현식은 건너뛰기 문의 불변량이다. 따라서 건너뛰기 문을 무시할 수 있다. 이제, 두 대입 $u := u + 2$와 $u := u - 2$의 불변량을 찾아야 한다. u에 2를 더하거나 빼도 변하지 않는 값은 무엇인가?

정답은 u의 홀짝성(또는 기우성, parity)이다. u의 홀짝성은 참 혹은 거짓의 값을 가지는 불리언 값이다. u가 짝수(0, 2, 4, 6, 8 등)이면 참이고 u가 홀수(1, 3, 5, 7 등)이면 거짓이다. 이러한 불리언 값을 $even(u)$라고 쓰자.

$$even(u)[u := u + 2] = even(u + 2) = even(u)$$

즉, $even(u)$는 대입 $u := u + 2$의 불변량이다. 또한,

$$even(u)[u := u - 2] = even(u - 2) = even(u)$$

이는 $even(u)$가 대입 $u := u - 2$의 불변량이기도 함을 보여 준다.

> ⚠️ $E = F = G$ 형식의 표현식을 **연속된 등식**이라고 하며 여러 개의 등식을 동시에 나타낸다. 즉, $E = F$와 $F = G$를 의미한다. 등식은 전이적이기 때문에 여기에는 $E = G$도 내포되어 있다. 이러한 개념에 대한 자세한 내용은 12.7.4절을 참조하라.

따라서 두 개의 종이컵을 몇 번 뒤집어도 위아래가 뒤집힌 종이컵의 수의 홀짝성은 변하지 않는다는 결론을 얻었다. 즉, 처음에 짝수 개의 뒤집힌 종이컵이 있으면 그 수는 항상 짝수가 된다. 마찬가지로 처음에 홀수 개가 있었다면 항상 그 수는 홀수다.

문제의 목표는 뒤집힌 종이컵이 없어질 때까지 뒤집기 작업을 반복하는 것이다. 0은 짝수이므로 문제의 답은 '처음부터 뒤집힌 종이컵이 짝수 개 있어야 한다'이다.

2.3.1 비결정론적 선택

종이컵 문제를 해결하기 위해 세 표현식의 조합에 대해 추론해야 했다. 이 조합을 표현식의 **비결정론적 선택**(non-deterministic choice)이라고 하며 중위 연산자 '□'로 표기하고 '고른다'라고 읽는다. 아래의 표현식은 세 구문 중 하나를 마음대로(비결정론적으로) 골라 수행한다는 뜻이다.

$$u := u + 2 \ \square \ skip \ \square \ u := u - 2$$

어떤 표현식이 비결정론적 선택문의 불변량이라는 것은, 그 표현식이 선택문을 구성하는 각 구문의 불변량이라는 것이다.

비결정론적 구문은 일반적으로 프로그래밍 언어에서 허용되지 않는다. 프로그래머는 일반적으로 모든 상황에 대해 컴퓨터가 수행할 작업을 지시해야 한다. 그러나 컴퓨터 시스템의 사용자가 수행하는 작업은 일반적으로 비결정론적이다. (사용자는 가능한 작업 중에서 무엇을 실행할지 자유롭게 선택할 수 있다.) 따라서 프로그래머는 이러한 비결정성을 이해하고 추론할 수 있어야 한다. 같은 이유로 이 책에서는 특히 2인 게임을 고려할 때 비결정성을 활용한다. 이러한 게임에서 각 플레이어는 상대방의 행동을 제어할 수 없으므로, 플레이어의 행동을 비결정론적 선택으로 모델링해야 한다.

---

⑦ 연습문제 2.5

흰 돌과 검은 돌 문제와 도미노 문제를 풀어라(이 장의 시작 부분에 있는 문제 4와 문제 5). 흰 돌과 검은 돌 문제의 경우 항아리에 들어 있는 돌들의 상태를 설명하는 적절한 변수를 도입하라. 그런 다음 돌을 빼거나 넣는 과정을 여러 개의 대입의 비결정론적 선택문으로 표현하라. 이후, 불변량을 찾고 적절한 결론을 도출하라. 도미노 문제는 조금 더 어렵지만 동일한 방법으로 해결할 수 있다. (힌트: 체스판각 칸의 색을 활용하라.)

여러분은 또한 문제 6(a)를 해결할 수 있을 것이다.

2.4 테트로미노

이 절에서는 문제 6(b)의 풀이를 제시하고, 수학적 계산 방식을 좀 더 자세하게 설명하고자 한다.

테트로미노 문제를 다시 보자.

> 격자판을 T 조각 테트로미노만 써서 덮을 수 있다면, 격자판의 넓이는 8의 배수임을 증명하라.

이 문제를 간단하게 분석하기만 해도 명백한 불변량을 찾을 수 있다. 체스판에서 덮인 칸의 수를 c로 나타내자. 체스판에 하나의 테트로미노를 배치하는 것은 다음과 같이 모델링된다.

$$c := c + 4$$

따라서 $c \bmod 4$는 불변량이다. ($c \bmod 4$는 c를 4로 나눈 나머지다. 예를 들어, $7 \bmod 4$는 3이고 $16 \bmod 4$는 0이다.) 처음에 c는 0이므로 $c \bmod 4$는 $0 \bmod 4$, 즉 0이다. 따라서 $c \bmod 4$는 항상 0이다. 즉, 'c가 4의 배수인 것은 불변인 성질'이라고 말할 수 있다. 여기서 '~은 불변인 성질'을 생략하고 'c는 4의 배수'라고 말하기도 한다.

⚠️ $c \bmod 4$와 같은 표현식을 '모듈러 연산(modular arithmetic)'이라고 한다. '모듈러 연산'이란 값을 '모듈로(modulo)'로 나눈 나머지로 나타내는 산술 형식이다. 예를 들어 '모듈로' 2에서 수를 센다면 $0, 1, 2, 3, 4, 5, 6, \ldots$이 아니라 $0, 1, 0, 1, 0, 1, 0, \ldots$이 된다. 각 과정에서 수는 2로 나눈 나머지로 대체된다(줄어든다!). 마찬가지로 '모듈로' 3에서 수를 세면 $0, 1, 2, 0, 1, 2, 0, \ldots$이 된다. 각 단계에서 수는 3으로 나눈 나머지로 줄어든다. 모듈러 연산은 놀라울 정도로 아주 유용하다. 이에 대한 내용은 15.4절을 참조하라.

이제 테트로미노가 $m \times n$ 크기의 체스판을 덮는다고 가정하자. (이는 체스판 한 변의 길이가 m칸, 다른 변의 길이가 n칸이라는 뜻이다.) 그러면 $c = m \times n$이므로 $m \times n$은 4의 배수다. 두 수 m과 n의 곱이 4의 배수가 되기 위해서는, m 또는 n이 (혹은 둘 다) 2의 배수여야 한다.

지금까지의 논의는 T-테트로미노에 한정하지 않은, 일반적인 테트로미노에 관한 것임에 유의하라. 방금까지 이야기한 내용은 사실 문제 6(a)의 풀이다. 격자판을 테트로미노로 모두 덮을 수 있다면, 격자판의 적어도 한 변의 길이는 짝수여야 한다.

이러한 방식으로 문제 6(a)의 풀이를 찾아가는 과정은 문제 해결의 일반적인 현상을 보여 준다. 더 어려운 문제를 해결하는 과정에는 일반적으로 더 단순한 하위 문제를 공식화하고 해결하는 과정이 포함된다. 사실, 많은 '어려운' 문제는 몇 가지 간단한 문제의 풀이를 조합해서 해결할 수 있다. 이러한 관점에서 문제를 바라보면, '어려운' 문제를 다루기 훨씬 쉬워진다. 목표에 도달할 때까지 단순한 문제를 계속 해결하라!

이 시점에서, 장황한 논증들을 수학적 계산을 활용하여 간결하게 대체하고자 한다. 앞의 논증을 계산 양식으로 적으면 아래와 같다.

$m \times n$ 크기의 체스판을 테트로미노로 완전하게 덮음
$\Rightarrow$ { 불변량: c는 4의 배수, $c = m \times n$ }
$m \times n$은 4의 배수
$\Rightarrow$ { 곱셈의 성질 }
m은 2의 배수 $\lor$ n은 2의 배수

이것은 두 단계로 이루어진 계산이다. 첫 번째 단계는 '$\Rightarrow$' 기호로 표기된 '함축' 단계다. 이 단계는 다음과 같이 읽는다.

$m \times n$이 4의 배수인 **경우에만** $m \times n$ 체스판을 테트로미노로 완전하게 덮을 수 있다.

(또는 '$m \times n$ 체스판을 테트로미노로 덮는다는 것은 $m \times n$이 4의 배수임을 **함축 한다.**' 또는 '$m \times n$ 체스판을 테트로미노로 덮을 수 **있다면** $m \times n$은 4의 배수다.')

여기서 힌트는 앞서 증명된 사실들의 조합으로, 덮인 칸의 수는 (덮인 영역의 모양에 관계없이) 항상 4의 배수라는 사실과, $m \times n$ 체스판을 완전하게 덮었다면 덮인 칸의 수는 $m \times n$이라는 사실이다.

두 번째 단계는 다음과 같이 읽는다.

m이 2의 배수거나 n이 2의 배수인 경우에만 $m \times n$은 4의 배수다.

다시 언급하지만, '⇒' 기호는 함축을 나타낸다. 기호 'V'은 '또는(or)'을 의미한다. 참고로, 'or'는 '논리합(inclusive-or)'을 의미한다. 즉, m과 n이 모두 2의 배수일 가능성을 포함한다. 반면에 '배타적 논리합(exclusive-or)'은 m이 2의 배수이거나 n이 2의 배수이지만 둘 다는 아님을 의미한다. 즉, 둘 다 참일 가능성을 배제한다.

이 경우에 주어진 힌트는 덜 구체적이다. 수를 소수의 곱으로 표현하는 방법에 관한 성질이 암묵적으로 쓰였다. 이 일반적인 정리를 알고 있을 수도 있고 그렇지 않을 수도 있지만, 수에 4를 곱하는 것에 관한 충분한 지식을 갖고 이 논증이 유효함을 깨달아야 한다.

계산의 결론 또한 '~인 경우에만' 또는 '오직 그러할 때에만'(only if) 명제다.

즉, m이 2의 배수이거나 n이 2의 배수인 경우에만 $m \times n$ 체스판을 테트로미노로 완전히 덮을 수 있다.

(다른 말로는, $m \times n$ 체스판이 테트로미노로 완전하게 덮여 있다면 m이 2의 배수이거나 n이 2의 배수다.)

수학적 계산 과정을 나타내는 이러한 방식은 일반적인 방식과는 반대된다. 수학적 표현은 본문 사이사이에 배치된다. 두 명제 사이의 중괄호 안에 힌트를 적으면, 힌트를 원하는 만큼 길게 적을 수 있게 된다. 여기에는 다른 하위 계산을 포함할 수도 있을 것이다. '⇒' 기호를 사용하면 연결하고자 하는 명제 간의 관계가 명확해진다. 더 중요한 것은 다른 관계를 사용할 수도 있다는 것이다. 이미 본 것처럼 일부 계산에서는 '⇐'를 연결 관계로 사용한다. 이러한 계산의 과정은 목표에서 시작해서 제시된 내용으로 거꾸로 흘러가며, 이는 종종 가장 효과적인 논증 방법이다.

> ⚠ 계산에서 사용하는 '⇒'은 공식적인 수학적 의미가 있다. 절대로 '그다음 단계는'을 의미하는 화살표가 아니다! 함축은 불리언 연결사다. 12.6절은 표현식 $p \Rightarrow q$를 계산하는 방법을 다룬다. 여기서 p와 q는 불리언 값을 나타낸다. 아래와 같은 계산 단계에서 사용되는 '⇒'는 $E \Rightarrow F$가 '어디서나' 참임을 의미한다. 즉, 표현식 E와 F가 의존하는 변수가 가질 수 있는 모든 값에 대해서다.
>
> $\quad E$
> $\Rightarrow \quad \{\ \text{힌트}\ \}$
> $\quad F$

> 단계가 함축(⇒) 단계인지 등호(=) 단계인지를 구분하는 것은 매우 중요하다. 함축 단계는 명제 F가 E보다 약하기 때문에 '약화' 단계라고도 불린다. 때로는 함축이 명제를 너무 약하게 만들어서 계산을 더 이상 진행하지 못할 수도 있다. 만일 이런 일이 발생하면 함축 단계들을 제일 먼저 검토해야 한다.
>
> 역으로, 만약(⇐) 단계는 '강화' 단계이며 때때로 강화가 과할 수 있다. 절대로 이 두 가지 유형의 단계를 하나의 계산으로 결합해서는 안 된다. 자세한 내용은 12.8절을 참조하라.

이제 문제 6(b)를 살펴보자. 분명히 풀이는 T 조각 테트로미노의 모양을 고려할 것이다. (문제의 내용은 I 조각 테트로미노에 대해서 성립하지 않는다. 4 × 1 체스판은 한 개의 I 조각 테트로미노로 덮을 수 있지만 4는 8의 배수가 아니다.)

다른 조각과는 다르게 T 조각 테트로미노만이 갖는 특징은, 하나의 정사각형에 다른 세 개의 정사각형이 붙어 있다는 것이다. 체스판을 색칠하는 방식처럼, 이 정사각형 하나를 다른 세 정사각형과 다른 색으로 칠해 보자.

체스판과 같이, 정사각형을 검정색과 흰색으로 색칠하자. T 조각 테트로미노도 같은 방식으로 색칠될 것이다. 이때, 각 T 조각 테트로미노는 (1) 세 개의 검은색과 한 개의 흰색 정사각형을 가지거나, (2) 한 개의 검은색과 세 개의 흰색 정사각형을 가질 것이다. 전자를 어두운 T 조각 테트로미노, 후자를 밝은 T 조각 테트로미노라고 부르자(그림 2.5). 이제 이 테트로미노를 체스판에 놓을 때 덮인 칸의 색이 테트

그림 2.5 어두운 T 조각 테트로미노와 밝은 T 조각 테트로미노

로미노에서 대응되는 칸의 색과 일치하도록 적절한 조각을 선택해야 한다.

체스판의 상태를 설명하기 위하여 네 개의 변수를 도입하자. 변수 b는 덮인 검은색 칸의 수를, w는 덮인 흰색 칸의 수를 나타내자. 또한, d는 사용된 어두운 T 조각 테트로미노의 수를, l은 밝은 테트로미노의 수를 나타내자.

체스판에 하나의 어두운 T 조각 테트로미노를 놓는 작업은 다음 대입으로 모델링된다.

$$d, b, w := d + 1, b + 3, w + 1$$

체스판에 하나의 밝은 T 조각 테트로미노를 놓는 작업은 다음 대입으로 모델링된다.

$$l, b, w := l + 1, b + 1, w + 3$$

$b - 3 \times d - l$은 두 대입 모두의 불변량이다. 왜냐하면

$$(b - 3 \times d - l)[d, b, w := d + 1, b + 3, w + 1]$$
$$= \quad \{ \text{ 치환의 정의 } \}$$
$$(b + 3) - 3 \times (d + 1) - l$$
$$= \quad \{ \text{ 계산 } \}$$
$$b - 3 \times d - l$$

그리고

$$(b - 3 \times d - l)[l, b, w := l + 1, b + 1, w + 3]$$
$$= \quad \{ \text{ 치환의 정의 } \}$$
$$(b + 1) - 3 \times d - (l + 1)$$
$$= \quad \{ \text{ 계산 } \}$$
$$b - 3 \times d - l$$

이기 때문이다.

비슷하게, $w - 3 \times l - d$ 또한 두 대입의 불변량이다.

이제, $b - 3 \times d - l$의 초깃값이 0이므로, 체스판에 T 조각 테트로미노를 얼마나 많이 놓았는지에 관계없이 이 값은 0이다. 같은 논리로, $w - 3 \times l - d$의 값은 항상 0이다.

> ⚠️ 논증의 흐름을 방해하지 않기 위해, $b - 3 \times d - l$을 구성하는 과정을 생략하고 오직 두 대입의 불변량임을 검증했다. 이는 마치 표현식을 묘안으로 떠올려 낸 것과 같은 인상을 주지만 사실이 아니다. 두 대입의 불변량은 2.2절에서 논의한 기법을 써서 구성할 수 있다. 변수들의 선형 결합으로 이루어진 불변량이 존재한다고 가정한 다음 계수를 계산한다. 이는 연습문제 2.9를 참조하라. 다음 계산에서 등식 $b = w$는 b과 d, l 혹은 w와 d, l의 선형 결합 형태의 불변량을 찾는 동기가 된다.

이제 문제를 해결할 수 있다.

체스판을 T 조각 테트로미노로 완전하게 덮음

$\Rightarrow$ { 문제 6(a)로부터 체스판의 적어도 한 변의 길이는
   짝수임을 알 수 있다. 이는 검은 칸과 흰 칸의 개수가
   같음을 의미한다. }

$b = w$

$=$ { $b - 3 \times d - l = 0$
   $w - 3 \times l - d = 0$ }

$(b = w) \wedge (3 \times d + l = 3 \times l = d)$

$=$ { 계산 }

$(b = w) \wedge (l = d)$

$=$ { $b - 3 \times d - l = 0$
   $w - 3 \times l - d = 0$ }

$b = w = 4 \times d = 4 \times l$

$\Rightarrow$ { 계산 }

$b + w = 8 \times d$

$\Rightarrow$ { $b + w$는 덮인 칸의 수 }

덮인 칸의 수는 8의 배수

따라서 다음과 같은 결론을 얻는다.

격자판을 T 조각 테트로미노만 써서 덮을 수 있다면, 덮인 칸의 수는 8의 배수다.

이제 문제 6(c)를 해결할 수 있을 것이다. 이 문제는 문제 6(b)와 매우 유사해 보이며 비슷한 방법으로 풀 수 있을 것으로 보인다. 실제로도 그러하다. 각 칸을 검은색과 흰색으로 색칠하는 다른 방법을 찾아보아라. 적절한 방법을 찾았다면, 6(b)에서처럼 논증을 할 수 있어야 한다. 논증의 모든 단계가 유효한지 반드시 확인하라.

(하나의 문제 풀이를 다른 문제에 얼마나 쉽게 적용할 수 있느냐는 풀이의 효율성을 측정하는 좋은 척도다. 문제 6(b)에 대한 풀이는 T 조각 테트로미노의 특성을 적용하는 단계를 명확하게 밝히고 있기 때문에, 이 풀이를 활용하면 문제 6(c)를 너무 어렵지 않게 해결할 수 있을 것이다. 마찬가지로 이 풀이는 덮인 칸들의 영역이

직사각형이라는 사실을 어떻게 활용하는지 명확하게 제시한다. 계산 과정을 제대로 서술하지 않으면 어떤 성질이 사용되고 있는지를 명확하게 밝힐 수 없다. 결과적으로 풀이를 새로운 문제 상황에 적용하기 어렵게 만든다.)

일단 문제 6(c)를 해결했다면 문제 6(d)는 상대적으로 쉬울 것이다. 행운을 빈다!

2.5 정리

이 장은 싱글 엘리미네이션 토너먼트에서 플레이어를 한 명씩 제거하는 알고리즘처럼, 단순하고 반복되는 과정을 포함한 알고리즘에 관하여 다루었다. 불변량은 이러한 알고리즘에 대해 추론할 때 중요한 역할을 한다. 불변량은 알고리즘 문제 해결에서 아마도 가장 중요한 개념 중 하나이며, 그렇기 때문에 이 책의 시작을 불변량으로 장식하였다. 지금까지는 불변량을 주로 알고리즘 문제에서 해가 존재할 조건을 확립하는 데 사용하였다. 지금부터는 이 개념이 알고리즘을 설계하는 데도 중요하다는 것을 알게 될 것이다.

수학적으로 말하자면, 불변량의 사용은 수학적 귀납법의 원리에 해당한다. 이 원리는 단순하다. 하나의 과정을 수행했을 때 불변량이 유지된다면, 그 과정을 (0번을 포함하여) 유한 번 수행해도 불변량은 유지된다.

또한, 동시 대입과 비결정론적 선택도 소개하였다. 이는 컴퓨터 프로그램을 구축하는 데 중요한 구성 요소다.

문제 해결의 요소로는 (목표지향적) 추상화와 계산이 있다.

추상화는 문제 해결에 필요한 것을 식별하고, 그렇지 않은 것을 배제하는 과정이다. 추상화는 문제 해결의 핵심이지만, 이는 쉽지 않으며 많은 연습이 필요하다. 문제 해결 경험을 쌓아 가면서 이전에 했던 추상화를 주의 깊게 검토하여 개선할 수 있는지 살펴보아야 한다.

수학적 계산은 알고리즘 기반의 문제 해결의 근본이다. 문제를 계산으로 귀결할 수 있다면 풀이에 한 걸음 더 가까워진다. 계산은 추측을 피하는 데 도움이 된다. 물론 문제 해결에는 창의성을 요하는 부분이 있어, 추측을 완전히 피하는 것은 불가능하다. 그러나 성공의 핵심은 추측을 최소한으로 제한하는 것이다. 예를 들어 빈 상자 문제에서는 불변량이 상태 변수들의 선형 결합임을 추측한 후, 각각의 계수를 계산하였다. 이러한 기술은 앞으로도 계속해서 사용할 것이다.

추상화와 계산은 실생활 문제 해결에서 일반적으로 나타나는 패턴의 두 가지 구성 요소다. 마지막 세 번째 구성 요소는 해석이다. 그림 2.6은 이 패턴을 보여 준다. 실생활 문제가 주어지면, 첫 번째 단계는 문제를 수학적 용어로 표현한 후, 이를 계산 가능한 수학 문제로 추상화하는 것이다. 그런 다음, 실생활 문제와 상관없이 수학적 계산을 적용하여 수학 문제에 대한 풀이를 찾는다. 마지막 단계는 그 결과를 다시 실생활 문제의 맥락으로 해석하는 것이다. 이 세 단계의 과정은 일반적으로, 실생활의 문제를 적절하게 이해하고 '해결할' 때까지 여러 차례 반복해야 한다.

수학은 추상화-계산-해석 주기의 모든 구성 요소와 관련이 있다. 수학은 단지 계산에 관한 것이라는 생각은 흔히 하는 오해다.

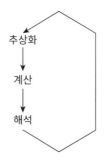

그림 2.6 추상화-계산-해석 주기

❓ **연습문제 2.6 대입문**

$$x, y := y, x$$

는 변수 x와 y의 값을 서로 바꾼다. (이때, 변수 x와 y는 서로 같은 자료형을 가져야 한다.) 적절한 자료형의 이진 함수 f가 있다. $f(x, y)$가 대입의 불변량이 되려면 f는 어떤 특성을 가져야 하는가?

> 만약 이 문제에 답할 수 없다면, 12.5절에서 이진 연산자의 대수적 특성에 관해 읽어 보아라.

❓ **연습문제 2.7**

(a) 다음의 비결정론적 선택문의 불변량을 밝혀라.

$$m := m + 6 \ \square \ m := m + 15$$

(비결정론적 선택문의 불변량은 각 구문의 불변량이어야 함을 상기하라.)

(b) (a)의 답을 일반화하여, 임의의 정수 j와 k가 주어졌을 때, 다음 비결정론적 선택문의 불변량을 밝혀라. 또한, 그 답을 형식적으로 검증하라.

$$m := m + j \ \square \ m := m + k$$

(c) 여러분이 도출한 답은 j 그리고/또는 k가 0일 때에도(즉, 선택에 $skip$이 포함되어도) 옳은가? 이외에 다른 극단적인 경우에는 무엇이 있는가?

> ⚠️ 이 문제에 답하기 위해 15.4절을 읽어 보아라. 기초적인 속성들만 요구된다.

 연습문제 2.8

대입문에 여러 개의 변수가 포함되어 있어도, 변수 집합의 서로 다른 부분집합을 결합하는 불변량을 찾을 수 있다. 예를 들어, 대입문

$$m, n := m + 2, n + 3$$

에는 $m \bmod 2, n \bmod 3, 3 \times m - 2 \times n$이라는 불변량이 있다. 이는 2.4절에서 변수 w를 무시하고 변수 b와 d, l만 고려한 것과 같다. 다음 비결정론적 선택문을 보자.

$$m, n := m + 1, m + 2 \ \square \ n, p := n + 1, p + 3$$

여기서 (자명하지 않은) 불변량을 가능한 한 많이 찾아보아라. (먼저, 각 대입문의 불변량을 찾아보아라.)

연습문제 2.9

다음은 2.4절에서 논의한 비결정론적 선택문이다.

$$d, b, w := d + 1, b + 3, w + 1 \ \square \ l, b, w := l + 1, b + 1, w + 3$$

앞에서는 $b - 3 \times d - l$이 이 선택문의 불변량이 된다는 것을 검증하였다. 이번에는 변수들의 부분집합의 선형 결합이 되는 불변량을 구성해 볼 것이다. 2.2절에서 논

의한 기법을 적용하자. 변수들의 선형 결합 중에 불변량이 있다고 가정하고, 그에 대한 계수를 구성해 보아라. 두 개의 대입문이 있기 때문에, 미지수를 사용하여 두 개의 방정식을 얻게 될 것이다.

(a) 두 변수의 선형 결합이 두 대입문 모두의 불변량이 될 수 있는지 판별하라. (정답은 '그렇다'지만, 도움이 되지 않는 방식이다.)

(b) 각 세 변수의 조합에 대해, 두 대입문 모두의 불변량이 되는 (비자명한) 선형 결합을 구성하라. (이 방법으로, b, d, l에 대하여 선형 결합 $b - 3 \times d - l$를 얻을 수 있다. 비슷하게, 불변량이 되는 b, l, w과 b, d, w 각각의 선형 결합을 얻을 수 있다.)

(c) 네 변수 모두의 선형 결합으로 불변량을 만들어 보아라. 이 과정에서 무슨 일이 생기는가?

2.6 참고 자료

빈 상자 문제는 빔 페이전(Wim Feijen)이 알려 준 문제다. 흰 돌과 검은 돌 문제는 [Gri81]에서 발췌한 것이다. 테트로미노 문제는 1999년 Vierkant Voor Wiskunde 달력에서 가져왔다(*https://www.vierkantvoorwiskunde.nl/puzzels* 참고). Vierkant Voor Wiskunde(수학자들에게 SNS와 같은 사이트)는 네덜란드 학교에서 미래 수학자를 양성하는 재단이다. 이 재단의 출판물은 신구를 불문한 수학 퍼즐을 풍부하게 담고 있다. 감사한 마음으로 그 자료들을 본문 전체에서 사용하였다. 테트로미노 문제를 설명하는 방식을 개선하는 데에 도움을 준 제레미 와이즈만(Jeremy Weissman)에게 고마움을 전한다. 도미노 문제와 종이컵 문제는 케케묵은 옛날 문제다. 저자는 이 문제들의 기원을 알지 못한다.

3장

A l g o r i t h m i c P r o b l e m S o l v i n g

강 건너기

이 장에서 다룰 문제는 모두 특정 제약 조건하에 사람이나 물건이 강을 가로 지르는 상황에 관한 문제이다. 이 문제들은 '완전 탐색(brute-force)'과 '문제 분해'의 간단한 실례가 되어 줄 것이다.

완전 탐색은 모든 가능성을 체계적으로 탐색하는 알고리즘이다. 완전 탐색에 특별한 기술이 필요하지는 않지만 신중하고 정확한 작업이 필요하다. 따라서 완전 탐색은 사람이 직접 수행하기보다는 컴퓨터에 더 적합한 기법이다. 그러나 완전 탐색은 컴퓨터에서 수행하기조차도 실용적이지 않다. 문제의 크기가 커짐에 따라 수행해야 할 작업의 양이 폭발적으로 증가하기 때문에, 아주 작고 간단한 문제를 제외한 모든 문제에서 비현실적이다. 그럼에도 불구하고 문제 해결의 본질을 이해하는 데 도움을 주기에, 완전 탐색 기법이 무엇을 수반하는지 알아야 한다.

문제 분해는 인간이 훨씬 더 잘 할 수 있는 기법이다. 문제 분해는 문제의 구조를 활용하여 더 작고 다루기 쉬운 문제로 분해하는 과정을 뜻한다. 이런 방식으로 문제의 크기를 충분히 작게 만들었다면, 완전 탐색을 적용할 수 있게 된다. 사실 완전 탐색만이 문제를 푸는 유일한 방법일 때가 종종 있기에, 이 기법을 불필요한 것으로 치부해서는 안 된다. 그러나 완전 탐색을 수행하는 작업은 최대한 뒤로 미뤄 두고, 문제 분해를 먼저 시도하는 것이 좋을 것이다.

모든 강 건너기 문제는 강의 두 둑(bank)이 대칭을 이룬다는 분명한 구조적 성질을 가진다. 대칭성의 활용은 중요한 문제 해결 기법이지만 특히 완전 탐색을 사용할 때 간과하는 경우가 잦다. 다른 곳에서 똑같은 문제 혹은 비슷한 문제를 접했을 수도 있다. 그 문제들은 완전 탐색 기법의 예시로 전혀 흥미롭지 않다. 그러나 대칭성의 활용과 문제 분해의 예시로 매우 놀라운 아름다움을 발견할 수 있다.

이 장에서 드러날 중요한 사안은 문제의 요소를 **명명**하는 것이다. 무엇이 중요한지, 그리고 그것을 어떻게 명명할지 결정하는 것은 문제 해결에 결정적인 영향을 줄 수 있다. 부적절하거나 불필요한 명명이 어떻게 문제를 복잡하게 만들어서 매우 강력한 컴퓨터의 도움으로도 해결할 수 없게 만드는지 보게 될 것이다.

3.1 문제

2장에서처럼 여러 문제를 먼저 소개하고 뒤에서 구체적으로 논의하겠다. 풀이를 보기 전에 먼저 문제에 도전해 보면 풀이를 더 잘 이해하는 데 도움이 될 것이다.

1. 염소, 양배추, 늑대

   한 농부가 염소와 양배추, 늑대를 배에 태워 강을 건너려고 한다. 이 배는 크지 않아 농부와 함께 이들 중 하나만 실을 수 있다. 염소와 양배추만 함께 남겨 두면 염소가 양배추를 먹어 버린다. 또한, 늑대와 염소만 함께 남겨 두면 늑대가 염소를 잡아먹는다.

   > 농부와 염소, 양배추, 늑대 모두가 강을 건너기 위해서 농부는 어떻게 해야 하는가?

2. 호위하기

   귀빈 세 명과 각자의 경호원 세 명이 배를 타고 강을 건너려고 한다. 이 배에는 한 번에 최대 두 명을 태울 수 있다. 귀빈은 자신의 경호원이 아닌 다른 두 명의 경호원을 경계한다. 어떤 귀빈도 자신의 경호원이 없는 한 다른 귀빈의 경호원과 함께 둑에 있거나 배에 오르려고 하지 않는다.

   > 모두가 강을 건너기 위해서는 어떻게 해야 하는가?

3. 어른과 아이

   강 한쪽에 어른들과 아이들이 있다. 강을 건널 수 있는 배가 한 척 있는데, 이 배에는 어른 한 명 또는 아이 둘을 태울 수 있다.

모두가 강을 건너기 위해서는 어떻게 해야 하는가? 필요한 모든 가정을 명확하게 밝혀라.

4. 과체중

강 한쪽에 네 명의 사람 갑, 을, 병, 정이 있다. 이들에게는 최대 적재 하중이 100kg인 노 젓는 배가 한 척 있다. 갑, 을, 병, 정의 몸무게는 각각 차례대로 46kg, 49kg, 52kg, 100kg이다. 을은 노를 젓지 못한다.

이 네 명이 모두 강을 건너기 위해서는 어떻게 해야 하는가?

3.2 완전 탐색

3.2.1 염소, 양배추, 늑대

'염소, 양배추, 늑대' 문제는 완전 탐색을 설명할 때 자주 쓰이는 예제다. 여기서는 완전 탐색 풀이를 소개함으로써 서툰 문제 해결 기법의 함정을 보여 주고자 한다. 또한 특정 문제 풀이의 효율성을 논의할 때 유용한 몇 가지 용어를 소개한다.

이 문제에는 네 개의 개체가 있고 각각은 두 강둑 중 한 곳에 위치한다. 따라서 두 가지 값 중 하나를 가지는 네 개의 변수로 상태를 표현할 수 있다. 농부와 염소, 양배추, 늑대를 나타내는 변수를 각각 f(farmer), g(goat), c(cabbage), w(wolf)라고 하자. 이 변수들은 L(왼쪽 둑에 있음) 또는 R(오른쪽 둑에 있음)의 값을 가질 수 있다. 참고로, 배는 항상 농부가 있는 곳에 있으므로 배의 위치를 나타내는 변수는 필요하지 않다.

완전 탐색 알고리즘은 가능한 모든 상태 및 상태 간의 전이 방법을 모델링한 **상태 전이 그래프**를 구성하는 것과 관련이 있다. '염소, 양배추, 늑대' 문제에서 상태는 네 개체가 어느 강둑에 위치하는지를 나타낸다. 상태 전이는 문제 상황에서 허용하는 상태의 변화다. 예를 들어, 아래의 두 상태는 서로 상태 전이가 가능하다.

1. 넷 모두 왼쪽 둑에 있다.
2. 농부와 염소는 오른쪽 둑에 있고 양배추와 늑대는 왼쪽 둑에 있다.

가장 간단한 문제의 경우 상태 전이 그래프를 다이어그램으로 그릴 수 있다. 상태는 원으로, 상태 전이는 두 원을 잇는 선으로 그린다. 만약 상태 전이가 가역적이지 않다면, 선 대신 화살표를 그려 방향성을 부여한다. 이 경우, 다이어그램을 **방향 그래프**(directed graph)라고 한다. 모든 상태 전이가 가역적이면, 화살표가 필요하지 않으며 다이어그램을 **무방향 그래프**(undirected graph)라고 한다. 완전 탐색을 수행하기 위해 이 문제에 대한 상태 전이 그래프를 그리자.

네 개의 변수가 각각 두 개의 값 중 하나를 가질 수 있다면, 가능한 값의 조합은 총 $2^4(= 16)$가지다.

하지만 이 문제에서 이 모든 조합이 가능한 것은 아니다. 염소와 양배추만 단둘이 남겨질 수 없다는 조건은 아래의 **계 불변량**(system invariant)으로 표현된다.

$$f = g = c \lor g \neq c$$

> ⚠️ 방향 및 무방향 그래프에 대한 자세한 정의는 16장을 참조하라. 여기서 논의하는 문제는 모두 그래프에서 경로를 찾는 문제다. 16장에서는 이러한 문제를 대수적으로 공식화한다.

즉, 농부와 염소, 양배추가 모두 같은 강둑에 있거나($f = g = c$), 염소와 양배추가 서로 다른 강둑에 있다($g \neq c$). 이는 g와 c가 같지만 f와는 다른 경우를 제외한다. 마찬가지로, 염소가 늑대와 함께 홀로 남겨질 수 없다는 조건은 아래의 계 불변량으로 표현된다.

$$f = g = w \lor g \neq w$$

모든 상태를 나열하고 허용되지 않는 상태를 제거하면 상태가 총 10개로 줄어든다. 표 3.1에서 열 가지의 모든 조합을 확인할 수 있다. (f와 g가 같으면 c와 w의 모든 조합이 허용되고, f와 g가 다르면 반드시 c와 w가 같아야 한다.)

이제 이러한 상태 간의 가능한 모든 전이를 찾자. 그림 3.1의 그래프는 모든 상태 전이를 보여 준다. 그래프의 **정점**(사각형)은 상태를 나타내고, 그래프의 **간선**(두 사각형을 잇는 선)은 상태 전이를 나타낸다. 여기서 모든 상태 전이는 가역적이기 때문에 간선에 화살표가 없다.

f	g	c	w
L	L	L	L
L	L	L	R
L	L	R	L
L	L	R	R
L	R	L	L
R	L	R	R
R	R	L	L
R	R	L	R
R	R	R	L
R	R	R	R

표 3.1 '염소, 양배추, 늑대' 문제: 유효한 상태

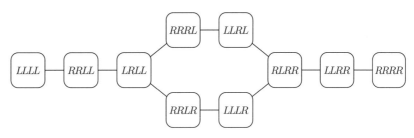

그림 3.1 '염소, 양배추, 늑대' 문제

왼쪽에 'LLLL'이 적힌 정점은 네 개체가 모두 왼쪽 둑에 있는 상태를 나타낸다. 이 상태에서 가능한 유일한 전이는 농부와 염소가 오른쪽 둑에 있고 양배추와 늑대가 왼쪽 둑에 있는 상태로 변화하는 것이다. 이는 LLLL과 $RRLL$을 잇는 선으로 표시된다.

그래프를 통해 두 가지의 가능한 (최소(minimal)) 방법이 있음을 분명하게 알 수 있다. 각 방법은 LLLL에서 $RRRR$로 가는 그래프 위의 경로로 나타낼 수 있다. 위쪽 경로는 다음 방법을 나타낸다.

1. 농부는 염소를 오른쪽 둑으로 데려갔다가 혼자 돌아온다. 이는 LLLL에서 $LRLL$로 가는 경로다.
2. 농부는 양배추를 오른쪽 둑으로 가져갔다가 염소와 함께 돌아온다. 이는 $LRLL$에서 $LLRL$로 가는 경로다.

3. 농부는 늑대를 오른쪽 둑으로 데려갔다가 혼자 돌아온다. 이는 $LLRL$에서 $LLRR$로 가는 경로다.

4. 농부는 염소를 오른쪽 둑으로 데려간다. 이는 $LLRR$에서 $RRRR$로 가는 경로다.

아래쪽 경로가 의미하는 또 다른 방법은 두 번째와 세 번째 단계에서 '양배추'와 '늑대'를 서로 바꾸는 것이다.

3.2.2 상태 공간의 폭발적인 증가

새로운 문제에 직면했을 때 아무 생각 없이 완전 탐색을 수행하려는 경향이 종종 있다. 그러나 완전 탐색은 부득이한 경우에만 사용해야 한다. 완전 탐색은 아주 단순한 문제에서만 유용하다. 문제가 단순하지 않은 경우 탐색 공간이 너무 빠르게 커진다. 컴퓨터 과학자가 쓰는 전문 용어를 빌리자면, 완전 탐색은 더 큰 문제로 '확장'될 수 없다. '염소, 양배추, 늑대' 문제는 여기에 해당하지 않는다. 앞의 (아무런 생각이 필요 없는) 풀이에 등장하는 상태와 상태 전이의 수가 다루기 쉬울 정도로 충분히 작다.

3.1절의 나머지 문제를 해결하기 위한 완전 탐색의 수행 과정을 분석하면 탐색 공간이 얼마나 빠르게 커질지 확인할 수 있다.

'과체중' 문제에는 네 명의 사람이 등장하고, 같은 강둑에 함께 있는 데 제한이 없다. 따라서 총 16가지 상태가 가능하다. '염소, 양배추, 늑대' 문제와 다르게 상태 공간의 크기에 제약이 없다. 또한 초기 상태에서 네 가지 상태 전이가 가능하다. 심지어, 대부분의 상태에서 적어도 두 가지 전이가 가능하다. 결과적으로, 너무 많은 수의 상태 전이를 고려해야 한다. 이는 가장 부지런한 사람에게도 너무 많을 것이다.

> ⚠️ 상태의 수를 계산하는 데 사용되는 수학 이론을 **조합론**이라고 한다. 여기서는 매우 간단한 조합 논리만 사용되고 있다. '과체중' 문제에서 상태는 각 개인이 어느 쪽 둑에 있는지를 알려 주는 함수다. 12.4.2절에서 주어진 자료형의 함수의 수를 세는 방법에 대해 다룬다.

'호위하기' 문제를 '아무런 생각이 필요 없는' 풀이로 해결하려고 한다면 상황은 더욱 심각해진다. 총 6명의 사람이 등장하며, 각 사람은 강둑의 양쪽에 있을 수 있다.

각 사람에게 고유한 이름을 붙인다면 상태의 수는 $2^6(=64)$이 된다. 이는 대부분의 인간이 감당할 수 없는 규모이며, 심지어 상태 전이의 수는 아직 세지도 않았다. 호위하기 문제의 변형 문제에는 5쌍의 사람이 등장하고 배에는 한 번에 세 명을 태울 수 있다. 이 말은 즉, 모두에게 이름을 붙이면 상태의 수는 $2^{10}(=1024)$이 되고, 거기에 또 더 많은 수의 상태 전이가 있다. 참고로 이는 '간단한' 문제다.

'어른과 아이' 문제는 완전 탐색의 또 다른 실패 사례를 보여 준다. 즉, 완전 탐색은 일반적인 경우가 아니라 특정 경우에서만 적용할 수 있다. 이 문제에는 어른과 아이의 수가 명시되어 있지 않다. 그러나 사실은 여기서 해결하기 가장 쉬운 문제다.

완전 탐색을 시행하기 위해 컴퓨터를 사용하면, '작은' 문제와 '큰' 문제의 의미가 달라지지만 여러분이 예상하는 만큼은 아니다. '상태 공간의 폭발적 증가' 때문에 방해가 된다. 강 건너기 문제는 상태 공간의 폭발적인 증가를 잘 보여 준다. 이러한 문제에 n명이 등장한다면 원칙적으로 고려해야 하는 상태는 총 2^n개다. 그러나 n은 아주 작을지언정 2^n은 매우 크다. 즉, 상태의 수는 '지수적'으로 증가한다. (n은 2^n의 지수다.) 상태 공간이 지수적으로 증가하는 문제들은, 세상에서 가장 크고 가장 빠른 슈퍼컴퓨터로도 아주 작은 경우에만 풀 수 있다.

상태 전이 다이어그램을 그리는 것은 마찬가지로 비효율적이다. 간단하고 잘 선택된 문제에서는 풀이를 설명하기 위해 때때로 다이어그램을 사용할 수 있다. 그러나 다이어그램을 구성하는 것은 문제 해결에 거의 도움이 되지 않는다. 반면에 다이어그램은 그 자체로 또 다른 문제를 불러일으킨다. 필요한 종이의 크기를 고려하지 않더라도, 다이어그램을 알아볼 수 있도록 종이에 정점들을 어떻게 배치할 것인가?

3.2.3 추상화

상태 공간의 폭발적인 증가는 흔히 문제를 제대로 분석하지 못할 때 일어난다. 특히 빈번한 원인은 불필요하거나 부적절한 명명이다. '염소, 양배추, 늑대' 문제가 바로 좋은 예시다.

'염소, 양배추, 늑대' 문제에서 '농부'와 '염소', '양배추', '늑대'에 각자 고유한 이름이 붙었다. 하지만, 정말로 이 넷을 모두 구별할 필요가 있을까? 상태 공간에 대해서 논의할 때, 늑대와 양배추 간의 '유사성'을 언급했다. 특히, 염소는 늑대나 양배추와 함께 남을 수 없다. 이러한 '유사성'은 풀이에서도 드러난다. '늑대'와 '양배추'를 서로 바꿈으로써 두 가지의 풀이를 얻을 수 있었다. 그렇다면 왜 굳이 '늑대'와 '양배추'에 서로 다른 이름을 붙여서 구별해야 하는가?

이번에는 늑대와 양배추 간의 불필요한 구별을 생략한 명명 방법으로 문제를 다시 정의하자. 다시 정의한 문제에서는 염소를 '알파', 양배추와 늑대를 '베타'라고 부르자.

> 한 농부가 알파 하나와 두 개의 베타를 배에 태워 강을 건너려고 한다. 이 배는 크지 않아 농부와 함께 이들 중 하나만 실을 수 있다. 알파는 베타와 단둘이 남겨 두면 안 된다.

모두가 강을 건너기 위해서 농부는 어떻게 해야 하는가?

이제, 문제는 해결하기 훨씬 쉬워졌다. 가능한 방법은 단 하나다. 알파를 가지고 강을 건넌다. 베타를 가지고 강을 건너고, 알파와 함께 돌아온다. 이제 차례대로 나머지 베타와 알파를 가지고 강을 건넌다. 풀이 방법이 단 하나뿐이기 때문에 찾기 쉽고, 그렇기에 문제에 대한 상태 전이 다이어그램을 구성할 필요가 없다.

이 예시로부터 배운 문제 해결 원칙을 다시 한 번 강조하고자 한다. **불필요하거나 부적절한 명명을 피하라.** 문제의 개체들에 이름을 붙이면, 이들은 다른 개체와는 구별되고 상태 공간의 크기는 더 늘어난다. 불필요한 세부 사항을 생략하고 문제를 더 본질적으로 바꾸면서 크기를 줄이는 과정을 **추상화**라고 한다. 문제에 대한 좋지 못한 풀이란, 문제를 적절하게 '추상화'하지 못하여 실제보다 더 복잡하게 만드는 것이다. 적절한 명명의 중요성은 앞으로도 몇 번이고 접하게 될 것이므로, 반드시 명심하라.

> ⚠️ 이 단순화의 핵심은 'A와 B는 같은 곳에 있지 않다'라는 관계가 대칭적이라는 것이다. 이는 'A와 B는 같은 곳에 있다'라는 관계의 보수(여, complement)이며, 이 관계도 대칭적이다. 실제로 관계는 보수 관계가 대칭적이면 (또한 그럴 때에만) 대칭적이다. 관계의 대칭성에 대한 자세한 내용은 12.7.2절을 참조하라.
> 핵심적인 관계가 대칭적임을 알아내는 데 도움되는 예시를 좀 더 살펴보자.

3.3 호위하기

문제의 고유한 구조에 따라 문제를 더 작게 분해하는 작업이 용이해지기도 한다. 그런 작은 문제들은 다른 방법, 어쩌면 완전 탐색으로 풀 수 있을 만큼 충분히 작아질 때까지 분해할 수 있다. 그런 다음 이들의 해를 결합하여 원래 문제의 해를 구성하면 된다.

호위하기 문제는 훌륭한 예제다. 완전 탐색으로 풀면 확실히 지루하지만, 일반적인 문제 해결 원칙을 적용하면 훨씬 더 효과적으로 해결할 수 있다.

호위하기 문제를 다시 보자.

> 귀빈 세 명과 각자의 경호원 세 명이 배를 타고 강을 건너려고 한다. 이 배에는 한 번에 최대 두 명을 태울 수 있다. 귀빈은 자신의 경호원이 아닌 다른 두 명의 경호원을 경계한다. 어떤 귀빈도 자신의 경호원이 없는 한 다른 귀빈의 경호원과 함께 둑에 있거나 배에 오르려고 하지 않는다.

> 모두가 강을 건너기 위해서는 어떻게 해야 하는가?

3.3.1 문제 정의

문제의 본질을 파악하는 것부터 시작하자.

두 개의 '물건'을 실을 수 있는 배가 하나 있고 다른 제한은 없다고 가정하자. 그렇다면 분명하게도, 임의의 개수의 '물건'을 강 건너로 옮길 수 있다. 물건 두 개를 왼쪽에서 오른쪽으로 옮기고, 그중 하나는 오른쪽에서 왼쪽으로 다시 옮기는 과정을 반복하여 최대 두 개가 왼쪽 둑에 남을 때까지 반복하면 된다.

이제 '물건'을 귀빈과 경호원 '한 쌍'으로 바꾸면 한 번에 두 쌍을 태울 수 있는 배를 사용하여 임의의 수의 쌍이 강을 건너갈 수 있음을 추론할 수 있다. (어쨌든 한 쌍이 같이 다니면 경계할 일이 없다!) 한 쌍은 두 사람이기 때문에 네 사람을 태울 수 있는 배 한 척이면 임의의 수의 쌍이 강을 건너기에 충분하다.

이 간단한 분석은 문제에 대한 새로운 관점을 제시한다. 기술한 바와 같이 문제를 해결하는 대신에 연관된 문제를 생각하자. 세 쌍이 강을 건너기 위해서는 배에 적어도 몇 명이 탈 수 있어야 하는가? 보다 일반적으로, n 쌍이 강을 건너려면 배에 적어도 몇 명이 탈 수 있어야 하는가? 답에 대한 자명한 하한은 2명이다. (한 번에 한 명만 탈 수 있는 배로는 두 명 이상이 강을 건널 수 없다.) 그리고 답이 아무리 커도 최대 4임을 보였다.

혹은 배에 탈 수 있는 최대 인원을 정했을 때, 강을 건널 수 있는 최대 쌍의 수를 고민해 볼 수 있다. 최대 탑승 인원이 1명 이하면 최대 쌍의 수는 0이고, 4명 이상이면 최댓값은 존재하지 않는다. 이제, 문제는 2인승와 3인승 배로 최대 몇 쌍이 강을 건널 수 있는가이다.

이 새로운 문제는 원본보다 더 어려워 보인다. 우리는 원래 문제의 답을 알고 있다. 세 쌍이 강을 건너려면 2인승 배가 필요하며, 이것이 참이라는 구성적인 증명을 제시해야 한다. 그러나 일반적인 문제의 단순한 사례들을 일반화하여 해결해 보면서 통찰력을 얻을 수 있기 때문에, 답을 완전히 모르는 것이 종종 도움되곤 한다.

3.3.2 문제 구조

이 문제의 구조는 몇 가지의 문제 분해 방법을 제시한다. 먼저, 세 쌍의 귀빈-경호원이 있다. 이는 각 쌍이 차례대로 강을 건너는 풀이를 찾을 것을 제안한다. 즉, 문제를 세 개의 하위 문제로 분해할 수 있다. 첫 쌍이 먼저 강을 건너고, 그다음 두 번째 쌍이, 마지막으로 세 번째 쌍이 강을 건넌다.

귀빈과 경호원으로 문제를 분해할 수도 있다. 먼저 모든 귀빈이 강을 건너고 모든 경호원이 따라가는 방법을 찾아볼 수 있다. 반대로, 먼저 모든 경호원이 강을 건너고, 모든 귀빈이 따라가는 방법을 고민해 볼 수 있다.

경호원이 왼쪽 둑에 남아 있는 동안 모든 귀빈이 강을 건너도록 하기는 쉽다. 경호원이 모두 한 곳에 있으면 귀빈은 자유롭게 이동할 수 있기 때문이다. 모든 경호원을 먼저 건너게 하고 귀빈을 왼쪽 둑에 머무르게 하는 것이 훨씬 더 어려워 보인다. 반면에, 경호원이 귀빈 쪽에 합류하는 것은 귀빈이 경호원 쪽에 합류하는 것보다 더 어려울 수 있다. 두 전략이 효과가 있을지는 당장은 확실해 보이지는 않는다.

그러나 핵심적이지만 아직 고려하지 않은 구조적 성질이 하나 있다. 바로 왼쪽과 오른쪽의 강둑이 서로 대칭적이라는 것이다. 왼쪽 둑에서 오른쪽 둑으로, 혹은 오른쪽에서 왼쪽으로 사람을 옮기는 작업은 항상 가역적이다. 따라서, 아마도 대칭적인 해가 있으리라 예상할 수 있다. 만약 그렇다면 우리는 필요한 노력을 절반으로 줄일 수 있고, 이는 상당한 절감 효과가 있다. 이것이 바로 우리가 하고자 하는 바이다.

　('염소, 양배추, 늑대' 문제의 상태 전이 다이어그램은 좌우 대칭성을 잘 보여 준다. 또한 이 다이어그램은 양배추와 늑대 간의 대칭성도 드러낸다. 두 대칭성은 문제 지문에서 예측할 수 있다. 그러나 이를 무시하고 완전 탐색을 수행했기 때문에 필요한 노력을 줄일 수 있는 기회를 놓쳤다.)

3.3.3 상태와 상태 전이의 표기

전략을 정확하게 서술하기 위해 (이 문제에 한한) 표기법을 먼저 도입해 보자. 여기에는 구별하고자 하는 문제의 개체에 이름 붙이는 작업이 포함된다. 앞서 논의한 바와 같이 이는 해를 찾는 데 중요한 단계다. 경호원(bodyguard), 귀빈(president), 귀빈-경호원 한 쌍(couple)을 각각 B, P, C로 나타내자. 그리고 인원은 문자 앞에 수를 적어 나타내자. 예를 들어, $2B$는 2명의 경호원을, $3C$는 3쌍을, $1C, 2B$는 1쌍과 2명의 경호원을 의미한다. 이때, 짝을 이루는 쌍과 개인을 구분하자. 예를 들어, $1B, 1P$는 짝을 이루지 않는 한 명의 경호원과 한 명의 귀빈을 의미한다. 반면에, $1C$는 짝을 이루는 귀빈-경호원 한 쌍을 나타낸다. 참고로, 여기서는 '과체중' 문제와 같이 개인에게 이름을 붙이지 않는다. 오직 경호원, 귀빈, 귀빈-경호원 쌍의 수만이 문제 해결과 관련이 있다. 수는 매우 중요한 수학적 추상화다.

　상태와 **행동**을 구분하라.

　상태는 각 개체(경호원 또는 귀빈)가 어느 둑에 있는지 그 상황을 설명한다. 상태는 강의 왼쪽과 오른쪽 인원을 $\|$로 구분하여 표기하자. 예를 들어, $3B \| 3P$는 경호원 세 명이 모두 왼쪽 둑에 있고, 귀빈 세 명이 모두 오른쪽 둑에 있는 상태를 의미한다. $1C, 2B \| 2P$는 왼쪽에 한 쌍의 귀빈-경호원과 두 명의 경호원이, 오른쪽에 두 명의 귀빈이 있는 상태를 나타낸다. 즉, 초기 상태는 $3C \|$이고, 달성해야 하는 목표 상태는 $\| 3C$이다.

　행동이란 몇몇의 개체가 강을 건너는 그 행위를 의미한다. 예를 들어, $3B \|2P| 1P$는 왼쪽 둑에는 세 명의 경호원이, 오른쪽 둑에는 한 명의 귀빈이 남아 있는 채로, 두 명의 귀빈이 강을 건너는 행동을 의미한다.

　이러한 상태와 행동의 표기법은 배의 위치나 이동 방향을 명시하지 않기 때문에 전후 관계를 무시하면 모호해 보일 수 있다. 그러나 배는 항상 왼쪽 둑과 오른쪽 둑 사이를 번갈아 가며 있어야 하므로 이러한 모호함은 쉽게 해결된다.

　또한 이 표기법은 어떤 상태나 행동이 유효하거나 무효한지 쉽게 알아볼 수 있게 한다. 예를 들어, $1C, 1P \parallel 1C, 1B$는 유효한 상태가 아니다. (왜냐하면, 왼쪽 둑에 자신의 경호원과 떨어져 있는 귀빈이 다른 경호원과 같이 있기 때문이다.) $3B \mid 3P \mid$ 또한 유효한 행동이 아니다. (배에는 최대 두 명까지만 탈 수 있기 때문이다.)

일반적으로 문제의 해는 상태 $3C \parallel$에서 시작해서, 유효한 상태와 행동이 번갈아 나오다가, 상태 $\parallel 3C$로 끝나는 서열로 완전하고 상세하게 나타낼 수 있다.

행동은 상태를 바꾼다. (상태 전이 다이어그램의 표현을 빌리면, 행동은 두 상태 간의 전이를 나타낸다.) 행동의 결과를 더 잘 나타내기 위해 아래의 추가적인 표기법을 사용하자. 상태 p, q와 일련의 행동 S에 대하여

$\{p\}$
S
$\{q\}$

는 상태 p에서 시작하여 S의 행동을 차례대로 수행한 결과가 q임을 의미한다. 예를 들어,

$\{2C, 1B \parallel 1P\}$
$3B \mid 2P \mid 1P$
$\{3B \parallel 3P\}$

는 두 쌍과 한 경호원이 왼쪽 둑에 있는 상태에서, 두 명의 귀빈이 강을 건너는 행동을 취하면, 모든 경호원은 왼쪽 둑에 남고 모든 귀빈은 오른쪽 둑에 있는 상태가 됨을 의미한다.

물론 이러한 속성의 유효성을 항상 확인해야 한다. 실수를 하고 잘못된 주장을 하기 쉽기 때문이다. 주의가 필요하지만 검증은 직관적일 것이다.

3.3.4 문제 분해

이 표기법을 사용하면 문제를 분해하기 위한 전략을 표현할 수 있다. 목표는 다음을 만족하는 일련의 행동 S_0을 구성하는 것이다.

$\{3C \parallel\} \, S_0 \, \{\parallel 3C\}$

문제의 두 가지 성질을 활용하자.

- 좌우 대칭성
- 경호원이 둑에 남아 있고 모든 귀빈을 반대쪽 둑으로 옮기는 작업이 쉽다는 사실

이 전략은 S_0을 세 개의 서열 S_1, S_2, S_3으로 분해하는 것으로 볼 수 있다.

$\{3C \parallel\} S_1 \{3B \parallel 3P\},$

$\{3B \parallel 3P\} S_2 \{3P \parallel 3B\},$

$\{3P \parallel 3B\} S_3 \{\parallel 3C\}$

먼저, S_1은 초기 상태를 모든 귀빈이 오른쪽 둑에 있는 상태로 바꾼다. S_2는 이 상태에서 시작하여, 귀빈과 경호원이 서로 위치를 바꾼 상태에서 끝난다. 마지막으로, S_3은 모든 귀빈이 오른쪽 둑에 있는 상태를 최종 목표 상태로 바꾼다. 결과적으로, S_1과 S_2, S_3을 차례대로 수행하면 ($S_1 ; S_2 ; S_3$로 표기하자) 초기 상태에서 최종 목표 상태로 가는 일련의 행동 서열을 얻을 수 있다.

문제의 대칭성을 활용하고자 문제를 세 개의 부분 문제로 분해했지만, 분명히 홀수 번의 배 이동이 필요할 것이다. 문제의 대칭성은 S_3의 기능과 S_1의 기능이 서로 대칭을 이루도록 강제할 것이다. S_3의 역을 생각하면, 이는 오른쪽 둑에 있는 모든 귀빈을 왼쪽으로 옮기는 기능을 수행한다. 따라서 S_1을 구성하면 S_3을 직접 구성하는 작업은 간단하다.

이제 S_1과 S_2를 구성하는 문제를 해결해야 한다.

앞에서 언급했듯이 모든 경호원은 왼쪽 둑에 둔 채로 모든 귀빈을 강 건너편으로 옮기는 것은 쉽다. 방법은 다음과 같다.

$\{3C \parallel\}$

$\quad 1C, 2B \mid 2P \mid$

$; \{1C, 2B \parallel 2P\}$

$\quad 1C, 2B \mid 1P \mid 1P$

$; \{2C, 1B \parallel 1P\}$

$\quad 3B \mid 2P \mid 1P$

$\quad \{3B \parallel 3P\}$

즉,

$\{3C \,\|\}$ $1C, 2B \,|2P|$; $1C, 2B \,|1P|\,1P$; $3B \,|2P|\,1P$ $\{3B \,\|\, 3P\}$

앞에서 언급한 바와 같이, 서열 S_3은 S_1의 역과 같다.

$\{3P \,\|\, 3B\}$ $1P \,|2P|\,3B$; $1P \,|1P|\,1C, 2B$; $|2P|\,1C, 2B$ $\{\| \, 3C\}$

이제 S_2를 구성하는 더 어려운 문제를 풀어야 한다. 대칭인 해를 찾자.

S_2의 경우 배의 시작 위치는 오른쪽이고 종료 위치는 왼쪽이다. 이는 S_2가 S_1 뒤에 오고 S_3의 앞에 오기 때문에 생기는 제약이다. S_2의 길이도 홀수여야 한다.

다시, S_2를 세 개의 부분 서열로 분해하자. 해가 대칭적이려면 가장 가운데 행동이 $1C \,|1C|\,1C$여야 한다. 이것이 왼쪽과 오른쪽이 대칭인 유일한 행동이기 때문이다. 즉, 해는 다음과 같은 형태여야 한다.

> $\{3B \,\|\, 3P\}$
> T_1
> ; $1C \,|1C|\,1C$
> ; T_2
> $\{3P \,\|\, 3B\}$

그러나 가운데 행동에서 배가 어느 방향으로 이동하는지 지금 당장은 명확하지 않다. 이제 T_1과 T_2의 대칭적인 행동 서열을 구성하자.

가운데 행동에서 배가 오른쪽에서 왼쪽으로 이동한다면, 이 행동 이전의 상태는 $1C \,\|\, 2C$고, 이후의 상태는 $2C \,\|\, 1C$여야 한다. 반대로, 배가 왼쪽에서 오른쪽으로 이동한다면, 이전 상태는 $2C \,\|\, 1C$고, 이후 상태는 $1C \,\|\, 2C$여야 한다. 둘 중 무엇이 정답인지 알기 위해서는 완전 탐색 외에는 대안이 거의 없지만, 다행히도 현재의 상태 공간은 상대적으로 작다.

예상대로, T_1은 쉽게 찾을 수 있다. 두 개의 행동으로도 충분하다.

> $\{3B \,\|\, 3P\}$
> $3B \,|1P|\,2P$
> ; $\{1C, 2B \,\|\, 2P\}$

$1C \,|\, 2B\,|\, 2P$

$\{1C \,\|\, 2C\}$

대칭적으로, T_2는 다음과 같다.

$\{2C \,\|\, 1C\}$

$2P \,|\, 2B\,|\, 1C$

; $\{2P \,\|\, 1C, 2B\}$

$2P \,|\, 1P\,|\, 3B$

$\{3P \,\|\, 3B\}$

이제 이 모든 행동의 서열을 합치면, 호위하기 문제의 해를 완성할 수 있다.

$\{3C \,\|\}$

$1C, 2B\,|\, 2P\,|$; $1C, 2B\,|\, 1P\,|\, 1P$; $3B\,|\, 2P\,|\, 1P$

; $\{3B \,\|\, 3P\}$

$3B\,|\, 1P\,|\, 2P$; $1C\,|\, 2B\,|\, 2P$

; $\{1C \,\|\, 2C\}$

$1C\,|\, 1C\,|\, 1C$

; $\{2C \,\|\, 1C\}$

$2P\,|\, 2B\,|\, 1C$; $2P\,|\, 1P\,|\, 3B$

; $\{3P \,\|\, 3B\}$

$1P\,|\, 2P\,|\, 3B$; $1P\,|\, 1P\,|\, 1C, 2B$; $|\, 2P\,|\, 1C, 2B$

$\{\,\|\, 3C\}$

(이 해에는 중간 상태가 모두 표기되어 있지 않다. 이렇게 모든 단계가 아니라 주요 단계만 표기하면 풀이를 보기 좋게 기록하는 데 도움이 된다. 도리어 너무 자세한 내용은 방해가 될 수 있다.)

3.3.5 검토

호위하기 문제를 해결하는 데 사용한 기법이 완전 탐색보다 얼마나 더 효과적인지 검토해 보자.

먼저, 풀이의 모든 단계에서 왼쪽과 오른쪽 둑 사이의 대칭성을 이용하였다. 필연적으로 배의 이동 횟수는 홀수이므로 각 분해는 처음과 마지막이 서로 '거울에 반사된 것과 같은' 대칭을 이루는 세 개의 부분 서열로 해석할 수 있다. 가장 가운데 행동은 $1C\,|1C|\,1C$여야 한다. 이는 유일한 대칭적인 행동이지만 배의 진행 방향은 알 수 없다. 알아내고자 하는 서열에 이름을 붙이고 $\{p\}\,S\,\{q\}$의 표기법을 통해 그 기능을 명시하면, 목표를 명확히 하고 실수를 방지하는 데 도움이 된다.

최종 해는 총 11번의 행동으로 이루어져 있다. 무작정 기억하기에는 행동 수가 너무 많다. 그러나 체계화된 해의 구조를 생각하면 기억하기 쉽고, 똑같은 해를 다시 만드는 것도 어렵지 않을 것이다. 또한 이 해는 다른 문제에서 사용할 수 없지만, 풀이법은 사용할 수 있다. 백문이 불여일견, 관련된 문제들을 풀어 보아라.

---

② 연습문제 3.1   다섯 쌍 호위하기 문제

다섯 쌍의 귀빈-경호원이 있다. 배에는 최대 세 명이 탈 수 있다. 모두가 강을 건너기 위해서는 어떻게 해야 하는가?

---

② 연습문제 3.2   네 쌍 호위하기 문제

예상과는 다르게, 왼쪽과 오른쪽 둑의 대칭성만으로는 모든 강 건너기 문제에 대칭적인 해가 있음을 보장할 수 없다. 네 쌍의 귀빈-경호원이 있고, 배에는 최대 세 명이 탈 수 있는 호위하기 문제를 생각해 보자. 이 문제에는 해가 있지만, 대칭적인 해는 없다. 해를 직접 한번 찾아보라.

다음 힌트가 도움이 될 수 있다. '4는 5보다 작고, 연습문제 3.1에서 다섯 쌍일 때의 해를 이미 찾았다. 이 해를 수정하여 네 쌍일 때의 풀이를 찾아보라. 좌우를 서로 바꾸어 두 개의 해를 얻을 수 있을 것이다.'

(일반적으로, 모든 해가 대칭적이라고 말할 수는 없다. 하지만 해의 집합은 대칭적이다. 즉, 좌우를 서로 바꾸는 변환으로 모든 해를 일대일 대응시킬 수 있다. 여기서 어떤 해가 대칭적이라는 것은, 이 변환을 통해 해가 자기 자신과 대응한다고 해석할 수 있다.)

⑦ 연습문제 3.3 프로젝트

이 프로젝트를 통해 완전 탐색을 적용할 때 발생하는 '상태 공간의 폭발적 증가' 문제를 직접 경험하게 될 것이다. 먼저 세 쌍부터 다섯 쌍까지의 호위하기 문제의 상태 전이 다이어그램을 구성해 볼 것이다. 크기가 너무 크지 않으므로 할 만할 것이다. 그런 다음 모든 사람에게 이름을 붙였을 때의 상태의 수를 계산할 것이다. (이때의 상태 다이어그램을 그리는 것은 비현실적이다.) 또한 사람들을 구별하지 않을 때와 구별할 때 강을 건너는 서로 다른 방법의 수를 계산할 것이다. 이 프로젝트의 몇몇 문제를 풀기 위해서는 16장, 특히 16.4.1절을 공부해야 할 것이다.

(a) 세 쌍 호위하기 문제의 상태 전이 다이어그램에는 몇 개의 상태가 포함되어 있는가?

네 쌍 호위하기 문제의 상태 전이 다이어그램에는 몇 개의 상태가 포함되어 있는가?

다섯 쌍 호위하기 문제의 상태 전이 다이어그램에는 몇 개의 상태가 포함되어 있는가?

(b) 배에 최대 세 명이 탈 수 있는 다섯 쌍 호위하기 문제의 상태 전이 다이어그램을 구성하라.

(c) 배에 최대 두 명이 탈 수 있는 세 쌍 호위하기 문제에서, 행동 횟수가 최소인 해는 모두 몇 가지인가?

배에 최대 세 명이 탈 수 있는 다섯 쌍 호위하기 문제에서, 행동 횟수가 최소인 해는 모두 몇 가지인가?

(d) 각 귀빈과 경호원에게 (갑, 을, 병, 정 등의) 이름을 부여하자. 상태는 강의 양쪽 둑에 있는 사람들의 이름으로 구분하자. 이제, 배에 최대 세 명이 탈 수 있는 다섯 쌍 호위하기 문제를 생각하자. 이 문제의 상태 전이 다이어그램에는 몇 개의 상태가 포함되어 있는가? 행동 횟수가 최소인 해는 모두 몇 가지인가?

3.4 순차적 구성의 규칙

호위하기 문제를 풀 때 사용한 $\{p\}\, S\, \{q\}$의 표기법은 실제로 컴퓨터 프로그램을 명시하고 구성하는 데 사용된다. 이를 **호어 트리플**(Hoare triple)이라 한다. (영국의 컴퓨터 과학자 토니 호어(Tony Hoare)는 컴퓨터 프로그램의 정확성을 정형적으로 검증하는 기법에 관한 선구적인 연구에서 이 표기법을 제시했다.)

컴퓨터 프로그램은 입력 값과 출력 값 간의 관계로 명시할 수 있다. 허용되는 입력 값은 **사전 조건** p로 명시되고, 출력 값은 **사후 조건** q로 명시된다. 사전 조건과 사후 조건은 프로그램 변수의 속성이다.

프로그램 S와 프로그램 변수의 속성 p, q에 대해 다음의 표현

$$\{p\}\, S\, \{q\}$$

는 p를 만족하는 상태에서 S를 실행하면, 프로그램이 q를 만족하는 상태에서 종료됨이 보장된다는 뜻이다. 예를 들어, 수 M을 수 N으로 나눈 몫 d와 나머지 r을 계산하는 프로그램을 생각하자. 이 프로그램의 사전 조건은

$$N \neq 0$$

이고(수를 0으로 나눌 수 없기 때문), 사후 조건은

$$M = N \times d + r \,\wedge\, 0 \leq r < N$$

이다.

이 프로그램을 S라 하면, 프로그램을 다음과 같이 명시할 수 있을 것이다.

$$\{N \neq 0\}\, S\, \{M = N \times d + r \,\wedge\, 0 \leq r < N\}$$

프로그램은 종종 순차적으로 구성된다. 개별 구성 요소가 차례로 실행되는 형태로 말이다. 세미콜론(;)은 보통 순차적 과정의 의미로 쓰인다. S_1과 S_2, S_3가 모두 프로그램이라면, $S_1\,;\,S_2\,;\,S_3$는 처음에 S_1을 실행하고, 그다음에 S_2를, 그다음에 S_3을 실행하는 프로그램을 나타낸다. 이를 S_1과 S_2, S_3의 **순차적 구성**이라 한다.

문제를 부분 문제로 분해하여 해결할 때 프로그램에 순차적 구성이 도입된다. 두 구성 요소로 분해되는 경우, 사전 조건 p와 사후 조건 q가 주어지면 중간 조건 r이

만들어진다. 다음을 만족하는 프로그램 S를 구성하는 문제를 생각하자.

$$\{p\}\ S\ \{q\}$$

S를 $S_1 ; S_2$로 놓고, 다음을 만족하는 프로그램 S_1, S_2를 구성하면 된다.

$$\{p\}\ S_1\ \{r\}$$
$$\{r\}\ S_2\ \{q\}$$

여기서 중간 조건 r은 S_1의 사후 조건, 그리고 S_2의 사전 조건으로 작용한다.

만약 호위하기 문제를 풀 때처럼, 문제를 세 구성 요소로 분해했다면, 두 개의 중간 조건이 필요하다. 호위하기 문제에서는 사전 조건이 $3C\,\|$이고, 사후 조건이 $\|\,3C$였다. 첫 번째 분해를 수행하기 위해 중간 조건인 $3B\,\|\,3P$와 $3P\,\|\,3B$를 도입했다.

순차적 구성의 규칙을 사용하는 방법은 다양하다. 주어진 문제의 구조로부터 적절한 중간 조건을 유추할 수 있다. 혹은 적절한 초기 계산 S_1을 유추할 수도 있다. 그런 다음 중간 조건 r과 최종 계산 S_2를 식별해야 한다. 역으로, 적절한 최종 계산 S_2를 유추할 수 있다. 이 경우에는 중간 조건 r과 초기 계산 S_1을 식별해야 한다. 다음 연습문제는 이러한 기법을 연습하는 데 도움이 된다.

---

⑦ 연습문제 3.4

이 문제는 1차원 보드에서 혼자서 할 수 있는 간단한 게임이다.

한 줄로 사각형 칸들이 그려진 긴 종이가 있다. 한 칸을 골라 동전 하나를 놓자. 게임의 목표는 이 동전을 오른쪽으로 여섯 칸 옮기는 것이다. 동전의 이동은 다음과 같이 정의된다. 한 칸 위에 놓인 동전 하나를, 인접한 두 칸 위에 각각 하나씩 놓인 두 개의 동전으로 바꾸는 작업이다. 역으로, 한 칸 떨어져 있는 두 개의 동전을, 가운데의 한 칸 위의 한 개의 동전으로 바꾸는 것도 가능하다. 즉, 모든 이동은 가역적이다. 다른 방법을 통한 이동은 불가능하며 이동에 제약은 없다. (한 칸에 놓인 동전 수에 제한이 없으며, 역방향 이동에서 가운데 칸이 비어 있을 필요는 없다.) 그림 3.2는 시작 위치와 종료 위치, 그리고 가능한 이동을 보여 준다. (이중 화살표는 이동이 가역적임을 나타낸다.)

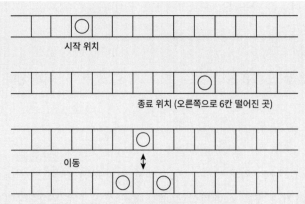

그림 3.2 1차원 보드에서 혼자서 하는 게임

이 장에서 배운 기법을 활용하라. 이동은 대칭성을 띠므로 시작 위치와 종료 위치에 대해 대칭적인 이동 서열을 고려하라. 또한, 문제를 분해해 보아라.

? 연습문제 3.5

이 문제는 연습문제 3.4와 유사하지만, 이동 방법과 목표가 다르다. 그림 3.3은 시작 위치와 종료 위치, 그리고 가능한 이동 방법을 보여 준다.

연습문제 3.4와 마찬가지로, 하나의 동전이 한 칸 위에 놓여 있지만, 이번에는 오른쪽으로 4칸 이동하는 것이 목표다. 이동 방법 또한 약간 다르다. 어떤 칸이든 하나 이상의 동전이 있다면, 인접한 두 칸에 추가로 각각 한 개의 동전을 놓을 수 있다. 반대도 가능하다. 즉, 인접한 세 개의 동전이 있다면, 가장자리의 두 동전을 제거하여 중앙에 있는 동전 하나만 남겨 둘 수 있다.

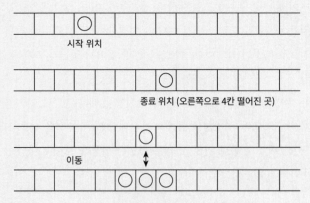

그림 3.3 1차원 보드에서 혼자서 하는 또 다른 게임

연습문제 3.4와 마찬가지로, 대칭성을 활용하고 분해하라.

ⓘ 연습문제 3.6

이 문제는 연습문제 3.4, 3.5와 유사하지만, 이동 방법과 목표가 또 다르다.

앞의 두 문제와 마찬가지로 한 칸 위에 하나의 동전이 놓여 있다. 가능한 이동 방법은 약간 다르다. 어떤 칸에든 적어도 하나의 동전이 있으면, 그 칸에 하나, 그리고 양쪽 두 칸에 각각 하나씩 동전을 추가할 수 있다. 반대도 가능하다. 즉, 세 개의 인접한 동전이 있고 중간 칸에 적어도 두 개의 동전이 있다면, 세 개의 인접한 동전을 제거할 수 있다.

하나의 동전을 m칸만큼 이동시키는 것이 가능한 가장 작은 수 m의 값을 구하라.

3.5 다리 건너기 문제

1장에서 보았던 다리 건너기 문제를 다시 보자.

4명의 사람들이 다리를 건너려고 한다. 밖은 어두워서, 다리를 건너려면 횃불을 들고 건너야 한다. 횃불은 하나뿐이다. 다리는 동시에 두 명까지만 건널 수 있다. 사람들이 다리를 건너는 데 서로 다른 시간이 걸린다. 두 명이 같이 건널 때는 둘 중 느린 사람이 건너는 데 드는 시간만큼 걸린다. 첫 번째 사람은 다리를 건너는 데 1분, 두 번째 사람은 2분, 세 번째 사람은 5분, 네 번째 사람은 10분이 걸린다. 횃불은 다리를 왔다 갔다 할 때 항상 들고 다녀야 한다.

4명이 모두 다리를 건너는 데 17분이면 충분함을 보여라.

이 문제는 소프트웨어 엔지니어 면접 문제로 유명했지만, 오늘날에는 너무 잘 알려져서 더 이상 사용되지 않고 있다. 이번 절에서는 면접자가 알고리즘 문제 해결 기법에 익숙하다고 가정하고 인터뷰를 진행해 보고자 한다. 위의 구체적인 문제 대신, 건너는 시간에 대한 입력 매개변수를 제시한다. 이렇게 하면 문제는 다음과 같다.

4명의 사람들이 다리를 건너려고 한다. 밖은 어두워서, 다리를 건너려면 횃불을 들고 건너야 한다. 횃불은 하나뿐이다. 다리는 동시에 두 명까지만 건널 수 있다. 사람들이 다리를 건너는 데 서로 다른 시간이 걸린다. 두 명이 같이 건널 때는 둘 중 느린 사람이 건너는 데 드는 시간만큼 걸린다. 첫 번째 사람은 다리를 건너는 데 $t.1$분, 두 번째 사람은 $t.2$분, 세 번째 사람은 $t.3$분, 네 번째 사람은 $t.4$분이 걸린다. 횃불은 다리를 왔다 갔다 할 때 항상 들고 다녀야 한다.

> 모든 사람이 가장 짧은 시간 안에 다리를 건너는 알고리즘을 제시하라.

'$t.1$'의 표기법은 t가 사람에 대한 시간 함수임을 분명하게 한다. 중간에 위치한 점은 함수의 적용을 나타낸다. 이는 컴퓨터 프로그램에서 일반적으로 사용되는 표기법이다. 이 문제를 해결하기 위한 프로그램에서 `time.person` 혹은 `person.time`이라고 쓸 수 있을 것이다. (이는 프로그래밍 언어와 변수 선언의 방식에 따라 다르다.) 이 점을 곱셈 기호와 혼동하면 안 된다. 또 다른 표기법은 t_1이나 $t(1)$처럼 첨자를 사용하는 것이다. 하지만 첨자 때문에 표현식이 복잡해질 수 있는 경우는 가능한 피하는 것이 좋다. 여기에서는 첨자 대신 점 표기법을 채택하였다. 첨자를 사용하면 첨자의 중첩된 첨자가 생길 수 있기 때문이다. 또한 전통적인 표기법인 $t(1)$에는 불필요한 괄호가 사용된다. 함수 적용에 관한 다양한 표기법에 대한 논의는 12.3.1절을 참조하라.

면접관과 면접자 간의 가상의 대화 형식으로 면접을 진행한다. 면접관의 질문은 Q로, 면접자의 답변은 A로 표시했다. 제시된 답변을 읽기 전에, 종이로 내용을 가리고 스스로 질문에 대한 답을 말해 보면 좋을 것이다. 면접자가 문제의 내용을 이해했다고 가정하고 면접을 시작한다.

Q: 쉬운 문제부터 시작합시다. 네 명이 모두 다리를 건너기 위해서는 최소 몇 번의 이동이 필요합니까?

A: 각 이동에서, 최대한 많은 사람이 다리를 건너고, 최대한 적은 사람이 돌아온다면, 이동 횟수가 최소가 될 것입니다. 즉, 두 명이 건너가고, 혼자 돌아오고, 두 명이 다시 건너가고, 혼자 돌아오고, 마지막으로 두 명이 건너가면 됩니다. 건너가는 이동이 세 번, 돌아오는 이동이 두 번 필요하므로, 총 다섯 번입니다.

Q: 좋습니다. 그렇다면, 이동 횟수가 최소가 되면 걸리는 시간도 최소가 될까요?

A: (교묘한 질문 같군!) 음, 그렇다고 생각하지만 확신이 서지 않습니다.

Q: 의문을 가지는 자세가 좋습니다. 바로 답하기 쉬운 문제는 아니죠. 만약 그렇다고 해 봅시다. 그리고 나중에 이 질문으로 다시 돌아옵시다.

 연습문제 3.15를 보아라.

사람이 돌아오는 작업이 두 번 필요하다고 답하셨습니다. 돌아오는 사람의 수에 대해서 어떤 이야기를 할 수 있나요?

A: 돌아오는 사람은 최대 두 명입니다. (급하게 덧붙인다.) 그리고, 당연하게도 최소 한 명입니다.

Q: 맞습니다. 즉, 한 명 또는 두 명의 사람이 돌아와야 합니다. 이들을 '복귀자'라고 부릅시다.

네 명이 최소 이동 횟수로 건너는 서로 다른 방법의 수에 대해 어떤 이야기를 할 수 있나요?

A: 방법이 '서로 다르다'라는 말의 의미를 설명해 주실 수 있나요? 네 명의 사람을 서로 구분해야 할까요? 그렇다면 방법의 수는 아주 많을 것이며, 이를 계산하기 위해서는 연필과 종이가 필요할 것 같습니다.

Q: 좋은 질문입니다. 그 질문을 해 주기를 원했습니다. 건너는 시간으로 사람을 구분할 수 있지만, 지금은 구분하지 않도록 합시다. 연필과 종이가 필요하지 않을 것입니다.

 연습문제 3.14에서 사람들을 서로 구분할 때의 방법의 수를 계산한다.

A: 그렇다면 복귀자가 한 명인 경우와 두 명인 경우를 나누어 분석해 보아야겠군요.

한 명이라면, 네 명이 모두 강을 건너는 방법은 유일합니다. 복귀자가 나머지 세 명을 한 명씩 데리고 강을 건너야 합니다. 이러한 형태의 해는 네 사람의 순열에 해당하기에 서로 구분할 수 없습니다.

Q: 네, 맞습니다. 이 사실은 나중에 또 필요하겠네요. 다리를 건너는 순서를 적어
볼까요? 집합 $\{1, 2, 3, 4\}$의 순열을 나타내는 π를 도입해서 가장 일반적인 형태
로 순서를 나타내 봅시다. 그리고 추후에 이를 참조할 수 있도록 순서에 번호를
붙이면 유용할 것입니다.

> 순열은 16.8.2절에서 다룬다.

A: 순서는 이렇습니다. (강을 건너는 이동을 '+', 돌아오는 이동을 '−', 순열 π에서
i번째 사람을 $\pi.i$로 나타내어 종이에 적는다.)

$$+\{\pi.1, \pi.2\} \,;\, -\{\pi.1\} \,;\, +\{\pi.1, \pi.3\} \,;\, -\{\pi.1\} \,;\, +\{\pi.1, \pi.4\} \tag{3.7}$$

Q: 정확합니다. 복귀자가 한 명일 때 모든 이동 순서는 위의 식에서 적절한 순열 π
를 선택하여 얻을 수 있습니다.

이제, 복귀자가 두 명인 경우를 고려해 봅시다. 이러한 형태의 해는 몇 가지나
될까요?

A: 음. 두 명의 복귀자를 각각 $\pi.1$, $\pi.2$라고 합시다. 이들이 언제 건너는지가 문제
인데요…. (몇 분 동안 고민한다.) 아하! 두 가지 경우가 있습니다. 복귀자가 돌
아오자마자 다시 강을 건너는 경우와 그러지 않는 경우로 나눌 수 있습니다. 먼
저, 복귀자가 돌아오자마자 다시 건넌다면 이러한 형태일 것입니다.

$$+\{\pi.1, \pi.3\} \,;\, -\{\pi.1\} \,;\, +\{\pi.1, \pi.2\} \,;\, -\{\pi.2\} \,;\, +\{\pi.2, \pi.4\} \tag{3.8}$$

그리고, 그렇지 않은 경우는 이러한 형태입니다.

$$+\{\pi.1, \pi.2\} \,;\, -\{\pi.1\} \,;\, +\{\pi.3, \pi.4\} \,;\, -\{\pi.2\} \,;\, +\{\pi.1, \pi.2\} \tag{3.9}$$

각 복귀자는 강을 두 번 건너야 하기 때문에 이외의 다른 경우는 없습니다.

Q: 지당하신 말씀입니다. 모두가 강을 건너는 방법은 세 가지입니다. 한 명이 돌아
오는 한 가지 방법이 있고, 두 명이 돌아오는 두 가지 방법이 있습니다. 많은 지
원자가 개인에게 서로 다른 이름을 붙이는 실수를 하곤 합니다. 그러면 모든 것
이 지나치게 복잡해집니다.

A: 복귀자가 한 명이라면, ('↑'는 양쪽의 두 값 중 최댓값을 나타냄을 설명하며 종이에 적는다.)

$$t.(\pi.1) \uparrow t.(\pi.2) + t.(\pi.1) + t.(\pi.1) \uparrow t.(\pi.3) + t.(\pi.1) + t.(\pi.1) \uparrow t.(\pi.4) \quad \text{(3.10)}$$

복귀자가 두 명이고, 돌아오자마자 다시 강을 건너는 경우는,

$$t.(\pi.1) \uparrow t.(\pi.3) + t.(\pi.1) + t.(\pi.1) \uparrow t.(\pi.2) + t.(\pi.2) + t.(\pi.2) \uparrow t.(\pi.4) \quad \text{(3.11)}$$

마지막으로 복귀자가 두 명이고, 돌아오자마자 강을 건너지 않는 경우는 이러합니다.

$$t.(\pi.1) \uparrow t.(\pi.2) + t.(\pi.1) + t.(\pi.3) \uparrow t.(\pi.4) + t.(\pi.2) + t.(\pi.1) \uparrow t.(\pi.2) \quad \text{(3.12)}$$

Q: 좋습니다. 각각을 차례대로 분석해 봅시다. (3.10)의 경우, 시간을 최소화하기 위해서는 어떤 순열 π를 선택해야 합니까?

A: 그것은 쉽습니다. 가장 빠른 사람을 1번 사람으로 두면 됩니다.

Q: 엄밀하게 증명할 수 있나요?

A: (연필과 종이를 다시 잡으며) 가장 빠른 사람이 1번이 되도록 사람들에게 번호를 부여합시다. 그리고 $t.1 \leq t.1 \downarrow t.2 \downarrow t.3 \downarrow t.4$를 가정하고, π가 사람들에 대한 임의의 순열이라고 합시다. 그렇다면,

$$t.1 \uparrow t.2 + t.1 + t.1 \uparrow t.3 + t.1 + t.1 \uparrow t.4$$
$$\leq t.(\pi.1) \uparrow t.(\pi.2) + t.(\pi.1) + t.(\pi.1) \uparrow t.(\pi.3) + t.(\pi.1) + t.(\pi.1) \uparrow t.(\pi.4)$$
$$\Leftarrow \quad \{ \text{ 덧셈의 단조성 } \}$$
$$t.1 \uparrow t.2 + t.1 + t.1 \uparrow t.3 + t.1 \uparrow t.4$$
$$\leq t.(\pi.1) \uparrow t.(\pi.2) + t.(\pi.1) + t.(\pi.1) \uparrow t.(\pi.3) + t.(\pi.1) \uparrow t.(\pi.4)$$
$$\wedge \ t.1 \leq t.(\pi.1)$$
$$= \quad \{ \text{ 가정}: t.1 \leq t.1 \downarrow t.2 \downarrow t.3 \downarrow t.4 \ \}$$
$$t.2 + t.1 + t.3 + t.4$$
$$\leq t.(\pi.1) \uparrow t.(\pi.2) + t.(\pi.1) + t.(\pi.1) \uparrow t.(\pi.3) + t.(\pi.1) \uparrow t.(\pi.4)$$
$$\wedge \ t.1 \leq t.(\pi.1)$$
$$= \quad \{ \text{ 가정에 의해 } t.1 \leq t.(\pi.1),$$
$$\text{재배열 } \}$$

$$t.1 + t.2 + t.3 + t.4$$
$$\leq\ t.(\pi.1) + t.(\pi.1)\uparrow t.(\pi.2) + t.(\pi.1)\uparrow t.(\pi.3) + t.(\pi.1)\uparrow t.(\pi.4)$$
$$\Leftarrow\quad \{\ \leq\text{의 전이성}\ \}$$
$$t.1 + t.2 + t.3 + t.4$$
$$\leq t.(\pi.1) + t.(\pi.2) + t.(\pi.3) + t.(\pi.4)$$
$$\leq t.(\pi.1) + t.(\pi.1)\uparrow t.(\pi.2) + t.(\pi.1)\uparrow t.(\pi.3) + t.(\pi.1)\uparrow t.(\pi.4)$$
$$=\quad \{\ \text{첫 번째 부등호:}\ \pi\text{는 순열,}$$
$$\text{두 번째 부등호:}\ [x \leq x\uparrow y]\text{와 덧셈의 단조성}\ \}$$
$$true$$

> ⚠️ '$\leq$' 기호가 쓰인 식과 같이 대소 관계를 나타내는 식을 부등식이라고 한다. 소거 규칙 (cancellation rule) 등 부등식을 다루는 규칙은 15.1절에서 다룬다. 최댓값과 최솟값의 성질은 15.2절에서 논의한다.

휴! 계산이 이렇게 길어질 줄은 몰랐습니다. 처음에 어떻게 전개해야 할지 많이 고민했습니다. 덧셈의 단조성을 이용해야 한다는 건 자명했지만, 각 부등식의 양변에 있는 다섯 개의 항을 어떻게 분할해야 할지 많이 생각했습니다. π가 순열이라는 것을 이용하려고 했기 때문에(π에 대한 정보는 이것이 유일하기 때문입니다), 다섯 개의 항을 네 개와 하나로 나누었습니다. 여러 개의 단계를 하나로 결합하는 실수를 하지 않기 위해, 좀 더 분명하고 자명한 단계는 뒤로 미루었습니다.

> ⚠️ 마지막 단계에서 π가 순열임을 이용하는 것은 14.2.3절에서 논의할 전칭 기호의 범위 변형 규칙(14.8)을 적용하는 하나의 예시다. 덧셈 외의 연산자에 대한 일반화는 14.5절에서 다룬다.

Q: 훌륭합니다! 계산이 길어 보이긴 하지만, 의심할 여지가 없습니다. 그뿐만 아니라, 각 과정을 상세하게 기록하는 작업은 도움이 됩니다. 우리 회사는 신중하고 정확한 작업을 중요하게 생각합니다.

이제, 복귀자가 두 명인 경우 시간을 최적화하는 방법을 살펴봅시다. 먼저, (3.10)과 (3.11)을 비교해 보세요. 어떤 점을 발견했나요?

A: 두 식의 첫 세 항이 서로 같습니다. 따라서 소거 법칙에 따라 마지막 두 항만 남겨 두고 비교해도 됩니다.

$$t.(\pi.1) + t.(\pi.1) \uparrow t.(\pi.4) \ ? \ t.(\pi.2) + t.(\pi.2) \uparrow t.(\pi.4)$$

$t.(\pi.1)$이 최대 $t.(\pi.2)$라면, 분명하게 전자는 최대 후자입니다.

Q: 맞습니다. 따라서 가장 빠른 사람을 1번으로 선택하면, (3.8)의 방법(두 명의 복귀자가 돌아오자마자 다시 강을 건너는 경우)은 고려하지 않아도 됩니다. 이 방법은 아무리 빨라도, 가장 빠른 사람이 돌아오는 방법보다 더 느립니다.

두 명의 복귀자가 있고, 돌아오자마자 다시 강을 건너지 않는 (3.9)의 방법은 어떤가요? 시간을 최소화하기 위해서는 π를 어떻게 정해야 할까요?

A: 가장 빠른 두 사람을 1번과 2번으로, 가장 느린 사람을 3번과 4번으로 해야 할 것 같습니다만, 그렇게까지 명백해 보이지 않네요. 계산을 해 봐도 될까요?

Q: 물론입니다. 한번 해 보시죠. (종이와 연필을 다시 건넨다.)

A: $t.1 \uparrow t.2 \le t.3 \downarrow t.4$를 가정합시다. 이제, 임의의 순열 π에 대해서 다음이 성립합니다. (종이에 적는다.)

$$t.1 \uparrow t.2 + t.1 + t.3 \uparrow t.4 + t.2 + t.1 \uparrow t.2$$
$$\le t.(\pi.1) \uparrow t.(\pi.2) + t.(\pi.1) + t.(\pi.3) \uparrow t.(\pi.4) + t.(\pi.2) + t.(\pi.1) \uparrow t.(\pi.2)$$
$$\Leftarrow \quad \{ \ \text{가정에 따라:} \ t.1 \uparrow t.2 \le t.(\pi.1) \uparrow t.(\pi.2),$$
$$\text{덧셈의 단조성} \quad \}$$
$$t.1 + t.3 \uparrow t.4 + t.2$$
$$\le t.(\pi.1) + t.(\pi.3) \uparrow t.(\pi.4) + t.(\pi.2)$$
$$\Leftarrow \quad \{ \ \text{가정에 따라:} \ t.(\pi.3) \downarrow t.(\pi.4) \le t.3 \downarrow t.4,$$
$$\text{덧셈의 단조성} \quad \}$$
$$t.3 \downarrow t.4 + t.1 + t.3 \uparrow t.4 + t.2$$
$$\le t.(\pi.3) \downarrow t.(\pi.4) + t.(\pi.1) + t.(\pi.3) \uparrow t.(\pi.4) + t.(\pi.2)$$
$$\Leftarrow \quad \{ \ \pi\text{는 순열} \quad \}$$
$$true$$

Q: 또 다른 아름다운 계산이 나왔군요. 1번과 2번 사람(가장 빠른 두 사람), 그리고 3번과 4번 사람(가장 느린 두 사람) 간의 대칭성을 이용하여 세 개의 항을 네 개

의 항으로 확장하는 방법이 마음에 듭니다. 이러한 방법을 '복잡화(complifica-tion)' 단계라고 합니다. 식을 간단하게 만드는 것이 우선이지만 때로는 - 더 흥미로운 계산에서는 - 복잡화하는 작업이 필요합니다.

A: (웃으며) '단순화(simplification)'는 들어 보았어도 '복잡화'는 처음 들어 보네요. '복잡화 = 단순화의 반대'. 이거 멋지네요! 왜 다른 곳에서는 사용하지 않는지 궁금합니다.

Q: (웃음을 참으며) 글쎄요. 우리 회사는 여러 방면에서 혁신의 최전선에 있지만, 그 아이디어를 채택하고 있진 않습니다. 그 단어는 네덜란드 컴퓨터 과학자 사이에서 적어도 25년간 사용되어 왔지만, 영어권에서는 아직 퍼지지 않았습니다. 이제, 다음으로 넘어가 봅시다. 지금까지 알아낸 내용을 요약해 줄 수 있나요?

A: 네. 두 가지 경우만 고려해도 충분하다는 것을 알았습니다. 첫 번째 경우는 가장 빠른 사람이 다른 사람들을 데리고 강을 건너는 것입니다. 다음이 성립하도록 사람에게 번호를 부여합니다.

$$t.1 \leq t.1 \downarrow t.2 \downarrow t.3 \downarrow t.4$$

이 경우 걸리는 시간은 (단순화 과정을 거치면) 아래와 같습니다.

$$t.2 + t.1 + t.3 + t.1 + t.4$$

두 번째 경우는 복귀자가 두 명이고, 이 둘이 돌아오자마자 다시 강을 건너지 않는 것입니다. 다음이 성립하도록 번호를 부여합시다.

$$t.1 \uparrow t.2 \leq t.3 \downarrow t.4$$

이때 걸리는 시간은

$$t.1 \uparrow t.2 + t.1 + t.3 \uparrow t.4 + t.2 + t.1 \uparrow t.2$$

입니다.

Q 좋아요. 이제 거의 다 왔습니다. 이 둘 중에는 무엇을 골라야 할까요?

A: 음, 번호 부여에 관한 두 가지 조건을 다음과 같이 강화합시다.

$$t.1 \leq t.2 \leq t.3 \leq t.4$$

이제, 이 가정하에 두 시간 중 어떤 값이 더 작은지 고려하기만 하면 됩니다.

Q: 비교 과정을 단순화할 수 있나요?

A: (적힌 식을 바라본다.) 가능해 보입니다. 항을 단순화하기 위해 이 가정을 사용해도 될까요? 단순화 과정은 아주 쉽고 간단합니다.

Q: 네, 좋습니다.

A: (적는다.)

$$t.2 + t.1 + t.3 + t.1 + t.4 \leq t.2 + t.1 + t.4 + t.2 + t.2$$
$$= \quad \{ 소거 \}$$
$$t.3 + t.1 \leq 2 \times t.2$$

따라서, $t.3 + t.1 \leq 2 \times t.2$이라면 복귀자가 한 명인 경우가, $2 \times t.2 \leq t.3 + t.1$이라면 복귀자가 두 명인 경우가 더 빠릅니다.

Q: 아주 훌륭합니다. 계산에서 단계 간의 연결 과정에 때로는 $\Leftarrow(if)$ 기호를, 때로는 등호 기호를 사용하던데, 혹시 전통적인 $\Leftrightarrow(if\ and\ only\ if)$ 기호 대신 등호 기호를 사용하는 이유를 설명할 수 있나요?

A: 간단합니다. 논리의 첫 번째 규칙은 '같은 것은 같다'입니다. 두 표현식 사이의 비교는 프로그램에서 사용되고, 하나의 불리언 표현식이 다른 표현식으로 대체되는 경우 두 표현식이 모든 곳에서 동일해야 합니다.

> ⚠️ '같은 것은 같다(substitution of equals for equals)' 규칙은 수학 계산에서 보편적으로 사용되지만, 명시적으로 사용하는 경우는 드물다. 주로, 이 규칙 대신 전통적인 함축 추론과 동치(if and only if) 관계를 사용하곤 한다. 더 자세한 설명은 5장과 13장을 참조하라.

Q: 아주 좋습니다. 이제 해야 할 일은 알고리즘을 작성하는 것뿐입니다. 보여 줄 수 있나요?

A: 문제 없습니다.

(강을 건너는 이동을 '+', 돌아오는 이동을 '−'로 나타냈음을 기억하며 적는다.)
　사람을 정렬한다.
　; $\{ t.1 \leq t.2 \leq t.3 \leq t.4 \}$

$$if\ t.3 + t.1 \le 2 \times t.2 \rightarrow +\{1,2\}\,; -\{1\}\,; +\{1,3\}\,; -\{1\}\,; +\{1,4\}$$
$$\square\ 2 \times t.2 \le t.3 + t.1 \rightarrow +\{1,2\}\,; -\{1\}\,; +\{3,4\}\,; -\{2\}\,; +\{1,2\}$$
$$fi$$

{모든 사람이 최소 시간으로 강을 건넜다.}

Q: 훌륭합니다. 아직, 교차 횟수를 최소화하면 항상 시간도 최소화되는지에 관한 문제를 해결하지 못했습니다. 지금은 그럴 시간이 없지만 나중에 생각해 볼 몇 가지 연습문제를 드립니다. (연습문제 3.13과 3.14, 3.15를 건넨다.)

A: 이 연습문제를 해결해야 제 합격 여부가 결정되나요?

Q: 아니요, 당신은 면접을 매우 뛰어난 성과로 통과했습니다. 그리고 즉시 연봉도 인상해 드릴 것입니다. 축하합니다!

연습문제 3.13

건너는 시간 순으로 사람이 정렬되어 있다고 가정하고, 모두가 강을 건너는 데 필요한 최소 시간을 하나의 표현식으로 나타내라. 건너는 시간이 각각 1분, 2분, 5분, 10분일 때, 알고리즘이 최소 시간이 17분이라고 추론하는지 확인하라. 가장 느린 두 명이 같이 건너는 것보다 1번 사람이 한 명씩 데리고 건너는 것이 더 빠른 경우를 제시하라.

연습문제 3.14

네 명의 사람에게 각각 이름이 부여되어 있고, 최적의 방법은 이동 횟수를 최소화한다고 가정하고 완전 탐색으로 문제를 해결하는 상황을 생각하자. 이는 즉, (개별적으로 명명된) 네 명의 사람이 다섯 번의 이동으로 다리를 건너는 모든 방법을 열거함을 의미한다. 이때 방법은 총 몇 가지인가?

처음에는 넷 중에 두 명을 골라야 한다. 두 번째에는 둘 중에서 돌아올 한 명을 선택해야 한다. 이와 같은 과정이 계속 이어질 것이다. 이러한 선택의 가짓수를 계산하는 방법은 16.8.2절에서 다룬다.

건너는 시간이 각각 1분, 1분, 4분, 4분, 4분인 다섯 명이 있고, 한 번에 최대 세 명이 다리를 건널 수 있다고 하자. 다섯 명이 모두 강을 건너는 데 필요한 최소 시간을 구하라.

다섯 명이 모두 건너기 위해서는 최소 몇 번의 이동이 필요한가? 또한, 이동 횟수를 최소화할 때의 최소 시간은 얼마인가? (여러분의 답안은 이동 횟수를 최소화하는 것이 반드시 최적은 아님을 보여야 한다.)

만약, 한 번에 최대 두 명이 건널 수 있다면, 최적의 방법은 이동 횟수를 최소화함을 보여라.

크기 3×3의 체스판을 최대 네 가지의 색으로 칠하고자 한다. 두 칸이 서로 변이나 꼭짓점을 공유한다면, 이 두 칸은 서로 닿아 있다고 하자. 닿아 있는 칸끼리는 서로 다른 색으로 칠하고자 할 때, 체스판을 칠하는 방법은 총 몇 가지인가? 칠하는 방법을 어떻게 구분할 것인지 분명하게 하도록 유의하라. (힌트: 먼저 서로 다른 칸이 몇 개인지 세어 보아라. 조합론적 지식이 전혀 필요하지 않다.)

3.6 조건문

다리 건너기 문제의 해법은 조건문(conditional statement)을 사용한다. 조건문은 '조건'이라 불리는 여러 개의 불리언 표현식의 값에 따라서 여러 가지 선택지 중 하나를 선택한다. 다리 건너기 문제에서 '$if - fi$' 괄호로 감싸져 있는 부분이 바로 조건문이다. 만약 불리언 표현식 $t.3 + t.1 \leq 2 \times t.2$의 값이 참이라면 네 명이 다리를 건너는 첫 번째 방법이 선택된다. 반대로, 불리언 표현식 $2 \times t.2 \leq t.3 + t.1$의 값이 참이라면 두 번째 방법이 선택된다. 두 값이 모두 참이라면, 두 방법 중 임의로 선택해도 좋다.

이 책에서 조건문은 항상 '□' 기호로 시작하는 여러 보호 명령어(guarded command) 중에서 하나를 (어쩌면 비결정적으로도) 선택하는 형태를 가진다. 보호 명령어는 $b \to S$의 형태를 갖는데, 여기서 b는 보호문(guard)이라 불리는 불리언 표현식이고, S는 본문(body)라고 불리는 구문이다. 다리 건너기 문제의 $if - fi$ 구문은 두 개의 보호문을 가지고 있지만 이보다 더 많을 수도 있다. 세 개의 보호문을 가진 조건문의 구체적인 예는 다음과 같다.

$if\ i < j\ \rightarrow\ i := i + 1$

$\square\ i = j\ \rightarrow\ skip$

$\square\ j < i\ \rightarrow\ j := j + 1$

fi

(이 예시에서 선택은 결정론적이다.)

조건문은 여러 경우를 분석해야 할 때 사용된다. **경우의 수 분석**(case analysis)은 일반적으로 사용되는 문제 해결 전략이다. 문제에서 사전 조건 P와 사후 조건 Q가 주어졌다고 하자. 경우의 수 분석은 문제의 풀이를 여러 개의 경우로 쪼개고, 이들을 어떤 k에 대하여, b_1부터 b_k까지[1]의 k개의 불리언 표현식으로 나타내는 것을 의미한다. 경우는 모두 (하나도 빠뜨리는 것이 없이) 완전해야 하며, 다음을 만족해야 한다.

$$[\,P \Rightarrow \langle \exists i : 1 \leq i \leq k : b_i \rangle\,]$$

(풀어서 말하자면, 사전 조건 P를 만족하는 각 상태에 대하여, k개의 불리언 표현식 중 적어도 하나의 값은 참이어야 한다.) 이제, 원래의 문제는, 각 i에 대하여 사전 조건이 $P \wedge b_i$고 사후 조건이 Q일 때의 해 S_i를 찾는 문제로 바뀐다. 즉, 다음을 만족하는 S_i를 구성해야 한다.

$$\{P \wedge b_i\}\ S_i\ \{Q\}$$

> ⚠️ '$\langle \exists i : 1 \leq i \leq k : b_i \rangle$'와 같은 표현식을 '존재 기호'라고 한다. 이 표현식은 'b_i(의 값이 참)인, 최소 1이고 최대 k인 i가 존재한다' 혹은 편하게 'b_1 또는 b_2 또는 ... b_k(의 값은 참이다)'라고 읽는다. 14.3.2절을 참조하라.

이러한 해들을 조건문을 통해 결합하면 원래 문제의 해가 된다. 이때의 해는 이러한 형태를 띨 것이다.

---

1   이와 같은 표현에서 범위는 양쪽 끝 수를 포함한다. 이를테면, '1에서 4까지'라는 표현은 1, 2, 3, 4를 뜻한다.

$$\{P\}$$
$$if \; b_1 \rightarrow S_1$$
$$\square \; ...$$
$$\square \; b_k \rightarrow S_k$$
$$fi$$
$$\{Q\}$$

특정 상태에서 시작하여 보호문이 참($true$)으로 계산된 보호 명령어를 선택하고, 이의 본문을 실행하여 조건문을 수행한다. 만일 여러 보호문이 참으로 계산되었다면, 보호 명령어 중 아무거나 하나를 고른다. 만약 어떤 보호문도 참으로 계산되지 않았다면, 이 조건문은 무시된다.[2]

3.7 정리

이번 장에서는 완전 탐색과 문제 분해를 비교하였다. 완전 탐색은 오직 최후의 수단으로만 사용해야 한다. 현대 컴퓨터 기술은 사람이 다루기에 너무 큰 문제를 해결할 수 있게 만들어 주지만, 상태 공간이 폭발적으로 증가하는 문제는 가장 강력한 컴퓨터를 사용해도 현실적으로 풀기 어렵다. 고급 알고리즘 설계 과목에서 다루는 복잡도 이론은 이러한 주장을 더욱 강력하게 뒷받침한다. 문제의 크기가 조금만 커져도 상태 공간의 크기가 급격히 증가하기 때문에, 아무리 크고 빠른 컴퓨터를 만들어도 문제를 해결하는 데에는 한계가 있다.

문제 분해는 문제 영역의 내재적 구조를 활용하기 위해 사용된다. 모든 강 건너기 문제, 혹은 이와 비슷한 문제는 왼쪽과 오른쪽 둘 사이에 대칭성이 있다. 이는 문제를 첫 번째와 마지막 구성 요소가 서로 대칭을 이루도록 세 가지 구성 요소로 분해하여 접근할 것을 제안한다. 이러한 전략은 항상 성공한다고 보장할 순 없지만, 문제를 더 다루기 쉽게 만들고, 종종 명확하고 기억하기 쉽거나 쉽게 다시 구성할 수 있는 풀이를 만들어 낸다. 가장 중요한 점은 풀이 방법을 다른 여러 문제에서도 반복적으로 적용할 수 있다는 것이다. 이는 단지 특정 문제에 대해서만 적용할 수 있는 풀이 방법과는 대조적이다.

---

2 기존의 프로그래밍 언어에 익숙한 독자라면, 결정론적 조건문인 $if-then-else$ 구문을 이미 알고 있을 것이다. 이러한 조건문에서 어떤 선택적 구문이 실행되는지는 프로그램 변수의 상태에 의해 완전히 결정된다. 여기에서 사용하는 비결정론적 선택에서는 무엇을 선택할지 결정론적으로 정하지 않는다.

이 과정에서 무엇에 이름을 붙일 것인지 (그리고 명명할 필요가 없는 것은 무엇인지) 결정하는 것은 중요한 문제 해결 능력이며, 문제의 복잡도에 큰 영향을 미친다. 이러한 과정은 추상화라고 하며, 실생활의 문제를 둘러싼 무수히 많은 세부 사항 중에서 문제 해결에 필요한 몇 가지 구성 요소를 추출하고, 여기에 적절하고 명확하게 정의된 수학적 표기법을 도입하는 과정이다.

3.8 참고 자료

호위하기 문제는 1999 Vierkant Voor Wiskunde 달력에서 가져왔다. (자세한 정보는 2.6절을 참조하라.) 다리 건너기 문제에 대해 더 알고 싶다면, 10.8절을 참조하라. 연습문제 3.4와 3.5는 웹사이트 '*http://mathlesstraveled.com*'에서 '핵폭탄 동전 게임(nuclear pennies game)'과 '수소폭탄 동전 게임(thermonuclear pennies game)'을 가져온 것이다. 솔리테어(solitaire)와 유사한 게임 아래에는 '다항식' 이론이 깔려 있으며, 이는 이 책의 범위를 벗어난다. 자세한 내용은 [BCaF10]을 참조하라.

염소, 양배추, 늑대 문제는 수천 년간 전해져 내려오는 문제이며 수많은 훌륭한 책에서 다뤄졌다. 그럼에도 불구하고 양배추와 늑대의 대칭성에 대해서는 놀랍게도 논의된 적이 없는 듯하다. 대칭성과 그것을 활용하는 법은 데이크스트라(E.W.Dijkstra, 매우 뛰어난 문제 해결자이자 수학적 방법론과 알고리즘의 형식적 개발의 선구자)가 주목하였다. 네티 반 가스터렌(Netty van Gasteren)[vG90]은 문제 해결에서 명명의 중요성을, 여러 고급 알고리즘 문제를 예시로 들며 강조하였다.

4장

게임

이 장은 간단한 2인 게임에서 이기는 방법에 관하여 다룬다. 무엇을 해야 결과적으로 승리할 수 있는지 결정하는 방법(즉, 알고리즘)에 대하여 알아볼 것이다.

승리 전략을 만드는 것의 가장 핵심은 불변량을 인지하는 것이다. 따라서 본질적으로 이 장은 2장의 연속이다. 또한, 이 장에서는 문제의 구조를 식별하고 활용하고자 한다. 이런 의미에서, 문제 해결에서의 대수학의 중요성을 소개한다.

앞부분에서 몇 개의 성냥개비 게임을 소개하여 이 장에서 다룰 게임을 맛보게 한다. 이어서, 게임 규칙에 대한 일련의 단순화된 제한 사항을 전제로 승패 위치를 체계적으로 알아내는 방법을 개발한다. 이제, 승리 전략은 '불변량의 유지'가 된다. '불변량의 유지'는 알고리즘 개발에서 중요한 기술이다. 여기서는 계속해서 상대방이 패배를 피할 수 없는 상태를 유도하는 것을 의미한다.

4.1 성냥개비 게임

성냥개비 게임은 하나 이상의 성냥개비 더미를 갖고 하는 게임이며, 두 명의 플레이어가 서로 번갈아 가며 턴을 가진다. 플레이어는 규칙에 따라 한 더미에서 하나 이상의 성냥개비를 제거하는 행동을 수행하며, 이를 '수(move)'를 둔다고 한다. 자신의 턴에 더 이상 수를 두지 못하는 플레이어는 패배하게 되고, 상대 플레이어는 승리하게 된다.

성냥개비 게임은 무차별적이고, 정보가 완전하며, 두 명의 플레이어가 참여하는 게임의 예시다. '무차별적'이라는 것은 수에 적용되는 규칙이 두 플레이어에게 모두 동일하게 적용됨을 의미한다. (예를 들어, 체스는 무차별적인 게임이 아니다. 왜냐하면 흰색은 하얀 기물만 움직일 수 있고, 검은색은 검은 기물만 움직일 수 있기 때문이다.) '정보가 완전하다'는 것은 두 플레이어 모두가 게임의 완전한 상태를 알고 있음을 의미한다. 반면, 포커와 같은 카드 게임은 각 플레이어가 상대방이 가지고 있는 카드를 알지 못하기 때문에, 플레이어가 게임의 상태에 관해 알고 있는 정보가 불완전하다.

승리 위치는 (실수를 하지 않는) 완벽한 플레이어가 항상 승리하도록 보장된 위치다. 패배 위치는 완벽한 플레이어와 대전할 때 절대로 승리할 수 없는 위치다. 승리 전략은 승리 위치에서 시작할 때 승리를 보장하는 수를 고르는 알고리즘을 의미한다.

예를 들어, 성냥개비 더미가 하나 있고, 한 개 또는 두 개의 성냥개비를 제거하는 것이 허용된 수라고 하자. 패배 위치는 성냥개비의 개수가 3의 배수(즉, $0, 3, 6, 9,$ ...)가 되는 위치다. 이외의 모든 위치는 승리 위치다. 이러한 위치에서 성냥개비의 개수가 n이라면, (즉, n은 3의 배수가 아니다.) 전략은 $n \bmod 3$개의 성냥개비를 제거하는 것이다.[1] 이 값은 항상 1 또는 2이므로, 이러한 수는 유효하다. 이제, 상대방은 성냥개비의 수가 3의 배수인 위치에 놓이게 된다. 이는 성냥개비가 0개 남았거나, 혹은 상대방이 취하는 모든 수는 성냥개비의 수가 다시 3의 배수가 되지 않도록 함을 의미한다.

플레이어가 어떤 수를 선택하든지 게임의 종료가 보장되는(즉, 스테일메이트와 같이 교착 상태가 되거나 비기게 되는 경우가 없는) 무차별적 게임에서는 항상 모든 위치를 승리 위치와 패배 위치로 분류할 수 있다. 다음 연습문제는 각 경우에서 승리 위치와 패배 위치를 구별하는 작업을 요구한다.

1. 성냥개비 더미가 하나 있다. 각 플레이어는 정확히 하나의 성냥개비를 제거할 수 있다.

   모든 승리 위치를 알아내라.

2. 성냥개비 더미가 하나 있다. 각 플레이어는 한 개 이상, 0개 이하의 성냥개비를 제거할 수 있다. (즉, 어떤 수도 허용되지 않는다.)

---

1 $n \bmod 3$은 n을 3으로 나눈 나머지임을 기억하라.

모든 승리 위치를 알아내라.

3. 앞의 두 문제와 예시(플레이어는 한 개 또는 두 개의 성냥개비를 제거할 수 있는 경우)로부터 규칙을 발견할 수 있는가?

> 다르게 말하면, 정해진 상수 N에 대하여 한 개 이상 N개 이하의 성냥개비를 제거할 수 있을 때, 게임에서 승리하는 방법을 알아낼 수 있는가?

4. 성냥개비 더미가 하나 있다. 각 플레이어는 한 개 또는 세 개, 네 개의 성냥개비를 제거할 수 있다.

> 모든 승리 위치를 알아내고, 승리 전략을 찾아라.

5. 성냥개비 더미가 하나 있다. 각 플레이어는 한 개 또는 세 개, 네 개의 성냥개비를 제거할 수 있다. 단, 상대방이 마지막으로 둔 수를 반복해서는 안 된다. (즉, 만약, 방금 상대가 한 개의 성냥개비를 제거했다면, 여러분은 세 개 혹은 네 개의 성냥개비를 제거해야만 한다.)

> 모든 승리 위치를 알아내고, 승리 전략을 찾아라.

6. 성냥개비 더미가 두 개 있다. 이 중 하나의 더미를 고르고, 고른 더미에서 한 개 또는 두 개, 세 개의 성냥개비를 제거하는 수가 허용된다.

> 모든 승리 위치를 알아내고, 승리 전략을 찾아라.

7. 성냥개비 더미가 두 개 있다. 왼쪽 더미에서는 한 개, 두 개, 세 개의 성냥개비를 제거하는 수가 허용된다. 오른쪽 더미에서는 1개 이상 7개 이하의 성냥개비를 제거하는 수가 허용된다.

> 모든 승리 위치를 알아내고, 승리 전략을 찾아라.

8. 성냥개비 더미가 두 개 있다. 왼쪽 더미에서는 한 개, 세 개, 네 개의 성냥개비를 제거하는 수가 허용된다. 오른쪽 더미에서는 한 개 또는 두 개의 성냥개비를 제거하는 수가 허용된다.

> 모든 승리 위치를 알아내고, 승리 전략을 찾아라.

4.2 승리 전략

이 절에서는 승리 전략에 요구되는 조건을 정의한다. 하나의 더미에서 한 개 또는 두 개의 성냥개비를 제거하는 간단한 성냥개비 게임에서 시작해서, 게임의 모든 위치를 체계적으로 탐색하면서 각각을 승리 혹은 패배 위치로 판별하는 방법을 보여 줄 것이다. 이는 완전 탐색이기 때문에 더 복잡한 게임에는 실용적이지 않지만, 이 알고리즘에는 무엇이 관여하는가에 대한 더 나은 이해를 제공하며, 특정한 경우에 더 효율적인 해법을 개발하는 기반으로 사용될 수 있다.

4.2.1 가정

이러한 탐색이 가능하려면 게임에 대한 몇 가지 가정이 필요하다.

- 위치의 수는 유한하다고 가정한다.
- 플레이어가 어떻게 수를 두더라도 언젠가는 게임이 끝난다고 가정한다.

첫 번째 가정은 위치의 개수가 무한하면 위치를 하나씩 탐색하는 과정이 절대로 완료될 수 없기 때문에 필수적이다. 두 번째 가정은 알고리즘이, 모든 위치를 승리 혹은 패배 위치로 구별할 수 있다는 성질에 의존하고 있기 때문에 반드시 필요하다. 여기서는 스테일메이트(stalemate) 위치의 존재 가능성을 배제한다. 스테일메이트 위치란, 플레이어가 게임을 무한히 이어갈 수 있어서 어떤 플레이어도 승리하지 못하는 위치를 뜻한다.

4.2.2 위치 구분

첫 번째 단계는 게임의 위치와 수를 나타내는 **방향 그래프**를 그리는 것이다. 그림 4.1은 4.1절의 앞부분에 소개한 성냥개비 게임에서 첫 아홉 개의 위치에 대한 그래프를 나타낸다.

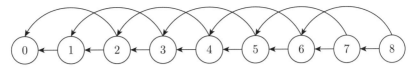

그림 4.1 성냥개비 게임. 플레이어는 자신의 턴에 한 개 또는 두 개의 성냥개비를 제거할 수 있다.

방향 그래프는 정점 집합과 간선 집합으로 구성된다. 각 간선은 하나의 정점에서 시작하여 다른 정점에서 끝난다. 그래프를 그릴 때, 정점은 원으로, 간선은 시작 정점에서 종료 정점으로 향하는 화살표로 그린다.

> ⚠️ 게임의 그래프는 방향성이 있고 사이클을 가지지 않는다고 가정한다. (4.2.1절을 참조하라.) 이는 그래프의 속성을 위상적 탐색(topological search)으로 결정할 수 있음을 의미한다. 이러한 중요한 개념에 대해서는 16.7절과 특히 16.7.1절을 참조하라.

그림 4.1의 정점은 더미에 남아 있는 성냥개비의 수로 표기되어 있다. 0이 표기된 정점에서 나가는 간선은 없다. 성냥개비가 남아 있지 않은 위치에서는 어떠한 수도 허용되지 않기 때문이다. 1이 표기된 정점에서 나가는 간선은 0이 표기된 정점으로 가는 간선 딱 하나다. 성냥개비가 하나 있는 위치에서는 그 성냥개비를 제거하는 유일한 수만 허용되기 때문이다. 그 외에 다른 정점은 모두 두 개의 나가는 간선을 가진다. 2 이상의 n에 대해, n이 표기된 정점에서는 나가는 간선이 두 개 있다. 하나는 $n - 1$로 향하고, 다른 하나는 $n - 2$를 향한다. 즉, 두 개 이상의 성냥개비가 남은 위치에서는 한 개 또는 두 개의 성냥개비를 제거하는 수가 가능하다.

그래프를 그리고 나면, 각 정점이 승리 위치를 나타내는지, 아니면 패배 위치를 나타내는지 결정할 수 있다. 패배 위치에 놓인 플레이어는, 만약 상대가 완벽한 플레이어라면, 필연적으로 패배한다. 승리 위치에 놓인 플레이어는, 매 턴마다 올바른 선택을 내린다면 항상 승리가 보장된다.

승리/패배를 구별하는 규칙은 크게 둘로 나뉜다. 하나는 패배 위치를, 다른 하나는 승리 위치를 결정한다.

- 어떤 정점에서 나가는 모든 정점이 승리 위치라면, 그 정점은 패배 위치다.
- 어떤 정점에서 패배 위치로 가는 간선이 존재한다면, 그 정점은 승리 위치다.

언뜻 보기에는 이 규칙을 적용하는 것이 불가능해 보일 수 있다. 첫 번째 규칙은 승리 위치를 패배 위치로부터 정의하고, 두 번째 규칙은 그 반대로 정의한다. 마치 순환 논법처럼 보일 수도 있다. 그러나 먼저, 나가는 간선이 없는 정점은 모두 패배 위치라고 표기하는 것에서 시작해 보자. 만약 정점에서 나가는 간선이 없다면, '정점에서 나가는 모든 정점은 승리 위치다'라는 구문은 참이기 때문이다. 사실, 모든 (실로는 존재하지 않는) 간선은 승리 위치의 정점을 향하고 있다.

이는 논리학의 일반적인 규칙의 한 예시다. '모든 x는 속성 p를 갖는다' 형태의 구문을 '모든 기호', 혹은 전칭 기호라고 한다. 이때, 한정 기호에 등장하는 x의 사례가 하나도 없다면, 이러한 구문을 '공허한 참'이라고 한다. 이 구문은 그 어떠한 정보도 담고 있지 않기에, 어떤 의미에서는 구문이 '공허하다(vacuous)'(즉, 비어 있다)고 한다.

> ⚠️ '한정 기호(quantification)'는 이항 연산자(두 개의 값에 대한 함수)를 값들의 집합으로 확장한 것이다. 총합은 한정 기호의 한 예다. 여기서 이항 연산자는 두 수를 더하는 것이다. 전칭 기호의 경우, 이항 연산자는 논리 'and' 연산이다. 자세한 내용은 14장을 참조하라.

그림 4.1로 돌아가서, 정점 0은 나가는 간선이 하나도 없기에, '패배'라고 표기된다. 이는 실제로도 패배 위치인데, 게임 규칙에 따르면 어떤 수도 둘 수 없는 플레이어는 패배하기 때문이다.

다음으로, 정점 1과 2는 '승리'로 표기된다. 각각 정점 0으로 가는 간선이 있고, 이 정점은 패배 위치임을 알고 있기 때문이다. 여기서, 이 간선은 이 위치에서 게임을 이기기 위해서 두어야 하는 수를 나타낸다.

이제, 정점 3은 '패배'로 표기된다. 왜냐하면, 정점 3에서 나가는 두 간선 모두 '승리'라고 표기한 정점(1과 2)을 향하기 때문이다. 세 개의 성냥개비가 남은 위치에서 둘 수 있는 모든 수는, 상대가 승리 위치에 놓이게 만든다. 즉, 이러한 위치에 놓인 플레이어는 결국 지게 될 것이다.

위에서 서술한 과정을 모든 정점에 '승리' 혹은 '패배'가 표기될 때까지 계속 반복하자. 정점 4와 5는 '승리'로, 그러면 정점 6은 '패배'로, 이후 정점 7과 8은 '승리'로 표기될 것이다.

그림 4.2는 정점과 간선에 승리와 패배를 표기한 그래프이다. 굵은 테두리의 원은 패배 상태임을 나타낸다. 나가는 굵은 간선이 있는 원은 승리 상태임을 나타낸

다. 여기서 이 굵은 간선은 그 위치에서 승리하기 위해 두어야 하는 수를 의미한다.

분명히 이 작업으로부터 패턴을 찾을 수 있다. 패배 위치는 성냥개비의 수가 3의 배수인 위치고, 그 외의 모든 위치는 승리 위치다. 승리 전략은 상대가 3의 배수 개수의 성냥개비의 위치에 놓이도록 하나 또는 두 개의 성냥개비를 제거하는 것이다.

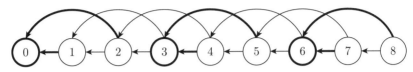

그림 4.2 표기된 위치들. 승리 간선은 굵은 선으로 나타내었다.

4.2.3 필요조건의 공식화

승리 전략을 다시 말하자면, 성냥개비의 수가 3의 배수라는 속성을 '유지'하는 것이다. 프로그래밍 용어로 말하자면, 이 속성을 호어 트리플(3.4절 참고)로 나타낼 수 있다. 더미에 있는 성냥개비의 개수를 n으로 나타내자. 승리 전략의 정당성은 다음과 같은 주석이 달린 프로그램으로 표현된다.

$\{n$은 3의 배수, 그리고 $n \neq 0\}$

$if\ 1 \leq n \rightarrow n := n - 1 \ \Box\ 2 \leq n \rightarrow n := n - 2\ fi$

; $\{n$은 3의 배수가 아니다.$\}$

$n := n - (n \bmod 3)$

$\{n$은 3의 배수$\}$

이 프로그램은 한 줄에 하나씩, 총 다섯 개의 구성 요소로 이루어져 있다. 첫 줄은 사전 조건으로, 성냥개비의 수가 3의 배수고 0이 아닌 위치에서 프로그램이 수행되기 시작한다는 가정을 나타낸다.

두 번째 줄은 임의의 수를 표현하기 위해 비결정론적 조건문[2]을 사용한다. 성냥개비 한 개를 제거하는 수는 $1 \leq n$일 때에만 허용되므로, 구문 $n := n - 1$은 이 조건에 의해 보호된다. 비슷하게, 두 개의 성냥개비를 제거하는 수는 조건 $2 \leq n$으로 보호되는 대입 $n := n - 2$로 모델링된다. $n \neq 0$의 가정에 의해, 이 보호문 중 적어도 하나는, 그리고 어쩌면 둘 다 참이 된다.

---

2 조건문의 공식화와 사용법은 3.6절에서 다루었다.

보호 명령어의 사후 조건은 'n은 3의 배수가 아니다'라는 가정이다. 첫 세 줄로 구성된 트리플은 만약 성냥개비의 수가 3의 배수고, 유효한 수가 두어졌다면, 그 이후에는 성냥개비의 수가 3의 배수가 아님을 보증한다.

네 번째 줄은 $n \bmod 3$개의 성냥개비를 지우는 승리 전략을 구현한다. 다섯 번째 줄은 최종 사후 조건으로, 승리 전략을 수행한 이후에 성냥개비의 수는 다시 3의 배수가 됨을 보여 준다.

정리하면, n이 3의 배수인 상태에서 시작하여, 임의의 수를 두면, n이 3의 배수가 아닌 상태가 된다. 그 뒤에, $n \bmod 3$개의 성냥개비를 제거하면, 결과적으로 다시 n이 3의 배수인 상태가 된다.

일반적으로, 승리 전략은 '패배'라는 속성으로 패배 위치를 특징화함으로써 얻을 수 있다. 종료 위치(게임이 끝나는 위치)는 패배의 속성을 만족해야 한다. 승리 위치는 패배의 속성을 만족하지 않는 위치다. 각 승리 위치마다 어떤 수를 두어 어느 패배 위치를 만들지 계산하는 방법을 찾아야 하며, 그 방법이 바로 승리 전략이 된다. 더 정확하게 말하면, 승리와 패배 위치, 그리고 승리 전략은 다음을 만족해야 한다.

> {패배 위치, 그리고 종료 위치가 아니다.}
> 임의의 가능한 수를 둔다.
> ; {승리 위치, 즉, 패배 위치가 아니다.}
> 승리 전략을 수행한다.
> {패배 위치}

요약하면, 승리 전략은 패배 위치와 승리 위치를 분류한 후, 수를 고르는 방법을 의미하며, 다음 세 가지 성질이 충족되어야 한다.

- 종료 위치는 패배 위치다.
- 종료 위치가 아닌 패배 위치에서 어떤 수를 두더라도 승리 위치가 된다. 즉, 어떤 수를 두더라도 그 위치는 패배 위치가 되는 '조건을 만족하지 않는다'.
- 승리 위치에서 승리 전략의 수를 두면 패배 위치가 된다. 즉, 패배 위치가 되는 '조건을 만족하는' 위치가 되도록 하는 수를 항상 고를 수 있다.

만일 두 플레이어가 모두 완벽하다면, 승리자는 시작 위치에서부터 결정된다. 만약 시작 위치가 패배 위치라면, 후수가 승리함이 보장된다. 또한 만약 시작 위치가 승리 위치라면, 선수가 승리함이 보장된다. 승리 위치에 놓인 완벽한 플레이어는 불변량이 항상 참이 되도록 하여 승리하며, 따라서 상대가 항상 패배 위치에 놓이게 만든다. 패배 위치에서 시작하면, 상대가 완벽한 플레이어가 아니어서 언젠가는 실수하기를 바라는 수밖에 없다.

1개 이상 M개 이하의 성냥개비를 제거할 수 있을 때의 성냥개비 게임 문제를 해결해 볼 것을 권장한다. M은 자연수이며, 미리 정해진 상수다. 먼저, M이 0인 경우부터 풀어 볼 것을 권장한다. 이 경우는 자주 무시되곤 하는데, 매우 쉬운 풀이가 있다. 다음으로, M이 1인 경우를 고려하라. 이 경우 또한 쉬운 풀이가 있지만, 조금은 더 복잡하다. 이제, 이 두 경우를 합쳐서 (방금까지 논의한) M이 2인 경우를 해결하라. 해법에서 패턴을 찾을 수 있는가? 만약 패턴을 즉시 찾지 못했다면, 조금 더 노력해 보아라. 최후의 수단으로, M이 3인 경우를 해결하라. (그래프를 그리는 것보다 표를 만드는 게 더 나을 것이다. 이때부터 그래프가 매우 복잡해진다.) 이제, M이 0, 1, 2인 경우로 돌아와 (특히, 극단적인 경우인 0과 1로 돌아와) 여러분이 발견한 패턴이 옳은지 확인하라. 마지막으로, M이 2일 때 앞에서 했던 것처럼, 전략의 정당성을 구문과 가정으로 공식화해 보여라.

⊘ 연습문제 4.1 12월 31일 게임

두 명의 플레이어가 번갈아 가면서 날짜를 말한다. 12월 31일을 말한 플레이어가 승리하며, 시작 날짜는 1월 1일이다.

이 연습문제의 각 부분은 플레이어가 말할 수 있는 날짜에 관한 서로 다른 규칙을 적용한다. 각각에 대하여, 승리 전략을 고안하고, 어떤 플레이어가 승리하는지 밝혀라. 해가 윤년인지 아닌지 여부에 따라 다르다면, 이 또한 밝혀라.

힌트: 이론적으로, 각 365일(혹은 윤년의 경우, 366일)에 대해서 승리/패배 여부를 판별해야 한다. 하지만 실제로는, 패턴이 분명해지고, 각 월에서 승리하고 패배하는 날들을 그룹으로 묶을 수 있을 것이다. 12월에서 부르면 안 되는 날부터 먼저 판정해 보아라.

(a) (쉬움) 플레이어는 다음 달의 1일을 말하거나, 그 달에 있는 아무 날(상대방이 직전에 말한 날보다 이후에 오는)이나 말할 수 있다. (예를 들어, 선수는 2월 1일을 말하거나, 1월 중 1일이 아닌 다른 날을 말하면서 시작한다.)

(b) (어려움) 플레이어는 다음 달의 1일을 말하거나, 바로 다음 날을 말할 수 있다.

4.3 제거 집합 게임

성냥개비 부류의 게임은 한 더미의 성냥개비와 (유한한) 수(number)의 집합에 기반을 둔다. 허용되는 수(move)는 m개의 성냥개비를 제거하는 행동이고, 여기서 m은 주어진 집합의 원소여야 한다. 이러한 유형의 게임을 '제거 집합 게임'이라고 하며, 수의 집합을 '제거 집합'이라 한다.

방금까지 논의한 게임은 모두 제거 집합 게임의 예시다. 만약, 자신의 턴에 한 개 이상 M개 이하의 성냥개비를 제거할 수 있다면, 제거 집합은 $\{1, ..., M\}$이 된다. 더욱 흥미로운 예시는 일반적이지 않은 구조를 갖는 제거 집합을 선택하여 얻을 수 있다.

제거 집합이 주어지면, 승리와 패배 위치를 항상 계산할 수 있다. 허용된 수가 다음과 같을 때 승리와 패배 위치를 계산하는 과정을, 이 절에서 일반적인 예시로써 사용할 것이다.

- 한 개의 성냥개비 제거
- 세 개의 성냥개비 제거
- 네 개의 성냥개비 제거

다르게 말하면, 제거 집합은 $\{1, 3, 4\}$다.

게임에서의 위치는 더미에 있는 성냥개비의 수로 정의할 수 있다. 이제, 위치를 이 개수로 나타내자. 즉, '위치 0'은 더미에 어떤 성냥개비도 남아 있지 않은 위치를 뜻하고, '위치 1'은 단 하나의 성냥개비만 남은 위치를 나타낸다.

위치 0에서부터 시작하여, 각 위치를 하나씩 살펴보면서 다음의 규칙을 사용해 승리 위치인지 판별하자.

- 어떤 수를 두더라도 승리 위치가 된다면, 그 위치는 패배 위치다.
- 패배 위치가 되는 수가 존재한다면, 그 위치는 승리 위치다.

그 결과를 표로 나타내 보자. 표 4.1의 상단 절반은 성냥개비의 개수가 최대 6인 경우에 대해 보여 준다. 첫 번째 행은 위치를, 두 번째 행은 승리 위치(W)인지 패배 위치(L)인지를 나타낸다. 세 번째 행에는, 승리 위치인 경우에 패배 위치로 가기 위해 제거해야 하는 성냥개비의 수가 나와 있다. 예를 들어, 위치 2에서는 1로만 갈 수 있기 때문에 패배 위치다. 반면에, 위치 3과 4는 둘 다 0으로 갈 수 있기 때문에 승리 위치다. 어떤 위치에서는 승리하는 수가 여러 가지일 수 있음에 유의해야 한다. 예시로, 위치 3에서 승리하는 수는 총 두 가지다. 세 개를 제거해서 위치 0으로 갈 수도 있고, 한 개를 제거해서 위치 2로 가도 된다. 하지만 표의 마지막 행에는 하나의 수만 적어도 충분하다.

이 작업을 계속하면 그다음 위치 7개의 결과를 얻는다. 표 4.1의 하단 절반을 참조하라. 표의 상단과 하단을 비교해 보면, 승리와 패배 위치가 주기 7로 반복됨을 관찰할 수 있다. 패턴이 이런 식으로 반복되기 시작하면 영원히 계속된다. 따라서 다음과 같은 결론을 얻는다. 제거 집합 $\{1, 3, 4\}$에 대해서 승리 위치는 성냥개비 개수를 7로 나눈 나머지 r로 판별할 수 있다. 만약, r이 0이나 2면 패배 위치고, 그렇지 않다면 승리 위치다. r이 1이면 한 개를, 3이나 5면 세 개를, 4나 6이면 네 개를 제거하는 것이 승리 전략이다.

위치	0	1	2	3	4	5	6
승패	L	W	L	W	W	W	W
수		1		3	4	3	4
위치	7	8	9	10	11	12	13
승패	L	W	L	W	W	W	W
수		1		3	4	3	4

표 4.1 제거 집합 $\{1, 3, 4\}$일 때의 승리(W) 및 패배(L) 위치

이 예시에서 드러나는 승리와 패배 위치의 패턴의 반복은 제거 집합 게임의 일반적인 특징이다. 따라서, 주어진 제거 집합에 대하여 임의의 위치가 승리 위치인지 패배 위치인지 항상 결정할 수 있다. 또한, 승리 위치에 대해서는 승리하는 수도 결정 가능하다. 다음 논의는 그 이유를 설명한다.

제거 집합이 주어졌다고 하자. 이 집합은 유한하다고 가정했기 때문에, 최대 원소 M을 가진다. 그렇다면, 각 위치에서 둘 수 있는 수는 많아 봐야 M가지다. 각 위치 k에 대해 $W(k)$를, 승리 위치면 참, 패배 위치면 거짓이라고 하자. k가 M 이상이라면, $W(k)$는 서열 $W(k-1), W(k-2), ..., W(k-M)$에 의해 결정된다. 이

서열을 $s(k)$라고 부르자. 길이 M의 불리언 서열은 총 2^M가지밖에 없다. 따라서, 서열 $s(M+1), s(M+2), s(M+3), \ldots$은 언젠가 결과적으로 반복되며, 이는 많아 봐야 2^M단계 전에 발생한다. 즉, $M \leq j < k < M + 2^M$을 만족하는 어떤 j, k에 대하여, $s(j) = s(k)$가 성립한다. 이로부터 $W(j) = W(k)$임을 얻고, 서열 W의 k번째 위치 이후는 반복됨을 알 수 있다.

이 분석을 앞의 예시에 적용해 보면, 승리-패배 패턴은 20번째 위치 이후부터 반복됨을 알 수 있다. 실제로는 한참 일찍부터 패턴 반복이 시작된다. 일반적으로, 승리-패배 위치 패턴의 반복은 위치 $2^M + M$ 혹은 그 이전부터 시작된다. 임의의 위치가 승리 위치인지 패배 위치인지 결정하기 위해서는, 연속적인 k에 대해 $s(k)$의 반복이 나타나는지 확인하는 작업이 필요하다. 만약 위치 R에서 반복이 일어난다면, 임의의 위치 k에 대해 $W(k)$는 $W(k \bmod R)$과 같다.

> ### ② 연습문제 4.2
> 한 더미의 성냥개비가 있다. 2개 또는 5개, 6개의 성냥개비를 제거하는 수가 허용된다. (즉, 제거 집합이 $\{2, 5, 6\}$이다.)
>
> (a) 각 n에 대해($0 \leq n < 22$), 성냥개비가 n개인 위치는 승리 위치인지 패배 위치인지 판별하라.
>
> (b) 승리-패배 위치의 패턴을 찾아라. 더미에 n개의 성냥개비가 있는 위치가 승리 위치인지 아닌지를 결정하는 불리언 함수를 자세하게 설명하고, 이를 이용하여 패턴을 구체적으로 명시하라.
>
> 각 수가 두어질 때 함숫값이 어떻게 변하는지를 표로 나타내어 패턴을 검증하라.

> ### ② 연습문제 4.3
> 이 연습문제는 쉽지 않다. 이 문제의 풀이는 이 장의 내용을 넘어서는 사고를 요구한다.
>
> 그림 4.3에는 여러 개의 사다리와 뱀이 그려져 있다. 이 게임에서는 하나의 돌만 사용한다. 두 명의 플레이어가 번갈아 가면서 최대 네 칸까지 돌을 전진시킨다. 1번 칸에서 시작하며, 도착 위치는 25번 칸이다. 도착 위치에 먼저 도달하는 플레이어가 승리한다. 일반적인 사다리와 뱀 게임과 동일하게, 돌이 사다리 하단부에 도착하면 사다리 위로 올라가고, 뱀의 머리에 도착하면 꼬리로 내려간다.

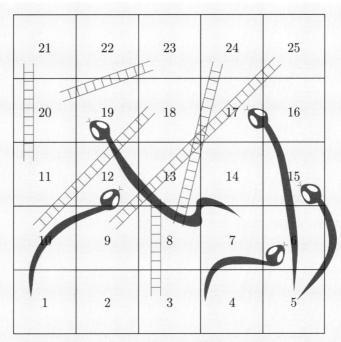

그림 4.3 사다리와 뱀 게임. 플레이어는 최대 네 칸까지 돌을 전진할 수 있다.

(a) 이 게임의 위치를 모두 나열하라. (위치는 칸과 다르다. 사다리나 뱀으로 연결된 칸을 유의 깊게 살펴보아라.)

(b) 승리와 패배 위치를 판별하라. 모든 가능한 수가 승리 위치로 가면 패배 위치이고, 패배 위치로 가는 수가 존재한다면 승리 위치라는 규칙을 사용하라.

(c) 어떤 위치들은 이 규칙으로 승리 혹은 패배 위치인지 판별할 수 없다. 왜인지 설명하라.

4.4 합 게임

이 절에서는 승리 전략을 좀 더 효율적으로 계산하기 위해 게임의 구조를 활용하는 방법을 살펴본다.

4.1절에 있는 성냥개비 게임의 뒤쪽 예시에는 하나가 아니라 여러 개의 성냥개비 더미가 등장한다. 각 수를 두기 위해서는 먼저 어떤 더미에서 성냥개비를 제거할지를 먼저 선택해야 한다. 그런 다음 미리 정해진 규칙(이는 더미마다 다를 수 있다)에 따라 선택한 더미에서 성냥개비를 제거할 수 있다. 따라서 이 게임은 두 가

지 게임의 조합이다. 이렇게 여러 개의 게임을 결합한 새로운 게임을 합 게임(sum game)이라고 한다.

일반적으로, 각각의 수 규칙을 가진 두 게임이 주어질 때, 두 게임의 합은 다음과 같이 설명된다. 좀 더 명확하게 하기 위해, 두 게임을 각각 왼쪽 게임과 오른쪽 게임이라고 하자. 합 게임에서의 위치는 왼쪽 게임의 위치와 오른쪽 게임의 위치의 조합이다. 합 게임에서의 수는 두 게임 중 한 게임에서의 수다.

그림 4.4는 두 게임의 합의 한 예시다. 각 그래프는 하나의 게임을 나타내며, 위치는 정점으로, 가능한 수는 간선으로 표현된다. 하나의 동전을 한 정점 위에 놓았다고 생각해 보라. 수를 둔다는 것은 동전을 간선을 따라 다른 정점으로 옮기는 행동과 같다. 왼쪽과 오른쪽 그래프의 정점을 각각 영어 대문자와 소문자로 나타내자.

합 게임에서는 두 개의 동전이 필요하다. 각 동전은 각 그래프의 정점 위에 하나씩 놓일 것이다. 여기서 수는, 둘 중 하나의 동전을 선택하고, 그 동전을 간선을 따라 움직여 다른 정점 위로 옮기는 것이다. 따라서, 합 게임에서 위치는, 왼쪽 그래프의 정점을 X, 오른쪽 그래프의 정점을 x라고 할 때, 순서쌍 Xx로 나타낼 수 있다. 각 수는 X와 x 둘 중 정확히 하나에만 영향을 미친다.

그림 4.4에서 왼쪽과 오른쪽 그래프 모두 체계화되어 있지 않다. 따라서, 4.2.2절에서 소개한 완전 탐색을 사용하지 않고 승리 및 패배 위치를 알아내기는 어렵다. 그러나 그림 4.4의 왼쪽 게임의 위치는 모두 15개고, 오른쪽 게임에서는 11개다. 고로, 두 게임의 합 게임에는 총 15 × 11개의 서로 다른 위치가 있다. 이 게임에서, 그리고 일반적인 합 게임에서 완전 탐색은 매우 바람직하지 못하다. 이 절에서는 두 게임의 합 게임에서 승리 전략을 계산하는 방법에 대하여 알아본다. 합 게임에서 승리와 패배 위치를 계산하는 데 필요한 계산량은 개별의 게임에서 계산하는 데 필요한 계산량의 곱이 아닌 합과 같음을 발견한다. 또한, 개별의 게임의 승리 전략만으로는 충분하지 않다는 것을 발견한다. 적절한 일반화를 도출하는 것이 이번 분석의 핵심이다.

> ⚠ 합 게임에서 위치들의 집합은 개별 게임의 위치들의 집합의 곱집합(cartesian product)이다. 이는 합 게임에서 위치의 개수가 왜 개별 게임에서 위치의 개수의 곱과 같은지 알려 준다. 12.4.1절을 참조하라.

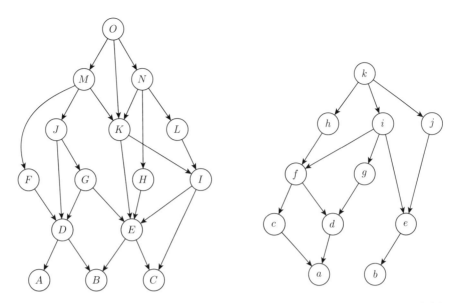

그림 4.4 합 게임. 왼쪽과 오른쪽 게임을 두 개의 그래프로 나타내었다. 왼쪽 그래프의 정점을 X, 오른쪽 그래프의 정점을 x라 할 때, 위치는 순서쌍 Xx로 표현된다. 수는 X와 x 중 정확하게 하나만 바꾼다.

4.4.1 단순한 합 게임

두 게임의 합 게임에 대한 아주 단순한 예시부터 시작해 보자. 두 더미의 성냥개비가 있다. 둘 중 하나의 더미를 고르고, 그 더미에서 최소 하나의 성냥개비를 제거할 수 있다. 몇 개의 성냥개비를 제거할 수 있는지에 관한 제약은 없다. 언제나 그러했듯이, 더 이상 수를 둘 수 없는 플레이어가 패배한다.

이 게임은 매우 매우 단순한 두 게임의 합이다. 한 더미의 성냥개비가 주어지고, 수는 최소 하나의 성냥개비를 제거하는 작업인, 그 게임이다. 이 단순한 게임에서 승리 위치는, 자명하게도, 하나 이상의 성냥개비가 있는 모든 위치이고, 모든 성냥개비를 제거하는 것이 곧 승리 전략이 된다. 성냥개비가 하나도 없는 위치가 유일한 패배 위치다.

개별 게임의 승리 전략을 아는 것은 합 게임에서 승리하기 위해 충분하지 않다는 사실이 이제 분명해진다. 만약 플레이어가 한 더미에 있는 모든 성냥개비를 제거하면, 이는 개별 게임의 승리 전략에 해당하지만, 상대는 반대쪽 더미의 성냥개비를 모두 제거함과 동시에 승리한다.

왼쪽과 오른쪽 게임의 대칭성은 승리 전략을 발견하기 쉽게 만들어 준다. 두 더미에 있는 성냥개비의 개수를 각각 m, n이라고 하자. 종료 위치에서는 양쪽 더미에 있는 성냥개비의 수가 0으로 서로 같다. 즉, $m = n = 0$이다. 이로부터, 패배 위치의 조건은 $m = n$일 것이라고 추측할 수 있다. $m = n$인 위치에서 수를 둘 수 있다면 (즉, $1 \leq m$이거나 $1 \leq n$이라면), 어떤 수를 두더라도 $m \neq n$인 위치로 가게 된다. 이어서, 성냥개비 수가 더 많은 더미를 선택하고, 두 더미에 있는 성냥개비 수의 차만큼 제거하면, $m = n$의 등식이 다시 성립하게 만들 수 있다.

이 승리 전략을 주장문과 프로그램 구문으로 나타내 보자.

$$\{m = n \land (m \neq 0 \lor n \neq 0)\}$$

$$if\ 1 \leq m \to m\ \text{감소}$$

$$\square\ 1 \leq n \to n\ \text{감소}$$

$$fi$$

$$;\quad \{m \neq n\}$$

$$if\ m < n \to n := n - (n - m)$$

$$\square\ n < m \to m := m - (m - n)$$

$$fi$$

$$\{m = n\}$$

$1 \leq m$일 때 m을 줄이는 것과, $1 \leq n$일 때 n을 줄이는 것 사이의 비결정론적 선택은 합 게임에서 둘 수 있는 임의의 수를 선택하는 작업을 모델링한다. m의 값이 변하거나 n의 값이 변하되, 둘 다 변하지 않는다는 사실은 수를 둔 이후의 위치가 $m \neq n$임을 보장한다.

$m \neq n$의 성질은 승리 전략을 적용하기 위해 필요한 사전 조건이다. $m < n$ 또는 $n < m$과도 같다. $m < n$인 경우, $1 \leq n - m \leq n$이기 때문에 n개의 성냥개비가 있는 더미에서 $n - m$개를 제거할 수 있음을 추론할 수 있다. $n - (n - m)$은 m과 같기 때문에, 대입문 $n := n - (n - m)$을 수행하면, $m = n$의 성질이 성립함은 분명하다. $n < m$인 경우도 대칭적으로 검증할 수 있다.

다음의 일련의 주장문과 프로그램 구문은 방금 했던 승리 전략의 정당성 검증을 요약한 것이다. 두 대입문에 사전 조건 및 사후 조건과 함께 어떻게 주석이 달렸는지 참고하라. 사전 조건은 수의 정당성을 표현하며, 사후 조건은 전략이 달성해야 하는 패배 조건과 같다.

$$\{m \neq n\}$$

$$\{m < n \lor n < m\}$$

$$if\ m < n \rightarrow \{1 \le n - m \le n\}\ n := n - (n - m)\ \{m = n\}$$
$$\square\ n < m \rightarrow \{1 \le m - n \le m\}\ m := m - (m - n)\ \{m = n\}$$
$$fi$$
$$\{m = n\}$$

4.4.2 대칭성 유지하기!

4.4.1절의 게임은 대칭성이 중요함을 설명하는 또 다른 예시다. 승리 전략은 상대가 항상 합 게임의 두 개별 게임 간의 대칭성이 깨지는 패배 위치로 가도록 강제하는 것이다. 이는 각 개별 게임이 무엇이든 관계없이, 모든 합 게임에서 승리하는 방법임을 짧게 살펴볼 것이다.

대칭성이 승리의 핵심이 되는 게임은 아주 많다. 그중 두 가지를 소개한다. 해법은 이 장의 마지막에서 찾을 수 있다.

데이지 꽃 문제

한 송이의 데이지 꽃은 그 중심을 기준으로 대칭하게 배치된 16장의 꽃잎을 가진다(그림 4.5). 두 명의 플레이어가 있다. 수는 하나 혹은 인접한 두 장의 꽃잎을 떼어 내는 것이다. 마지막 남은 꽃잎을 떼어 낸 플레이어가 승리한다. 이 게임에서 누가 승리하며, 승리 전략은 무엇인가? 여러분의 풀이를 초기에 n장의 꽃잎이 붙어 있고, 하나 이상 M장 이하의 인접한 꽃잎을 떼어 낼 수 있는 게임으로 일반화하라. (M은 게임 시작 전에 정해진 상수다.)

그림 4.5 16장의 꽃잎을 가진 데이지 꽃

동전 문제

두 명의 플레이어가 텅 빈 직사각형 테이블에 앉아 있다. 이들은 다양한 지름의 원형 동전을 무수히 많이 가지고 있다. 이 둘은 서로 번갈아 가면서 테이블 위에 하나의 동전을 놓는다. 이때, 놓은 동전이 테이블 위에 이미 놓인 다른 동전과 겹치면 안 된다. 테이블 위에 마지막으로 동전을 놓은 플레이어가 승리한다. 이 게임에서 누가 승리하며, 승리 전략은 무엇인가? (더 어려운 문제) 여러분의 풀이를 정당화하기 위해 동전에 대하여 어떠한 가정을 했는가?

4.4.3 더 단순한 합 게임

다시 성냥개비 문제로 돌아가자. 4.4.1절에서 소개한 합 게임의 변형은 제거할 수 있는 성냥개비의 수를 제한하는 것이다. 사전에 정한 상수 K에 대해, 각 더미에서 최대 K개의 성냥개비를 제거할 수 있다고 제한해 보자.

이러한 제한은 가능한 몇몇의 승리 수를 더 이상 둘 수 없게 만든다. 만약 이전과 같이, 두 더미에 있는 성냥개비의 수를 각각 m, n이라고 한다면, $K < m - n$일 때에는 $m - n$개의 성냥개비를 제거할 수 없게 된다. 따라서, $m = n$의 성질은 더 이상 패배 위치를 설명해 주지 않는다. 예를 들어, $K = 1$이라면, 한 더미에 두 개의 성냥개비가 있고 다른 더미에 아무 성냥개비도 없는 위치는 패배 위치가 된다. 현재 차례의 플레이어는 반드시 하나의 성냥개비를 제거해야 하고, 상대는 나머지 하나의 성냥개비를 제거하면서 이 게임에서 승리한다.

이러한 제한이 주는 더 중요한 효과는, 대칭성을 달성하는 전략을 더 이상 적용할 수 없게 된다는 것이다. 두 더미에 서로 다른 제한을 가하면 악몽이 된다. 예를 들어, 왼쪽 더미에서는 최대 M개를 제거할 수 있는데, 오른쪽 더미에서는 $N(\neq M)$개까지 제거할 수 있다고 해 보자. 또는, 왼쪽 게임과 오른쪽 게임이 완전히 다르다면 어떠한가. 하나는 성냥개비 게임이고, 다른 하나는 데이지 꽃 게임이라면? 이러한 합 게임에서 대칭성을 유지한다는 것이 과연 가능한가? 그럼에도 불구하고, 대칭성의 형태는 승리 전략의 핵심이다. 대칭성은 쉽게 포기하기에는 너무 중요한 성질이다!

4.2절에서 보았듯이, 더미가 하나인 게임에서 최대 M개의 성냥개비를 제거할 수 있다는 제한이 가해졌다면, 성냥개비 수를 $M + 1$로 나눈 나머지가 0과 같다는 속성을 계속 유지하는 것이 승리 전략이다. 따라서 더미에 m개의 성냥개비가 있다면, $m \bmod (M + 1)$의 값이 그 위치가 승리 위치인지 아닌지를 결정한다. 이로부터, 더미가 두 개인 게임에서 대칭성이란, 다음 등식과 같은 성질일 것이라고 추정

할 수 있다.

$$m \bmod (M+1) = n \bmod (N+1)$$

(M은 왼쪽 더미에서 제거할 수 있는 최대 성냥개비 수, N은 오른쪽 더미에서 제거할 수 있는 최대 개수다.)

이는 곧 옳은 풀이를 유도한다. 종료 위치, 즉, 양쪽 더미 모두 0개의 성냥개비가 있는 위치에서, 이 성질은 성립한다. 또한, 상대가 어떠한 수를 두더라도 이 성질을 유지할 수 있다. 이는 다음과 같이 주석이 달린 프로그램 구문으로 나타낼 수 있다.

$\{m \bmod (M+1) = n \bmod (N+1) \wedge (m \neq 0 \vee n \neq 0)\}$

$if\ 1 \leq m \rightarrow m$을 최대 M만큼 감소

$\square\ 1 \leq n \rightarrow n$을 최대 N만큼 감소

fi

; $\{m \bmod (M+1) \neq n \bmod (N+1)\}$

$if\ m \bmod (M+1) < n \bmod (N+1) \rightarrow n := n - (n \bmod (N+1) - m \bmod (M+1))$

$\square\ n \bmod (N+1) < m \bmod (M+1) \rightarrow m := m - (m \bmod (M+1) - n \bmod (N+1))$

fi

$\{m \bmod (M+1) = n \bmod (N+1)\}$

(추후에 이 프로그램의 주장문을 검증하는 방법을 자세하게 살펴볼 것이다.)

4.4.4 위치 평가

'상대적인 나머지가 같다'라고 대칭성을 정의하는 발상은 임의의 합 게임에 대해서도 일반화할 수 있다.

두 게임의 합 게임을 생각하자. 이 합 게임에서 위치는 순서쌍 (l, r)로 나타낼 수 있다. 여기서 l은 왼쪽 게임의 위치, r은 오른쪽 게임의 위치다. 수는 오직 하나의 개별 게임에만 영향을 미친다. 즉, (어떤 l'에 대하여) 왼쪽 게임에 대한 보호문 $l := l'$ 또는 (어떤 r'에 대하여) 오른쪽 게임에 대한 보호문 $r := r'$로 수를 모델링할 수 있다.

핵심은 $L(l) = R(r)$이 성립하면 위치 (l, r)은 패배 위치가 되도록, 왼쪽과 오른쪽 위치에 대한 두 함수 L, R을 정의하는 것이다. 여기서 문제는, 이러한 함수가 반드시 만족해야 하는 성질이 무엇인가? 다르게 말하자면, 함수 L과 R을 어떻게 명시할 수 있는가?

이전에 했던 승리 전략에 대한 분석을 통해 몇 가지 핵심 성질을 추릴 수 있다.

먼저, (l, r)이 종료 위치가 되는 때는 정확히, l이 왼쪽 게임의 종료 위치이고 r이 오른쪽 게임의 종료 위치일 때다. 즉, 종료 위치에 대해서 L과 R은 모두 같은 값을 가져야 한다.

둘째로, 패배 위치, 즉, $L(l) = R(r)$이 성립하는 종료 위치가 아닌 위치 (l, r)에서 어떤 수를 두더라도 승리 위치, 즉, $L(l) \neq R(r)$가 성립하는 위치 (l, r)로 가야 한다.

$\{L(l) = R(r) \wedge (l$은 종료 위치가 아니다. $\vee$ r은 종료 위치가 아니다.$)\}$

if l은 종료 위치가 아니다 $\rightarrow$ l을 바꾼다.

$\square$ r은 종료 위치가 아니다 $\rightarrow$ r을 바꾼다.

fi

$\{L(l) \neq R(r)\}$

셋째로, 승리 위치, 즉, $L(l) \neq R(r)$인 위치 (l, r)에서 승리 전략을 적용하면 패배 위치, 즉, $L(l) = R(r)$인 위치 (l, r)로 가지 않아야 한다.

$\{L(l) \neq R(r)\}$

승리 전략을 적용

$\{L(l) = R(r)\}$

첫 번째와 두 번째 조건은, L과 R을 자연수의 함숫값을 가지는 함수로 정의하고, 다음 조건을 충족시키면 만족할 수 있다.

- 각 게임의 모든 종료 위치 l, r에 대하여, $L(l) = 0 = R(r)$.
- 왼쪽 게임에서 위치 l에서 l'로 가는 수가 있다면, $L(l) \neq L(l')$. 비슷하게, 오른쪽 게임에서 위치 r에서 r'로 가는 수가 있다면, $R(r) \neq R(r')$.

함수의 치역(함숫값들의 집합)으로 자연수 집합을 택한 점과, 종료 위치의 함숫값을 0으로 정한 점은 임의로 내린 선택이다. 그러나 이러한 결정의 장점은 세 번째 조건을 고려할 때 드러난다. 만약 $L(l)$과 $R(r)$이 서로 다른 자연수라면, $L(l) < R(r)$이거나 $R(r) < L(l)$이다. 이는 $L(l) < R(r)$인 경우에는 오른쪽 게임에서 수를 두고, $R(r) < L(l)$인 경우에는 왼쪽 게임에서 수를 두도록, 승리 전략을 개선할 수 있게 해 준다. (다음을 참조하라.)

$\{L(l) \neq R(r)\}$

if $L(l) < R(r) \rightarrow r$을 바꾼다.

□ $R(r) < L(l) \rightarrow l$을 바꾼다.

fi

$\{L(l) = R(r)\}$

이것이 가능하려면 다음 성질이 필요하다.

- $R(r)$보다 작은 임의의 수 m에 대하여, 위치 r에서 $R(r') = m$을 만족하는 위치 r'로 가는 수가 존재한다. 비슷하게, $L(l)$보다 작은 임의의 수 n에 대하여, 위치 l에서 $L(l') = n$을 만족하는 위치 l'로 가는 수가 존재한다.

앞에 점 기호가 붙은 조건들은 L과 R을 'mex'라는 함수로 정의하면 만족할 수 있다. 이 함수의 엄밀한 정의는 다음과 같다.

정의 4.4 (Mex 함수)

p를 게임 G의 한 위치라고 하자. p의 mex 값은 $mex_G(p)$로 나타내며, 다음을 만족하는 가장 작은 자연수 n으로 정의된다.

- 게임 G 내에서 p에서 갈 수 있는 모든 위치 q에 대하여, $n \neq mex_G(q)$.

함수의 이름 mex는 '최소 배제 원소(minimal excludant)'의 약자다. 간략하게 말하자면, 위치 p의 mex 값은, p에서 갈 수 있는 모든 위치 q의 mex 값 중에서 등장하지 않는 (배제된) 최소 수다. 갈 수 있는 위치의 mex 값 중 배제된 수를 mex 값으로 정함으로써, 합 게임에서 왼쪽 게임과 오른쪽 게임의 위치가 같은 mex 값을 가지면, 그 위치에서 어떠한 수를 두더라도 mex 값이 같다는 성질이 깨지게 된다. $mex_G(p)$의 값으로 최소 원소를 택함으로써, 다음을 보장할 수 있다.

- $mex_G(p)$보다 작은 모든 자연수 m에 대하여, 게임 G의 위치 p에서, $mex_G(q) = m$을 만족하는 어떤 위치 q로 가는 수가 존재한다.

이는 합 게임에서 왼쪽과 오른쪽 위치의 mex 값이 서로 다를 때 수를 선택할 때 기조가 되어 준다. 더 큰 mex 값을 가지는 개별 게임에서 수를 두어, 두 mex 값이 항상 서로 같게 만들어 줄 수 있다. 참고로, 마지막으로 위치 p에서 둘 수 있는 수가 없다면(즉, p가 종료 위치라면), 정의에 따라 $mex_G(p)$의 값은 0이 된다.

❓ 연습문제 4.5

4.2.2절에서 각 위치가 승리 위치인지 아닌지 판정하는 방법을 살펴보았다. 원칙적으로, 합 게임에서도 동일한 작업을 할 수 있다. 각각 m개와 n개의 위치가 있는 두 게임을 합치면, 그 합 게임에는 총 $m \times n$개의 위치가 있다. 이 합 게임의 그래프는 근본적으로 왼쪽 게임의 그래프를 m번 복제한 것과 오른쪽 게임의 그래프를 n번 복제한 것의 조합과 같다. 합 게임에서 승리 및 패배 위치를 판정하는 데 필요한 계산 시간은 곱 $m \times n$에 비례하는 반면, 각 게임에서 mex 값을 계산하는 작업에는 $m + n$에 비례하는 시간이 필요하다. 아주 큰 m과 n에서 이는 아주 큰 시간 절약이다. (더 엄밀하게 말하자면, 승리 및 패배 위치를 판정하는 두 가지 방법이 있는데, 수행 시간이 각각 두 게임 그래프의 간선 수의 곱과 합에 비례한다. 만약, 어떤 위치에서 둘 수 있는 수가 아주 많다면, 이 시간 절약은 더욱 커질 것이다.)

여기서 생기는 궁금증은, mex 값을 계산하는 것이 너무 복잡하지 않느냐는 것이다. 개별 게임에서의 승리 및 패배 위치 정보를 결합해서, 합 게임에서의 승리 및 패배를 결정할 수 있는가? 즉, 승리를 예측하는 작업을 합 위치에 대한 연산자로 분배할 수 있는가? 각 게임 G와 H의 모든 위치 l, r에 대하여 다음을 만족하는 불리언 연산자 $\oplus$를 정의하는 것이 가능한가?

$$winning_{G+H}(l, r) = winning_G(l) \oplus winning_H(r)$$

만일 가능하다면, 개별 게임에서 승리 여부를 계산한 후, 이 둘의 결과를 연산자 $\oplus$로 합쳐 주는 작업만으로 충분할 것이다. 연산자 $\oplus$는 아마도 등호나 접속사 등으로 표시될 것이다.

> ⚠️ $winning$에 붙은 아래첨자는 꼭 필요하다. 게임에서 승리했는지 논하기 위해서는 논의 대상이 되는 게임이 반드시 필요하기 때문이다. mex, $winning$, $losing$의 함수는 모두 두 개의 인자, 게임과 위치를 필요로 한다. 이러한 함수들의 자료형은 12.4.2절에서 논의하는 함수의 자료형보다 더 복잡하다. 왜냐하면, 위치의 승패 여부는 첫 번째 인자로 주어지는 게임에 의존하기 때문이다. 즉, 이 함수들의 자료형은 종속적이다.

반례를 들어, 이것이 참이 아님을 보여라. 힌트: 4.4.1절에서 논의한 단순한 합 게임임을 사용해서 반례를 구성할 수 있다. 적은 수의 위치만으로 반례를 구성할 수 있다.

다음을 보여라.

$$[\, losing_{G+H}(l, r) \Leftarrow losing_G(l) \wedge losing_H(r)\,]$$

이를 통해, $losing_G(l) \wedge losing_H(r)$을 만족하는 위치 (l, r)에서 시작할 때의 승리 전략을 제시하라.

4.4.5 Mex 함수 활용하기

그림 4.4에 묘사된 게임을 가지고 mex 값을 계산하는 과정을 살펴보자. 그림 4.6은 각 게임에서 각 정점의 mex 값을 보여 준다.

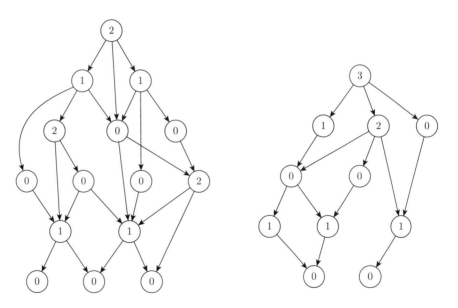

그림 4.6 mex 값들. 어떤 정점의 mex 값이란, 그 정점의 후속 정점들의 mex 값 중 등장하지 않는 최소 자연수다.

두 그래프는 모두 어떠한 체계적인 구조를 가지고 있지 않다. 따라서 mex 값을 계산하는 유일한 방법은 각 위치에 대해 완전 탐색을 수행하는 것이다. 이는 손으로 쉽게 할 수 있다. 각 종료 위치에는 0의 mex 값이 매겨진다. 다음으로, 모든 후속 정점(successor)에 mex 값이 매겨져 있다면, 그 정점의 mex 값을 계산할 수 있다.

(정점 p의 후속 정점은, p에서 q로 가는 간선이 있는 정점 q다.) 그 값은, 정의에 따라, 후속 정점들의 mex 값에 포함되지 않는 최소 수다. 그림 4.7은 일반적인 상황을 보여 준다. 그림에서 위에 있는 정점의 mex 값은, 모든 후속 정점들의 mex 값이 결정되었을 때 계산할 수 있다. 주어진 상황에서는, mex 값은 2로 정해진다. 0과 1의 mex 값을 가지는 후속 정점은 존재하는 반면에, 어떤 후속 정점도 mex 값이 2가 아니기 때문이다.

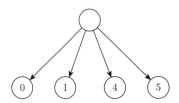

그림 4.7 mex 값 계산. 값이 쓰여 있지 않은 정점의 mex 값은 2가 된다.

 mex 값을 계산하는 데에는 위상 탐색 알고리즘이 사용된다. 16.7.1절을 참조하라.

이제, 이 게임을 직접 해 보자. 시작 위치를 Ok라고 하자. O의 mex 값과 k의 mex 값은 서로 다르기 때문에, 이 위치는 승리 위치다. 후자의 값이 더 크므로(3은 2보다 크다), 승리 전략은 오른쪽 그래프에서 O와 mex 값이 같은 정점 i로 이동하는 것이다. 상대는 부득이하게도, 왼쪽과 오른쪽 그래프 모두에서, mex 값이 2가 아닌 정점으로 가는 수를 두어야 한다. 이제, 선수는 mex 값이 같아지도록 수를 두는 승리 전략을 반복하고, 결과적으로 상대는 더 이상 수를 둘 수 없게 된다.

개별 게임의 구조가 없기 때문에, 각 위치의 mex 값을 계산하기 위해서, 왼쪽 게임에서는 15개의 모든 위치와 오른쪽 게임에서는 11개의 모든 위치를 탐색할 수밖에 없었다. 즉, 총 26개의 서로 다른 위치를 탐색하였다. 하지만 이 값은 단지 15와 11의 합밖에 안 된다. 이들의 곱 165보다 훨씬 작다! 계산에 드는 수고를 상당히 줄인 것이다. 그뿐만 아니라, 개별 게임의 크기가 증가함에 따라 더 많이 절약할 수 있게 된다.

② 연습문제 4.6

(a) 한 더미의 성냥개비가 있고, 1개, 2개, 5개, 6개의 성냥개비를 제거할 수 있는 제거 집합 게임을 생각하자. 각 위치의 mex 값을 계산하고 규칙을 찾아라.

(b) 두 게임의 합 게임을 생각하자. 왼쪽 게임에서는 1개 또는 2개의 성냥개비를 제거할 수 있다. 오른쪽 게임에서는 2개, 5개, 6개의 성냥개비를 제거할 수 있다. 합 게임에서 수는, 왼쪽 게임과 오른쪽 게임 둘 중 하나를 선택한 후, 그 선택한 게임에서 수를 두는 것이다.

표 4.2는 이 게임에서 서로 다른 위치의 수를 보여 준다. 위치는 두 수의 순서 쌍으로 표현된다. 왼쪽 더미의 성냥개비 수와 오른쪽 더미의 성냥개비 수.

각 위치에 대하여, 승리 위치인지 패배 위치인지 판정하라. 각 승리 위치에 대하여, 승리하기 위해 두어야 하는 수를 Xm의 형식으로 제시하라. 여기서, X는 'L'(왼쪽 게임) 또는 'R'(오른쪽 게임) 중 하나이며, m은 제거해야 하는 성냥개비 수이다.

왼쪽 게임	오른쪽 게임	'패배' 또는 승리하는 수
10	20	?
20	20	?
15	5	?
6	9	?
37	43	?

표 4.2 '?'로 표시된 칸을 채워라.

② 연습문제 4.7

m개의 행(가로줄)과 n개의 열(세로줄)로 이루어진 직사각형 격자판이 있다. m과 n은 양의 정수이며, 따라서, 이 격자판에는 총 $m \times n$개의 격자가 있다. 격자의 총 개수를 그 격자판의 넓이라고 부르자.

이 격자판에서 게임을 하자. 두 명의 플레이어는 서로 번갈아 가면서 격자판을 가로 혹은 세로로 선을 따라 자른다. 한 번 자르면, 격자판은 두 조각으로 나뉘게 되며, 넓이가 크지 않은 쪽의 조각을 버린다. (즉, 두 조각의 넓이가 서로 다르다면 넓이가 작은 조각을 버린다. 만약 넓이가 서로 같다면, 둘 중 임의로 하나를 골라서 버린다.) 예를 들어, 4×5 크기의 격자판을 한 번 자르면, 2×5, 3×5, 4×3, 4×4 크기의 격자판 중 하나를 얻을 수 있다. 다른 예로, 4×4 크기의 격자판을 한 번 자르면, 2×4 혹은 3×4 크기의 격자판을 얻을 수 있다. (3×4 크기의 격자판과 4×3 크기의 격자판은 결과적으로 같다. 이 문제에서 격자판의 방향은 중요하지 않다.) 격자판의 크기가 1×1이 되면 게임을 종료한다. 이때의 턴을 가지는 플레이어가 패배한다.

이 게임은 합 게임이다. 왜냐하면, 각 수마다, 가로로 자를 것인지 세로로 자를 것인지를 결정하기 때문이다. 두 개별 게임은 서로 같다. 이 개별 게임에서 위치는 양의 정수 m으로 나타낼 수 있다. 허용된 수는, m의 값을 $n < m \leq 2n$을 만족하는 수 n으로 바꾸는 것이다. m의 값이 1이 되면 게임을 종료하며, 이때의 턴을 가지는 플레이어가 패배한다. 예를 들어, 격자판에 총 5개의 열이 있다면, $3 < 5 \leq 6$과 $4 < 5 \leq 8$이 성립하므로, 열의 개수를 3 또는 4로 바꿀 수 있다. $n < 3$이라면 $2n < 5$이고, $n > 4$라면 $5 \leq n$이므로, 이 외의 다른 수는 허용되지 않는다.

격자판을 정사각형 형태로(옮긴이-행과 열의 개수가 같게) 만들 수 있다면, 게임에서 승리할 수 있다. 이 문제는 격자판을 정사각형 형태로 만들 수 없을 때 승리하기 위해 두어야 하는 수를 찾기 위하여, 개별 게임의 *mex* 값을 계산하는 것에 관한 문제다.

(a) 개별 게임에서, 첫 15개의 위치에 대하여 승리 위치와 패배 위치를 모두 구하라. 승리 및 패배 위치에 대한 일반적인 추측을 제시하고, 이를 증명하라.

다음 사실을 바탕으로 증명을 구성하라. '종료 위치, 즉, 위치 1은 패배 위치다. 승리 위치는 패배 위치로 가는 수가 존재하는 위치다. 패배 위치는, 어떤 수를 두더라도 승리 위치로 가는 위치다.'

(b) 개별 게임에서, 첫 15개의 위치에 대하여 *mex* 값을 계산하라.

계산 결과를 두 행으로 이루어진 표로 제시하라. 첫 행에는 수 m을, 두 번째 행에는 위치 m의 *mex* 값을 적어라. 표를 네 부분으로 나누어라. i번째 부분에는 위치 2^i부터 $2^{i+1} - 1$까지(i은 0부터 시작)의 *mex* 값을 적어라. (첫 세 항목은 다음 표에 기입되어 있다.)

위치 :	1
mex 값 :	0

위치 :	2	3
mex 값 :	1	0

위치 :	4	5	6	7
mex 값 :	?	?	?	?

위치 :	8	9	10	11	12	13	14	15
mex 값 :	?	?	?	?	?	?	?	?

((a)에서 찾은 패배 위치의 *mex* 값이 모두 0임을 확인하라. i번째 부분의 표를 통해 $i + 1$번째 부분의 표를 채우는 패턴을 찾아라. 이 패턴은 위치가 홀수냐 짝수냐에 따라 다를 것이다.)

(c) 표 4.3은 격자판 게임에서의 위치를 의미한다. 첫 번째 열은 열의 개수를, 두 번째 열은 행의 개수를 나타낸다. 위에서 채운 *mex* 값 표를 이용하여, 모든 패배 위치에 '패배'를 적어라. 승리 위치에 대해서는, 승리하기 위해 두어야 하는 수를 'Cn' 혹은 'Rn'의 형태로 적어라. 여기서, 'C'와 'R'은 그 수가 열(C; Column) 또는 행(R; Row)의 개수를 바꾼다는 것을 뜻하고, n은 그 개수가 몇 이어야 하는지를 의미한다.

열의 수	행의 수	'패배' 또는 승리하는 수
2	15	?
4	11	?
4	14	?
13	6	?
21	19	?

표 4.3 ?로 표시된 칸을 채워라.

4.5 정리

이 장은 두 명이 할 수 있는 간단한 게임에서 승리하는 전략에 관하여 논의하였다. 기본적인 주제는 문제의 구체화다. 승리 및 패배 위치를 어떻게 명시할 수 있는지 살펴보았다. 엄밀하게는, 각 위치의 승패 여부를 결정하는 완전 탐색 과정을 공식화하는 엄밀한 명세에 대해 알아보았다.

완전 탐색은 작고 구조가 없는 문제에 대해서만 시도해 볼 만하다. 두 게임의 합 게임에 대한 접근은 문제 풀이에서 구조를 활용하는 방법의 용례가 된다. 다시 강조하면, 주제는 문제의 구체화였다. 왼쪽과 오른쪽 게임 간의 대칭성을 공식화함으로써, 각 게임 위치의 mex 값에 대한 명세를 얻을 수 있었다. mex 함수의 활용은 두 게임의 합 게임에서 승리 및 패배 위치를 결정하기 위해 필요한 노력을, 완전 탐색에 비하여 유의미하게 줄여 준다.

게임 이론은 수학에서 매우 풍요롭고 잘 탐구되어 있는 영역이다. 다만, 이 장에서는 그중 일부만을 간략하게 다루었다. 컴퓨터 과학에서 게임 이론의 중요도는 점점 더 커지고 있다. 그 이유 중 하나는, 시스템 보안과 같이 소프트웨어 디자인을 괴롭히는 문제들은 종종 소프트웨어 사용자를 적으로 둔 하나의 게임으로 모델링되기 때문이다. 또 다른 이유는, 게임이 '계산 복잡도'에 대한 아주 훌륭한 예시를 제공해 주기 때문이다. 아주 단순한 규칙을 가지지만, 승리 전략을 구현하는 효율적인 알고리즘이 알려져 있지 않도록 게임을 구성하는 것이 쉽기 때문이다.

mex 값은 스프라그(Sprague)와 그런디(Grundy)가 '님(Nim)' 문제를 해결하기 위하여 제시한 개념이다. 그렇기에, mex 값은 종종 창시자의 이름을 본떠 '스프라그-그런디(Sprague-Grundy)' 수라고도 불린다. 님은 세 더미의 성냥개비로 하는 잘 알려진 게임이다. 이는 직관적인 세 게임의 합과 같다. 한 더미의 성냥개비가 주어지고, 두 명의 플레이어가 서로 번갈아 가면서 하나 이상의 성냥개비를 제거한다. (이 게임은 매우 자명하다. 모든 성냥개비를 제거하는 것이 바로 승리 전략이 된다.) 이 장에서는 님과 두 개보다 많은 게임의 합 게임에서 mex 값을 어떻게 활용하는지에 관한 이론을 충분히 탐구하지 않았다. (두 게임의 합 게임의 각 위치의 mex 값을 계산할 때, 무엇을 놓쳤는지 생각해 보라.)

4.6 참고 자료

조합론적 게임 이론에 관심 있는 독자는 벌러캠프(Berlekamp)와 콘웨이(Conway), 가이(Guy)의 《Winning Ways(이기는 전략)》[BCG82]라는 두 권짜리 책을 필히 읽어 보기를 권한다. 풍부한 양의 예시와 승리 전략에 재밌는 토론이 포함되어 있다.

저자는 데이지 꽃 문제와 동전 문제(4.4.2절)의 기원을 알지 못한다. 이 둘은 모두 상대의 수를 따라 하는 단순한 전략으로 해결할 수 있다. 데이지 꽃 문제의 경우, 후수가 반드시 승리한다. 선수의 수를 대칭적으로 따라 하면서 꽃잎을 떼어 내면 된다. 동전 문제의 경우, 선수가 승리한다. 선수는 첫 수로 테이블의 중앙에 동전을 놓는다. 이어서, 후수가 둔 동전과 중앙에 대해 대칭을 이루도록 동전을 놓으면 된다. 후수는 대칭성을 깨뜨리고, 선수는 대칭성을 다시 복구한다. 동전은 원이 아닌 어떤 모양이라도 (직사각형, 또는 어떤 형태라도) 다음 두 조건을 만족한다면 충분하다. 첫째로, 첫 수로 두어지는 동전은 테이블의 중앙에 대하여 대칭적이며, 가운데에 구멍이 있어서 그 구멍에 다른 동전을 넣을 수 있으면 안 된다. 둘째로, 후수가 둔 동전과 합동인 동전을 선수가 쓸 수 있어야 한다.

연습문제 4.1의 12월 31일 게임은 [DW00]에서 개작하였다. 연습문제 4.7은 아테르 아헤르(Atheer Aheer)가 저자에게 제시하였다. (저자는 기원을 모른다.)

5장

기사와 건달

기사와 건달의 섬(The island of knights and knaves)은 가상의 섬으로, 논리적인 사고를 테스트하기 위한 문제의 소재로 흔히 사용된다. 이 섬에는 두 유형의 주민이 산다. '기사'는 항상 참말만 하고, '건달'은 항상 거짓말만 한다. 이 장에서 다룰 논리 퍼즐은 이 섬의 주민이 말한 진술을 듣고 섬 주민들에 대한 사실을 추론해 내는 퍼즐이다. 각 진술을 말하는 사람이 기사인지 건달인지 모른다는 것이 이 퍼즐의 핵심이다.

이러한 퍼즐을 보면 흔히 경우를 나누어 풀고 싶은, 즉 경우의 수 분석을 하고픈 유혹에 빠지기 쉽다. n명의 주민이 등장하는 문제라면, 각 주민이 기사인지 건달인지에 따라 나누어야 하는 경우의 수는 총 2^n가지에 달한다. 경우의 수 분석은 이런 문제를 풀기에 너무 어려운 방법이다. 그러나 이 장에서 다룰 **계산 논리**를 이용한다면, 이와 같은 논리 퍼즐은 쉬운 연습문제가 될 것이다.

이 장의 형태는, 2부의 내용을 참조하는 다른 장들(2장에서 4장까지)과는 조금 다른 형태가 될 것이다. 여기서 사용하는 기법은 낯설지만 꼭 필요하기 때문이다. 이 장에서 계산 논리(기사와 건달 문제를 푸는 도구가 되는)를 처음으로 소개하고, 더 나아가 13장에서 이 논리의 더 일반적인 사용법을 다룰 것이다.

5.1 논리 퍼즐

일반적인 기사와 건달 퍼즐은 다음과 같다.

1. 섬에 금이 묻혀 있다는 소문이 돌고 있다. 당신은 주민 한 명에게 "섬에 금이 묻혀 있습니까?"라고 물었다. 주민은, "섬에 금이 있는지 여부는 내가 기사인지 여부와 같습니다."라고 답했다.

> (a) 이 주민이 기사인지 건달인지 알 수 있는가?
>
> (b) 섬에 금이 묻혀 있는지 알 수 있는가?

2. 주민 두 명을 만났다. 당신은 두 명의 주민에게 각각, "상대방은 기사입니까?"라고 물었다.

> 두 사람에게 같은 답을 들을 수 있을까?

3. 세 명의 주민 A, B, C가 있다. A가 "B, C는 같은 유형의 주민입니다."라고 말했다.

> 이때 셋 중 기사는 몇 명일까?

4. C가 "A와 B는 쌍둥이처럼 꼭 닮았습니다."라고 말했다.

> A에게 질문을 해서 C가 진실을 말하고 있는지 아닌지 알아내고 싶다. 어떤 질문을 해야 하는가?

5. 어떤 주민이 기사인지 알고 싶다.

> 이 주민에게 어떤 질문을 해야 하는가?

6. A에게 질문을 해서, B가 기사인지 알고 싶다.

> 어떤 질문을 해야 하는가?

7. A에게 질문을 해서, A와 B가 같은 유형의 주민인지(즉, 둘 다 기사이거나 둘 다 건달인지) 알고 싶다.

> A에게 어떤 질문을 해야 하는가?

8. 당신은 A, B, C 중 기사가 홀수 명 있는지 짝수 명 있는지 알고 싶다. 당신은 셋 중 한 명에게 예/아니요로 대답할 수 있는 질문을 하나 할 수 있다.

   어떤 질문을 해야 하는가?

9. 한 관광객이 갈림길에 도착했다. 한쪽으로 가면 식당이 있고, 반대쪽으로 가면 식당이 없다. 주민 한 명이 갈림길 앞에 서 있다.

   예/아니요로 대답할 수 있는 질문을 하나 만들어 보아라. 질문의 답이 "예"일 때, 갈림길의 왼쪽으로 가면 식당이 있어야 한다. 질문의 답이 "아니요"일 때, 갈림길의 오른쪽으로 가면 식당이 있어야 한다.

5.2 계산 논리

5.2.1 명제

학교에서 배우는 대수학은, '수'로 이루어진 표현식의 계산을 다룬다. 예를 들면, 우리는 $m^2 - n^2$과 같은 표현식을 잘 다루어, m과 n의 값과 관계없이 이 식의 값이 $(m + n) \times (m - n)$과 같음을 보이는 방법을 배운다. $m^2 - n^2$과 $(m + n) \times (m - n)$이 같다고 말하고, 아래와 같이 쓴다.

$$m^2 - n^2 = (m + n) \times (m - n)$$

이와 같은 계산은 여러 '법칙'을 기반으로 한다. '법칙'은 주로 표현식에 대한 등식의 형태로 나타난다. 이들은 원초적이고 일반적이라는 특징을 가지고 있다. 더 간단한 법칙으로 쪼개질 수 없다는 점에서 '원초적'이고, 표현식에 어떤 변수를 넣든 일반적으로 성립한다는 점에서 '일반적'이다. 이와 같은 법칙을, **공리**라고 부른다. 공리의 두 가지 예시는 다음과 같다. 둘 모두 0과 관련된 공리이다.

$$n + 0 = n$$

과

$$n - n = 0$$

모두 n의 값과 무관하게 성립한다. 이를 '모든 n에 대해서' 성립한다고 말한다. 기억하기 쉽도록 법칙에 이름을 붙이곤 한다. 예를 들면, 모든 m, n, p에 대해서 성립하는 다음 등식에는 '덧셈의 결합법칙'이라는 이름이 붙는다.

$$(m+n)+p = m+(n+p)$$

(계산) 논리는 '불리언'이라 불리는 값들로 이루어진 표현식의 계산을 다룬다. '불리언'은, 참 또는 거짓이다. 이와 같은 표현식에는, '날이 맑다'(언제 어디를 가리키는 지에 따라 참 또는 거짓이 된다), $n = 0$(n의 값에 따라 참 또는 거짓이 된다), $n < n + 1$(n의 값과 상관없이 언제나 참이다) 등이 있다. 불리언 값으로 이루어진 표현식을 **명제**라고 한다. **단위 명제**란, 더 간단한 명제로 나눌 수 없는 명제를 뜻한다. 앞의 세 가지 예시는 모두 단위 명제이다. 단위 명제가 아닌 명제로는, $m < n < p$가 있다. 이 명제는 두 개의 명제 $m < n$과 $n < p$의 **결합**이다.

논리는 단위 명제가 참인지 거짓인지와는 관계가 없다. 그것은 문제가 논의되는 상황에서 고려해야 한다. 논리는 **논리 연결자**를 다루는 규칙에 관한 것이다. 논리 연결자란, 단위 명제를 결합하기 위해 쓰는 '그리고', '또는', '만약'과 같은 연산자이다.

논리적인 **인과관계**(만약 …라면, …이다)에 초점을 맞추어 공리를 만드는 다른 논리와 달리, 계산 논리는 어떠한 명제들이 **같은가**에 초점을 맞춘다. '명제의 동치'를 포함한 논리적 추론을 공식으로 처음 나타낸 고트프리트 빌헬름 라이프니츠(Gottfried Wilhelm Leibniz)[1]는, '논리의 가장 기본적인 개념은 동치이다'라는 사실을 알아냈다. 곧, 명제의 동치는 특히나 특별한 법칙이며, 이 법칙을 잘 이용하면 명제를 이용한 추론의 힘과 멋이 눈에 띄게 향상됨을 실감할 것이다.

5.2.2 기사와 건달

명제의 동치는 기사와 건달 퍼즐을 푸는 데 핵심적인 법칙이다. 기사는 언제나 사실을 말하고 건달은 언제나 거짓을 말한다는 사실을 되짚고 가자. 주민 A가 섬의 주민이라면, "주민 A는 기사이다."라는 문장은 참이거나 거짓이다. 따라서 이 표현은 명제이다. 섬의 주민이 말하는 표현들 또한 명제이다. 이를테면 "식당은 왼쪽으로 가면 있습니다."라는 표현은 참이거나 거짓이다. "주민 A는 기사이다."라는 명제를

---

1   라이프니츠(1646 - 1716)는 독일의 유명한 철학자이자 수학자이다.

A라고 두고, 주민 A가 말한 명제를 S라고 해 보자. 이때, 두 명제의 값은 같다. 즉,

$$A = S$$

라는 것이다. 예를 들면, 주민 A가 "식당은 왼쪽으로 가면 있습니다."라고 말했다고 하자. 이 표현의 진릿값을 L이라고 하면,

$$A = L$$

이다. 주민 A가 기사이면 식당은 왼쪽에 있고, 주민 A가 기사가 아니면 식당은 왼쪽에 있지 않다.

A가 "나는 기사이다."라고 말하면, 이때 앞의 법칙에 따르면,

$$A = A$$

라고 쓸 수 있다. 이는 어떤 것도 말해 주지 않는다! 생각해 보면, 이 사람이 기사든 건달이든 상관없이 자신이 기사라고 주장할 것이다.

주민 A가 예/아니요로 대답할 수 있는 질문 Q를 들었을 때, 이 질문에 대한 답은 $A = Q$의 진릿값이다. 만약 A가 기사이고 실제 정답이 "예"이거나, A가 건달이고 실제 정답이 "아니요"였다면(Q가 실제로 거짓이었다면), 질문에 "예"라고 답했을 것이다. 그렇지 않다면, 대답은 "아니요"였을 것이다. 예를 들면, "당신은 기사입니까?"라고 질문한다면, $A = A$이기 때문에, 모든 주민은 "예"라고 대답할 것이다. "B가 기사입니까?"라고 질문한다면, A와 B가 같은 유형의 사람(즉, $A = B$)일 때 "예", 그렇지 않을 때 "아니요"라고 대답할 것이다. 즉, A의 대답은 $A = B$가 참인가 거짓인가에 따라서 "예" 또는 "아니요"가 될 것이라는 것이다.

이 규칙은 등식($=$)이기 때문에, 이 섬에 대한 논리 퍼즐을 풀 때의 핵심은 등식의 수학적 성질이다. 간단한 예시로, 만약 A에게 "B가 기사입니까?"라고 묻고, B에게 "A는 기사입니까?"라고 묻는다고 하자. 위에서 논의했듯, A의 답은 $A = B$이고, B의 답은 $B = A$이다. 하지만 등식은 대칭적이므로, 두 대답은 항상 같을 것이다. 그리고, 이러한 주장을 하기 위해 A, B의 유형으로 가능한 네 가지 경우를 모두 나누어 고려할 필요가 없었다!

불리언에서의 등식에 대한 대수적 성질을 다음 절에서 살펴보고, 다시 기사와 건달 문제로 돌아오자.

5.2.3 불리언에서의 등식

어떤 값에 대해서든, 등식은 특징적인 성질을 가지고 있다. 먼저 등식은 반사적이다. 즉, x의 값(또는 종류)이 어떻든 $x = x$라는 것이다. 둘째로, 등식은 대칭적이다. 즉, $x = y$의 값은 $y = x$와 같다는 것이다. 셋째로, 등식은 전이적이다. 즉, $x = y$이고 $y = z$이면 $x = z$라는 것이다. 마지막으로, $x = y$이고, f가 함수이면, $f(x) = f(y)$라는 것이다($f(x)$는 x에 함수 f를 적용한 결과를 뜻한다). 마지막 법칙은 '같은 것은 같다' 규칙(substitution of equals for equals) 또는 라이프니츠의 규칙이라고 부른다.

등식은 둘 사이의 관계이다. 관계를 공부할 때, 관계의 반사성, 대칭성, 전이성과 같은 성질을 공부하게 된다. 등식은 함수이기도 하다. 참과 거짓으로 이루어진 불리언을 정의역으로 하는 함수이다. 함수를 공부할 때, 주의 깊게 볼 성질은 결합법칙과 교환법칙 같은 것이다. 예를 들면, 덧셈과 곱셈은 모두 결합법칙을 만족한다. 모든 x, y, z에 대해,

$$x + (y + z) = (x + y) + z$$

이고,

$$x \times (y \times z) = (x \times y) \times z$$

이다. 이들은 모두 교환법칙도 만족한다. 모든 x, y에 대해,

$$x + y = y + x$$

이고,

$$x \times y = y \times x$$

이다. 등식을 함수로 보았을 때의 교환법칙은, 등식을 관계로 보았을 때의 대칭성과 동일하다. 그렇다면, 등식의 결합법칙은? 등식이 결합법칙을 만족하는가?

정답은, 한 가지 경우를 제외하고는 질문이 성립하지 않는다는 것이다. 이변수 함수에서 결합법칙은 정의역(두 변수의 범위)과 공역(결과의 범위)이 같을 때에만 성립하는 성질이다. $(p = q) = r$ 같은 표현은 p, q, r이 수, 문자, 수열 등일 때에는 성립하지 않는다. 한 가지 예외는 불리언 값에 대한 등식이다. p, q, r이 모두 불리

언이면, 등식을 이용해 불리언 값 $p = q$와 불리언 값 r을 비교할 수 있다. 이는, $(p = q) = r$이 의미 있는 불리언 값이라는 것이다. $p = (q = r)$ 도 그러하다. 따라서 등식 연산자로 두 값을 비교하는 것도 가능하다. 다른 말로, '불리언 값에 대한 등식이 결합법칙을 만족하는가?'는 성립하는 질문이며, 이에 대한 답은, 꽤 놀랍게도 '그렇다'이다. 이는, 모든 불리언 p, q, r에 대해,

[결합법칙] $[((p = q) = r) = (p = (q = r))]$ (5.1)

이 만족한다는 것이다. 등식의 결합법칙은 등식을 경제적으로 만들어 주는 매우 강력한 성질이다. 몇 가지 기초적인 예시를 보자. 등식의 반사성은 아래와 같이 쓸 수 있다.

$[(p = p) = true]$

[ ]와 같은 괄호는, 이 식이 '어디서든', 즉 p의 자료형(수, 불리언, 문자열 등)과 무관하게 모든 p에 대해 성립함을 강조한다. 특히 p가 불리언 값일 때에는, 등식의 결합법칙을 사용해서

$[p = (p = true)]$

또한 얻어 낼 수 있다. '$p = true$'와 같은 표현식에서 '$true$'를 없애 표현식을 간략화할 때 이 법칙이 흔히 쓰인다. 앞으로도 몇 번 볼 일이 있을 것이다.

5.2.4 숨겨진 보물

이제 기사와 건달이 사는 섬으로 돌아와서 숨겨진 보물을 찾자! 5.1절에 논의된 첫 번째 문제를 생각해 보자. 주민이 "섬에 금이 있는지 여부는 내가 기사인지 여부와 같습니다."라고 말했을 때, 어떤 연역을 할 수 있을까? A를 "이 주민은 기사이다."로, G를 "섬에 금이 있다."로 두자. 이때, 주민의 표현은 $A = G$이고, 우리는

$A = (A = G)$

가 참이라고 연역할 수 있다. 따라서,

$\quad true$
$= \quad \{ \ A$의 표현 $\}$

$$A = (A = G)$$
$$= \quad \{ \text{ 불리언에 대한 등식의 결합법칙 } \}$$
$$(A = A) = G$$
$$= \quad \{ [(A = A) = true] \text{에서, '같은 것은 같다' 규칙 } \}$$
$$true = G$$
$$= \quad \{ \text{ 등식의 교환법칙 } \}$$
$$G = true$$
$$= \quad \{ [G = (G = true)] \}$$
$$G$$

이다. 우리는 섬에 금이 있다는 것을 알 수 있지만, 주민이 기사인지 건달인지는 알 수 없다.

이제, 주민 한 명이 갈림길에 서 있고, 당신은 금이 갈림길의 왼쪽에 있는지 오른쪽에 있는지 알고 싶다. 금이 갈림길의 왼쪽에 있으면 "예", 오른쪽에 있으면 "아니요"라고 답하도록 질문을 만들고 싶다.

평소와 같이, 변수에 이름을 붙이자. 우리가 할 질문을 Q라고 하자. 이제, 앞서 보였듯, 질문에 대한 답은 $A = Q$가 된다. "금이 갈림길의 왼쪽에 있다."를 L이라고 하자. L이 질문에 대한 답과 같아야 하므로, $L = (A = Q)$여야 한다.

$$L = (A = Q)$$
$$= \quad \{ \text{ 등식의 결합법칙 } \}$$
$$(L = A) = Q$$

이므로, 우리가 할 질문 Q는 $L = A$가 된다. 따라서, "'금이 갈림길의 왼쪽에 있다' 의 진릿값이 '당신이 기사이다'의 진릿값과 같습니까?"라고 물으면 된다.

> ⚠️ 일부 독자들은 이 질문이 너무 '수학적'이라고 느낄 수도 있다. 일상 언어로 표현할 수 없는 질문은 올바른 답이 아니라고 생각할 것이다. Q를 '자연스러운' 언어로 표현하는 방법은 5.4.3절에서 찾을 수 있다.

이 분석은 L이 무엇에 관한 질문인지와 무관하게 올바르다는 점에 주목하라. 당신은 섬에 식당이 있는지 알고 싶을 수도 있고, 섬에 건달이 있는지, 또는 뭐든 알고 싶을 수 있다. 일반적으로, 어떤 명제 P가 참인지 거짓인지 결정해야 할 때 해야 할 질문은 $P = A$이다. 명제 P가 더욱 복잡하게 주어질 때는, 질문이 단순해질 수 있다.

5.2.5 같은 것은 같다

라이프니츠의 규칙 덕분에, 등식은 다른 논리 연결자들과 구분된다. 만약 두 표현식이 같다면, 두 표현식은 서로 바꿔 쓸 수 있다. 라이프니츠 규칙의 간단한 예시를 보자.

섬에 세 명의 주민 A, B, C가 살고 있다고 하자. C는 "A와 B는 같은 유형의 사람입니다."라고 말한다. C의 말이 사실인지 확인하기 위해, A에게 할 질문을 만들어 보아라.

이 문제를 풀기 위해, 우선, A, B, C가 기사인지에 대한 명제를 A, B, C라고 두자. 또, 우리가 할 질문을 Q라고 두자.

우리가 원하는 답은 C이다. 5.2.4절의 분석에 따라, $Q = (A = C)$이다. C가 말했던 표현은 $A = B$이므로, $C = (A = B)$임을 알고 있다. '같은 것은 같다' 규칙을 사용하면, $Q = (A = (A = B))$이 된다. 이때, $A = (A = B)$는 간략히 B로 쓸 수 있으므로, 해야 하는 질문은 "B는 기사입니까?"가 된다. 아래는 Q를 기준으로 이 논증을 다시 서술한 것이다. 각 단계마다 어떤 법칙을 적용하였는지도 적었다.

$$
\begin{aligned}
& Q \\
= \quad & \{ \ \text{질문의 표현} \ \} \\
& A = C \\
= \quad & \{ \ C\text{의 표현}, C = (A = B)\text{에서 '같은 것은 같다' 규칙} \ \} \\
& A = (A = B) \\
= \quad & \{ \ \text{등식의 결합법칙} \ \} \\
& (A = A) = B \\
= \quad & \{ \ (A = A) = true \ \} \\
& true = B \\
= \quad & \{ \ (true = B) = B \ \} \\
& B
\end{aligned}
$$

5.3 동치와 연속된 등식

결합법칙을 만족하는 함수는 보통 중위 연산자[2]로 표기한다. 이 표기는 계산을 할 때 큰 도움을 준다. 두 개의 변수를 가지는 연산자 $\oplus$가 있다고 하자. $\oplus$가 결합법칙을 만족하면(즉, 모든 x, y, z에 대해 $(x \oplus y) \oplus z = x \oplus (y \oplus z)$라면), $x \oplus y \oplus z$라는 표현이 혹시 모호하지 않을까 걱정하지 않고 사용할 수 있다. 괄호를 생략하면 표현이 더욱 간결해진다. 더욱 중요한 것은, 표현이 균형 잡혀 있다는 것이다. 편한 대로 $x \oplus y$를 먼저 계산하거나, $y \oplus z$를 먼저 계산할 수 있다. 연산자가 교환법칙도 만족하면(즉, 모든 x, y에 대해 $x \oplus y = y \oplus x$라면) 훨씬 좋다. 이제 표현식의 아무 두 변수 u, w나 골라서 $u \oplus w$를 먼저 계산해도 된다는 것이다.

중위 표기법은 이항 관계를 표현하는 데도 흔히 사용된다. 중위 표기법은 '겹쳐 쓸' 수 있다는 장점을 지닌다. 예를 들어, $0 \leq m \leq n$이라는 표현에서 연산자는 겹쳐 쓰였다. 이 표현은 '$0 \leq m$이고, $m \leq n$이다'를 뜻한다. 연산자를 겹치면, 공식을 더욱 간략하게 쓸 수 있다(m을 두 번 쓰지 않았으므로). 더 중요하게는, 이 표현에서 $0 \leq n$라는 사실을 간단히 추론해 낼 수 있다. 여기 숨어 있는 대수적 성질은 $\leq$ 연산자가 전이적이라는 것이다. m과 n 사이의 관계가 $m \leq n$이 아닌 $m < n$이었다면, $0 \leq m < n$이라 쓰고 $0 < n$을 추론해 낼 수 있었을 것이다. 서로 다른 두 가지 관계가 쓰였으므로, 추론은 더 복잡해진다. 그러나 이는 매우 기본적인 추론이기에, 이러한 추론을 알아채기 쉽게 표기가 설계되었다.

> ⚠️ 덧셈과 곱셈처럼 이항 연산자를 표현하는 중위 (또는 다른) 표기법에 대해 12.3.2절에서 더욱 자세히 다룬다. 12.5절에서 결합법칙, 교환법칙과 같은 중요한 대수적 성질을 다룬다. 12.7절에서 이항 관계에 대해 더 깊이 논의한다.

다만, 불리언 값에 대한 등식의 경우에는 문제가 있다. 다음 표현식을 보자.

$x = y = z$

이 표현식에서, 등식을 관계로 이해해서 'x, y, z는 모두 같다'라고 읽어야 하는가, 아니면 $x + y + z$에서 했던 것처럼 결합법칙을 적용해서

---

2 중위 연산자란 이변수 함수를 나타내는 방법으로, 두 변수 가운데에 기호를 표시하는 방법을 뜻한다. 기호 '+', '×'는 모두 중위 연산자이며, 각각 덧셈과 곱셈을 뜻한다.

$$(x = y) = z$$

또는

$$x = (y = z)$$

라고 읽어야 하는가? 안타깝게도 두 가지 방법은 같지 않다(예를 들면, '참 = 거짓 = 거짓'은 첫 번째 방법으로 읽으면 거짓이지만, 두 번째와 세 번째 방법으로 읽으면 참이다). 두 방법 모두 장점이 있기에, 둘 중 한 가지 방법으로 골라 읽어야 한다는 것은 큰 문제이다.

$x = y = z$를 '$x = y$이고 $y = z$'가 아닌 다른 방법으로 읽는다면 매우 헷갈리고 위험할 것이다. 등식으로 이루어진 표현식의 의미가 값의 종류에 따라 바뀔 것이니 말이다. 게다가 (다른 연산자를) 겹쳐 쓰는 표현이 너무나 보편적으로 받아들여지고 있기 때문에, 같은 표현을 다른 방법으로 읽는 것을 받아들이기는 힘들 것이다.

이 문제를 해결하는 방법은, 불리언 값의 등식을 표현할 때는 두 가지 서로 다른 기호를 사용하는 것이다. 등식 연산의 전이적인 성질이 강조되어야 할 때는 '='를, 등식 연산의 결합법칙을 강조해야 할 때는 '≡'를 사용한다. 즉, 두 표현 $p = q$와 $p \equiv q$ 모두 사용할 것이다. p와 q가 불리언 값을 가지는 표현일 때, 두 표현은 같은 의미이다. 하지만,

$$p \equiv q \equiv r$$

과 같이 세 개 이상의 불리언 표현식이 '≡' 연산으로 연결되었을 때, 결합법칙을 적용하여 해석한다. 즉, $(p \equiv q) \equiv r$이나 $p \equiv (q \equiv r)$ 가운데 더 편한 쪽으로 해석하면 된다. 반면,

$$p = q = r$$

과 같은 표현은 겹쳐서 쓰인 것으로 해석한다. 즉, $p = q$이고 $q = r$인 것이다. 더욱 일반적으로,

$$p_1 = p_2 = ... = p_n$$

과 같은 꼴의 연속된 등식(equality)은 $p_1, p_2, ..., p_n$이 모두 동일함을 뜻하고,

$$p_1 \equiv p_2 \equiv ... \equiv p_n$$

과 같은 꼴의 연속된 동치(equivalence)는 여기에 완전히 괄호를 치고 난 다음 이를 계산한 결과와 같은 결과를 갖는다. (어떤 방법으로 괄호를 치든, 결과는 변하지 않는다.)

그리고, '=' 연산자와 구분하기 위해, '≡' 연산자를 '동치 기호(equivales)'라고 부르기로 하자.

불리언 등식에 대한 몇 가지 법칙을 소개한다. 법칙은 언제나 연속된 동치의 꼴로 작성할 것이다. 첫 예시는 반사성이다.

[반사성] $[\ true \equiv p \equiv p\ ]$ (5.2)

5.3.1 동치 연산에 대한 결합법칙의 예시

이 절에서는 동치 연산에 대한 결합법칙이 얼마나 효과적인지 보여 주는 훌륭한 예시들을 소개한다.

짝수와 홀수

첫 번째 예는 자연수의 속성인 **짝수**에 대한 속성이다. (어떤 수가 짝수라는 것은, 2의 배수라는 것과 같다.)

$[\ m + n$이 짝수 $\equiv m$이 짝수 $\equiv n$이 짝수 $]$

어떤 수가 짝수인지 홀수인지를, 수의 홀짝성이라 부르자. 이 표현에

$[\ m + n$이 짝수 $\equiv (m$이 짝수 $\equiv n$이 짝수$)\ ]$

와 같이 괄호를 치면, 'm과 n이 같은 홀짝성을 가짐'과 '$m + n$이 짝수임'이 같다는 것을 말해 준다.

$[\ (m + n$이 짝수 $\equiv m$이 짝수$) \equiv n$이 짝수 $]$

와 같이 괄호를 치면, n이 짝수일 때는 다른 수 m에 n을 더하는 연산이 m의 홀짝성을 바꾸지 않는다는 것을 말해 준다.

이 표현을 읽는 다른 방법으로, p, q, r 가운데 참인 것이 홀수 개이면 $p \equiv q \equiv r$이 참이라는 사실을 이용할 수 있다. 다음과 같이 총 4가지의 경우가 있을 수 있다.

$$((m+n\text{이 짝수}) \text{ 그리고 } (m\text{이 짝수}) \text{ 그리고 } (n\text{이 짝수}))$$

또는 $((m+n\text{이 홀수}) \text{ 그리고 } (m\text{이 홀수}) \text{ 그리고 } (n\text{이 짝수}))$

또는 $((m+n\text{이 홀수}) \text{ 그리고 } (m\text{이 짝수}) \text{ 그리고 } (n\text{이 홀수}))$

또는 $((m+n\text{이 짝수}) \text{ 그리고 } (m\text{이 홀수}) \text{ 그리고 } (n\text{이 홀수}))$

이 예시의 훌륭한 점은, 경우의 수 분석이 필요 없다는 점이다. 'm이 짝수'와 'n이 짝수'의 조합으로 만들 수 있는 조합은 총 4가지이다. 단위 표현식을 반복하고 여러 경우를 나열하는 대신, 동치의 결합법칙을 이용해, '$m+n$이 짝수'를 간단한 식으로 나타낼 수 있었다. 추론을 효과적으로 하기 위해, 경우의 수 분석은 되도록이면 피하는 것이 좋다.

0이 아닌 수의 부호

부호는 그 수가 양수인지 아닌지를 나타낸다. 0이 아닌 수 x, y에 대해 x의 부호와 y의 부호가 같으면 $x \times y$는 양수이다. x의 부호와 y의 부호가 다르면, $x \times y$는 음수이다.

x와 y가 모두 0이 아니라고 하자. 이 법칙은

$$[\, x \times y\text{가 양수} \equiv x\text{가 양수} \equiv y\text{가 양수}\,]$$

로 표현할 수 있다. 짝수에 대해 서술할 때와 같이, 경우를 나누지 않고도 서로 다른 여러 가지 경우들을 멋지게 한 표현으로 담았다. 실제로, 이 규칙을 우리는

$$[\, x \times y\text{가 양수} \equiv (x\text{가 양수} \equiv y\text{가 양수})\,]$$

와 같이 이해한다. 다른 방법으로 괄호를 씌우면 다음 사실을 '공짜로' 얻을 수 있다. 수 x에 수 y를 곱해도 부호가 변하지 않을 조건은 y가 양수라는 것이다. 불리언 등식에 대한 결합법칙 덕분이다.

5.3.2 자연어로 표현하기

많은 수학자와 논리학자는 불리언의 등식이 결합법칙을 만족한다는 사실을 별로 깊게 생각하지 않는다. 논리에 대한 대부분의 과정은 제일 먼저 함축 관계('A이면 B이다')를 배우고, 그다음 간략히 포함 관계('A여야 B이다')를 언급한 다음에 논리적 동치 관계('A는 B와 같다')를 배운다. 수에 대한 등식을 소개할 때에 '이하($\leq$)'를

배우고 '이상(≥)'을 소개한 다음 '이하이면서 이상이다'를 정의하는 것과 비슷하다.

이에 대한 가장 그럴듯한 설명은 다음 사실에 기반한다. 많은 논리학자는 논리의 목적이 '자연스럽고(natural)', '직관적인(intuitive)' 추론을 하는 것이라고 생각한다. 우리는 '자연스럽게' 추론을 등식 표현이 아닌 일상 용어로 표현한다는 것이다. ('비가 온다면, 우산을 들고 갈 것이다.') 등식 기호는 로버트 레코드(Robert Recorde)가 1557년에 처음 수학에 도입하였다. 수학사적으로는 꽤나 최근이다. 등식이 더 일찍 도입되었다면 더 '자연스러웠을' 것이다. 자연어에는 연속된 동치 같은 것에 대응하는 표현이 없다.

연속된 동치를 사용하는 데 이 사실이 방해가 되어서는 안 된다. 과거(아주 오래 전이겠지만)에는, 덧셈과 곱셈을 연속된 형태로 쓰는 데도 비슷한 저항이 있었을 것이다. 우리가 현재 쓰는 언어에도 그에 대한 증거가 있다. 예를 들면, 시간을 표현하는 가장 자연스러운 방법은 말(word)이다-'10시 15분 전(quarter to ten)', '11시 10분 뒤(ten past eleven)'. 시간을 계산하고자 하는 요구들(예를 들면, 기차가 도착하기까지 몇 분 남았는지 계산하고 싶다든지)은 자연어에 영향을 끼쳐서, 요즈음 사람들은 간혹, '9시 45분' 또는 '11시 10분'처럼 말하곤 한다. 그러나 우리는 9시 45분과 11시 10분이 몇 분 차이 나는지 계산할 때 속으로 '11시 10분'을 '10시 70분'으로 생각하기도 하지만, 아직 '10시 70분' 같은 표현은 불가능하다고 여긴다.[3] 사실, 덧셈의 결합법칙을 포함한 수학의 몇몇 법칙은 계산의 근본을 이룬다. 대수학의 발전에 따라 자연어에도 변화가 일어났고, 앞으로도 그럴 것이다. 하지만, 이 변화는 수학보다 매우 느릴 것이다. 수학의 언어는 자연어의 한계를 극복하기 위해 발전해 왔다. 목표는 '자연스러운' 추론을 따라 하는 것이 아니라, 더욱 효과적인 대안을 찾아내는 것이다.

5.4 부정

다음과 같은 기사와 건달 문제를 생각해 보자. 주민 A와 B가 있다. 주민 A는 "'B가 기사이다'는 '내가 기사가 아니다'와 같다."라고 말했다. A와 B에 대해 무엇을 확인할 수 있는가?

이 문제는 '아니다'의 사용, 즉 부정(negation)과 관련되어 있다. 부정은 불리언

---

3 (옮긴이) 한국어로는 '9시 45분'이나 '11시 10분' 같은 표현이 매우 자연스럽지만, 영어를 모국어로 사용하는 사람들에게는 부자연스럽다고 한다. 영어 화자를 기준으로 쓰인 문단임을 감안하고 언어의 역사성이라는 맥락만 짚고 넘어가도록 하자.

변수를 받고 불리언 변수를 반환하는 단항 연산자(인자가 정확히 하나인 함수)로, 변수 앞에 붙은 '¬' 기호로 나타낸다. p가 불리언 표현일 때, '¬p'는 'p의 부정'이라 말한다.

다음 규칙을 이용하자. 주민 A가 문장 S를 말할 때, $A \equiv S$가 성립한다. 이 문제에서는 다음과 같다.

$$A \equiv B \equiv \neg A$$

(결합법칙을 명확히 나타내기 위해 '='를 '$\equiv$'로 바꾸어 썼다.) 이 표현을 간략하게 만드는 것이 목표이다.

이 문제에 접근하기 위해, 부정에 대한 계산 법칙을 공식으로 정리해야 한다. 임의의 명제 p에 대해, ¬p에 대한 계산 법칙은

[부정]　　$[\, \neg p \equiv p \equiv false \,]$　　　　　　　　　　　　　　　　　(5.3)

이다. 이를

$$\neg p = (p \equiv false)$$

으로 읽으면 부정에 대한 정의가 된다.

$$(\neg p \equiv p) = false$$

와 같이 읽으면, 명제의 표현을 간략하게 만들 수 있는 방법을 제공한다. 추가로, 동치의 교환법칙을 이용하면 연속된 동치를 마음껏 재배열할 수 있다. 따라서

$$p = (\neg p \equiv false)$$

또한 알 수 있다.

기사와 건달 문제로 돌아와서, 우리에게

$$A \equiv B \equiv \neg A$$

가 주어졌다. 이는 다음 과정을 거쳐 ¬B로 만들 수 있다.

$$\quad A \equiv B \equiv \neg A$$
$$= \quad \{ \ \text{동치의 항을 재배열} \ \}$$

$\neg A \equiv A \equiv B$

$=$ {   법칙 (5.3)에 $p := A$를 대입   }

     $false \equiv B$

$=$ {   법칙 (5.3)에 $p := B$를 대입하고 재배열   }

     $\neg B$

따라서 B는 건달이고, A는 기사이거나 건달일 수 있다. (5.3)이 서로 다른 두 가지 방법으로 쓰였다는 점을 짚고 넘어가자.

이제 법칙 (5.3)을 동치의 교환법칙, 결합법칙과 함께 사용하면, 같은 변수가 반복되거나 몇 개에는 부정이 씌워진 긴 동치식을 간략하게 만들 수 있다. 예를 들면,

$\neg p \equiv p \equiv q \equiv \neg p \equiv r \equiv \neg q$

를 간략하게 만들고 싶다고 하자. 먼저 항을 재배열해서 p와 q가 반복된 부분을 함께 묶어 주자.

$\neg p \equiv \neg p \equiv p \equiv q \equiv \neg q \equiv r$

이 된다. 여기서 (5.2)와 (5.3)을 사용해서 p와 q의 개수를 최대 하나로 줄일 수 있다. 이 예시에서는

$true \equiv p \equiv false \equiv r$

이 된다. 이제 (5.2)와 (5.3)을 다시 사용하자. 원래의 식이

$\neg p \equiv r$

로 간략해진다. 아까와 같이, 이 과정은 덧셈 연산이 반복되고, 음수 부호가 나타나는 수식을 간략하게 만드는 과정과 비교할 수 있다.

$p + (-p) + q + (-p) + r + q + (-q) + r + p$

위와 같은 표현은

$q + 2r$

로 간략해진다. 이때 p, q, r의 개수를 세고, $-p$의 개수를 세어서 p의 개수에서 제

외한다. 세부적인 내용은 다르지만 본질적으로 같은 과정이다.

법칙 (5.2)와 (5.3)은 부정이 동치와 함께 쓰이는 방법을 정의하기 위해 필요한 전부이다. 이 두 법칙을 이용하면 수없이 많은 다른 법칙을 유도할 수 있다. 아래는 이 두 법칙을 사용해서 ¬거짓 = 참을 보이는 예시이다.

$$\neg false$$
$$= \quad \{ \text{ 법칙 } \neg p \equiv p \equiv false \text{에 } p := false \text{을 대입 } \}$$
$$false \equiv false$$
$$= \quad \{ \text{ 법칙 } true \equiv p \equiv p \text{에 } p := false \text{을 대입 } \}$$
$$true$$

> ⑦ **연습문제 5.4**
>
> $\neg true = false$임을 보여라.

> ⑦ **연습문제 5.5 이중 부정**
>
> 이중 부정의 법칙을 보여라.
>
> $[\neg\neg p = p]$

5.4.1 대우

대우(contraposition)[4]는 이제 당연해졌지만, 놀랍도록 유용한 법칙이다.

[대우] $[p \equiv q \equiv \neg p \equiv \neg q]$ (5.6)

대우라는 이름은 $(p \equiv q) = (\neg p \equiv \neg q)$와 같은 형태로 쓰였을 때를 지칭한다.

강 건너기 문제(3장)에서 대우의 법칙을 암묵적으로 사용하였다. 몇 명의 사람들이 한 척의 배를 이용해 강의 한쪽에서 반대쪽으로 건너는 문제들이었다. 강을 건넌 횟수를 n, "이 배가 강의 왼쪽에 있다."라는 불리언을 l이라고 두자. 강을 건너는 행위는 다음과 같이 표현된다.

$$n, l := n + 1, \neg l$$

---

4 어떤 사람들은 '대우'를 덜 일반적인 의미인 '부정의 함축'을 가리키는 용어로 사용하기도 한다.

말로 표현하면, 강을 건넌 횟수는 1 증가하고, 배의 위치는 반대로 바뀐다. 대우의 법칙은

$$even(n) \equiv l$$

이 불변함을 보여 준다. 왜냐하면,

$$(even(n) \equiv l)\,[\,n, l := n+1, \neg l\,]$$
$$= \quad \{ \ 치환의\ 법칙 \ \}$$
$$even(n+1) \equiv \neg l$$
$$= \quad \{ \quad even(n+1)$$
$$\qquad = \quad \{ \ 분배법칙 \ \}$$
$$\qquad even(n) \equiv even(1)$$
$$\qquad = \quad \{ \ even(1) \equiv false \ \}$$
$$\qquad even(n) \equiv false$$
$$\qquad = \quad \{ \ 부정 \ \}$$
$$\qquad \neg(even(n)) \ \}$$
$$\neg(even(n)) \equiv \neg l$$
$$= \quad \{ \ 대우 \ \}$$
$$even(n) \equiv l$$

배가 처음에 왼쪽에 있다는 사실을 알고 있다. 0은 짝수이므로, $even(n) = l$이 불변하게 참이라는 결론을 낼 수 있다. 말로 표현하면, 배가 왼쪽에 있는지 여부는 강을 건넌 횟수가 짝수 번인지 여부와 같다.

다른 예시는 다음과 같다. 정사각형 모양의 안락의자를 정확히 이 의자의 너비만큼 옆으로 옮겨야 한다고 하자(그림 5.1). 그런데 의자가 무거워서 의자의 네 꼭짓점 중 하나를 축으로 90° 돌리는 방법으로만 옮길 수 있다. 원하는 대로 의자를 옮길 수 있는가? 가능하다면, 어떻게 해야 하는가? 불가능하다면, 왜 불가능한가?

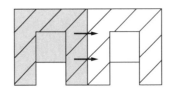

그림 5.1 무거운 안락의자 옮기기

정답은 '불가능하다'이다. 안락의자가 초기에 아래를 바라보는 방향으로 있었다고 하자. 그리고 바닥이 체스판 같이 칸의 크기가 안락의자 크기와 같은 검정색과 흰색의 체크무늬로 칠해져 있다고 하자(그림 5.2). 안락의자가 처음엔 검정색 칸에 놓여 있다고 하자. 문제에 따르면, 지금 검정색 칸에서 아래를 바라보는 방향으로 있는 안락의자를, 바로 옆 흰색 칸에서 아래를 바라보는 방향으로 옮겨야 한다.

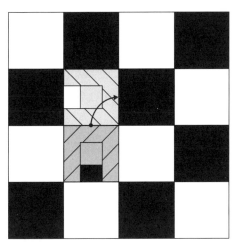

그림 5.2 무거운 안락의자를 옮길 때의 불변량

안락의자가 놓인 칸의 색상을 불리언 변수 *col*로 나타내자(검정색일 때 *col*이 참이고, 흰색일 때 *col*이 거짓이다). 그리고, 안락의자가 바라보는 방향을 불리언 변수 *dir*로 나타내자(위/아래를 바라보고 있을 때 *dir*이 참이고, 좌/우를 바라보고 있을 때 *dir*이 거짓이다). 그러면, 어떤 방향으로든 안락의자를 돌리는 행위는

$$col, dir := \neg col, \neg dir$$

로 표현할 수 있다. 대우의 법칙에 따라 이 표현식의 불변량은

$$col \equiv dir$$

이다. 따라서 위 표현식의 값은 안락의자를 돌리는 횟수와 상관없이 항상 초깃값과 동일하게 유지될 것이다. 안락의자를 한 칸 오른쪽으로 옮기는 것은 안락의자가 있는 칸의 색을 바꾸지만 안락의자가 바라보는 방향을 바꾸지 않는다. 즉, 이는 $col \equiv dir$의 값을 바꾸기 때문에, 앞서 말한 것처럼 안락의자를 돌리는 것을 반복하기만 해서는 도달할 수 없다.

즉, 안락의자를 꼭짓점에서 90° 돌릴 때의 불변량은

의자가 검정색 칸에 있다 ≡ 의자가 위/아래를 바라보고 있다

이며, 이는 의자가 흰색 칸에 있고 위/아래를 바라보고 있을 때에는 거짓이다.

> **⚲ 연습문제 5.7 기사의 움직임**
>
> 체스에서 기사(knight)는 두 칸 위/아래로 움직이고 한 칸 좌/우로 움직이거나, 두 칸 좌/우로 움직이고 한 칸 위/아래로 움직일 수 있다. 체스판은 8×8 크기의 격자판이다.
>
> 기사가 체스판의 제일 왼쪽 아래 칸에서 시작해서, 모든 칸을 한 번씩 방문하고 체스판의 제일 오른쪽 위 칸에 도착하도록 움직일 수 없음을 보여라.
>
> 힌트: 기사를 몇 번 움직여야 하는가? 기사가 움직인 횟수와 현재 기사가 있는 칸의 색을 이용해서 기사의 움직임을 표현해 보라. 기사가 움직일 때 두 변수 사이의 불변량을 밝혀 내라.

5.4.2 악수 문제

악수 문제를 풀 때는 부정의 논리적 성질을 반드시 이용해야 한다.

악수 문제의 가장 간단한 예시는 다음과 같다. 파티에서 사람들이 악수를 하고 있다. 어떤 사람들은 악수를 하고 어떤 사람들은 하지 않는다. 사람들은 각자 자신이 악수한 횟수를 세었다고 하자. 적어도 두 명 이상이 같은 횟수를 세었음을 보여라.

이 문제를 풀 때 중요한 것은 악수의 성질이다. 악수는 대칭적이고, 비반사적(anti-reflexive)인 이항 관계이다. 이항 관계이므로, 어떤 두 사람 - 철수와 유리라고 하자 - 에 대해 "철수가 유리와 악수를 했는가?"는 참이거나 거짓이다. (일반적으로, 관계(relation)는 불리언 값을 가진 함수이다.) '대칭적' 관계이므로, 두 사람(철수와 유리)에 대해 철수가 유리와 악수를 했는지 여부는 유리가 철수와 악수를 했는지 여부와 같다. 마지막으로, '비반사적' 관계이므로, 자기 자신과 악수를 한 사람은 없다.

 12.7절에서 이항 관계와 그 성질에 대해 소개한다.

우리는 (적어도) 두 명의 사람이 같은 횟수로 악수를 했음을 보여야 한다. 각 사람들이 악수하는 횟수에 관해 악수 연산의 여러 성질을 탐색해 보자.

n명의 사람이 있다고 하자. 모두는 최대 n명의 사람과 악수를 한다. 그러나 비반사성에 따라 누구도 자기 자신과 악수할 수는 없다. 즉, 모든 사람은 0명에서 $n-1$명 사이의 사람과 악수를 한다.

0에서 $n-1$까지 정수는 총 n개 있다. "두 사람이 악수한 횟수가 같다."의 부정은 "모두가 서로 다른 횟수로 악수한다."이다. 구체적으로, 어떤 사람은 0번 악수를 하고 어떤 사람은 $n-1$번 악수를 하는 일은 악수의 대칭성에 따라 불가능하다.

'악수(shaking hands)' 관계를 S로 쓰기로 하고, 변수 x와 y를 이용해 사람을 지칭하기로 하자. 이 방법으로, xSy를 "사람 x가 사람 y와 악수를 한다."로, 또는 그냥 x와 y가 악수를 한다고 쓰기로 하자. 이때, '악수'의 대칭성은, 모든 x와 y에 대해

$$xSy \equiv ySx$$

라는 법칙을 제공한다. 이 법칙의 대우는, 모든 x와 y에 대해,

$$\neg(xSy) \equiv \neg(ySx)$$

라는 것이다. 말로 표현하면, x가 y와 악수하지 않았다는 것은 y가 x와 악수하지 않았다는 것과 같다. 이제, 사람 a가 누구와도 악수하지 않았고, 사람 b가 모두와 악수했다고 하자. 이때, a는 b와 악수하지 않았으므로, $\neg(aSb)$는 참이다. 그리고 b는 a와 악수했으므로(모두와 악수했다고 했기 때문에), bSa 또한 참이다. 그러나 '같은 것은 같다' 규칙을 사용하면, aSb는 거짓(S의 교환법칙의 대우와, $\neg(aSb)$가 참이라는 사실 때문)인 동시에, 참(bSa가 참이고 S가 대칭적이기 때문)이게 된다. 이는 불가능하다.

모두가 서로 다른 수의 사람과 악수한다는 가정이 모순이므로, 어떤 두 사람은 같은 횟수만큼 악수를 했다는 결론을 내릴 수 있다.

'악수' 관계의 대칭성과 비반사성이 어떻게 이용되었는지에 주목하라. 다른 종류의 관계를 다루는 비슷한 문제에서는 결과가 다를 수도 있다. 예를 들면, 우리가 '악수'를, '배꼽인사'나 '큰절' 등 대칭적이지 않은 인사로 바꾼다면, 위 성질을 만족할 필요가 없다. (두 사람이 있을 때, 한 사람이 다른 사람에게 배꼽인사를 했는데, 인사가 돌아오지 않는 상황이 있을 수 있다.) 하지만, '악수' 대신 '코 비비며 인사하기'

로 바꾸면, 앞의 성질들을 그대로 만족한다. '악수'와 같이, '코 비비며 인사하기'는 대칭적이고 비반사적인 관계이다.

> **② 연습문제 5.8**
>
> 또 다른 악수 문제이다. 조금 더 어렵지만, 핵심은 같다. '악수'는 대칭적 관계이며, '서로 악수하지 않음' 또한 그렇다.
>
> 몇 쌍의 부부(아내와 남편)가 파티에 참석했다고 하자. 어떤 사람들은 악수를 했고, 어떤 사람들은 하지 않았다. 아내와 남편은 서로 악수하지 않는다. 파티의 '호스트'는, 다른 모든 사람에게 그들이 몇 번씩 악수를 했는지 물었고, 모두에게 다른 답을 얻었다. 호스트와 호스트의 배우자는 몇 번의 악수를 했는가?

5.4.3 비동치

5.4절 앞부분에 언급한 기사와 건달 문제에서, A가 "B가 기사인지 여부는 나와 다르다."라고 말했다고 하자. 이 문장은 $B \neq A$ 또는 $\neg(B = A)$로 표현할 수 있다. 사실 이는 "'B가 기사이다'는 '내가 기사가 아니다'와 같다."고 말하는 것과 같다. 이에 대한 증명은 아래와 같다. (결합법칙을 강조하기 위해 '='를 '≡'로 바꾸어 썼음에 주의하라.)

$$\neg(B \equiv A)$$
$$= \quad \{ \ [\neg p \equiv p \equiv false \,]\text{에 } p := (B \equiv A)\text{를 대입} \ \}$$
$$B \equiv A \equiv false$$
$$= \quad \{ \ [\neg p \equiv p \equiv false \,]\text{에 } p := A\text{를 대입} \ \}$$
$$B \equiv \neg A$$

따라서 우리는 모든 명제 p와 q에 대해,

[비동치]　　$[\neg(p \equiv q) \equiv p \equiv \neg q]$　　　　　　　　　　　(5.9)

임을 보였다. 계산에서 동치의 결합법칙이 암묵적으로 사용되었음을 확인해 보아라. 또, 동치의 결합법칙이 하나의 동치에서 두 가지 성질을 보여 주는 것도 확인해 보아라. 첫 번째는 직접 보인

$[\,\neg(p \equiv q) = (p \equiv \neg q)\,]$

이고, 두 번째는 결합법칙에서 도출되는,

$[\,(\neg(p \equiv q) \equiv p) = \neg q\,]$

이다. 명제 $\neg(p \equiv q)$는 주로 $p \not\equiv q$로 쓰인다. 이 연산자는 비동치 연산자(또는 배타적 논리합(exclusive-or), 간단히 xor)라고 불린다.

> ⚠️ 비동치를 '배타적 논리합'이라고 부르는 것은 오해를 불러일으킬 수 있다. 실제로는, $p \not\equiv q \not\equiv r$이 p, q, r 중에 '배타적으로' 하나만 참임을 뜻하지 않는다. 반대로, 참 $\not\equiv$ 참 $\not\equiv$ 참은 참이다. 간혹 이 이름을 쓸 테지만, 인자가 두 개일 때에만 쓸 것이다.

비동치는 또한 결합법칙을 만족한다.

$(p \not\equiv q) \not\equiv r$
=   { '$\not\equiv$'의 정의를 두 번 사용 }
   $\neg(\neg(p \equiv q) \equiv r)$
=   { (5.9)에 $p, q := \neg(p \equiv q), r$을 대입 }
   $\neg(p \equiv q) \equiv \neg r$
=   { 대우 (5.6)에 $p, q := p \equiv q, r$을 대입 }
   $p \equiv q \equiv r$
=   { 대우 (5.6)에 $p, q := p, q \equiv r$을 대입 }
   $\neg p \equiv \neg(q \equiv r)$
=   { (5.9)에 $p, q := p, q \equiv r$을 대입 }
   $\neg(p \equiv \neg(q \equiv r))$
=   { '$\not\equiv$'의 정의를 두 번 사용 }
   $p \not\equiv (q \not\equiv r)$

결론적으로, 우리는 모호해질 우려 없이 연속된 비동치 $p \not\equiv q \not\equiv r$을 사용할 수 있다.[5] 증명 과정에서 $p \not\equiv q \not\equiv r$과 $p \equiv q \equiv r$이 같음도 보였다는 점을 확인하라.

---

5   이는 결합법칙을 적용하여 읽어야 하며, 다른 책에서 간혹 사용되는 $p \neq q \neq r$과 같은 표현식과 혼동하면 안 된다. 부등호는 전이적이지 않으므로, 이러한 표현은 피해야 한다.

> ⚠️ 우리는 이제 기사와 건달의 섬에서 금을 찾기 위해(5.2.4절 참고) 더 '자연스러운' 질문을 만들 수 있게 되었다. 5.2.4절에서 정의했듯, L은 "금이 갈림길의 왼쪽에 있다.",
> A는 "주민이 기사이다."를 뜻한다. 물어야 하는 질문은, "L과 A가 같은가?"이다. 대우의 법칙과 비동치를 함께 사용하면, 이 질문을 xor로 표현할 수 있게 된다. 우리는 다음을 알고 있다.
>
> $\qquad L = A$
>
> $= \quad \{\quad 대우 \quad\}$
>
> $\qquad \neg L = \neg A$
>
> $= \quad \{\quad 비동치와 이중 부정 \quad\}$
>
> $L \not\equiv \neg A$
>
> 식 $L \not\equiv \neg A$에 있는 비동치를 xor을 이용해 표현하면, 질문은 다음과 같아진다. "두 문장 '금이
> 갈림길의 왼쪽에 있다'와 '당신은 건달이다' 중 정확히 하나가 참입니까?" 물론, 이를 다르게
> 표현하는 것도 가능하다.

마지막으로, 비동치와 동치 사이의 결합법칙 또한 성립한다는 것을 확인해 보자.

$\qquad (p \not\equiv q) \equiv r$

$= \quad \{\quad p \not\equiv q 의 정의를 이용 \quad\}$

$\qquad \neg(p \equiv q) \equiv r$

$= \quad \{\quad \neg(p \equiv q) \equiv p \equiv \neg q \quad\}$

$\qquad p \equiv \neg q \equiv r$

$= \quad \{\quad 동치의 교환법칙을 이용해,$

$\qquad\qquad (5.9)를 \neg(p \equiv q) \equiv \neg q \equiv p 의 형태로 이용,$

$\qquad\qquad p, q := q, r 을 대입\}$

$\qquad p \equiv \neg(q \equiv r)$

$= \quad \{\quad q \not\equiv r 의 정의\}$

$\qquad p \equiv (q \not\equiv r)$

> 🔍 **연습문제 5.10**
> 다음을 간략하게 만들어라. (부분 표현식을 어떤 순서로 평가해도 상관없다는 점
> 을 이용하라. 변수나 상수의 순서를 바꾸어도 결과가 변하지 않는다.)

(a) $false \not\equiv false \not\equiv false$

(b) $true \not\equiv true \not\equiv true \not\equiv true$

(c) $false \not\equiv true \not\equiv false \not\equiv true$

(d) $p \equiv p \equiv \neg p \equiv p \equiv \neg p$

(e) $p \not\equiv q \equiv q \equiv p$

(f) $p \not\equiv q \equiv r \equiv p$

(g) $p \equiv p \not\equiv \neg p \not\equiv p \equiv \neg p$

(h) $p \equiv p \not\equiv \neg p \not\equiv p \equiv \neg p \not\equiv \neg p$

⑦ 연습문제 5.11 암호화

비동치가 결합법칙을 만족한다는 사실, 즉,

$$(p \not\equiv (q \not\equiv r)) \equiv ((p \not\equiv q) \not\equiv r)$$

은 정보를 암호화하는 데 사용된다. 1비트짜리 정보 b를 암호화하기 위해, 키 a를 고른다. 실제로 b를 암호화하여 보낼 때는, $a \not\equiv b$를 보낸다. 이를 받은 사람은, 받은 비트 c를 복호화하기 위해 같은 연산을 시행한다.[6] 이는, 받는 사람이 같은 키 a를 이용해 $a \not\equiv c$를 계산한다는 것이다. 이때, 비트 b가 같은 방법으로 암호화된 다음 복호화된다면, 결과는 사용한 키 a와 관계없이 b임을 보여라.

⑦ 연습문제 5.12

기사와 건달의 섬에서, 당신은 주민 두 명, A와 B를 만난다. A에게 무엇을 물어야, A와 B가 다른 유형의 주민인지 확인할 수 있을까?

5.5 정리

이 장에서는 가장 기초적인 논리 연산자인 논리적 동치(불리언 값에 대한 등식)를 소개하기 위해 간단한 논리 퍼즐을 사용했다. 동치는, 등식의 일반적인 성질과 더

---

6 이 연산은 보통 정보 암호화의 맥락에서는 '배타적 논리합'으로 불리곤 한다. 배타적 논리합과 비동치가 같은 연산이라는 사실이 흔히 알려져 있지는 않다. 비동치 연산은 암호화와 복호화 과정에서 동치 연산으로 쉽게 대체할 수 있다. 하지만 이러한 동치 연산의 대수적 성질을 잘 알고 있는 과학자와 공학자는 거의 없으며, 누구도 이용하지 않을 것이다!

불어, 결합법칙이라는 매우 중요한 성질을 가지고 있다. 논리 퍼즐을 풀 때 귀찮고 비효율적인 경우의 수 분석을 하게 되는 경우가 많은데, 동치의 결합법칙을 이용하면 이를 하지 않아도 된다.

동치의 결합법칙은, 특히 그 성질을 자연어로 표현하는 데 익숙해지기 어렵다. 그러나 익숙해지기 어렵다고 해서 이 성질을 무시할 수는 없다. 영(zero)을 수로 받아들이기 위해 몇 세기 동안 고통스러운 과정을 겪고, 이를 표현하는 0이라는 기호가 탄생한 과정을 떠올려 보아라. 이는 '자연스러운' 표현에 대한 집착이 효과적인 추론을 하는 데 주요한 장애 중 하나임을 명료하게 보여 준다. '자연스럽'거나 '직관적인' 추론을 따라 하는 것이 아닌 더욱 효과적인 추론을 할 수 있게 하는 것이 대수의 목적이다.

5.6 참고 자료

불리언 값의 등식이 결합법칙을 만족한다는 사실은 적어도 1920년대에 알려졌다. 알프레드 타르스키(Alfred Tarski)가 그의 박사학위 논문에서 언급했으며, 여기에는 얀 우카시에비치(J. Lukasiewicz)가 기여한 것으로 알려져 있다.(⟨On the primitive term of logistic(기호 논리학의 기본 용어에 관하여)⟩[Tar56]. 타르스키와 우카시에비치는 모두 유명한 논리학자이다.) 그럼에도 불구하고, 그 유용함은 에츠허르 데이크스트라가 프로그램 의미론(program semantics)과 수학적 방법에 대해 쓴 논문이 아니었다면 전면에 드러나지 못했을 것이다.

5.1절의 논리 퍼즐은 레이먼드 스멀리언(Raymond Smullyan)의 책 ⟪퍼즐과 함께하는 즐거운 논리(What is the name of book?)⟫[Smu78][7]에서 가져왔다. 간단한 논리 퍼즐에서 논리적 패러독스와 괴델(Gödel)의 결정 불가능성 정리에 대한 논의까지 이어지는 재미있는 책이다. 그러나 스멀리언의 증명은 복잡한 경우의 수 분석을 동반하는 경우가 많으며, 고전적인 '~는 ~와 동치이다(if and only if)' 식의 논증을 사용한다. 이러한 퍼즐 풀이에서 동치의 결합법칙을 이용하게 된 것은 제라드 윌팅크(Gerard Wiltink)[Wil87] 덕분이다. 계산 논리에 대한 완성된 설명은 [GS93]에 있다.

---

7 ⟪퍼즐과 함께하는 즐거운 논리⟫(문예출판사, 2021)

6장

귀납법

귀납법(Induction)은 문제를 반복적으로 하위 문제(subproblem)로 쪼개 나가는 것을 기반으로 한, 매우 중요한 문제 해결 전략이다.

귀납법을 사용할 때 핵심은, 주어진 문제를 **문제 집합(class)**으로 일반화하는 것이다. 집합에 속한 각 문제를 개체(instance)라고 하며, 각 개체에는 크기(size)가 있다. 크기는 문제의 매개변수(parameter)이다. 예를 들어, 문제에 성냥개비 더미가 등장한다고 해 보자. 이때 매개변수는 성냥의 개수이다. 문제 개체는 특정한 성냥 더미, 문제의 크기는 더미에 있는 성냥의 개수가 된다.

올바른 일반화를 결정했다면, 풀이는 두 단계로 진행된다. 먼저, 크기 0의 문제를 생각한다. 이를 귀납법의 **기저(basis)**라고 한다. 대부분의 경우, 이런 문제는 매우 풀기 쉽다('자명한' 것으로 여겨지곤 한다). 그런 다음, 임의의 자연수 n에 대해, 크기 n인 문제의 풀이가 주어졌을 때 크기 $n+1$인 문제를 어떻게 해결하는지 보인다. 이를 **귀납** 단계라고 한다.

이 과정을 따르면 크기 0인 문제를 풀 수 있다. 크기 0인 문제의 풀이를 알고 있으므로, 귀납 단계에서 보인 방법을 이용해 크기 1인 문제의 풀이도 구할 수 있다. 크기 1인 문제의 풀이를 알고 있으므로, 귀납 단계에서 보인 방법을 다시 이용해 크기 2인 문제의 풀이도 구할 수 있다. 이를 계속 반복하면, 크기 3인 문제, 크기 4인 문제 등을 모두 풀 수 있다. 즉, 어떠한 크기의 문제든 '귀납법을 이용해' 풀 수 있다.

크기는 음이 아닌 정수, 즉 $0, 1, 2, 3, \ldots$ 이어야 한다. 이 책에서는 자연수라는 용어를 음이 아닌 정수라는 의미로 사용할 것이다. 주의! 수학자들은 보통 자연수에서 0을 제외하고 이야기하곤 한다. 그러나 보통의 컴퓨팅 문제에서는 이 관습에서 벗어나 0을 자연수에 포함해야 한다. (예를 들어, 인터넷 검색 결과가 0개일 수도 있다. 이러한 정보를 처리하는 로봇은 그러한 가능성에 대비하여야 한다.) 가끔씩, 크기 0인 문제가 말이 안 될 때가 있다. 그런 경우에 귀납의 기저는 크기 1이 된다. 더 일반적으로, 임의의 수 n_0에 대해, 크기 n_0인 문제가 기저가 될 수 있다. 이때 귀납법은 크기 n_0 이상의 모든 문제 개체에 대한 풀이를 보여 준다.

교과서에 있는 문제는 보통 크기 매개변수가 바로 눈에 보이도록 쓰여 있지만, 모든 문제가 그런 것은 아니다. 예를 들면, 칸이 64개인 체스판이 있는 문제가 주어진다면 이 문제를 일반화하는 방법은 여러 가지이다. 칸의 개수 n에 대해 문제 개체가 하나씩 존재하는 집합으로 일반화할 수 있다. 이 문제에서 n은 64이다. 이 일반화는 체스판의 모양에 대해서는 신경 쓰지 않는다. 두 번째로, 체스판이 정사각형이라는 사실을 이용할 수 있다. 어떤 n에 대해, $n \times n$ 체스판이 있는 문제 개체를 생각할 수 있다. 이때 문제의 '크기'는 (n^2이 아니라) n이고, 64칸의 체스판 문제의 크기는 8이다. 세 번째로, 8이 2의 거듭제곱이라는 사실에 의존할 수 있다. 이때 문제 집합은 정사각형 체스판의 각 변의 길이가 2^n인 경우로 제한된다. 주어진 문제의 '크기'는 3이 될 것이다($8 = 2^3$이기 때문).

6.1 예시 문제

주어진 문제는 모두 귀납법으로 해결할 수 있다. 첫 번째 문제에서, 크기는 직선의 개수이다. 두 번째와 세 번째 문제에서, 이는 매개변수 n이라고 명시적으로 주어져 있다. 각각의 경우에, 기저는 쉽게 알 수 있다. 풀어야 하는 것은 귀납 단계이다. 이어지는 절에서 차례로 각 문제에 대해 논의한다.

그림 6.1 검은색과 흰색으로 칠하기

1. 평면 분할하기

   도화지 위에 직선 몇 개가 그어져 있다. 각 선은 (그림 6.1과 같이) 한 변에서 다른 변까지 이어져 있다. 이 방법으로 종이가 몇 개의 영역으로 분할된다.

   > 각 부분을 검정색 또는 흰색으로 칠해서, 인접한 부분이 같은 색으로 칠해지는 일이 없도록 (즉, 선분을 사이에 두고 마주보는 두 부분이 항상 다른 색을 가지도록) 할 수 있음을 보여라.

2. 트리오미노[1]

   정사각형 모양의 종이가 $2^n \times 2^n$의 격자로 분할되어 있다. n은 자연수이다.[2] 각 칸을 **격자 칸**이라고 부를 것이다. 한 칸은 검은색으로 덮여 있고, 나머지 칸은 덮여 있지 않다. 트리오미노는 격자 칸 세 개로 이루어진 L자 모양이다. 그림 6.2의 왼쪽에는 한 칸이 덮여 있는 8×8 격자가 있다. 오른쪽에는 트리오미노가 있다.

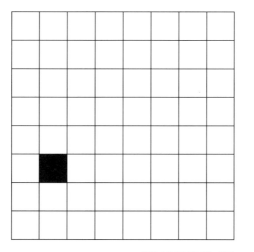

그림 6.2 트리오미노 문제

---

1 (옮긴이) 폴리오미노(polyomino)는 크기가 동일한 정사각형을 이어 붙여 만든 도형을 말하며, 그중 정사각형 3개를 이어 붙인 도형을 트리오미노(triomino)라고 한다.
2 여기서 자연수는 0에서 시작함을 잊지 말자(0, 1, 2, 등).

남은 칸들을 여러 개의 트리오미노로 (겹치지 않게) 덮을 수 있음을 보여라.
(한 가지 가능한 답이 그림 6.3에 제시되어 있다.)

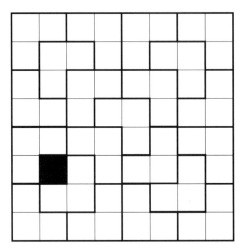

그림 6.3 트리오미노 문제: 그림 6.2에 대한 답

풀이에 $n = 0$인 경우도 포함해야 함에 유의하라.

3. 사다리꼴

   수 n에 대해 각 변의 길이가 $3n$인 정삼각형이 있다. 정삼각형은 더 작은 정삼각형들로 이루어져 있다. 그림 6.4는 $n = 2$인 경우를 나타낸다.

   그림 6.4의 우측과 같은 바구니 모양의 사다리꼴은 세 개의 정삼각형으로 이루어져 있다.

   정삼각형을, 사다리꼴을 이용해 (겹치지 않게) 덮을 수 있음을 보여라. (n이 2일 때의 답은 그림 6.5에 제시되어 있다.)

가짜 동전 찾기 문제, 하노이의 탑 문제와 같은 다른 예시도 있다. 이들은 이후의 장에서 다룰 예정이다.

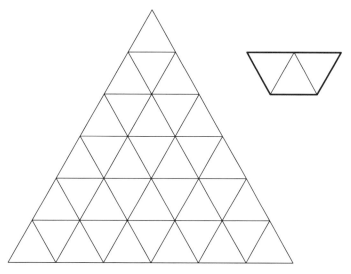

그림 6.4 정삼각형 피라미드와 사다리꼴

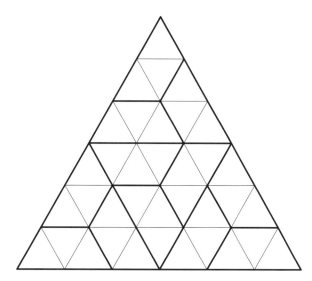

그림 6.5 그림 6.4에 대한 답

6.2 평면 분할하기

이 문제의 설명을 다시 읽어 보자.

도화지에 직선 몇 개가 그어져 있다. 각 선은 (그림 6.1과 같이) 한 변에서 다른 변까지 이어져 있다. 이 방법으로 종이가 몇 개의 부분으로 분할된다.

각 부분을 검정색 또는 흰색으로 칠해서, 인접한 부분이 같은 색으로 칠해지는 일이 없도록 (즉, 선분을 사이에 두고 마주보는 두 부분이 항상 다른 색을 가지도록) 할 수 있음을 보여라.

이 문제에서, 문제의 '크기'가 될 만한 지표로는 선의 개수가 있다. 따라서 목표는 이 문제를 '선의 개수에 대한 귀납법'을 이용해 푸는 것이다. 먼저 우리는 선이 0개일 때의 문제를 풀어야 한다. 이는 귀납법의 '기저'이다. 그리고 임의의 수 n에 대해, 선이 n개일 때의 문제를 푸는 방법을 알고 있다는 가정하에 선이 $n+1$일 때의 문제를 풀어야 한다. 이는 '귀납 단계'이다.

인접한 부분이 같은 색을 갖지 않도록 한 색칠을, 간결하게 줄여서 **좋은 색칠**이라고 부르자.

선이 0개 있는 경우는 쉽다. 종이는 1개의 부분으로 분할되고, 그 부분은 검정색이나 흰색으로 칠해진다. 어떤 색으로 칠해지든 조건을 만족한다(인접한 부분이 없으므로).

귀납 단계에서, 종이에 몇 개의 선이 그어져 있고, 인접한 부분이 같은 색을 갖지 않도록 각 부분이 검정색이나 흰색으로 칠해져 있다고 가정하자. 이와 같은 가정을 **귀납 가설**이라고 한다. 여기서 선을 하나 더 그었다고 하자. 이는 이미 존재하는 몇 개의 부분을 둘로 나눌 것이다. 그런데 이 선으로 나누어진 부분들은 같은 색이 칠해져 있기에 아직 좋은 색칠이 아니다. 그림 6.6이 그 예다. 종이에 선이 5개 그어져 12개의 부분으로 나누어졌고, 각 부분은 검은색과 흰색으로 색칠되어 있다. 추가된 선은 보기 쉽게 점선으로 표시했다. 이 선은 네 개의 부분을 양분했으므로, 부

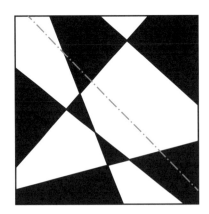

그림 6.6 평면 분할하기. 추가로 그은 선은 점선으로 표시되어 있다.

분의 개수는 네 개 늘었다. 점선의 양쪽에 있는 부분의 색은 같다. 여기서 문제는, 어떻게 색을 바꾸어야 좋은 색칠이 될 것인가 하는 문제이다.

풀이의 핵심은, 좋은 색칠은 색깔을 뒤집어도 (검정색을 흰색으로, 흰색을 검정색으로) 좋은 색칠이 된다는 것이다. 지금 추가로 그은 선은 종이를 크게 두 부분으로 나누고 있다. 각각을 **왼쪽** 부분과 **오른쪽** 부분으로 부르기로 하자. (이와 같이 부른다고 해서, 추가로 그은 선이 종이를 세로로 나눠야 한다는 뜻은 아니다. 그냥 두 부분을 간결하고 부르기 쉽게 이름 붙이려는 것이다.) 이때, 기존의 색칠은, 왼쪽 부분도 좋은 색칠이고, 오른쪽 부분도 좋은 색칠이다. 선을 추가로 그린 뒤에도 이를 보장하기 위해서는, 양쪽 부분 중 하나를 골라서(오른쪽 부분을 골랐다고 하자), 이 부분의 모든 색을 뒤집으면 된다. 이 작업을 한 뒤, 오른쪽 부분은 좋은 색칠이 된다. (좋은 색칠의 색을 뒤집어도 좋은 색칠이므로) 또한, 왼쪽 부분도 좋은 색칠이 된다. (원래 좋은 색칠이었고, 어떤 색도 바뀌지 않았으므로) 왼쪽 부분과 오른쪽 부분의 경계에 인접한 부분들도 좋게 색칠되어 있다. 원래 같은 색이었다가, 서로 다른 색으로 바뀌었기 때문이다.

그림 6.7은 예시에서 우리가 한 작업의 효과를 보여 준다. 색을 뒤집는 효과를 보다 명확하게 보여 주기 위해, 뒤집은 부분은 검정색 대신 회색으로 표시했다.

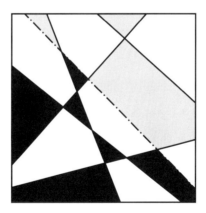

그림 6.7 평면 분할하기. 추가로 그은 선으로 나뉜 부분 중 한쪽의 색을 모두 뒤집었다. (바뀐 색을 명확히 보여 주기 위해 검은색을 회색으로 표시했다.)

이것으로 귀납 단계가 완성되었다. 이와 같은 구성을, 이를테면 7개의 선이 있는 실제 문제 개체에 적용해 보자. 먼저 종이 전체를 칠하는 것으로 시작하자. 그 뒤 선을 하나씩 추가하고, 그때마다, 앞서 서술한 귀납 단계의 방법과 같이 기존의 색칠을 수정한다. 이를 7개의 선이 모두 추가될 때까지 반복한다.

이 알고리즘은 여러 면에서 비결정론적(non-deterministic)이다. 최초에 종이 전체를 검은색과 흰색 중 어떤 색으로 칠할지 정하지 않았다. 어떤 선을 먼저 추가하고 어떤 선을 다음에 추가할지 순서도 정하지 않았다. 마지막으로, 두 부분 중 어떤 부분을 '왼쪽' 부분, 어떤 부분을 '오른쪽' 부분으로 부를지도 정하지 않았다. 이는 색칠이 다양한 방법으로 완성될 수 있다는 뜻이다. 그렇지만 상관없다. 완성된 색칠은 문제에서 요구하는 조건을 만족하는 '좋은 색칠'임이 보장된다.

> ⑦ **연습문제 6.1**
>
> 아래와 같이 변형한 문제를 보고 얼마나 잘 이해했는지 시험해 보자.
>
> 문제에서 선이 직선이어야 하는 이유는 무엇인가? 이 풀이를 무너뜨리지 않고 조건을 약간 완화할 수 있는 방법이 있을까?
>
> 이 문제에서는 선이 종이 위에 그어진다고 가정한다. 선이 공의 표면이나 도넛의 표면에 그어진다고 해도 이 풀이가 옳을까?
>
> 평면을 색칠하는 이 알고리즘이 비결정론적이라고 했다. 이 알고리즘으로 만들 수 있는 서로 다른 색칠의 가짓수는 몇 가지일까?

6.3 트리오미노

귀납적 구성의 두 번째 예시로, 6.1절에 제시된 트리오미노 문제를 보자. 문제의 설명을 다시 읽어 보자.

정사각형 모양의 종이가 $2^n \times 2^n$의 격자로 분할되어 있다. n은 자연수이다. 각 칸을 **격자 칸**이라고 부를 것이다. 한 칸은 검은색으로 덮여 있고, 나머지 칸은 덮여 있지 않다. 트리오미노는 격자 칸 세 개로 이루어진 L자 모양이다. 그림 6.2의 왼쪽에는 한 칸이 덮여 있는 8×8 격자가 있다. 오른쪽에는 트리오미노가 있다. 남은 칸들을 여러 개의 트리오미노로 (겹치지 않게) 덮을 수 있음을 보여라. (한 가지 가능한 답이 그림 6.3에 제시되어 있다.)

이 문제에서 문제 개체의 '크기'는 물론 수 n이 될 것이다. n에 대한 귀납법으로 문제를 풀자.

기저는 n이 0일 때일 것이다. 이때 격자판은 크기 $2^0 \times 2^0$, 즉 1×1이 된다. 즉,

칸이 하나라는 것이다. 이 한 칸은 덮여 있을 것이므로, 덮여 있지 않은 칸은 없다. 따라서, 트리오미노 0개를 사용해 기저를 해결할 수 있다. '칸을 덮지 않는 데에는 0개의 트리오미노면 충분하기' 때문이다.

이제 $2^{n+1} \times 2^{n+1}$ 크기의 격자판을 생각하자. 다음과 같은 귀납 가설을 가정하자. 어떤 한 칸을 먼저 덮고 나면, 트리오미노로 $2^n \times 2^n$ 크기의 격자판을 덮을 수 있다. 이 가정을 이용해 한 칸이 덮인 $2^{n+1} \times 2^{n+1}$ 크기의 격자판을 덮어야 한다.

크기 $2^{n+1} \times 2^{n+1}$의 격자판은 크기 $2^n \times 2^n$의 격자판 네 개로 나누어진다. 격자판의 각 변 가운데를 기준으로 가로선과 세로선을 그리면 된다(그림 6.8 참고). 네 개의 격자판을 각각 좌상, 우상, 좌하, 우하 격자판이라 부르자. 격자 칸 하나는 이미 덮여 있다. 이 칸은 나눈 네 개의 격자판 중 하나에 들어 있을 것이다. 이 칸이 좌하 격자판에 있다고 가정해도 좋다. (그렇지 않다면, 격자판을 통째로 회전시켜서 덮인 칸을 왼쪽 아래에 오게 하면 된다.)

즉, 좌하 격자판은 한 칸이 덮인 $2^n \times 2^n$ 격자이다. 귀납 가설에 의해, 좌하 격자판의 남은 칸들은 트리오미노로 채울 수 있다. 이제 우하, 좌상, 우상 격자판을 트리오미노로 채우면 된다.

이 세 격자판 중 어떤 칸도 아직 덮여 있지 않다. 각 격자판이 칸 하나씩만 덮여 있으면 귀납 가설을 쓸 수 있다. 그러려면, 그림 6.8과 같이 세 격자판이 만나는 위치에 트리오미노 하나를 놓으면 된다.

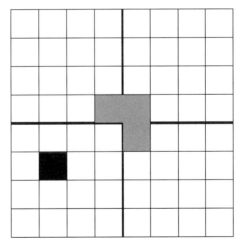

그림 6.8 트리오미노 문제: 귀납 단계. 격자판을 네 개의 작은 격자판으로 나누었다. 작은 격자판 하나에는, 먼저 덮인 칸 하나가 있다. 검은색으로 표시되어 있다. 회색으로 그려진 트리오미노는 다른 세 개의 작은 격자판이 만나는 위치에 놓여 있다. 이제 귀납 가설을 이용해, 네 개의 작은 격자판을 모두 트리오미노로 채울 수 있다.

귀납 가설을 적용해서 좌상, 우상, 우하 격자판의 남은 칸을 트리오미노로 덮을 수 있다. 이제, $2^{n+1} \times 2^{n+1}$ 격자판 전체를 트리오미노로 덮었다.

> ⑦ **연습문제 6.2**
>
> 이 문제를 풀어서 트리오미노 문제의 풀이를 잘 이해했는지 시험해 보자. 비슷한 풀이로 풀 수 있다.
>
> 그림 6.4와 같이 각 변의 길이가 2^n인 정삼각형이 있다. 제일 위에 있는 (크기 1의) 삼각형은 덮여 있다. 나머지 정삼각형들을 (겹치지 않게) 그림 6.4와 같은 바구니 모양의 사다리꼴로 덮을 수 있음을 보여라.

> ⑦ **연습문제 6.3**
>
> 6.1절에 있는 사다리꼴 문제를 풀어라.
>
> 힌트: 삼각형의 개수가 3의 배수임을 이용하라. $n = 1$인 경우를 귀납법의 기저로 두어야 한다.

6.4 패턴 찾기

6.2절과 6.3절에서, '크기'에 대한 문제를 풀 때 귀납법을 어떻게 사용하는지 살펴보았다. 엄밀히 말해, 앞에서 보인 과정은 '수학적 귀납법'이다. 일반적으로 이해되는 '귀납법'은, 좀 더 광범위한 개념이다.

예를 들어 실험 과학에서 사용되는 '귀납법'은, 관찰의 모음에서 일반적인 법칙을 유추하는 추론 과정을 뜻한다. 귀납법의 유명한 예시는 찰스 다윈(Charles Darwin)이 자연에서 동식물의 삶을 관찰하면서 자연 선택에 의한 진화론을 만든 과정이다. 간단히 말해, 귀납법은 패턴을 찾는 일이다.

귀납 과정으로 만들어진 법칙은, 기반으로 두고 있는 지식을 넘어서 본질적으로 새로운 지식을 만들어 낸다. 그러나 실험 과학에서 이러한 법칙은 **아마** 옳은 것일 뿐이다. 법칙은 계속해서 현실 세계에 대해 올바르게 예측하는지 시험 받으며, 시험에 통과하지 못하는 순간 폐기해야 할 수 있다. 반대로, 연역법은 이미 존재하는 법칙에서 새로운 법칙을 유추하는 방법으로, 기반으로 하는 법칙이 참이라면 연역해 낸 법칙은 항상 참이다. 이런 의미에서, 이미 존재하는 법칙으로부터 연역된 법칙은, 이미 존재하는 법칙을 다시 표현한 것일 뿐이기에, 우리의 지식에 어떤 것도 새로 추가하지 않는다.

수학적 귀납법은 귀납과 연역의 조합이다. 이는 관찰의 모음에서 패턴을 찾고, 패턴을 **추측**의 형태로 표현하고, 이 추측이 이미 존재하는 지식으로부터 **연역**될 수 있는지 확인한다. 수학적 귀납법을 간단히 정리하면, 짐작하고 검증하는 것이다. (짐작은 추측을 표현하는 것이고, 검증은 짐작이 옳은지 연역하는 것이다.)

4장에서 공부한 몇 가지의 성냥개비 게임은 수학적 귀납법의 좋은 예시이다. 4.2.2절에서 다룬 게임을 다시 예로 들자. 성냥 한 무더기가 있고, 하나 또는 두 개씩 제거할 수 있다. 이 게임을 더 알아보니, 우리는 $0, 3, 6$개로 이루어진 무더기는 패배 위치이고, $1, 2, 4, 5, 7, 8$개로 이루어진 무더기는 승리 위치라는 것을 알게 되었다. 이러한 수에서 패턴이 보인다. 성냥의 개수가 3의 배수일 때는 패배 위치이고, 그렇지 않을 때는 승리 위치이다. 이는 9개의 위치만을 관찰하고 모든 위치에 대한 추측을 한 것이다. 그러나 우리는 수학적 귀납법을 이용해 이기는 전략을 구성함으로써, 이 추측이 옳은지 검증할 수 있다.

귀납법을 사용하기 위해, 성냥 무더기의 '크기'를 성냥의 개수로 정의하지 않고, 성냥의 개수를 3으로 나눈 몫으로 정의하자. 따라서 성냥 $0, 1, 2$개로 이루어진 무더기의 '크기'는 0이고, 성냥 $3, 4, 5$개로 이루어진 무더기의 '크기'는 1이 되는 식으로 가는 것이다. 귀납 가설은, $3n$개로 이루어진 무더기는 패배 위치, $3n + 1$개나 $3n + 2$개로 이루어진 무더기는 승리 위치가 된다는 것이다.

귀납의 기저는 n이 0일 때이다. 성냥 0개로 이루어진 무더기는, 게임의 정의가 '더 이상 이동할 수 없을 때 패배하는 것'이므로 패배 위치이다. 그리고 성냥 1개나 2개로 이루어진 무더기는 승리 위치이다. 성냥을 모두 가져가서 상대가 패배 위치에 놓이게 할 수 있기 때문이다.

이제, 귀납 단계에서, 성냥 $3n$개로 이루어진 무더기가 패배 위치이고, 성냥 $3n + 1$개나 $3n + 2$개로 이루어진 무더기가 승리 위치라고 가정할 수 있다. 우리는 성냥 $3(n + 1)$개로 이루어진 무더기가 패배 위치이고, 성냥 $3(n + 1) + 1$개나 성냥 $3(n + 1) + 2$개로 이루어진 무더기가 승리 위치임을 보여야 한다.

성냥이 $3(n + 1)$개 있다고 하자. 지금이 차례인 플레이어는 1개나 2개의 성냥을 제거해서, $3(n + 1) - 1$개나 $3(n + 1) - 2$개의 성냥을 남겨야 한다. 이 말은, $3n + 2$개나 $3n + 1$개의 성냥이 남은 상태에서 상대가 시작한다는 의미이다. 그러나 귀납 가설에 의해, 상대는 승리 위치에서 시작하게 된다. 따라서 성냥 $3(n+1)$개가 있는 위치는 패배 위치이다.

이제, 성냥이 $3(n+1)+1$개나 $3(n+1)+2$개 있다고 가정하자. 전자의 경우에는 성냥 1개, 후자의 경우에는 성냥 2개를 가져가면, 상대가 성냥이 $3(n+1)$개 남아 있는 상태에서 시작하게 할 수 있다. 이 상태는 지는 상태라는 것을 이제 알고 있다. 따라서 성냥이 $3(n+1)+1$개나 $3(n+1)+2$개 있는 상태는 승리 위치이다.

이로써 이기는 수를 귀납적으로 구성해 보았고, 성냥 개수가 3의 배수일 때 (그리고 그럴 때에만) 패배 위치가 됨을 보였다.

6.5 증명의 필요성

귀납법을 사용할 때에는 추측을 항상 올바르게 증명해야 한다. 적은 수의 사례만을 가지고 **잘못된** 일반적인 법칙을 추론해 내기는 무척 쉽다. 많은 추측은 거짓으로 밝혀진다. 그러나 이 거짓은 확실하고 엄격한 증명의 잣대 아래에 두었을 때만 드러난다. 이 절에서는 거짓 명제의 자명하지 않은 예시를 다룬다.

원형 케이크의 둘레에 n개의 점이 표시되어 있다. 이 점들을 잇는 현을 따라 케이크를 자른다. 가능한 한 모든 현의 교점이 서로 다른 점이 되도록 점을 선택할 것이다. 이때, 케이크는 몇 조각으로 나뉠까?

그림 6.9는 n이 $1, 2, 3, 4$인 경우를 보인다. 조각의 개수는 차례로 $1, 2, 4, 8$개이다. 이에 따라, 임의의 n에 대해 조각의 개수가 2^{n-1}일 것이라고 생각할 수 있다. 이 추측은 $n = 5$일 경우에도 성립한다. (이때의 그림은 직접 그려 보라.) 이때, 조각은 총 16개, 즉 2^{5-1}개이다. 그러나 $n = 6$일 때, 조각의 개수는 31개이다! (그림 6.10을 보아라.) $n = 6$인 경우가, 둘레 위에 점을 일정한 간격으로 둘 수 없게 되는 가장 작은 경우임에 주목하라.

그림 6.9 케이크 자르기

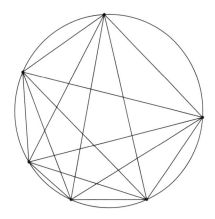

그림 6.10 케이크 자르기: $n = 6$인 경우. 조각의 개수는 2^{6-1}개(32개)가 아닌 31개이다.

$n = 0$인 경우부터 시작했다면, 진작 의심했을 수 있었다. 적힌 대로 케이크를 자르는 것은 말이 되는데, 2^{0-1}개의 조각으로 나뉘는 것은 말이 안 된다. 이와 같은 경우를 무시하고, n이 0이 아니라고 멋대로 가정하면, 잘못된 방향으로 풀게 된다. 조각의 개수를 세는 올바른 공식은 여기서 유도하기 너무 복잡하지만, n이 0인 경우를 포함한다!

6.6 검증에서 구성까지

수학적인 텍스트에서, 귀납법은 알려진 공식을 **검증**하는 데 쓰이곤 한다. 검증은 중요하지만, 중대한 문제점이 있다. 검증할 공식을 찾아내는 데 상당한 예지력이 필요하다는 것이다. 그리고 추측이 틀릴 경우, 검증은 올바른 공식을 찾아내는 데 도움을 주지 못한다.

　귀납법은 컴퓨터 과학에서 검증 방법으로 사용되곤 하지만, 컴퓨터 프로그램을 **구성**하는 근본적인 원칙이기도 하다. 이 절은 수학 공식을 구성하기 위해 귀납법을 사용하는 방법을 소개한다.

　여기서 살펴볼 문제는, 첫 n개의 자연수[3]의 k제곱의 합을 구하는 닫힌 공식을 결정하는 방법이다.

　1에서 n까지의 자연수의 합을 구하는 공식은 잘 알려져 있다.

$$1 + 2 + \ldots + n = \frac{1}{2}n(n + 1)$$

3　(옮긴이) 앞서 자연수는 0에서부터 시작한다고 말했지만, 여기서 말하는 첫 n개의 자연수는 $1, 2, \ldots, n$을 의미한다.

그리고 수학 책에서는 다음 두 가지를 증명하는 연습문제가 제시되고는 한다.

$$1^2 + 2^2 + ... + n^2 = \frac{1}{6}n(n+1)(2n+1)$$
$$1^3 + 2^3 + ... + n^3 = \frac{1}{4}n^2(n+1)^2$$

이 문제들은 수학적 귀납법의 강력함을 알려 주는 좋은 예시지만, 검증에 태생적 한계가 있음을 보여 준다. 정답이 알려져 있으면 이 기법은 잘 작동하지만, 정답이 아직 알려져 있지 않으면 어떤 일이 벌어질까? 예를 들어, 첫 n개의 자연수의 네제 곱의 합을 구하는 공식을 찾으라는 문제를 받았다고 하자.

$$1^4 + 2^4 + ... + n^4 = ?$$

이럴 땐 어떻게 해야 할까? 등식의 우변을 모르는 상태에서는 수학적 귀납법을 이 용할 수 없어 보인다. 우변이 어떻게 될지 예측할 수 있겠는가? 등식의 네제곱이, 이를테면 27제곱으로 바뀐다면 어떻게 될까? 알 방법이 없다!

자명하지 않은 풀이를 구성하려면 창의적인 과정이 필요하다. 즉, 어느 정도의 추측은 필요하며, 시행착오를 완전히 없앨 수는 없다는 뜻이다. 다만 추측을 최소 한으로 줄이고, 수학적 계산으로 해결하려 노력하는 것은 중요하다.

이와 같은 합을 나타내는 공식을 구성하는 데 귀납법을 사용할 수 있다. 패턴을 찾고, 수학적 용어로 표현한 뒤, 검증하는 것이 일반적인 과정이다. 간결해야 성공 할 수 있다. 욕심부리지 마라. 수학 계산에 일을 맡겨라.

위 공식들에서 찾을 수 있는 가장 간단한 패턴은, m이 1, 2, 3일 때에, 첫 n개의 자연수를 m제곱한 값들의 합은 n에 대한 $m+1$차 다항식이라는 것이다. (첫 n개 자연수의 합은 n에 대한 2차 다항식, 첫 n개 자연수의 제곱의 합은 n에 대한 3차 다항식, 첫 n개 자연수의 세제곱의 합은 n에 대한 4차 다항식이다.) 이 패턴은 m이 0인 (자주 간과하는) 경우에도 성립한다.

$$1^0 + 2^0 + ... + n^0 = n$$

예를 들어, 네제곱의 합에 대한 공식을 결정하는 전략은, 이것이 n에 대한 5차 다 항식이라고 추측한 다음 계수를 구하기 위해 귀납법을 사용하는 것이다. 계산이 꽤 길기 때문에, $1 + 2 + ... + n$의 공식을 구성하는 방법을 예로 들어 과정을 보여 주 겠다. (몇몇 독자들은 공식을 유도하는 더 간단한 방법을 알고 있겠지만, 조금만 참고 읽어 주길 바란다. 이 방법은 더 일반적이다.)

우리는 공식이 n에 대한 2차 다항식이라 추측한다. 이를 $a + bn + cn^2$으로 두고, 계수 a, b, c를 구한다. 다음과 같이 계산할 수 있다.

간략하게 쓰기 위해,

$$1 + 2 + \ldots + n$$

을 $S(n)$이라 하자. 또,

$$S(n) = a + bn + cn^2$$

를 $P(n)$이라 하자. 그러면,

$\quad P(0)$
$=\quad \{\ P\text{의 정의}\ \}$
$\quad S(0) = a + b \times 0 + c \times 0^2$
$=\quad \{\ S(0) = 0\,(\text{공집합에 있는 수의 합은 } 0), \text{그리고 약간의 계산}\ \}$
$\quad 0 = a$

귀납의 기저를 이용해 n^0의 계수인 a가 0이라고 연역할 수 있게 되었다. 이제 b와 c를 계산해 보자. 이를 위해, 귀납 가설인 $0 \leq n$과 $P(n)$은 참이라고 가정하자. 이때,

$\quad P(n+1)$
$=\quad \{\ P\text{의 정의}, a = 0\ \}$
$\quad S(n+1) = b(n+1) + c(n+1)^2$
$=\quad \{\ S\text{에 대한 귀납 가설인 } S(n+1) = S(n) + n + 1 \text{ 사용}\ \}$
$\quad S(n) + n + 1 = b(n+1) + c(n+1)^2$
$=\quad \{\ \text{가정}: P(n).\ \text{그리고}, a = 0.\ \text{즉}, S(n) = bn + cn^2\ \}$
$\quad bn + cn^2 + n + 1 = b(n+1) + c(n+1)^2$
$=\quad \{\ \text{계산}\ \}$
$\quad cn^2 + (b+1)n + 1 = cn^2 + (b+2c)n + b + c$
$\Leftarrow\quad \{\ n\text{의 거듭제곱의 계수 비교}\ \}$
$\quad c = c\ \wedge\ b + 1 = b + 2c\ \wedge\ 1 = b + c$

$$= \quad \{ \ \text{계산} \ \}$$
$$\frac{1}{2} = c \ \wedge \ \frac{1}{2} = b$$

첫 n개의 자연수의 합이 n에 대한 다항식이라는 가설에서 시작해서

$$1 + 2 + ... + n = \frac{1}{2}n + \frac{1}{2}n^2$$

임을 계산해 냈다. 이 계산으로부터, 임의의 m에 대해 $1^m + 2^m + ... + n^m$을 다항 함수로 표현하는 알고리즘을 추론할 수 있다. 알고리즘은 다음과 같은 단계로 이루어진다. 먼저 합이 n에 대한 $m + 1$차 다항식이라고 가정하자. $S(0) = 0$이고, $S(n + 1) = S(n) + (n + 1)^m$임($S(n)$을 $1^m + 2^m + ... + n^m$으로 둘 때)과 수학적 귀납 법을 함께 이용해 계수에 대한 연립 방정식을 세운다. 마지막으로, 연립 방정식을 푼다.

$$1 + 2 + ... + n$$

의 경우에는, 올바른 공식을 더 빠르게 유도하는 방법이 있다. 먼저 합을

$$1 + 2 + ... + n$$

라고 쓰고, 바로 밑에

$$n + n - 1 + ... + 1$$

라고 쓰고, 두 열을 합치는 것이다.

$$n + 1 + n + 1 + ... + n + 1$$

$n + 1$이 n번 나타나므로, 합은 $\frac{1}{2}n(n + 1)$이다. 하지만, 이 방법은 1 초과인 m에 대해 $1^m + 2^m + ... + n^m$을 구할 때는 사용할 수 없다.

---

⑦ **연습문제 6.4**

앞에서 보인 방법을 이용해 다음 식들에 대한 공식을 구성하라.

$$1^0 + 2^0 + ... + n^0$$
$$1^2 + 2^2 + ... + n^2$$

성냥 한 무더기에서, 한 번에 m개에서 n개까지의 성냥을 가져갈 수 있는 성냥개비 게임을 생각해 보자. 몇 가지 간단한 예시를 고려해서(예를 들어, $m = 1$이고 n은 임의의 수, 또는 $m = 2$이고 $n = 3$ 등), 어느 쪽이 승리 위치이고 어느 쪽이 패배 위치인지 일반적인 규칙과 이기는 전략을 구성해 보아라.

완전한 풀이를 무작정 추측하는 것은 지양하라. 승리 위치와 패배 위치가 묶이는 간단한 패턴을 찾아라. 어떻게 묶이는지 표현하기 위해 적절한 변수를 만들고, 그 변수들의 값을 계산하라.

6.7 정리

귀납법은 문제 해결에서 가장 중요한 원칙 중 하나이다. 수학적 귀납법의 원칙은, 임의의 '크기'를 가진 문제 개체가 있을 때, 이 문제가

(a) '크기' 0의 문제 개체를 풀 수 있다.

(b) 임의의 n에 대해, '크기' n의 문제를 푸는 방법이 주어졌을 때, 이를 이용해 '크기' $n + 1$의 문제를 풀 수 있다.

를 만족한다면 이 문제는 모든 '크기'에 대해 풀 수 있다. 귀납법을 사용하는 것은 패턴을 찾는 일이다. 패턴을 찾으려면 창의적인 추측이 필요하다. 그리고 이는 다시 엄밀하게 수학적으로 연역될 수 있어야 한다. 귀납법을 성공적으로 적용하기 위해서는, 추측을 최소로 줄이고, 최대한 간결하게 생각하고, 복잡한 세부사항에 맞추기 위해 수학적 계산을 하는 것이다.

6.8 참고 자료

이 장의 모든 문제는 매우 잘 알려진 문제들이기에, 따로 원본을 찾아본 적이 없다. 사다리꼴 문제는 익명의 검토자가 제안했다.

트리오미노와 사다리꼴 문제는 타일 붙이기 문제라고 부르는 문제의 일종이다. 일반적으로 이러한 문제들은 주어진 영역을 주어진 모양의 타일로 채울 수 있는가를 묻는다. 몇몇 타일 붙이기 문제에는 애드 혹(ad hoc) 풀이가 있다. 이러한 문제는 문제 집합으로 일반화할 수 없다. 일반화 가능하고, 해결 가능할 때, 우리는 타

일 붙이기를 수행하는 알고리즘을 찾는다. 타일 붙이기 문제는 풀기 매우 어려우며, 올바른 일반화가 문제 해결에 매우 중요한 역할을 하는 경우가 많다.

7장

가짜 동전 찾기

이 장은 귀납법의 더 복잡한 응용을 다루는 두 개의 장 중 하나이다. 6.6절에서 배운 교훈은 '추측하지 말고, 계산하라.'로 정리됐다. 이 장에서는 이 교훈을 실전에 옮겨 보자.

동일한 크기와 모양의 동전 몇 개를 가지고 있다고 하자. 이 동전 중 하나는 '가짜' 동전이고, 나머지는 '진짜' 동전이다. 모든 '진짜' 동전은 무게가 같고, '가짜' 동전은 '진짜' 동전과 무게가 다르다.

> 양팔 저울을 최적으로 사용해서 가짜 동전을 찾아라.

여기서 '최적'이라는 단어의 의미가 불분명한데, 지금은 일부러 양팔 저울을 '최적'으로 사용한다는 말의 의미를 설명하지 않으려 한다. 문제를 명확하게 이해하는 것이 문제를 푸는 핵심 요소인 경우가 많다. 이 장에서는 우리의 방식으로 문제를 표현하고 해결해 나가는 과정을 통해 '진짜' 문제 해결의 여러 관점들을 살펴볼 것이다. 풀이를 '백트래킹'하며 찾고, 개선해 가는 단계를 거칠 것이다.

7.1 문제

양팔 저울에 두 물체를 올려 무게를 비교할 수 있다. 이를 앞으로 '비교' 연산이라 부르자. 비교 연산의 결과로 저울이 왼쪽으로 기울거나, 오른쪽으로 기울거나, 또는 어느 쪽으로도 기울지 않고 균형을 이룰 수 있다. 즉, 서로 다른 3가지 결과가 나올 수 있는 것이다. 따라서 n번의 '비교'를 하면 서로 다른 3^n가지의 결과가 나올 수 있다. 이 사실은 저울을 이용해 할 수 있는 일의 '상한'을 제시한다.

m개의 동전이 주어진다. 이 중 최대 1개는 가짜 동전이고 나머지는 모두 진짜 동전이다. 이때 저울을 통해 관찰할 수 있는 서로 다른 가짓수는 총 $1 + 2m$가지이다. '1'가지 경우는 모든 동전이 진짜 동전인 경우이다. 그렇지 않고 'm'개의 동전 중 하나가 가짜인 경우의 수는 각각 '2'가지씩 있다(진짜 동전보다 가볍거나, 또는 무겁거나). 정수 m을, 가짜 동전(최대 하나 존재하는)을 n번의 비교를 통해 찾을 수 있는 전체 동전의 개수의 최댓값으로 정의하자. 그러면, $1 + 2m = 3^n$이 성립해야 한다. 즉, 동전의 개수 m이 $(3^n - 1)/2$를 초과하면, n번의 비교만으로 가짜 동전을 반드시 찾을 수는 없다.

⚠️ 여기서 경우의 수를 세는 논법은 12.4.1절, 12.4.2절에서 다루는 집합론을 응용한 것이다. 일반적으로, 비교는 함수이며, 정의역은 두 동전, 공역은 원소가 3개인 집합 $\{left, balance, right\}$이다.

두 동전 $\rightarrow \{left, balance, right\}$

또, 결과적으로 모든 동전이 진짜 동전일 수 있고(allGenuine), 어떤 동전이 가볍거나(left) 무거울(right) 수 있다. 따라서, 관찰할 수 있는 결과의 집합은 다음과 같이 표현할 수 있다.

$\{allGenuine\} + \{left, right\} \times coin$

(이름이 직관적이므로 변수에 대한 설명은 생략한다.) 12.4.1절과 12.4.2절에서 이와 같은 집합의 원소를 세는 법을 설명한다.

문제를 엄밀하게 서술할 수 있는 지점에 거의 도달했다. 우리는 다음과 같은 가설을 세웠다. 총 $(3^n - 1)/2$개의 동전이 있고, 이들 중 최대 하나가 가짜 동전일 때, n번의 비교를 통해 모두가 진짜 동전이라는 것을 밝히거나 가짜 동전을 (그리고 이 동전이 진짜보다 무거운지 가벼운지도) 알아낼 수 있다.

n이 0일 때 가설은 명백히 참이다. 동전이 없으므로, 물론 모든 동전은 진짜이다. n이 1일 때는, 문제가 하나 생긴다. 가정에 따르면 동전은 한 개($(3^1 - 1)/2 = 1$)인데, 이 동전의 무게를 비교할 다른 동전이 없으니 이 동전이 진짜인지 가짜인지 어떻게 알 수 있단 말인가? 가설은 무너졌고 수정이 필요하다.

진짜임을 알고 있는 하나의 동전이 **추가로** 주어진다는 가정을 추가해 보자. 즉, 하나가 가짜라는 사실 외에는 아무것도 모르는 $(3^n - 1)/2$개의 동전과 진짜임을 알고 있는 최소 한 개의 동전을 가지고 있다. n번의 비교를 통해, 모두가 진짜 동전임을 밝히거나 가짜 동전을 알아내는 알고리즘을 설계하는 것이다.

7.2 풀이

이와 같이 문제를 서술한 이상, 비교 횟수 n에 대한 귀납법을 사용해야 할 것이다.

7.2.1 기저 단계

$n = 0$일 때, $(3^0 - 1)/2 = 0$개의 동전이 모두 진짜임은, 비교를 하지 않고도 (0번의 비교로) 자명하게 알아낼 수 있다. 따라서, $n = 0$인 기저 단계는 참이다.

7.2.2 귀납 단계

이제 귀납 단계로 들어가 보자. n이 0 이상이라고 하자. 편의상 $c(n) = (3^n - 1)/2$라고 두자. 귀납법에 의해, n번의 비교를 통해 $c(n)$개의 동전 중 가짜 동전(존재한다면)을 찾을 수 있다고 가정할 수 있다. 이제 $n + 1$번의 비교를 통해 $c(n + 1)$개의 동전 중 가짜 동전(존재한다면)을 찾는 방법을 보여야 한다.

첫 번째 비교를 생각해 보자. 비교는 저울의 왼쪽에 동전 몇 개를, 오른쪽에 몇 개를 올리고 나머지를 책상에 남겨 두는 일이 될 것이다. 비교를 해서 어떤 결론을 이끌어 내기 위해서는, 저울의 양쪽에 있는 동전의 개수가 같아야 할 것이다. 가능한 결과 중 하나로, 만약 저울의 균형이 맞는다면, 저울의 양쪽에 올린 동전들은 모두 진짜 동전임을 알 수 있다. 이제, 알고리즘은 책상에 남아 있는 동전 가운데 가짜 동전을 찾는 과정으로 넘어갈 것이다.

귀납 가정에 따라, 책상에 남아 있는 동전은 $c(n)$개여야 한다. $c(n)$은 n번의 비교를 통해 가짜 동전을 찾아낼 수 있는 동전의 최대 개수이기 때문이다.

이제 저울에 얼마나 많은 동전을 올려야 하는지도 알 수 있다. $c(n + 1)$과 $c(n)$의 차이만큼이다. 이제,

$$c(n + 1) = (3^{n+1} - 1)/2 = 3 \times ((3^n - 1)/2) + 1 = 3 \times c(n) + 1$$

이고, 따라서

$$c(n + 1) - c(n) = 2 \times c(n) + 1 = 3^n$$

이다. 이 수는 홀수이지만, 앞서 가정에 포함한 '추가로 하나 주어지는 진짜임을 알고 있는 동전'을 이용하면 짝수로 만들 수 있다. 이제 첫 번째 비교에서 저울의 양팔에 $c(n) + 1$개씩의 동전을 올려야 한다는 결론을 내릴 수 있게 되었다.

다음으로, 첫 번째 비교 이후에 무엇을 할지 정해야 한다. 비교로 알 수 있는 세 가지 결과 중 하나는 이미 논의했다. 저울의 균형이 맞으면, 가짜 동전은 테이블에 놓인 $c(n)$개의 동전 중에서 찾으면 된다. 저울이 왼쪽이나 오른쪽으로 기울면 어떻게 해야 할지가 문제이다.

이 시점에서는 귀납 가정이 별 도움이 되지 않는다는 사실을 깨달을 수 있다. 가정이 너무 약하다! 저울이 한쪽으로 기울면, 우리는 책상에 놓인 동전은 모두 진짜 동전임을 알 수 있고, 고려 대상에서 제외할 수 있다. 하지만 진짜인지 여부를 알지 못하는 3^n개의 동전이 있다. 그리고 3^n은 $c(n)$보다 크기에, 여기에는 귀납 가정을 적용할 수 없다!

이 비교를 통해 저울에 올린 동전에 대해 한 가지 사실은 알 수 있다. 저울이 한쪽으로 기울었을 때, 기운 쪽의 동전들은 진짜 동전보다 **무거울 수 있다**는 사실과, 반대쪽의 동전은 진짜 동전보다 **가벼울 수 있다**는 사실을 알 수 있다. '무거울 수 있다'는 말은, 진짜 동전이거나 더 무거운 가짜 동전이라는 뜻이다. '가벼울 수 있다'는 말은, 진짜 동전이거나 더 가벼운 가짜 동전이라는 뜻이다. 비교 이후, 저울에 올린 모든 동전에 둘 중 한 가지 표시를 할 수 있다.

7.2.3 표시되어 있는 동전 문제

저울의 균형이 맞지 않는 경우에서, 우리가 풀기 시작한 이 문제는 다른 문제로 환원되었다. 새로운 문제는 다음과 같다. 동전 몇 개가 있다. 각 동전에는 '가벼울 수 있다' 또는 '무거울 수 있다' 중 한 가지 표시가 되어 있다. '가벼울 수 있다'고 적힌 동전은 진짜 동전 이하의 무게를 가지고 있고, '무거울 수 있다'고 적힌 동전은 진짜 동전 이상의 무게를 가지고 있다. 정확히 한 개의 동전은 가짜이고, 나머지는 모두 진짜이다. 최대 n번의 비교를 하여, 표시된 동전 3^{n+1}개 가운데 가짜 동전을 찾아내라.

이 경우에도, 기저 단계는 쉽게 해결된다. n이 0이면, 동전은 하나이고, 그 동전은 가짜이다. 이를 알아내는 데 비교는 0(n과 같다!)번 필요하다.

귀납 단계를 해결하기 위해, 우리는 앞선 문제와 같은 방법으로 진행한다. 표시되어 있는 동전 3^{n+1}개가 주어졌다고 하자. 첫 번째 비교에서 동전 몇 개는 저울의 왼쪽에, 동전 몇 개는 저울의 오른쪽에 올리고, 몇 개는 테이블에 두어야 한다. 저울의 균형이 맞을 때 귀납 가정을 사용할 수 있게 하려면, 3^n개는 저울의 왼쪽에, 3^n개는 저울의 오른쪽에 올리고, 3^n개는 테이블에 두어야 한다.

동전들은 두 가지로 표시되어 있다. 따라서 표시에 따라 어떻게 동전을 놓을지 정해야 한다.

가벼울 수 있는 동전 중 $l1$개를 저울의 왼쪽에, $l2$개를 저울의 오른쪽에 올렸다고 하자. 비슷하게, 무거울 수 있는 동전 중 $h1$개를 저울의 왼쪽에, $h2$개를 저울의 오른쪽에 올렸다고 하자.

비교에서 무슨 결론이든 이끌어 내기 위해서는 저울의 왼쪽과 오른쪽에 동일한 개수의 동전을 두어야 한다. 즉, $l1 + h1$과 $l2 + h2$는 같아야 한다. 게다가, 아까 보였듯이, 각각 3^n이 되어야 한다.

만약 비교 결과 저울이 왼쪽으로 기운다면, 왼쪽의 동전들은 무거울 수 있는 동전들이고, 오른쪽의 동전들은 가벼울 수 있는 동전들이다. 동전에 원래 되어 있던 표시와 함께 생각하자. '무거울 수 있는 동전'이면서 '가벼울 수 있는 동전'은 진짜 동전이기 때문에, 저울 왼쪽의 가벼울 수 있는 동전 $l1$개와 저울 오른쪽의 무거울 수 있는 동전 $h2$개는 사실 진짜 동전이다. 따라서 이후에는 $h1 + l2$개의 동전만 조사해 보면 된다. 저울이 오른쪽으로 기운다면, 저울 왼쪽의 무거울 수 있는 동전 $h1$개와 저울 오른쪽의 가벼울 수 있는 동전 $l2$개는 진짜 동전이고, 조사할 동전은 $l1 + h2$개가 남게 된다.

귀납 가정을 적용하기 위해서는, 비교 결과와 상관없이 남은 동전의 개수를 3^n개로 맞춰야 한다. 즉 $h1 + l2 = l1 + h2 = 3^n$이어야 한다. 앞서 보인 $l1 + h1 = l2 + h2$와 결합하면, $l1 = l2$, $h1 = h2$여야 한다는 사실을 추론할 수 있다. 저울의 양쪽이 각 종류의 동전을 같은 개수만큼 가지고 있도록 맞추어 주어야 한다.

이 조건은 충족할 수 있다. 테이블에서 같은 표시가 되어 있는 동전을 두 개씩 선택해서, 저울의 양쪽에 하나씩 놓는 작업을 3^n번 반복하면 된다. 테이블에서 두 개의 동전을 선택하지 못하게 될 일은 없다. 왜냐하면 테이블에는 항상 동전이 3개 이상 있고, 이들 중 2개는 같은 표시가 되어 있을 것이기 때문이다.

7.2.4 완성된 풀이

표시된 동전 문제에 대한 풀이를 완성하여 가짜 동전 찾기 문제의 풀이를 찾았다. 그림 7.1은 동전이 $13 = (3^3 - 1)/2$개 있을 때의 알고리즘을 정리한 그림이다. 이 장의 나머지 부분에서는 이 알고리즘을 글로 정리했다.

3^{n+1}개의 **표시된** 동전이 있을 때, 가짜 동전을 찾기 위해 저울의 양쪽에 각각 3^n개의 동전을 올린다. 저울의 양쪽에는 가벼울 수 있는 동전이 같은 개수만큼 있다. 비교 결과에 따라, 다음 중 하나를 실행한다.

• 저울의 균형이 맞으면, 저울에 올린 모든 동전은 진짜 동전이다. 테이블에 남은 동전을 가지고 과정을 계속 진행한다.
• 저울이 왼쪽으로 기울면, 테이블에 남은 동전들, 저울의 왼쪽에 올린 가벼울 수 있는 동전들, 저울의 오른쪽에 올린 무거울 수 있는 동전들은 진짜 동전이다. 저울의 왼쪽에 있는 무거울 수 있는 동전들과 저울의 오른쪽에 올린 가벼울 수

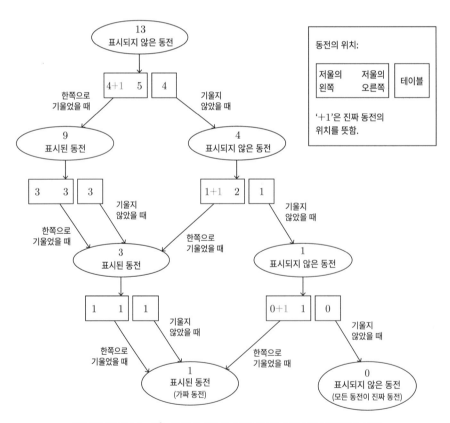

그림 7.1 동전이 $13 = (3^3 - 1) / 2$개 있을 때, 3번의 비교로 가짜 동전 문제를 푸는 방법

있는 동전을 가지고 과정을 계속 진행한다.

- 저울이 오른쪽으로 기울면, 테이블에 남은 동전들, 저울의 왼쪽에 올린 무거울 수 있는 동전들, 저울의 오른쪽에 올린 가벼울 수 있는 동전들은 진짜 동전이다. 저울의 왼쪽에 올린 가벼울 수 있는 동전들과 저울의 오른쪽에 올린 무거울 수 있는 동전을 가지고 과정을 계속 진행한다.

표시되지 않은 동전 문제(우리가 풀던 '가짜 동전 찾기 문제')를 푸는 알고리즘은 다음과 같다.

동전을 $(3^n - 1)/2$개, $(3^n - 1)/2 + 1$개, $(3^n - 1)/2$개짜리 세 묶음으로 나눈다. 첫 묶음의 동전들을, 문제에서 **추가로** 주어진 진짜 동전과 함께 저울의 왼쪽에 올린다. 두 번째 묶음의 동전들을 저울의 오른쪽에 올리고, 세 번째 묶음의 동전들은 테이블에 남겨 둔다. 비교 결과에 따라, 다음과 같이 진행한다.

- 저울의 균형이 맞으면, 저울에 올린 모든 동전은 진짜 동전이다. 테이블에 남은 동전을 이용해서 계속 (귀납적으로) 진행한다.
- 저울이 왼쪽으로 기울면, 테이블에 남은 동전들은 진짜 동전이다. 주어진 진짜 동전을 제외하고, 저울의 왼쪽에 올린 동전들에 '무거울 수 있다'는 표시를 한다. 저울의 오른쪽에 올린 동전들에 '가벼울 수 있다'는 표시를 한다. 저울에 있는 3^n개의 동전에 대해 표시된 동전 문제의 풀이를 적용한다.
- 저울이 오른쪽으로 기울면, 테이블에 남은 동전들은 진짜 동전이다. 주어진 진짜 동전을 제외하고, 저울의 왼쪽에 올린 동전들에 '가벼울 수 있다'는 표시를 한다. 저울의 오른쪽에 올린 동전들에 '무거울 수 있다'는 표시를 한다. 저울에 있는 3^n개의 동전에 대해 표시된 동전 문제의 풀이를 적용한다.

이 알고리즘이 어떻게 만들어졌는지 복습해 보자. 알고리즘을 만들 때는 가설을 몇 가지 세우는 것이 필수적이지만, 알고리즘의 설명에는 **추측**이 들어 있지 않다. 오히려 반대이다. 각 가설은 주어진 정보만을 이용해 **계산**되었다. 이는 효과적인 추론의 묘미를 보여 주는 대표적인 문제이다.

---

⑦ **연습문제 7.1**

가짜 동전 찾기 문제의 풀이는 동전의 개수가 어떤 n에 대해 정확히 $(3^n - 1)/2$개라고 가정한다. (a), (b)에서는 이 가정을 없애고 동전의 개수가 임의의 정수일 때에 문제를 풀고, (c)에서는 진짜임을 알고 있는 동전이 주어진다는 가정을 없앤다.

 이 문제는 '부등식'에 대한 몇 가지 추론이 필요하다. 이때의 계산 규칙에 대해서는 15.1절을 참조하라.

(a) 최대 하나가 가짜인 m개의 동전이 주어진다. 진짜임을 알고 있는 동전이 추가로 하나 주어진다고 가정하자. 가짜 동전(있다면)을 찾고, 이것이 진짜 동전보다 가벼운지 무거운지를, 최대 n번의 비교를 통해 확인하는 알고리즘을 구성하라. 이때 n은 $m \leq (3^n - 1)/2$을 만족하는 가장 작은 정수이다. 알고리즘은 이 문제에 (b)의 결론을 이용할 수 있다.

다음과 같은 귀납 가정을 이용하라.

- 진짜임을 알고 있는 동전 하나
- 정수 n
- 최대 하나가 가짜인 m개의 동전 ($0 \leq m \leq (3^n - 1)/2$)

위 가정이 주어졌을 때, 최대 n번의 비교를 이용해 가짜 동전(있다면)을 찾을 수 있다.

(b) 정확히 하나가 가짜인 m개의 동전이 있다고 하자. 모든 동전은 '무거울 수 있음' 또는 '가벼울 수 있음'으로 표시되어 있다. '무거울 수 있는' 동전은, 진짜 동전이거나 진짜보다 무거운 가짜 동전이다. '가벼울 수 있는' 동전은, 진짜 동전이거나 진짜보다 가벼운 가짜 동전이다. 진짜임을 알고 있는 하나의 동전이 추가로 주어진다고 가정하자. 가짜 동전을 찾고, 이것이 진짜 동전보다 가벼운지 무거운지, 최대 n번의 비교를 통해 확인하는 알고리즘을 구성하라. 이때 n은 $m \leq 3^n$을 만족하는 가장 작은 정수이다.

다음과 같은 귀납 가정을 이용하라.

- 진짜임을 알고 있는 동전 하나
- 정수 n
- 정확히 하나가 가짜인 m개의 동전($1 \leq m \leq 3^n$). 각 동전은 '무거울 수 있음' 또는 '가벼울 수 있음'으로 표시되어 있다.

위 가정이 주어졌을 때, 최대 n번의 비교를 통해 가짜 동전을 찾고, 이것이 진짜 동전보다 가벼운지 무거운지 확인할 수 있다. n에 대한 귀납법을 이용해 알고리즘을 설계하라.

(c) 최대 하나가 가짜인 동전이 3개 이상 주어졌을 때, 진짜 동전을 하나 찾는 데는 1번의 비교로 충분하다. (한 가지 방법은, 저울의 양쪽에 동전을 하나씩 올리는 것이다. 저울의 균형이 맞으면 저울의 양쪽에 있는 동전이 진짜이고, 그렇지 않으면, 저울에 올리지 않은 동전이 진짜이다.) 이는 진짜임을 알고 있는 동전 하나가 주어진다는 가정을 제거할 수 있는 가능성을 제안한다. 실제로 동전의 개수가 정확히 $(3^n - 1)/2$개인 경우를 제외하고는 추가적인 비교 없이 이를 해낼 수 있음을 증명하라.

다음과 같은 귀납 가정을 이용하라.

- 2 이상의 정수 n
- 최대 하나가 가짜인 m개의 동전($3 \le m < (3^n - 1)/2$)

위 가정이 주어졌을 때, 최대 n번의 비교를 통해 가짜 동전(있다면)을 찾고, 이것이 진짜 동전보다 가벼운지 무거운지 확인할 수 있다. n에 대한 귀납법을 이용해 알고리즘을 구성하라. 기저 단계는 $n = 2$일 때이다.

(c)의 풀이를 동전이 12개인 경우에 적용하라. 즉, 최대 하나가 가짜인 동전이 12개 주어졌다고 하자. 최대 3번의 비교를 이용해 가짜 동전(있다면)을 찾고, 이것이 진짜 동전보다 가벼운지 무거운지 확인하는 방법을 보여라.

⑦ 연습문제 7.2

몇 개의 물건이 주어진다. **특이한** 물건이라고 불리는 하나를 제외하고, 모든 물건의 무게는 같다. 모든 물체는 무게를 재는 것 말고 다른 방법으로는 구분할 수 없다. 이때 특이한 물건이 무엇인지 확인해야 한다. 이를 위해, 양팔 저울이 주어진다.

m에 대한 귀납법을 이용하여, 물건의 개수가 3^m개일 때, 최대 $2 \times m$번의 비교를 통해 특이한 물건을 찾을 수 있음을 보여라. (힌트: 귀납 단계에서, 3^{m+1}개의 물건들은 3^m개의 물건 세 묶음으로 나눌 수 있다.)

특이한 물건이 다른 물건들보다 가벼운지 무거운지도 증명할 수 있는가?

연습문제 7.3

모두 다른 무게를 가진 n개($1 \leq n$)의 물건이 있다. 두 물건의 무게를 비교할 수 있는 양팔 저울이 주어진다.

(a) 가장 가벼운 물건을 찾기 위해서는 몇 번의 비교가 필요한가?

(b) n에 대한 귀납법을 이용해, 가장 가벼운 물건과 가장 무거운 물건을 $2n - 3$번의 비교를 통해 확인할 수 있음을 증명하라. $2 \leq n$이라고 가정하라.

(c) 무게가 A, B, C, D $(A < B, C < D)$인 네 개의 물건이 있다고 하자. 두 번의 비교를 통해, 넷 중 가장 가벼운 물건과 가장 무거운 물건을 찾는 방법을 보여라. 이를 이용해, 물건 네 개가 있을 때 네 번의 비교를 통해 가장 가벼운 물건과 가장 무거운 물건을 찾을 수 있음을 보여라. (이는 (b)에서 증명한 다섯 번보다 개선된 방법이다.)

(d) $2m$개($1 \leq m$)의 물건이 있다고 하자. 가장 가벼운 물건과 가장 무거운 물건을 총 $3m - 2$번의 비교를 통해 찾을 수 있음을 보여라. m에 대한 귀납법을 이용하라. (힌트: (c)를 이용하라.)

연습문제 7.4

양팔 저울이 주어진다. 이때, 당신은 양팔 저울과 함께 사용할 무게추를 몇 개 고를 수 있다. 목표는, 저울을 이용해 측정할 수 있는 무게의 가짓수를 최대화하는 방법으로 추를 고르는 것이다. 예를 들어 1그램 추와 2그램 추가 하나씩 있으면, 1, 2, 3그램의 무게를 가진 물체를 측정할 수 있다. 그러나, 1그램 추와 3그램 추가 하나씩 있으면, 1, 2, 3그램뿐만 아니라, 4그램의 무게를 가진 물체도 측정할 수 있다. (2그램의 물체는 저울의 왼쪽에 물체와 1그램 추를 놓고, 오른쪽에 3그램의 추를 놓아서 측정할 수 있다. 저울의 양쪽의 균형이 맞는다면, 물체가 2그램인 것이다.)

(a) 무게가 모두 서로 다른 n개의 무게추가 주어졌을 때, 이들을 양팔 저울에 올리는 경우의 수는 총 몇 가지 있는가? (힌트: 각 무게추를 놓는 방법은 몇 가지인가?) 저울의 양쪽은 서로 구별할 수 없다고 가정한다. (예를 들면, 한쪽에 무게가 1인 추를 놓고 반대쪽에 무게가 2인 추를 놓는 경우는 한 번으로 따진다.) 측정할 수 있는 무게의 최대 범위에 대해 어떤 결론을 내릴 수 있는가?

(b) 귀납법을 이용해, 무게가 $3^0, 3^1, 3^2, \ldots, 3^n$인 추가 하나씩 있으면 (a)에서 계산한 무게 범위 안에 있는 모든 무게를 측정할 수 있음을 보여라. 귀납 가설을 명확하게 서술하라. (물체가 어느 쪽에 놓일지를 매개변수로 두고 생각하는 것이 좋다.)

7.3 정리

알고리즘 문제 해결의 몇 가지 요소를 결합하여 가짜 동전 찾기 문제의 풀이를 찾았다. 첫 단계는 적절한 귀납 가설을 찾기 위해 추상화하는 단계였다. 다음으로는 문제를 나누어, '표시된 동전 문제'라는 새로운 문제로 만들었다. 표시된 동전 문제는, 동전에 표시가 되어 있다는 더욱 강력한 조건을 도입했다. 추가된 조건 덕분에 귀납법을 이용해 더욱 직관적으로 풀 수 있게 되었다. 도출한 알고리즘은 놀랄 만큼 효율적이다.

7.4 참고 자료

가짜 동전 찾기 문제의 풀이는 데이크스트라의 두 논문 [Dij90, Dij97]을 조합한 것이다. 세 번의 비교를 통해 12개의 동전 가운데 가짜 동전을 찾는 문제는 다양한 곳에서 볼 수 있다. 연습문제 7.4를 추상화하면, 균형 잡힌 삼진법(balanced ternary notation)이 된다. 이는 각 자릿수(영어로 digit이 아닌 trit라 쓴다)가 $-1, 0, 1$ 중 하나인 삼진법 수 체계이다. 더 자세한 내용은 [Knu69]에서 확인할 수 있다.

8장

하노이의 탑

이 장의 주제는 교양 수학 서적에서 많이 논의되고, 컴퓨터과학이나 인공지능 분야에서도 문제 해결 전략으로서 '재귀'를 설명하기 위해 자주 쓰인다.

하노이의 탑 문제는 체계적인 전략으로 풀지 않으면 꽤 어렵다. 귀납은 첫 번째 풀이를 체계적으로 구성하는 방법을 제시한다. 그러나 이는 우리가 원하는 풀이가 아니다. 귀납적인 풀이에서 불변량을 관찰하면 더 나은 풀이를 얻을 수 있다. 이 장에서는 이런 식으로 앞서 논의된 기법인 귀납과 불변량, 논리적 동치의 성질을 종합한다.

문제에 대한 풀이부터 살펴본다. 이렇게 하는 이유 중 하나는, 목표를 분명히 하기 위해서이다. 하노이의 탑 문제는 한 번에 풀 수 있는 문제가 아니다. 만족하는 조건을 찾기 위해 몇 단계가 필요하다. 다른 이유는, 풀이에 대한 정보가 전혀 없는 상태에서는 올바른 풀이가 어떻게 도출되는지 이해하기 어렵다는 것을 보여 주기 위해서이다.

8.1 문제 설명과 풀이

8.1.1 세계 종말!

하노이의 탑 문제는 프랑스의 수학자 에두아르 뤼카(E'douard Lucas)가 클라우스(M. Claus)라는 필명으로 1883년에 내놓은 퍼즐에서 유래했다.

이 퍼즐은 브라흐마(Brahma)의 절에 얽힌 전설을 기반으로 한다. 이 절에는 세 개의 거대한 막대기가 땅에 박혀 있다. 세계가 만들어질 때, 신은 첫 번째 막대기에 서로 다른 크기를 가진 64개의 황금색 원반을 크기 순서대로 꽂아 주었다(그림

8.1). 수도승들은 하루에 하나씩 원반을 한 막대기에서 다른 막대기로 옮기는 임무를 맡았다. 어떤 원반도 자신보다 작은 원반 위에 올라가 있을 수는 없다.

> 모든 원반을 첫 번째 막대에서 두 번째 막대로 옮기는 데 성공했을 때 수도승의 임무는 종료된다. 그리고 임무가 끝나는 날, 이 세계는 종말에 이를 것이다!

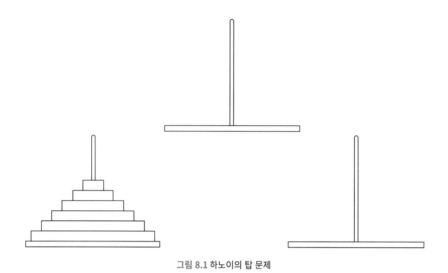

그림 8.1 하노이의 탑 문제

8.1.2 반복적인 풀이

하노이의 탑 문제에는 기억하기도 쉽고 실제로 수행하기도 쉬운 풀이가 있다. 풀이를 글로 표현하기 위해, 세 개의 막대가 삼각형의 세 꼭짓점 모양으로 위치해 있다고 가정하자. 이제 원반의 이동을 시계 방향 이동 또는 시계 반대 방향 이동으로 간결하게 표현할 수 있게 된다. 첫 번째 막대에 있는 원반을 모두 첫 번째 막대의 시계 방향에 있는 막대로 옮기는 문제라고 가정하자. 그리고 0번째 날부터 세기로 하자. 0번째 날에는 모든 원반이 첫 번째 막대에 있고, 1번째 날부터 수도승들이 원반을 하나씩 옮기기 시작한다. 이와 같은 가정하에, 풀이는 아래와 같다.

1번째 날부터 이틀마다, 가장 작은 원반을 옮긴다. 이 원반은 세 막대로 돌아가며 옮겨질 것이다. 어떤 방향으로 돌아가며 옮길 것인지는 원반의 총 개수에 따라 다르다. 원반이 모두 홀수 개면, 가장 작은 원반은 시계 방향으로 돌아가며 옮겨야 한다. 짝수 개면, 시계 반대 방향으로 돌아가며 옮겨야 한다.

다른 날에는 가장 작은 원반이 아닌 원반을, 원반을 더 작은 원반 위로 옮기면 안 된다는 규칙에 따라 옮긴다. 모든 원반이 한 막대에 있지 않은 한, 이 규칙을 지키면서 가능한 이동은 한 가지뿐임을 알 수 있다.

알고리즘은 더 이상 이동할 수 없을 때 종료한다. 이는 모든 원반이 같은 막대에 있게 되는 짝수 번째 날이 될 것이다.

8.1.3 왜?

문제와 풀이를 이와 같은 방법으로 설명하는 것은 이 풀이가 어떤 방법으로 도출되었는지 이해하는 데 전혀 도움을 주지 않는다. 이런 설명은 단지 '내가 얼마나 영리한지 보아라'라며 자랑하려는 목적으로 쓰였을 것이다. 이 알고리즘의 정당성에 대한 수학적 증명을 서술하기 시작한다면, 상황은 더욱 악화될 것이다. 이는 우리가 원하는 방향이 아니다! 대신, 먼저 귀납적인 풀이를 선보이려 한다. 그다음, 여러 불변량을 관찰함으로써 귀납적인 풀이에서 위와 같은 풀이를 어떻게 유도할 수 있는지 보일 것이다.

8.2 귀납적인 풀이

물론, 원반의 개수에 대한 귀납법을 이용해서 풀이를 구성한다.

가장 간단한 귀납적 풀이를 먼저 시도해 보자. M개의 원판을 특정한 막대에서 다른 막대로 옮기는 것을 목표로 두자. 이 두 막대를 각각 A와 B라고 하고, 나머지 한 막대를 C라고 하자. (나중에, 막대의 이름을 붙일 필요가 없음을 알게 될 것이다.)

늘 그렇듯, 기저는 쉽다. 원반이 0개일 때는, 작업을 끝내기 위한 어떤 과정도 필요 없다. 귀납 단계를 위해, n개의 원판을 A에서 B로 옮길 수 있다고 가정하자. 이제 문제는 $n + 1$개의 원반을 A에서 B로 옮기는 것이다.

그런데, 막혀 버렸다! 다음과 같이 귀납 가정을 몇 가지 방향으로 써먹을 수 있지만, 어떤 방향도 도움이 되지 않는다.

1. 가장 위에 있는 n개의 원반을 A에서 B로 옮긴다. 이를 수행하자, 귀납 가정을 사용할 수 있는 모든 가능성을 소진했다. n개의 원반이 이제 막대 B에 있다. 여기서 원반을 옮기는 것에 대한 가정은 없다.

2. 가장 작은 원반을 A에서 C로 옮긴다. 이제, 남은 n개의 원반을 A에서 B로 옮

긴다. 다시, 여기서 귀납 가정을 쓸 수 있는 방법이 없다. n개의 원반이 이제 막대 B에 있다. 여기서 원반을 옮기는 것에 대한 가정은 없다.

귀납 가정을 너무 구체적으로 세운 것이 실수였다. 이를 해결하는 방법은 원반의 시작과 끝 위치에 대한 매개변수를 하나 이상 추가해서 일반화하는 것이다.

이 지점에서, 중요한 결정을 하게 된다. 막대를 이름(A, B, C라든지)으로 부르는 대신, 이 문제가 회전 대칭임을 발견한다. 그림 8.1에서 했던 것처럼, 막대가 정삼각형의 꼭짓점에 위치해 있을 때 회전 대칭은 당연하다. (막대를 직선 위에 올려 두어 회전 대칭을 숨기곤 한다.) 삼각형의 중심을 축으로 막대와 원반을 돌려도 문제는 변하지 않는다.

여기서 중요한 점은, 단 하나의 매개변수, 바로 '이동하는 방향'만이 추가로 필요하다는 점이다. 이는, 특정한 원반을 어떻게 옮길지 표시할 때, 이 원반을 현재 위치에서 시계 방향으로 옮길지 시계 반대 방향으로 옮길지만 명시하면 된다는 것이다. 또한, 이에 따라 하노이의 탑 문제를 일반화하면, n개의 원반을 한 막대에서 방향 d로 이웃한 막대로 옮기는 것이 된다. 이때 d는 시계 방향이거나 시계 반대 방향이다. 이렇게 하지 않고 막대에 이름을 붙이면, 시작 지점과 끝 지점을 나타내는 두 개의 변수를 추가로 도입해야 한다. 불필요한 세부사항이 추가되기 때문에, 훨씬 복잡해진다.

다시 귀납적 풀이로 돌아오자. 귀납 가정을 표현하는 것에만 신경 써야 한다. 문제의 세부사항을 그대로 귀납 가정로 도입하는 것은 적절하지 않다. 문제는 움직일 원반이 정확히 M개 존재한다고 가정하기 때문이다. 귀납법을 사용하는 데 있어, 다른 $M - n$개의 원반 위에 n개의 원반을 옮긴다는 점이 중요하다. $M - n$개의 원반 중 옮겨지는 n개의 원반보다 작은 것이 있다면, 더 작은 원반 위에 더 큰 원반을 올릴 수 없다는 요구사항을 어길 수 있다. 더 강한 귀납 가정이 필요하다.

n이 0일 때, 이동이 필요하지 않다. $n + 1$개의 원반이 있을 때, 가장 작은 n개의 원반을 한 막대에서 인접한 막대 중 하나로 옮길 수 있다고 가정하자. 이제 $n + 1$개의 원반을 한 막대에서 방향 d로 이웃한 막대로 옮기는 방법을 보여야 한다. d는 시계 방향이거나 시계 반대 방향이다. 편의를 위해, 가장 작은 원반을 1번으로 시작해 크기 순서로 번호 붙이자.

귀납 가정을 이용하자는 목표를 이루려면, 선택지가 많지 않다. 가장 작은 n개의 원반을 방향 d로 옮기거나 방향 $\neg d$로 옮겨야 한다. 처음에 다른 이동을 하면 귀납 가정을 쓸 수 없다. 좀 더 생각해 보면(이 문제의 물리적 모형을 가지고 생각해 볼수도 있다), 가장 작은 n개의 원반을 방향 $\neg d$로 옮겨야 함을 알 수 있다. $n+1$번 원반은 방향 d로 움직인다. (이 이동이 $n+1$번 원반을 다른 원반 위로 올릴지도 모른다. 그러나 $n+1$번 원반보다 작은 n개의 원반은 $n+1$번 원반을 옮길 막대에 없으므로 이 이동은 올바르다.) 마지막으로, 귀납 가정을 다시 이용해 n개의 작은 원반들을 방향 $\neg d$로 옮긴다. 이 이동은 원반들을 $n+1$번 원반 위로 옮긴다. 이로써 가장 작은 $n+1$개의 모든 원반을 방향 d로 이웃한 막대로 옮기는 데 성공했다.

다음 코드는 문제의 귀납적 풀이를 요약한다. 이 코드는, n이 원반의 개수, k가 원반 번호, d와 d'가 방향일 때, $H_n(d)$를 쌍 $\langle k, d' \rangle$의 수열로 정의한다. 원반은 가장 작은 원반을 1번으로 시작해 크기 순서로 번호 붙여 있다. 방향은 시계 방향일 때 참이고 시계 반대 방향일 때 거짓인 불리언 값이다. 쌍 $\langle k, d' \rangle$는 k번 원반을 현재 방향에서 d' 방향으로 인접한 막대로 옮긴다는 의미이다. 세미콜론 연산자는 수열을 이어 붙이는 연산자이다. $[\,]$는 빈 수열을, $[x]$는 하나의 원소 x만이 존재하는 수열을 뜻한다. 왼쪽에서 오른쪽으로 쌍을 읽으면, 수열 $H_n(d)$는, 작은 원반 위에 큰 원반이 올라가면 안 된다는 규칙을 만족하며, 가장 작은 n개의 원반을 한 막대에서 방향 d의 인접한 막대로 옮기는 방법이 된다.

$H_0(d) = [\,]$,

$H_{n+1}(d) = H_n(\neg d)\,;\,[\langle n+1, d \rangle]\,;\,H_n(\neg d)$

과정 이름 H가 $H_{n+1}(d)$에 대한 등식의 우변에 다시 나타남에 주목하라. 따라서 위 수식은 문제의 재귀적(recursive) 풀이이다. 재귀는 문제를 해결하는 매우 강력한 테크닉이지만, 재귀를 마구잡이로 사용하면 문제가 될 수 있다. 여기서 사용하는 재귀는 제한된 형태이다. 풀이를 '귀납적(inductive)' 풀이로 묘사하는 것은 재귀의 사용을 어떻게 제한하고 있는지 명확하게 보여 준다.

이 귀납적 과정을 이용하면 모든 n의 값에 대해 하노이의 탑 문제를 풀 수 있다. 규칙을 적용한 식의 우변에 규칙을 다시 적용하는 과정을, 식에서 모든 H가 사라질 때까지 반복하면 된다. 예를 들어, 다음과 같이 $H_2(cw)$를 계산한다. (가독성을 위해 $true$와 $false$ 대신 cw와 aw를 사용한다. 각각 시계 방향(clockwise)와 시계 반대 방향(anticlockwise)의 약자이다.)

$$H_2(cw)$$

$=$ { 2번째 등식, $n, d := 1, cw$ }

$$H_1(aw) \,;[\langle 2, cw \rangle]\,; H_1(aw)$$

$=$ { 2번째 등식, $n, d := 0, aw$ }

$$H_0(cw) \,;[\langle 1, aw \rangle]\,; H_0(cw) \,;[\langle 2, cw \rangle]\,; H_0(cw) \,;[\langle 1, aw \rangle]\,; H_0(cw)$$

$=$ { 1번째 등식 }

$$[\,]\,;[\langle 1, aw \rangle]\,;[\,]\,;[\langle 2, cw \rangle]\,;[\,]\,;[\langle 1, aw \rangle]\,;[\,]$$

$=$ { 수열 이어 붙이기   }

$$[\langle 1, aw \rangle, \langle 2, cw \rangle, \langle 1, aw \rangle]$$

연습 삼아 같은 방법으로 $H_3(aw)$를 계산해 보아라. 문제의 귀납 풀이를 실제로 실행하는 데 품이 많이 든다는 것을 알게 될 것이다. $n = 3$일 때 등식을 완전히 확장하는 데 16단계, $n = 4$일 때는 32단계가 소요된다. 이는 수도승들이 사용하는 쉬운 풀이가 아니다! 8.1.1절에 주어진 풀이는 문제의 **반복적** 풀이이다. 즉, 현재 상태에만 의존하는 간단한 과정을 반복적으로 실행하는 풀이이다. 반면에 귀납적 풀이를 구현할 때에는 아직 실행하지 않은 이동에 대한 스택을 관리해야 한다. 수도승들은 이를 해낼 정도로 기억력이 좋지 않다!

---

⑦ 연습문제 8.1

수도승들이 작업을 끝내는 데 걸리는 날의 수는 $H_{64}(cw)$의 길이와 같다. $T_n(d)$를 $H_n(d)$의 길이로 정의하자. H의 귀납적 정의로부터 T의 귀납적 정의를 유도하라. ($T_n(d)$가 d와 독립적이라는 사실을 발견해야 한다.) 이 정의를 이용해 T_0, T_1, T_2를 계산하라. T_n을 n에 대한 함수로 표현하는 가설을 작성해 보아라. n에 대한 귀납법으로 그 가설을 증명하라.

---

⑦ 연습문제 8.2

귀납법을 사용해, 하노이의 탑 문제에서 서로 다른 상태의 수를 공식으로 표현하라.

귀납법을 사용해, 막대에 있는 원반 n개의 모든 가능한 상태, 그리고 상태 간의 가능한 움직임을 나타내는 상태 전이 다이어그램을 구성하라.

이 구성을 이용해, 8.2절에서 다룬 귀납적 풀이가 원반이 움직이는 횟수를 최적화함을 보여라.

② 연습문제 8.3   일정한 방향

(a) 원반이 항상 일정한 방향, 이를테면 시계 방향으로 움직여야 한다고 하자. 이는, 원반의 모든 이동이 시계 방향이어야 하고, 시계 반대 방향으로의 이동은 금지된다는 뜻이다.

   귀납법을 사용해, 임의의 n에 대해 n개의 원반을 방향 d로 옮기는 알고리즘을 만들어라. 일반 하노이의 탑 문제에서 쓴 것과 같은 귀납 가정을 이용하라. 즉, 새로운 제한 아래에서도, 가장 작은 원반 n개를 한 막대에서 방향 d의 인접한 막대로 옮기는 것이 시작 위치와 무관하게 가능하다는 귀납 가정을 이용하면 된다. 일정한 방향으로만 움직일 수 있으므로, 원반을 움직이는 순서만 결정해도 충분하다. 예를 들어, 2개의 원반을 시계 방향으로 움직이는 방법은 수열

   $$[1, 1, 2, 1, 1]$$

   로 표현할 수 있다. (가장 작은 원반인 1번 원반을 시계 방향으로 두 번 움직인다. 다음으로 2번 원반을 시계 방향으로 움직인다. 마지막으로 1번 원반을 시계 방향으로 두 번 움직인다.)

(b) 이번에는, 각 원반이 움직이는 방향이 일정해야 하지만, 이 방향이 각 원반마다 달라야 한다고 가정하자. 구체적으로, 원반을 불리언으로 변환하는 함수 dir을 정의하자. 각 n에 대해 $dir(n)$은 원반 n이 움직이는 방향이다. 이 값이 참일 때 원반 n은 항상 시계 방향으로 움직여야 하고, 거짓일 때 원반 n은 항상 시계 반대 방향으로 움직여야 한다. 귀납법을 이용해, 임의의 n에 대해 n개의 원반을 방향 d로 움직이는 알고리즘을 만들어라. (여기서도 움직일 원반을 순서대로 나열하기만 해도 충분하다.)

8.3 반복적인 풀이

8.1.2절에 소개된 문제의 반복적 풀이를 다시 떠올리자. 두 가지 주요 요소가 있다. 첫 번째로, 가장 작은 원반이 막대 주위를 순환한다는 것(즉, 가장 작은 원반은 항상 시계 방향으로 움직이거나 항상 시계 반대 방향으로 움직인다)이고, 두 번째로 가장 작은 원반과 다른 원반을 번갈아 움직인다는 것이다. 이 절에서는 귀납적 풀이로부터 이러한 요소들을 유도하는 방법을 보일 것이다.

순환해서 움직이기

이 절에서, 가장 작은 원반이 항상 막대를 순환함을 보일 것이다. 사실, 더 많은 것을 증명할 것이다. **모든** 원반이 막대를 순환함을 보이고, 각 원반의 이동 방향을 계산할 것이다.

핵심은, 수열 $H_{n+1}(d)$의 모든 쌍 $\langle k, d' \rangle$에 대해, 불리언 값 $even(k) \equiv d'$가 불변(즉, 항상 참이거나 항상 거짓)이라는 것이다. 이는 5.4.1절에서 논의한 대우의 법칙에서 간단히 유도된다. $H_{n+1}(d)$에 대한 공식을 적용할 때, 변수 $n+1$은 n으로 바뀌고, d는 $\neg d$로 바뀐다. $even(n+1) \equiv \neg(even(n))$이므로, 이렇게 대입했을 때 $even(n+1) \equiv d$는 상수이다.

(수열 $H_{n+1}(d)$의 모든 쌍 $\langle k, d' \rangle$에 대해) $even(k) \equiv d'$가 참인지 거짓인지는 n과 d의 초깃값에 달려 있다. 이를 각각 N과 D라고 하자. 이때, 이는 모든 움직임 $\langle k, d \rangle$에 대해,

$$even(k) \equiv d \equiv even(N) \equiv D$$

을 만족한다. 이 공식은 원반 k의 이동 방향 d를 결정할 수 있게 해 준다. 구체적으로, 만약 원반이 짝수 개 있다면, 모든 짝수 번호 원반은 시계 방향으로 돌고, 모든 홀수 번호 원반은 시계 반대 방향으로 돌아야 한다. 비슷하게, 원반이 홀수 개 있다면, 모든 짝수 번호 원반은 시계 반대 방향으로 돌고, 모든 홀수 번호 원반은 시계 방향으로 돌아야 한다. 구체적으로, 가장 작은 (홀수 번호의) 원반은 N이 짝수라면 D의 반대 방향, N이 홀수라면 D와 같은 방향으로 회전해야 한다.

> ⑦ **연습문제 8.4**
> 어떤 탐험가가 브라만의 사찰을 발견하고, 수도승들이 작업하는 것을 몰래 지켜

보았다. 그가 발견했을 당시, 수도승들은 어떤 방법으로 작업을 하고 있었고, 모든 원반이 세 막대에 늘어져 있었다. 막대는 삼각형 모양이 아니라 직선 모양으로 나열되어 있어서 어느 방향이 시계 방향이고 어느 방향이 시계 반대 방향인지 확실히 모르겠다. 그러나 도착한 날에 그는 수도승들이 가장 작은 원반을 가운데 막대에서 오른쪽 막대로 옮기는 것을 보았다. 다음 날 그는 수도승들이 원반을 가운데 막대에서 왼쪽 막대로 옮기는 것을 보았다. 원반은 짝수 개일까 홀수 개일까?

번갈아 움직이기

이제 풀이에서 두 번째로 중요한 요소로 넘어가자. 가장 작은 원반과 다른 원반을 번갈아 움직여야 한다는 것이다. 결국, 가장 작은 원반을 두 번 연속 움직이는 것은 무의미하다. 항상 움직임 하나로 합칠 수 있기 때문이다. 그리고 가장 작은 원반이 아닌 원반을 두 번 연속으로 움직이는 것도 퍼즐의 상태에 아무 영향을 끼치지 않는다. 이제 수열 $H_n(d)$가 이 성질을 만족함을 수식으로 증명해 보자.

수열이 다음 두 성질을 만족할 때, **교대 수열**이라 부르자. 먼저, 1과 1 초과의 수가 번갈아 등장하는 수열이어야 한다. 둘째로, 빈 수열이 아니라면, 첫 번째 수와 마지막 수는 1이어야 한다. 수열 ks가 이 두 성질을 만족할 때, $alt(ks)$로 쓰기로 한다. (alt는 '교대'를 뜻하는 영단어 alternate의 준말이다.)

원반의 움직임을 $\mathrm{disc}_n(d)$라는 이름의 수열로 표기할 것이다. $\mathrm{disc}_n(d)$는 $H_n(d)$에서 각 원소의 앞부분만 택해서 만든 수열이다. 이제, H의 정의로부터 아래와 같은 공식을 얻을 수 있다.

$\mathrm{disc}_0(d) = [\,],$

$\mathrm{disc}_{n+1}(d) = \mathrm{disc}_n(\neg d)\,;[n+1]\,;\mathrm{disc}_n(\neg d)$

이때 $alt(\mathrm{disc}_n(d))$를 보이는 것이 목표이다. n에 대한 귀납법으로 증명한다. $n = 0$일 때의 기저는 명백히 참이다. 빈 수열에는 연속한 두 수가 없기 때문이다. 귀납 단계에서 이 증명은 다음과 같은 교대 수열의 성질을 이용한다. 수열 ks와 수 k에 대해,

$alt(ks;[k];ks) \Leftarrow alt(ks) \wedge ((ks=[\,]) \equiv (k=1))$

이제 다음과 같이 증명할 수 있다.

$$alt(\text{disc}_{n+1}(d))$$

= { 정의 }

$$alt(\text{disc}_n(\neg d)\,;[n+1]\,;\text{disc}_n(\neg d))$$

⟸ { 교대 수열에 대한 앞의 성질 }

$$alt(\text{disc}_n(\neg d)) \wedge ((\text{disc}_n(\neg d) = [\,]) \equiv (n+1 = 1))$$

= { (앞) 귀납 가정과 (뒤) disc_n의 간단한 성질 }

true

---

⑦ 연습문제 8.5

탐험가는 사찰을 떠나 몇 년간 돌아오지 않았다. 몇 년 뒤 그가 돌아왔을 때, 수도 승들은 큰 절망에 빠져 있었다. 알고 보니, 탐험가가 떠난 직후 수도승 한 명이 실수를 했고, 너무나 오랜 시간이 흐른 뒤에야 그 실수를 발견한 것이다. 원반은 지금도 올바른 상태이지만, 이제는 목표 상태로 갈 수 없고, 무한 루프에 빠져 버렸다.

다행히 탐험가는 규칙을 지키면서도 모든 원반이 한 막대에 놓인 태초의 상태로 돌아갈 수 있는 방법을 수도승들에게 설명했다. 그 뒤 수도승들은 임무를 새로이 시작할 수 있게 됐다.

탐험가가 수도승들에게 제시한 알고리즘은 무엇이었을까? 그 알고리즘이 옳은 이유도 말하시오. (힌트: 여전히 가장 작은 원반과 다른 원반을 번갈아 움직이게 될 것이다. 수도승이 어디서 실수했는지 모르기 때문에, 가장 작은 원반이 움직일 방향만 정하면 된다. n개의 원반이 모두 같은 막대에 있는 상태에서 시작했을 때, 다음이 불변이라는 사실을 이용하라.

$$even(n) \equiv d \equiv even(k) \equiv d'$$

이 식에서 방향 d'는 k번 원반을 움직인 방향, 방향 d는 이후 n개의 원반을 움직인 방향이다.)

---

⑦ 연습문제 8.6 색칠된 원반

각각의 원반이 붉은색, 흰색, 푸른색 중 하나로 색칠되어 있다고 하자.

이때, 모든 붉은 원반이 한 막대에, 모든 흰 원반이 다른 막대에, 그리고 모든 푸른 원반이 마지막 막대에 놓이도록 원반을 정렬하는 알고리즘을 개발하라. 처음에는 모든 원반이 한 막대에 있다.

8.4 정리

이 장에서는 하노이의 탑 문제의 풀이를 구성하기 위해 귀납법을 사용하는 방법을 배우고, 귀납적인 풀이를 인간이 실행하기 쉬운 반복적인 풀이로 바꾸는 방법을 살펴보았다. 간과하기 쉽지만, 귀납적인 풀이의 핵심 요소는 귀납 가정을 올바르게 표현하는 것이다. 반복적인 풀이로 바꾸기 위해서는 귀납적인 풀이의 불변량을 정의해야 한다. 번호가 홀수인 원반들이 막대를 한 방향으로 회전하고, 번호가 짝수인 원반들이 반대 방향으로 회전한다. 막대를 일렬이 아닌 삼각형의 꼭짓점에 놓으면 불변량을 찾아내기 쉽다. 이는 풀이가 불필요하게 복잡해지지 않도록 문제에 내재된 대칭을 찾아내는 것의 중요성을 보여 준다.

이 장에서 설계한 풀이에는 중요한 점이 두 가지 있다. 기저로 (원반이 1개인 문제가 아니라) 원반이 0개인 문제를 사용하는 것, 그리고 막대에 이름을 붙이지 않고 대신 원반이 움직이는 방향(시계 방향 또는 시계 반대 방향)을 기준으로 접근하여, 불필요한 세부사항을 피하는 것이다.

8.5 참고 자료

하노이의 탑 문제의 역사에 대한 정보는 [Ste97]에서 가져왔다. 마틴 가드너(Martin Gardner)[Gar08]는 로버트 앨러디스(R.E. Allardice)와 알렉산더 프레이저(A.Y. Fraser)가 1884년에 발표한 논문을 인용하는데, 여기서 반복적인 풀이를 설명한다. 가드너는 몇 가지 연관된 문제에 대해서도 논의한다. 반복적인 풀이의 정당성에 대한 증명은 [BL80]에서 발표되었다. 여기서 문제를 표현하고 증명한 것은 [BF01]을 기반으로 한다.

9장

알고리즘 설계의 원칙

이 장에서는 알고리즘 설계의 기초 원칙을 정리한다. **반복적** 알고리즘의 설계에 주로 초점을 맞출 것이다. 반복문을 이용해, 같은 동작을 반복적으로(iteratively) 수행해야 하는 알고리즘들이 있다. 이를 설명하기 위해 문제 세 개를 이용할 것이다. 첫 번째는 매우 쉽고, 두 번째와 세 번째는 도전적인 문제다.

이 정리들은 이미 독립적으로 앞선 장들에서 설명한 바 있다. 정리하면 다음과 같다.

- 순차적 분해: 순차적 분해는 문제를 반복문으로 풀 수 있는 두 개 이상의 부분 문제로 나눈다. 이때, 컴포넌트를 연결하는 중간 속성을 만드는 것이 핵심이다.
- 경우의 수 분석: 경우의 수 분석은 문제를 독립적으로 풀 수 있는 몇 개의 경우로 나눈다. 어디서 경우를 나눌지 파악하는 것이 핵심이다. 불필요한 경우 나누기는 피해야 한다.
- 귀납법: 귀납법을 사용할 때는 '크기'를 가진 문제의 집합을 정의하고, 주어진 문제를 문제 집합의 원소로 보아야 한다. 문제 집합에 있는 문제의 풀이는 더 작은 부분 문제로 반복해서 나뉘며, 이들의 풀이를 합치면 전체 문제의 풀이가 된다. 가장 작은 문제의 풀이는 나뉠 수 없다. 이들은 직접 해결해야 하고, 이들이 귀납법의 기저를 이루게 된다.

귀납법은 어떻게 보면 적용하기 가장 어려운 알고리즘 설계 원칙이다. 문제의 집합을 만들면서 문제의 크기를 정의해야 하기 때문이다. 그러나 아주 쉬운 문제가 아닌 이상 귀납법 없이는 풀 수 없다. 6장에서 귀납법을 직접 이용하는 몇몇 예시를 보았다. 그 예시에서는 문제 집합으로의 일반화와 문제 '크기'의 정의가 비교적 직관적이었다. 7장과 8장에서는 귀납법을 다시 다뤘고, 또한 **반복적 알고리즘**의 개념을 소개했다.

귀납법은 반복적 알고리즘과 달라 보이지만, 반복적 알고리즘 설계의 기초가 된다. 9.1절에서 반복적 알고리즘을 구성하는 일반적 법칙을 논의한다. 이 절은 한 번에 따라오기 쉽지 않을 수 있다. 먼저 한 번 빠르게 읽고 다시 돌아와서 각 예시를 공부하는 것을 추천한다. 9.2절에서는 이 법칙을 설명하기 위해 간단한 알고리즘을 설계한다. 9.4절에는 더욱 도전적인 문제가 등장한다. 이 문제의 풀이에는 순차적 분해, 경우의 수 분석, 귀납법이 함께 등장한다. 마지막에는 도전할 만한 알고리즘 설계 연습문제 몇 개를 제시한다.

9.1 반복과 불변량을 만드는 과정

반복적 알고리즘은 어떤 행동(action) 또는 행동의 조합을 반복해서 실행하는 알고리즘이다. S가 행동일 때,

$do\ S\ od$

를 S를 반복해서 실행하는 행동의 의미로 쓴다. $do-od$를 반복문(loop), S를 반복본체(loop body)라고 쓴다.

반복문은 잠재적으로 끝나지 않을 가능성이 있다. 실제로 어떤 알고리즘은 끝나지 않는다. 컴퓨터 시스템은 일반적으로 사용자의 행동에 반응하는, 끝나지 않는 반복문이다. 그러나 우리는 어떠한 행동을 한 뒤 종료해야 (즉, 멈춰야) 하는 알고리즘에만 관심이 있다.

일반적으로, S는 **조건이 있는(guarded)** 행동이다. 조건은 불리언 표현식이다. 즉, S는 다음과 같은 형태를 지닌다.

$b_1 \to S_1 \ \square \ b_2 \to S_2 \ \square \ ...$

S를 실행하는 것은, b_i가 참이 되는 인덱스 i를 고르고 S_i를 실행하는 것이다. S를 반복해서 실행하는 것은 i를 고를 수 없을 때까지 반복해서 실행하고 종료하는 것을 뜻한다. 예를 들면, 다음 반복문

$do\ 100 < n \ \to \ n := n - 10$

$$\Box \, n \le 100 \wedge n \ne 91 \;\rightarrow\; n := n + 11$$
$$od$$

은 $100 < n$을 만족하는 동안 반복해서 n을 10씩 감소시키고, $n \le 100$, $n \ne 91$을 만족하는 동안 반복해서 n을 11씩 증가시킨다. 이 반복문은 두 조건 모두 거짓일 때, 즉 $n = 91$일 때 종료된다. 예를 들어, n이 초기에 100이면, n에 대입되는 값은 차례로 $90, 101, 91$이다. (사실 모든 경우에 이 반복문이 종료함을 증명하기는 비교적 어렵다.)

행동들의 수열 중 하나가 반복문이라면, 반복문이 종료되고 곧바로 수열의 다음 행동이 시작된다.

반복문의 가장 흔한 형태는 $do \, b \rightarrow s \, od$이다. (많은 프로그래밍 언어에서는 $while \, b \, do \, S$와 같은 형태로 쓴다. 이러한 구문을 $while$ 구문이라고 부른다.) 이를 실행할 때, 먼저 b의 값이 참인지 검사한다. 그렇다면, S를 실행한 뒤, $do - od$ 구문을 다시 실행한다. 그렇지 않다면, $do - od$ 구문은 상태 변화 없이 종료된다. b의 부정인 $\neg b$는 **종료 조건**이라고 한다.

귀납법은 (언젠가 끝나는) 반복문을 설계하는 데 기초가 되지만, 사용하는 용어는 다르다. 알고리즘 문제는 사전 조건과 사후 조건의 결합이다. 사전 조건을 만족하는 상태에서 시작해서, 우리가 해야 할 일은 이 상태에서 사후 조건을 만족하는 다른 상태로 이동할 수 있음이 보장되는 행동을 찾는 것이다. 반복문은 사전 조건과 사후 조건 모두 **불변량**(invariant)으로 일반화해, 이런 목표를 달성하기 위해 설계되었다. 실은, 사전 조건과 사후 조건 모두 불변량의 일종이다. 사전 조건, 사후 조건과 같이, 불변량은 알고리즘이 실행되는 모든 시점에서 참 또는 거짓의 값을 가져야 하는 구문이다. 반복문의 본체 안에서 불변량이 유지되도록, 즉 반복문이 시작할 때 불변량이 참이었다면, 반복문이 끝날 때에도 불변량이 참이도록 반복문을 구성한다.[1] 동시에, 반복 본체는 사후 조건을 향해 진행하며, 사후 조건이 참이 되는 즉시 종료한다. 진행 상황은, 상태에서 정수로 가는 함수를 정의해서 측정할 수 있다. 반복 본체를 실행할 때 함숫값이 감소한다면, 알고리즘이 진행된 것이다.

---

1 엄밀히 말하면 반복문 불변량은 불변량이 아니지만, 간혹 단조 불변량이라고 불리곤 한다. 단조 불변량은 항상 단조적으로 움직이는, 즉 항상 증가하거나 그대로인, 순서 집합 안의 값이다. 반복문 불변량은 상태에 대한 불리언 함수이고, 항상 불리언의 순서에 따라 증가하거나 그대로이다. 즉, 반복문 불변량은 반복 본체를 실행하기 전에는 거짓이지만, 참으로 바뀔 수 있다.

정리하면, 반복문을 설계할 때 **불변량**과 **진행 측도**를 만들어야 한다. 불변량을 고를 때, 사전 조건도 불변량을 만족하고, 사후 조건도 불변량을 만족하도록 정한다. 반복 본체는 사전 조건을 만족하는 임의의 상태에서 시작해, 사후 조건을 만족하는 상태로 진행하고, 불변량은 유지하면서 진행 측도가 감소하도록 설계된다. 불변량이 초기에 참(사전 조건은 불변량을 만족하므로)이므로, 반복문을 0, 1, 2, …번 진행한 뒤에도 참일 것이다. 진행 측도는 절대 감소할 수 없도록 해서, 결국 - 수학적 귀납법에 의해 - 사후 조건이 참인 상태에서 반복문이 종료되도록 해야 한다. 구체적인 예시를 들어 알아보자.

9.2 간단한 정렬 문제

이 절에서는 간단한 정렬 문제를 풀어 보자. 문제는 다음과 같다.

> 로봇이 바구니에 들어 있는 돌멩이를 정렬하는 임무를 맡았다. 여러 개의 바구니가 로봇 앞에 일렬로 놓여 있으며, 각 바구니에는 빨간색 또는 파란색으로 색칠된 돌멩이가 정확히 하나씩 들어 있다. 로봇은 팔이 두 개이며, 각 팔 끝에 눈이 달려 있다. 이 눈을 통해 로봇은 바구니 안에 있는 돌멩이 색깔을 알 수 있다. 로봇은 바구니 중에서 두 바구니를 골라, 그 안에 있는 돌멩이를 맞바꿀 수 있다. 이때, 돌멩이를 바꾸어 먼저 빨간색 돌멩이가 든 바구니 모두가 나열된 후, 파란색 돌멩이가 든 바구니 모두가 나열되도록, 로봇에게 명령어의 수열을 제시하라.

바구니가 $0 \leq i < N$인 i로 번호 붙어 있다고 하자. 즉, 돌멩이의 개수는 N이다. 각 바구니에 있는 돌멩이 색에 대한 함수를 정의하자. 인덱스에 대한 이 함수는 빨강과 파랑의 불리언 값을 가질 것이다. $red.i$는 바구니 i에 있는 돌멩이의 색이 빨강이라는 뜻이며, $blue.i$도 마찬가지이다. 각 돌의 색이 빨강이거나 파랑이라는 사실은

$$\langle \forall i :: red.i \not\equiv blue.i \rangle$$

로 나타낼 수 있다. 각각의 색을 가진 돌멩이가 하나 이상 존재한다는 가정은 하지 않는다. (즉, 빨간 돌멩이가 없거나 파란 돌멩이가 없는 경우도 있을 수 있다.) 바구니 i와 j의 돌멩이를 바꾸는 연산을 $swap(i, j)$로 나타내기로 하자.

전칭 기호(universal quantification)에서 변수 i의 범위가 생략되었다. 문맥에서 범위가 분명할 때엔 편의상 이를 생략하곤 한다. 구체적인 설명은 14.4.1절을 보아라.

문제의 풀이가 반복적 과정을 수반할 것임은 분명하다. 사전에는 모든 색이 섞여 있고, 사후에는 모든 색이 정렬되어 있다. 따라서 사전 조건과 사후 조건 모두를 가지고 있는 불변 성질을 찾으려 한다.

비교적 직관적인 아이디어는, 배열을 세 구간으로 나누는 불변량을 찾는 것이다. 세 구간 중 두 구간의 값들은 모두 같은 색(빨강이거나 파랑)이고, 나머지 한 구간에는 두 색이 섞여 있는 것이다. 빨강과 파랑은 대칭적이므로, 색이 섞여 있는 구간은 빨강 구간과 파랑 구간의 사이에 있어야 한다. 그림 9.1에 이것이 그려져 있다.

그림 9.1 불변하는 속성

이때, 사전 조건은 그림 9.1에 보이는 불변량의 한 경우이다. 사전 조건은 모든 돌멩이들이 섞여 있는 구간에 있고, 빨강과 파랑 구간은 비어 있는 것이다. 사후 조건 또한 하나의 경우이다. 사후 조건은 섞여 있는 구간이 비어 있는 것이다. 이 방법으로, 사전 조건과 사후 조건으로부터 불변량이 일반화되었다. 당연히 진행 측도는 섞여 있는 구간의 크기일 것이다. 목표는 항상 섞여 있는 구간의 크기를 줄이면서 불변량을 유지하는 과정을 만드는 것이다.

그림 9.1에서, 빨강 구간과 파랑 구간의 크기를 나타내는 변수 r과 b를 정의한다. 수식으로 나타내면, 불변량은

$$0 \le r \le b \le N \land \langle \forall i : 0 \le i < r : \text{red}.i \rangle \land \langle \forall i : b \le i < N : \text{blue}.i \rangle$$

이다. 초기 상태에, 빨강 구간과 파랑 구간은 비어 있다. 즉, 다음 상태에서 알고리즘을 시작한다.

$$r, b := 0, N$$

이 대입은 불변량을 참으로 만든다. 부등식

$$0 \leq r \leq b \leq N$$

은 열의 크기 N이 0 이상이기 때문에 참이 되고, 두 전칭 기호는 $0 \leq i < 0$과 $N \leq i < N$이 항상 거짓이기 때문에 참이 된다.

섞여 있는 구간의 크기는 $b - r$이다. 이는 진행 측도와 같다. $b - r = 0$, 즉 $r = b$이 참이 될 때 섞여 있는 구간의 크기가 0이 되는데, 즉 $r = b$가 우리의 종료 조건이 된다.

> ⚠️ 14.3절에서 '∀'의 의미에 대해 다룬다. 특히 '빈 구간' 규칙(14.16)을 참조하라. 만약 전칭 기호의 범위가 거짓이면, 이 한정 기호는 공허한 참이라고 부른다. 전칭 기호를 공허한 참으로 만듦으로써 불변량을 참으로 만드는 일은 매우 흔하다.

종료 조건으로 진행하기 위해, r을 증가시키거나 b를 감소시켜야 한다. 이는 '섞여 있는' 구간의 경계에 있는 원소의 색을 보고 진행할 수 있다. 위치 r에 있는 돌멩이가 빨강이면, r을 증가시켜 빨강 구간을 확장할 수 있다. 이는,

$$\text{red}.r \rightarrow r := r + 1$$

을 실행하면 항상 $b - r$을 감소시키고 불변량을 유지할 수 있다. 비슷하게, 위치 b의 돌멩이가 파랑이라면, b를 감소시켜 파랑 구간을 확장할 수 있다. 이는,

$$\text{blue}.(b - 1) \rightarrow b := b - 1$$

을 실행하면 항상 $b - r$을 감소시키고 불변량을 유지할 수 있다. 마지막으로, $\text{red}.r \not\equiv \text{blue}.r$이고 $\text{red}.(b-1) \not\equiv \text{blue}.(b-1)$이기 때문에, 위치 r의 돌멩이가 빨강이 아니고, 위치 $b - 1$의 돌멩이가 파랑이 아니면, 이들은 각각 파랑, 빨강이어야 한다. 따라서 이 둘을 바꿀 수 있고, r이 증가하며 b가 감소한다. 이는,

$$\text{blue}.r \wedge \text{red}.(b-1) \rightarrow \text{swap}(r, b-1) \; ; \; r, b := r+1, b-1$$

을 실행하면 항상 $b - r$을 감소시키고 불변량을 유지할 수 있다. 완전한 풀이는 다음과 같다.

$\{\ 0 \le N\ \}$

$r, b := 0, N\ ;$

$\{$ 불변량: $0 \le r \le b \le N \land \langle \forall i : 0 \le i < r : \text{red}.i \rangle \land \langle \forall i : b \le i < N : \text{blue}.i \rangle$

　　진행 측도: $b - r\ \}$

$do\ r < b\ \rightarrow\ if\ \text{red}.r\ \rightarrow\ r := r + 1$

　　　　　　　　□ $\text{blue}.r \land \text{red}.(b-1)\ \rightarrow\ \text{swap}(r, b-1)\ ;\ r, b := r + 1, b - 1$

　　　　　　　　□ $\text{blue}.(b-1)\ \rightarrow\ b := b - 1$

　　　　　　　　fi

od

$\{ r = b \land 0 \le r \le N \land \langle \forall i : 0 \le i < r : \text{red}.i \rangle \land \langle \forall i : r \le i < N : \text{blue}.i \rangle \}$

이 알고리즘을 조심히 뜯어보아라. 이는 반복문을 글로 작성하는 예시이다. 중괄호 안에 있는 불리언 표현식은 조건(assertion)이라 불린다. 이들은 알고리즘이 진행되는 동안 만족하는 성질이다. 첫 줄과 마지막 줄은 사전 조건과 사후 조건이다. 사전 조건은 가정이고, 사후 조건은 목표이다. 불변량은 r과 b에 대한 함수이고, 진행 측도는 이 반복문이 종료됨이 보장되는 이유를 설명한다. 사후 조건은 불변량과 종료 조건의 결합이다. 반복 본체에서 왜 불변량이 유지되는지, 그리고 왜 진행 측도가 $b - r$인지를 이해하고 넘어가자. (알고리즘을 글로 요약해 보이면서, 중요한 세부사항 몇 가지를 누락했다. 예를 들어, 왜 반복 본체에서 $r \ne b$가 유지되고, 그것이 왜 중요한지 설명할 수 있는가?)

9.3 이분 탐색

수학에서 **중간값 정리**는, 연속 함수의 (비어 있지 않은) 구간의 한쪽 끝에서의 값이 음수이고 다른 끝에서의 값이 양수라면, 구간의 어떤 '중간' 위치에서 함숫값이 0이어야 한다는 정리이다. 그림 9.2에서 이 정리를 그림으로 볼 수 있다. 왼쪽의 그림은 특정 구간에서 연속 함수의 그래프를 보여 준다. 그래프가 수평선과 교차할 때 함숫값이 0이 된다. 구간의 왼쪽 끝에서의 함숫값은 음수이고, 구간의 오른쪽 끝에서의 함숫값은 양수이다. 이 경우에는 함숫값이 0이 되는 지점이 세 개이다. 각 지점에 짧은 수직선으로 표시했다. 중간값 정리는 이러한 점이 항상 적어도 하나는 존재한다고 말해 준다.

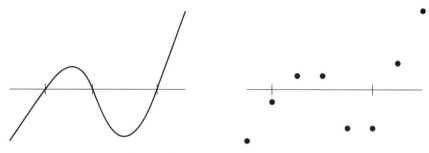

그림 9.2 중간값 정리, 그리고 이를 이산적으로 그린 그림

그림 9.2의 오른쪽 부분은 중간값 정리의 이산적인 그림이다. f가 어떤 자연수 구간에서만 정의된다고 하고, 구간의 왼쪽 끝에서 0 이하, 오른쪽 끝에서 0 이상이라고 하자. 이때, f가 정의되는 구간 안에, $f(i) \leq 0 \leq f(i+1)$을 만족하는 i가 존재한다. (우리 예시에서는 가능한 i가 두 가지 있고, 각각이 짧은 수직선으로 표시되어 있다.) 이 절에서는, 이러한 점을 매우 효율적으로 찾는 방법을 보일 것이다. 이 방법은 이분 탐색(binary search)이라고 부른다.

구간이 두 (자연)수 M과 N으로 주어진다고 가정하자. 사전 조건은 이 구간이 빈 구간이 아니라는 것, 즉 $M < N$, 그리고 f가 구간의 양쪽 끝에서 다른 부호를 가진다는 것, 즉 $f(M) \leq 0 \leq f(N)$이라는 것이다. 목표는 $f(i) \leq 0 \leq f(i+1)$인 수 i를 알아내는 것이다.

사전 조건

$$M < N \ \wedge \ f(M) \leq 0 \leq f(N)$$

과 사후 조건

$$f(i) \leq 0 \leq f(i+1)$$

을 비교하면, 둘 모두가 i, j에 대한 식

$$i < j \ \wedge \ f(i) \leq 0 \leq f(j) \tag{9.1}$$

의 i와 j에 어떤 값을 대입한 형태임을 알 수 있다. 이 알고리즘이 초기에 각각 M과 N의 값을 가지고 있는 두 변수 i와 j를 도입하면 좋을 것 같아 보인다. 이후, 알고리즘은 (9.1)의 조건을 유지하는 반복문을 돌며, 조건 $i+1 = j$를 만족할 때까지 진행할 것이다. 진행 측도는 구간의 크기 $j-i$가 될 것이다.

지금까지 그린 알고리즘의 구조는 다음과 같다.

$\{\quad M < N \ \wedge \ f(M) \leq 0 \leq f(N) \quad\}$

$i, j := M, N$

$\{\quad$ 불변량: $i < j \ \wedge \ f(i) \leq 0 \leq f(j)$

   진행 측도: $j - i \quad\}$;

$do\ i + 1 \neq j \to$ 반복 본체

od

$\{i + 1 = j \ \wedge \ f(i) \leq 0 \leq f(i+1)\}$

첫 번째 대입으로 불변량이 참이 된다. 반복 몸체에서 불변량이 유지된다고 가정하자. 그렇다면, 반복문이 종료될 때

$$i + 1 = j \ \wedge \ i < j \ \wedge \ f(i) \leq 0 \leq f(j)$$

가 되고, 이를 간단하게 하면

$$i + 1 = j \ \wedge \ f(i) \leq 0 \leq f(i+1)$$

이 된다. 이때 i의 값은 목표를 만족한다.

이제, 반복 본체를 설계해 보자. 구간의 크기인 $j - i$를 줄이면서 진행해 간다. $j - i$를 줄인다는 것은 j를 줄이거나 i를 늘이는 것이다. 명백히, 불변량을 동시에 유지하기 위해서는, 구간에 있는 어떤 값 k에 대해 $f(k)$를 조사해 보아야 한다. $i < k < j$인 아무 k나 가지고 $f(k)$를 조사한다고 하자. 그러면 $f(k) \leq 0$이거나 $0 \leq f(k)$여야 한다(둘 다 만족할 수 있지만, 크게 중요하지 않다). 전자의 경우, i의 값을 k까지 늘려도 된다. 후자의 경우, j의 값을 k까지 줄여도 된다. 이 방법으로, 다음과 같은 반복 본체를 만들 수 있다.

$\{\quad i + 1 \neq j \ \wedge \ i < j \ \wedge \ f(i) \leq 0 \leq f(j) \quad\}$

$i < k < j$인 k를 고른다.

$\{\quad i < k < j \ \wedge \ f(i) \leq 0 \leq f(j) \quad\}$;

$if\ f(k) \leq 0 \to i := k$

$\square\ 0 \leq f(k) \to j := k$

fi

$\{i < j \ \wedge \ f(i) \leq 0 \leq f(j)\}$

이때, $i+1 \neq j \wedge i < j$는 $i+1 < j$ 또는 $i < j-1$로 줄일 수 있다. 따라서 조건에 따라 k를 고르는 것은 항상 가능하다. 가능한 두 가지 선택지는 $i+1$과 $j-1$이다. 마지막 단계는, k를 고르는 방법이다.

k의 값으로 항상 $i+1$을 고르면, **선형 탐색**이라 불리는 방법이 된다. 매 반복마다, j의 값은 고정이고, i의 값이 1씩 증가한다. (일반적인 프로그래밍 언어에 익숙하다면, *for* 문을 이용해 이러한 탐색을 구현할 것이다.) 마찬가지로, k의 값으로 항상 $j-1$을 고르면, 매 반복마다 i의 값이 고정이고 j의 값이 1씩 감소하는 선형 탐색이 된다. 두 경우 모두 구간의 크기는 매 반복마다 정확히 1씩 감소한다 — 그다지 효율적인 방법은 아니다. **이분 탐색**은 조금 더 낫다. i와 j의 대략 가운데에 있는 값을 k로 잡으면, 매 반복마다 구간의 크기를 대략 절반으로 줄일 수 있다. 이는 다음 대입으로 구현할 수 있다.

$$k := (i+j) \div 2$$

앞의 알고리즘에 이와 같은 설계를 추가하면, 완전한 알고리즘을 얻을 수 있게 된다.

$\{ \ M < N \ \wedge \ f(M) \leq 0 \leq f(N) \ \ \}$
$i, j := M, N$
$\{ \ $불변량: $i < j \ \wedge \ f(i) \leq 0 \leq f(j)$
　　진행 측도: $j - i \}$;
$do \ i+1 \neq j \quad \rightarrow \ \{i+1 \neq j \ \wedge \ i < j \ \wedge \ f(i) \leq 0 \leq f(j)\}$
　　　　　　　　　$k := (i+j) \div 2$
　　　　　　　　　$\{i < k < j \ \wedge \ f(i) \leq 0 \leq f(j)\}$;
　　　　　　　　　$if \ f(k) \leq 0 \ \rightarrow \ i := k$
　　　　　　　　　$\square \ 0 \leq f(k) \ \rightarrow \ j := k$
　　　　　　　　　fi
　　　　　　　　　$\{i < j \ \wedge \ f(i) \leq 0 \leq f(j)\}$
od
$\{i + 1 = j \ \wedge \ f(i) \leq 0 \leq f(i+1)\}$

이 알고리즘의 정당성은 아래 성질에서 기인한다.

$$[i+1 \neq j \ \wedge \ i < j \Rightarrow i < (i+j) \div 2 < j]$$

이 속성은 15.4.1절에서 다루는 자연수 나눗셈의 성질을 이용해 증명할 수 있다. 진행 측도와 구간의 크기는 반복 본체의 실행 횟수의 상한을 제공한다. 이 알고리즘에서, 매 반복마다 $j - i$가 절반이 되었기 때문에, 반복 횟수는 대략 $\log_2(N - M)$이 된다. 따라서, $N - M$이 $1024(= 2^{10})$라면, 반복 횟수는 10번이 된다. 이는 함수 f와 무관하다. 선형 탐색의 반복 횟수는, 함수 f에 따라, 최소 1번이고 최대 1023번이다. 따라서 선형 탐색은 최악의 경우에 더욱 나쁘다(항상 더 오래 걸리지는 않지만).

9.4 샘 로이드의 닭 쫓기 문제

알고리즘 설계에 대한 다음 예시로, 샘 로이드(Sam Loyd)가 발명한 퍼즐을 푸는 알고리즘을 설계할 것이다. (살짝 바꾼 버전의) 문제 설명은 다음과 같다.[2]

> 뉴 저지에 있는 한 농장에 도시 사람이 휴가를 왔다. 그는 매일 닭 쫓기를 했다. 정원에는 항상 누구든 자기를 쫓아오길 원하는 닭 두 마리가 있다. 그는 태그 게임 중 하나를 떠올리고, 흥미로운 퍼즐을 하나 생각해 냈다.
>
> 목표는 농부와 아내가 닭 두 마리를 몇 번의 움직임 안에 잡을 수 있는지 증명하는 것이다.
>
> 농장은 64개의 정사각형으로 나누어져 있고, 각 칸은 옥수수 두둑으로 표시되어 있다. 그들이 두둑 사이를 상하좌우로 한 칸씩 이동하면서 게임을 하고 있다고 하자.

그림 9.3 닭 쫓기 문제

차례는 다음과 같다. 먼저 농부와 아내가 한 칸 이동하고, 그런 다음 닭들이 한 칸씩 움직인다. 닭을 몰아서 잡는 데에 몇 번의 움직임이 필요한지 알아낼 때까지, 이를 몇 차례 반복한다. 농부와 아내가 닭이 있는 칸으로 이동할 수 있을 때, 닭을 잡았다고 표현한다.

2 http://www.cut-the-knot.org/SimpleGames/RFWH.shtml을 보라.

게임은 체스판에서 진행한다. 농부와 아내를 나타내는 말 두 개와, 두 닭을 나타내는 다른 색의 말 두 개를 이용해 진행한다.

이 게임은 풀기 쉽다. 이 문제의 유일한 속임수는, 로이드가 그린 그림(그림 9.3)에 묘사된 초기 상태에서, 농부는 수탉을 잡을 수 없고, 아내는 암탉을 잡을 수 없다는 것이다. 이 책에서 불변량을 눈여겨보는 훈련을 한 여러분에게는 당연하게 느껴질 것이다. 농부의 첫 움직임과, 수탉과의 거리(수탉까지 움직이기 위해 움직여야 하는 횟수)가 최초에 짝수이다. 농부가 움직이면 거리는 홀수가 된다. 다음에 수탉이 움직이면 다시 거리는 짝수가 된다. 이것이 계속해서 반복된다. 농부는 거리를 절대 0으로 만들 수 없을 것이다. 0이 짝수이기 때문이다. 아내와 암탉에게도 같은 논리를 적용할 수 있다. 그러나, 농부와 암탉의 거리가 홀수이고 아내와 수탉의 거리가 홀수이므로, 농부가 암탉을 잡고 아내가 수탉을 잡으면 문제를 풀 수 있다. 체스판 위에서 이를 플레이한다면 이 논의는 더욱 명확해진다. 거리가 짝수만큼 떨어진 두 칸은 같은 색이고(두 칸 사이의 거리는, 수직/수평으로 움직여야 하는 횟수와 같다), 거리가 홀수만큼 떨어진 두 칸은 서로 다른 색이다. 모든 수직/수평 움직임은 서로 색이 다른 칸들 사이의 움직임이다.

말했듯, 이 게임은 풀기 쉽다. 해 보자. (181쪽 각주 2의 링크를 따라 인터넷에서 플레이해 볼 수 있다.) 진짜 문제는, 멍청한 기계가 이를 실행할 수 있도록 풀이를 정확하게 묘사하는 것이다. 그것이 이 절의 목표이다.

어떤 관점에서 보면, 로이드는 문제를 불명확하게 서술했다. 그는 농부와 아내가 체스판의 같은 칸 위에 있어도 되는지, 닭이 농부나 아내가 있는 칸으로 움직이면 어떻게 되는지 언급하지 않았다. 이러한 세부사항으로부터 방해를 받지 않도록, 문제를 간단한 형태로 생각해 보자.

우리 문제에는 임의의 크기의, 그러나 유한한 크기의 직사각형 체스판이 등장한다. 등장인물은 **사냥꾼**과 **먹이** 둘뿐이다. 사냥꾼과 먹이는 각각 체스판의 서로 다른 한 칸씩을 차지한다. 사냥꾼과 먹이는 번갈아서 한 번씩 움직이는데, 움직임은 체스판 안에서 수직 또는 수평(상하좌우)으로 한 칸 움직이는 것이다. 사냥꾼이 먹이가 있는 칸으로 움직이면 사냥꾼이 먹이를 잡는다고 말한다. 문제는, 사냥꾼이 최소의 움직임으로 먹이를 잡을 수 있도록 보장된 알고리즘을 표현하는 것이다.

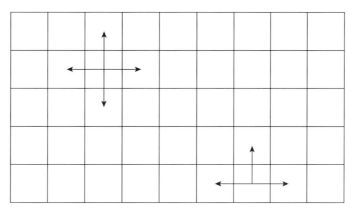

그림 9.4 게임에서 허용된 움직임

먼저 먹이를 잡을 수 있음이 보장된 알고리즘을 표현해 보자. 그런 다음, 최소의 움직임으로 먹이를 잡을 수 있는 알고리즘에 대해 논의해 보자.

사냥꾼과 먹이 사이의 거리는 알고리즘에서 근본적인 역할을 한다. 개념을 명확하게 하고 시작하자.

체스판의 두 칸이 주어졌을 때, 그림 9.5와 같이 수평 거리 h와 수직 거리 v를 찾을 수 있다. (엄밀히, 각 칸에 좌표를 부여하면, 칸 (i, j)와 칸 (k, l) 사이의 수평 거리는 $|i - k|$, 수직 거리는 $|j - l|$이다.) 두 칸 사이의 거리 d는 $h + v$와 같다. (이는 뉴욕 맨해튼 거리의 모양과 같다고 해서, 맨해튼 거리(Manhattan Distance)라고 불리곤 한다.)

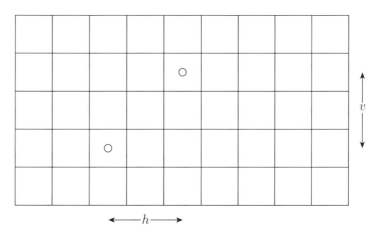

그림 9.5 수평 거리와 수직 거리

사냥꾼과 먹이의 거리가 처음엔 d이고, 둘 중 하나가 움직이면, d는 1 증가하거나 1 감소한다. 번갈아 움직이면, 다음과 같이 두 번의 대입을 하는 것과 같다.

$$d := d \pm 1 \, ; d := d \pm 1$$

이는 아래를 실행하는 것과 같다.

$$d := d - 2 \; \square \; d := d + 0 \; \square \; d := d + 2$$

(2.3.1절에서 다뤘듯, '$\square$'는 비결정론적인 선택을 의미한다.) 불리언 값 $even(d)$ 는 자명히 불변량이 된다. (d가 짝수일 때, 즉 $even(d)$가 참일 때는 계속 짝수일 것이고, d가 홀수일 때, 즉 $even(d)$가 거짓일 때는 계속 거짓일 것이다.) 목표는 거리를 짝수 값인 0으로 만드는 것이므로, 사냥꾼이 첫 움직임을 하는 시점에는 사냥꾼과 먹이의 거리가 홀수만큼 떨어져 있어야 한다. 이 가정은 우리 알고리즘의 사전 조건이다.

문제는 자명한 전략을 제안한다. 먹이를 구석으로 몰자. 그런데, '구석'이 정확히 어디일까? 수학의 도움을 받아보자.

사냥꾼과 먹이 사이의 수평, 수직 거리(절댓값)를 각각 h와 v로 두자. 사냥꾼부터 움직임을 시작한다고 하자. 이때 문제는 다음을 만족하는 알고리즘 S를 표현하는 것이 된다.

$$\{odd(h + v)\}$$
$$S$$
$$\{h = 0 = v\}$$

사냥꾼과 먹이가 번갈아 움직이며, 먹이의 움직임은 비결정론적이라는 사실이 S의 형태에 반영되어야 한다. 반대로, 사냥꾼의 움직임은 완벽하게 결정되어야 한다. 사전 조건 $odd(h + v)$ 는 앞서 논의했던 것과 같이 사냥꾼이 첫 번째로 움직이는 경우에 중요하다. 사후 조건은, S가 종료되는 시점에 사냥꾼과 먹이의 거리가 0이어야 한다는 조건을 설명한다. 게다가, h와 v가 임의의 정수가 아닌 자연수라는 점(거리이기 때문에)도 중요하다. 판의 크기는 문제를 푸는 데 중요한 요소이지만, 당장은 논의하지 않겠다.

사후 조건은 문제의 순차적 분해를 제시한다. 먼저 사냥꾼은 $h = v$를 참이 되게 해서 먹이를 '구석으로 몰고', 다음 $h = v$인 상태에서 사냥꾼은 먹이를 잡는다.

$\{odd(h + v)\}$

먹이를 구석으로 몲

$\{h = v\}$;

먹이를 잡음

$\{h = 0 = v\}$

$h = v$가 참이 되게 하는 것이 왜 먹이를 '구석으로 모는' 것인지 시각적으로 이해할 수 있을 것이다. 이런 상황에서, 사냥꾼과 먹이는 대각선으로 연결되어 있다. 이는 판의 구석 하나를 가리키고 있다. 각 대각선은 두 개의 구석과 만나고 있고, 이 중 먹이와 가까운 구석을 택하게 된다. 예를 들어, 그림 9.6과 같은 상황에서 사냥꾼은 먹이를 판의 왼쪽 아래 구석으로 몰아야 할 것이다.

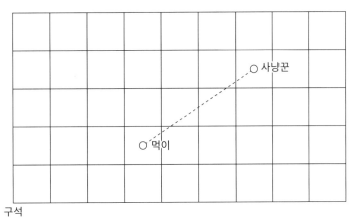

그림 9.6 먹이를 구석으로 몬 상황

9.4.1 먹이 구석으로 몰기

먼저 $h = v$가 성립하도록 하는 것부터 시작하자. 최초에 $h = v$는 거짓이다($h + v$가 홀수이기 때문에). 즉, $h < v \lor v < h$이다. 잠시, 우리가 '수직'이라 부르는 것과 '수평'이라 부르는 것은 사실 임의로 뒤집을 수 있다. 판을 $90°$ 돌리면 가로와 세로가 바뀌게 된다. 필요할 때 판을 돌리기로 하면, $h < v$라 가정해도 무방하다. 이때 사냥꾼이 해야 하는 것은 반복해서 먹이 방향으로 수직으로 움직이는 것이다. $h = v$가 참이 될 때까지 v가 감소할 것이다.

정말 그럴까? 먹이가 한 칸씩 움직일 때에도 똑같이 성립할까? 시험해 보자. 아래는 사냥꾼의 움직임만을 나타낸 알고리즘의 개형이다. 사전 조건은 $odd(h+v) \wedge h<v$이고, 사후 조건은 $h=v$이다. 대입 $v:=v-1$은 사냥꾼의 움직임을 나타낸다. 사냥꾼이 첫 움직임을 하고 나서, 먹이와 사냥꾼이 반복해서 움직인다. h와 v가 같아지면 반복문은 종료된다. (아래 조건 $h \neq v$가 이 역할을 해 준다.)

$$\{odd(h+v) \wedge h<v\}$$
$$v:=v-1;$$
$$do\ h \neq v\ \rightarrow\ \text{먹이가 움직임}\ ;$$
$$v:=v-1$$
$$od$$
$$\{h=v\}$$

이제 이 개형에, 먹이가 택할 수 있는 선택이 포함된 집합에 대응하는 $if-fi$ 구문을 넣어야 한다. (왜 '포함된 집합'이라는 표현을 썼는지 이후에 설명할 것이다.) 추가로, 항상 중요한 **불변량**과 **진행 측도**를 반복문에 기록한다. 이들은 알고리즘이 올바르게 작동함을 보일 때에 중요하다. 반복 본체에 조건 몇 개가 들어갔다. PreP이라 적혀 있는 것은 먹이의 움직임에 대한 사전 조건이다. 변수 vp 또한 추가되었는데, 이는 판의 '밑면'으로부터 먹이까지의 수직 거리이다. 이는 중요한데, 우리가 판에서 먹이가 사냥꾼 밑에 있도록 판의 '밑면'을 정의했는데, 즉, 먹이까지의 수직 거리가 사냥꾼까지의 수직 거리보다 작은 면으로 정의한다. (필요한 경우에 판을 180° 돌리면 우리가 이해하는 '밑면'의 방향에 놓이게 될 것이다.) 반복문의 종료 조건에 대해 논의할 때에 이 점이 중요한 이유를 알게 될 것이다.

$$\{\ odd(h+v) \wedge h<v\ \}$$
/* 사냥꾼이 움직임 */
$$v:=v-1$$
$$\{\ \text{불변량}: even(h+v) \wedge h \leq v$$
$$\text{진행 측도}: v+vp\ \};$$
$$do\ h \neq v\ \rightarrow\ /* \text{먹이가 움직임} */$$
$$\{\text{PreP}: even(h+v) \wedge h+1<v\}$$
$$if\ h \neq 0 \rightarrow h:=h-1$$

$$\square \quad true \ \rightarrow \ h := h - 1$$
$$\square \quad vp \neq 0 \ \rightarrow \ v, vp := v + 1, vp - 1$$
$$\square \quad true \ \rightarrow \ v, vp := v - 1, vp + 1$$
$$fi$$
$$\{ \ odd(h + v) \ \wedge \ h < v \ \};$$

/* 사냥꾼이 움직임 */

$$v := v - 1$$
$$\{ \ even(h + v) \ \wedge \ h \leq v \ \}$$

od

$\{ h = v \}$

사냥꾼의 첫 움직임에 대한 사전 조건은

$$odd(h + v) \ \wedge \ h < v$$

이다. 곧, 알고리즘의 이 단계에서, 사냥꾼의 가능한 모든 움직임에 대한 사전 조건이 존재한다는 것을 알게 될 것이다. 이 상태에서 사냥꾼의 움직임으로 인해,

$$even(h + v) \ \wedge \ h \leq v$$

가 참이 된다. 이는 반복문의 불변량이다.

이제, $h = v$이거나 $h < v$이다. 전자의 경우, 반복문은 종료하고 의도한 사후 조건이 참이 된다. 후자의 경우, 조건 $h < v$와 불변량이 먹이에 대한 사전 조건 PreP이 된다. 그러나

$$[\, even(h + v) \wedge h \leq v \wedge h < v \ \equiv \ even(h + v) \wedge h + 1 < v \,]$$

이므로, 먹이는 다음과 같은 사전 조건을 가진 움직임을 고른다.

$$even(h + v) \wedge h + 1 < v$$

 꼼꼼히 계산해서 이 주장이 참임을 확인하라. 부등식의 성질에 대해서는 15장을 참조하라. 5.3.1절에서 논의한 $even$ 구문에 대한 성질을 이용해야 할 수도 있다.

앞에서 이 조건에 PreP이라는 이름을 붙였다. 이제 PreP 사전 조건을 이용해, 먹이의 움직임이 다음 조건을 만족함을 보일 것이다.

$$odd(h + v) \land h < v \tag{9.2}$$

이는 사냥꾼의 첫 움직임에 대한 사전 조건이기도 했다.

먹이가 할 수 있는 선택에는 네 가지가 있다. 사냥꾼으로부터의 가로/세로 거리를 증가/감소시킬 수 있다. 이는 $if - fi$ 구문의 네 가지 경우이다. 조건 '$h \neq 0$'은 수평 거리를 감소시키는 선택지를 추가하기 위해 넣었다. $h = 0$일 때에는 먹이의 수평 움직임이 사냥꾼으로부터의 수평 거리를 증가시킬 것이다. v를 증가시키고 vp를 감소시키는 행동에 대한 조건은 논의에서 필수적이다. 이는 수직 방향으로 먹이의 움직임에 대한 제한을 만든다. 수평 움직임에 대한 조건은 비슷한 방법으로 강화될 수 있다. 먹이의 수평 움직임에 대한 제한은 이 단계에선 아직 필요하지 않기 때문에 하지 않았다. 즉, 사냥꾼의 알고리즘은 먹이가 할 수 있는 가능한 모든 움직임을 고려해야 한다. 알고리즘이 모든 가능성을 포함하는 집합을 고려하더라도, 정당성은 역시 보장될 것이다.

사냥꾼은 먹이의 움직임에 관여할 수 없기 때문에, (9.2)가 먹이의 선택과 무관하게 참이 됨을 보여야 한다. 네 개의 선택지 모두가 $even(h + v)$가 거짓이, $odd(h + v)$가 참이 되도록 하는 것은 자명하다(왜냐하면 h와 v 중 정확히 하나가 1 증가하거나 1 감소할 것이기 때문이다). 그리고, 네 가지 모든 선택지는 $h < v$ 가 참이 되게 한다. 먹이가 움직이는 두 경우에 h가 증가하거나 v가 감소하기에, 움직임 전에 $h + 1 < v$가 참이 되게 만들 필요가 있다. 다른 두 경우는 더 간단하다. 수직 거리를 증가시키는 것에 대한 조건은 이 단계에서는 필요하지 않다.

반복문이 불변량을 만족하는 상태에서 시작함을, 그리고 반복문을 다시 실행할 때도 불변량을 만족하는 상태에서 시작할 것임을 보였다. 남은 질문은 반복문이 종료함이 보장되어 있는가이다. 실제로 h와 v가 같은 상태를 향해 진행하는가?

이 시점에서 변수 vp가 필요하다. vp가 판의 바닥으로부터 먹이까지의 거리를 뜻함을 기억하자. 또, '밑면'을 먹이가 사냥꾼보다 가까운 면으로 정의했음을 기억하자. 즉, $v + vp$는 판의 바닥으로부터 사냥꾼까지의 거리를 뜻한다.

결정적인 사실은, 먹이가 v를 증가시키면 vp의 값도 같은 양만큼 감소한다는 것이다. 반대로 먹이가 v를 감소시키면 vp의 값은 같은 양만큼 증가한다. 따라서 먹이가 이동하는 동안 $v + vp$는 불변량이다. 그러나 사냥꾼의 이동은 v를 감소시키기 때문에, 사냥꾼이 이동한 후 먹이가 이동했을 때 순 효과는 $v + vp$를 1만큼 감소시키는 것이다. 이 값은 항상 0 이상이다. 따라서 한 쌍의 이동은 제한된 횟수(기껏해야 보드 바닥에서 사냥꾼의 초기 수직 거리)만큼만 반복될 수 있다. h와 v가 같고 먹이가 구석에 몰린 상태에서 반복문이 종료되도록 보장된다.

9.4.2 먹이 잡기

구석에 모는 과정과 달리, 먹이를 잡는 과정에서는 사냥꾼이 먹이의 움직임에 따라 움직임을 바꾸어야 한다.

이 단계의 사전 조건은 $h = v$이다. 이 조건에서 먹이를 어떤 구석으로 몰지는 정해져 있으며, 이를 단순히 '구석'이라 부르겠다. 먹이로부터 구석까지의 수평 거리를 hp라 할 때, 사냥꾼에서 구석까지의 수평 거리는 $h + hp$이다. 비슷하게, 먹이에서 구석까지의 수직 거리를 vp라 하면, 사냥꾼에서 구석까지의 거리는 $v + vp$이다.

$h = v$를 만족하는 상태에서 시작한 뒤, 먹이가 어떻게 움직이든 이 속성은 깨질 것이다. 사냥꾼의 대응은 이 속성을 다시 참으로 만들면서, 종료 조건 $h = 0$을 향해 진행하는 것이다.

먹이의 움직임을 따라가며 $h = v$가 참이 되게 하는 것은 쉽다. 그림 9.7은, 먹이가 h를 증가시키는 방향으로 움직일 때 사냥꾼이 택할 수 있는 두 선택지를 보여준다. 사냥꾼은 수직이나 수평으로 이동할 수 있다. 판의 경계 때문에 수직으로 이동하는 것은 불가능할 수도 있지만, 수평으로 이동하는 것은 항상 가능하다. 게다가, 수평 움직임은 사냥꾼이 구석에 더 다가간다는 의미에서, 종료를 향해 진행하는 행동이다.

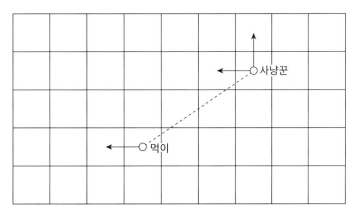

그림 9.7 불변량 유지하기

아래에, 먹이의 움직임에 사냥꾼이 어떻게 대응해야 하는지에 대한 세부 사항이 적혀 있다. $hp \neq 0$과 $vp \neq 0$ 두 검사를 수행해, 먹이가 사냥꾼으로부터 멀어지지 않도록 한다. 구석에서 사냥꾼까지의 거리는 $h + hp + v + vp$이다. 이는 반복문이 실행되는 횟수의 상한이다.

$\{$ 불변량: $h = v$

진행 측도: $h + hp + v + vp$ $\}$

$do\, 0 < h \quad \rightarrow \quad if\, hp \neq 0 \quad \rightarrow \quad$ /* 먹이가 움직임 */

$\qquad\qquad\qquad\qquad\qquad hp, h := hp - 1, h + 1 ;$

$\qquad\qquad\qquad\qquad\qquad$ /* 사냥꾼이 움직임 */

$\qquad\qquad\qquad\qquad\qquad h := h - 1$

$\qquad\qquad\qquad \square \quad true \quad \rightarrow \quad$ /* 먹이가 움직임 */

$\qquad\qquad\qquad\qquad\qquad hp, h := hp + 1, h - 1 ;$

$\qquad\qquad\qquad\qquad\qquad$ /* 사냥꾼이 움직임 */

$\qquad\qquad\qquad\qquad\qquad v := v - 1$

$\qquad\qquad\qquad \square \quad vp \neq 0 \quad \rightarrow \quad$ /* 먹이가 움직임 */

$\qquad\qquad\qquad\qquad\qquad vp, v := vp - 1, v + 1 ;$

$\qquad\qquad\qquad\qquad\qquad$ /* 사냥꾼이 움직임 */

$\qquad\qquad\qquad\qquad\qquad v := v - 1$

$\qquad\qquad\qquad \square \quad true \quad \rightarrow \quad$ /* 먹이가 움직임 */

$\qquad\qquad\qquad\qquad\qquad vp, v := vp + 1, v - 1 ;$

$\qquad\qquad\qquad\qquad\qquad$ /* 사냥꾼이 움직임 */

$\qquad\qquad\qquad\qquad\qquad h := h - 1$

$\qquad\qquad\qquad fi$

$\qquad\qquad od$

$\qquad\qquad \{h = 0 = v\}$

사냥감의 움직임에 뒤이은 사냥꾼의 움직임의 순효과가 $h = v$를 참으로 만드는 것임을 확인하는 것은 쉽다. $h + hp$와 $v + vp$는 먹이가 움직일 때에는 불변량이지만 사냥꾼이 움직일 때는 항상 h 또는 v가 감소하기 때문에 감소한다. 거리 $h + hp + v + vp$ 또한 항상 감소하지만 항상 0 이상이기에, 영원히 감소할 수는 없다. 이것으로 알고리즘이 완성된다.

9.4.3 최적

마지막으로 이 알고리즘이 최적인지 논의하고 끝낸다. 형식에 맞추어 증명을 적을 수도 있지만, 간략하게 하기 위해 일상적인 문장으로 설명하려 한다. 다시금, 불변량이라는 개념이 중요한 역할을 한다.

사냥꾼이 항상 먹이를 잡을 수 있음은 보였다(최초 둘의 거리가 홀수라는 가정하에). 이를 위해 사냥꾼이 움직임을 결정하는 알고리즘을 제시했다. 사냥꾼의 알고리즘이 최적임을 보이기 위해, 먹이에 초점을 맞춘다. 먹이는 잡힐 수밖에 없는 운명이지만, 사냥꾼에게서 최대한 오래 도망 다니려고 할 수 있다. 따라서 먹이의 알고리즘 또한 조사해야 한다.

사냥꾼의 알고리즘에는 두 단계가 있다. 구석으로 모는 단계에서 사냥꾼은 계속 수직 아래 방향으로 움직인다. 잡는 단계에서, 사냥꾼은 구석을 향해 수직과 수평으로 계속해서 이동한다. 따라서 사냥꾼이 움직인 최대 거리는 먹이가 몰린 구석까지의 최초 거리와 같다.

먹이가 몰리는 구석은 사냥꾼이 정하는 것이 아니다. 이는 구석으로 모는 단계에서 먹이가 정한다. 가능한 두 개의 구석 중에서 선택하게 되지만, 이 선택은 구석으로 모는 단계에 앞서 이루어진다. (이는 최초에 $h < v$를 가정하게 해 주는 결정이다.) 이 두 구석을 A와 B, 나머지 두 구석을 C와 D라고 하자. 최초에 먹이는 사냥꾼보다 A와 B에 더 가까이 있다. 마찬가지로, 사냥꾼은 먹이보다 C와 D에 더 가까이 있다.

사냥꾼이 구석 C, D에서 먹이를 잡을 수는 없다. 사냥꾼이 움직일 때마다, 사냥꾼이 먹이보다 C와 D에 더 가깝게 있다는 성질을 참으로 만들 수 있기 때문이다. 따라서, 사냥꾼은 먹이를 구석 A나 B에서 잡아야 한다.

이제, 구석 A가 구석 B보다 사냥꾼과 가까운 위치에 있다고 가정하자. (두 구석이 사냥꾼으로부터 같은 거리에 있다면, 둘 중 어디에서 먹이가 잡히든 상관없다.) 이제 먹이는 항상 사냥꾼으로 하여금 적어도 사냥꾼으로부터 구석 B까지의 최초 거리만큼은 이동하도록 만들 수 있다. 먹이가 이를 이룰 수 있는 한 가지 방법은, 구석으로 모는 단계에서 사냥꾼의 수평 거리 h를 계속 줄이는 것이다. 만약 $h = 0$이 되어 h를 증가시켜야만 할 때에는, 구석 B를 향해 움직이면 된다. 이는 먹이가 사냥꾼보다 구석 A에 더 가깝다는 속성을 유지하면서 사후 조건 $h = v = 1$을 향해 진행하도록 보장한다. 잡는 단계에서, 먹이는 h를 증가시키는 것과 v를 증가시키는 것 중에서 고를 수 있을 때까지 반복한다. (체스판에 유한한 경계가 있으므로 무한히 할 수는 없다.) 이 단계의 불변량은 $0 < h$ 또는, 먹이가 구석 B에 있을 때에는 $0 < v$이다. 먹이가 구석 B에 있을 때에는, 다음 움직임에 잡힐 것이다.

이 방법으로, 사냥꾼이 적어도 구석 B로부터의 최초 거리만큼은 움직인다는 것을 보였다. 사냥꾼이 많아야 구석 B로부터의 최초 거리만큼만 움직인다는 것은 이미 보였으므로, 사냥꾼의 알고리즘이 최적임을 알 수 있다.

---

⑦ 연습문제 9.3

사냥꾼이 어떤 알고리즘을 이용하든 최대한 오래 도망칠 수 있는 알고리즘을 먹이의 입장에서 설계하라. 즉, 먹이 입장의 알고리즘에서는, 사냥꾼이 먹이와 붙어 있으면 곧바로 잡을 것이라는 것을 제외하고는 사냥꾼의 알고리즘에 대해 어떤 가정도 해서는 안 된다.

9.5 프로젝트

아래는 닭 쫓기 문제와 유사한 알고리즘 설계 연습문제이다. 이 문제들은 자명하지 않아서, 이 절에 '프로젝트'라는 이름을 붙였다. 생각보다 시간이 꽤 걸릴 것이다. 알고리즘 설계를 올바르게 하기 위해서는 세심한 작업이 필요하다. 연습문제 9.4의 풀이는 책의 끝 부분에 나와 있지만, 연습문제 9.5의 풀이는 나와 있지 않다.

---

⑦ 연습문제 9.4

세 종류의 물건이 들어 있는 가방이 주어진다. 그중 두 종류의 물건을 하나씩 제거하고, 나머지 종류의 물건을 하나 집어 넣는 작업을 반복할 수 있다.

하나를 제외하고 모든 물건을 제거할 수 있는 조건이 무엇인지 알아내어라. 즉, 어떤 경우에 불가능하고 어떤 경우에 가능한지 알아내고, 가능한 경우에는 목표를 이루기 위한 알고리즘을 제시하라. 최초에 서로 다른 종류의 물건들이 존재한다고 가정하는 것이 좋다.

이 문제는 불변량에 관한 것이지 진행하는 것에 관한 문제는 아님에 유의하라. 매 반복마다 물건의 개수가 하나씩 감소하기 대문에, 알고리즘이 종료된다는 것은 보장되어 있다.

---

② 연습문제 9.5 카멜롯의 카멜레온

카멜롯 섬에는 회색, 갈색, 붉은색의 세 가지 종류의 카멜레온이 있다. 서로 다른 색의 두 카멜레온이 만나면, 둘 다 제3의 색깔로 변해 버리고 만다.

카멜레온을 적절한 순서로 만나게 만들어서 모든 카멜레온이 같은 색을 가지게 만들려면, 최초에 회색, 갈색, 붉은색 카멜레온이 몇 마리씩 있어야 할까? 예를 들어, 세 종류의 카멜레온이 각각 4, 7, 19마리 (종류의 순서는 중요하지 않다) 있을 때, 카멜레온이 적절한 순서로 만나게 해서 모든 카멜레온이 같은 색을 가지도록 만들 수 있다. 그 예시 중 하나는 다음과 같다.

$$(4, 7, 19) \rightarrow (6, 6, 18) \rightarrow (0, 0, 30)$$

반면에, 카멜레온의 수가 1, 2, 3마리라면, 이들이 모두 같은 색을 가지게 만들 수는 없다. 가능한 경우에는, 알고리즘도 제시하라.

힌트: 먼저 회색, 갈색, 붉은색 카멜레온의 수를 a, b, c로 두자. 그리고 카멜레온의 만남을 반복문으로 표현하자. 반복문의 불변량을 알아내면, 모든 카멜레온을 같은 색으로 만들 수 없을 때에 a, b, c가 일반적으로 어떤 조건을 만족하는지 알아낼 수 있어야 한다. 해당 조건이 거짓일 때에, 모든 카멜레온이 결국 같은 색을 가지게 됨이 보장되도록 카멜레온이 만나는 순서를 결정하는 알고리즘을 설계해야 한다. 한 가지 풀이는, 닭을 쫓는 문제에서 했던 것처럼 알고리즘을 두 단계로 나누는 것이다. 첫 단계가 끝난 상태에서는 목표를 이루기 위해 카멜레온이 만나는 순서를 결정하는 일이 비교적 쉬워져야 한다.

9.6 정리

알고리즘 설계의 세 가지 기본적인 원칙은, 순차적 분해, 경우의 수 분석과 귀납법이다. 이 중 가장 적용하기 어려운 것은 귀납법이다. 그러나 귀납법은 가장 핵심적이다. 대부분의 문제 풀이에는 반복문으로 대표되는 반복적인 과정이 필요하기 때문이다.

반복적인 알고리즘을 구성하는 데에는 불변량이 결정적이다. 알고리즘의 불변량은, 수학의 귀납 가설의 개념과 동등하다. 그렇기 때문에, 이 개념은 2장에서 일찍이 소개되었다. 2장에서의 핵심은 반복적인 과정에서 불변량을 알아내는 것이었다. 가끔 사전 조건과 사후 조건에서 모두 성립하지 **않는** 불변량을 유지하는 구조의 풀이를 설계해, 문제를 풀 수 없어지는 경우가 많다. 마찬가지로, 많은 경우에 문제를 푸는 핵심은, 사전 조건과 사후 조건에서 모두 성립하고, 사전 조건에서 사후 조건으로 진행하는 반복적 과정 속에서 유지되는 불변량을 알아내는 것이다. 불변량이 참인 상태를 유지하는 기술을 연마해야, 알고리즘 문제가 쉬워진다.

불변량과 진행 측도의 조합은, 수학에서 귀납법의 개념에 대응한다. 귀납 가설은 불변량이다. 이는 진행 측도라는 이름의 매개변수로 나타난다. 알고리즘을 보는 새로운 눈을 얻을 준비가 되었다면, 수학에서 귀납법으로 하는 증명을 공부함으로써 더 많은 것을 배울 수 있을 것이다.

---

⑦ 연습문제 9.6

2.3절에서 논의한 종이컵 문제를 생각해 보자. 종이컵이 일렬로 나열되어 있다고 해 보자. 그리고 인접한 두 종이컵만 뒤집을 수 있다는 규칙이 있다고 하자. (따라서, 뒤집힌 종이컵을 아무거나 두 개 골라서 올바른 상태로 만드는 것은 할 수 없다.) 모든 종이컵을 올바른 상태로 만드는 알고리즘을 설계하라. 불변량과 진행 측도에 초점을 맞추어라. 물론, 뒤집힌 종이컵의 수가 짝수라고 가정하자.

---

⑦ 연습문제 9.7   어려움

3.3절에서 논의한 호위하기 문제를 다시 생각해 보자. 2인승 배를 이용해 4쌍 이상의 사람들이 이동하는 것은 불가능함을 보여라.

3인승 배를 이용해 6쌍 이상의 사람들이 강을 건너는 것은 가능함을 보여라.

두 문제는 동시에 풀 수 있다. 중요한 성질들은 다음과 같다.

- 경호원들 중 많아야 절반만 같이 탈 수 있다.
- 배는 한 쌍의 사람들만 태울 수 있다.

아래 단계를 이용하면 풀이를 표현하는 데 도움이 될 수 있다.

배에 탈 수 있는 사람의 수를 M이라 하자. 사람이 몇 쌍 있는지를 N으로 두자. N은 최소 2이고, M은 2 이상 3 이하이며, 또한 $N/2$ 미만이다. (이러한 성질은 2인승 배와 4쌍의 사람, 3인승 배와 6쌍의 사람의 경우에서 공통으로 성립한다.)

lB를 왼쪽 둑에 있는 경호원의 수로 두자. 오른쪽 둑에 있는 경호원의 수인 rB는 $N - lB$와 같다. 비슷하게, lP를 왼쪽 둑에 있는 귀빈의 수로 두자. 오른쪽 둑에

있는 귀빈의 수인 rP는 $N - lP$와 같다.

올바른 상태를 잘 나타낼 수 있는 lB와 lP에 대한 속성을 표현하자. 이를 **시스템 불변량**이라 부르자.

왼쪽에서 오른쪽, 오른쪽에서 왼쪽의 두 상태를 가진 반복문의 형태로, 강에서 경호원과 귀빈의 움직임을 표현하자. (왼쪽 둑에서 출발한다고 가정하자.) 배가 왼쪽 둑과 오른쪽 둑에 있을 때 각각에 대해, lB가 0이 되는 가능성이 없어지도록 시스템 불변량을 강화하는 방법을 보여라.

9.7 참고 자료

9.2절은 데이크스트라가 소개한 네덜란드 국기 문제라 불리는 (세 가지 색깔에 대한) 정렬 문제를 간소화한 것이다. 문제의 원문은 그의 고전 텍스트, 《A Discipline of Programming(프로그래밍 수련)》[Dij76]에서 찾을 수 있다. 여기에서, 비자명한 알고리즘을 유도하는 다른 예시들도 많이 찾을 수 있다. 네덜란드 국기 문제는 퀵소트(Quicksort)라 불리는 일반적 정렬 알고리즘에 포함된 동작이기도 하고, 배열의 가장 작은 k개의 원소를 찾는 문제의 부분 동작이기도 하다. 두 문제 모두 토니 호어(C.A.R. Hoare)가 만든 문제이다. 이 알고리즘들은 알고리즘 설계에 대한 많은 텍스트에서 논의된다.

이분 탐색은 알고리즘 설계의 입문이 되는 예시로 자주 사용된다. 그러나 내가 쓴 것을 포함해 많은 텍스트에서는 훨씬 강력한 사전 조건을 가정한다. (f가 단조적이라 가정한 것보다 훨씬 흔한 가정이다.) 사전 조건이 이처럼 눈에 띄게 약해질 수 있다는 사실은 잘 알려져 있지 않다. 데이비드 그리스(David Gries)[Gri81]가 발견하였다.

닭을 쫓는 문제는 샘 로이드(Sam Loyd)(《Cyclopedia of Puzzles(퍼즐 백과사전)》)가 처음 발명하였다. 이는 *http://www.cut-the-knot.org*에 있는 수많은 수학적 퍼즐 중 하나이다. 이 사이트에서 게임을 직접 해 볼 수도 있다. 여기서 소개된 알고리즘은 디타르트 미하엘리스(Diethard Michaelis)가 유도한 알고리즘에 기반했다.

카멜롯(Camelot)의 카멜레온 문제(연습문제 9.5)는 [Hon97, 140쪽]의 일반화이다. 페레이라(João F. Ferreira)[Fer10]가 이 문제를 만들고 해결하였다.

연습문제 9.4는 드미트리 추바로프(Dmitri Chubarov)가 제보해 주었다. 이는 1975년의 러시아 수학 올림피아드(Russian national Mathematics Olympiad)에 살짝 다른 형태로 출제되고, 1988년에 출판된 바실리예프(Vasiliev)의 책 《Zadachi Vsesoyuzynykh Matematicheskikh Olympiad(Zadachi Vsesoyuzynykh 수학 올림피아드)》에 등장했다고 한다. 문제의 저자는 알려져 있지 않다.

10장

다리 건너기 문제

이 장에서 다룰 문제는 3.5절에서 다룬 문제를 일반화한 문제이다. 사람의 수가 N명으로 일반화된 버전이다. 여기서 문제는 N명 모두가 다리를 건너도록 하는 것이다. 구체적으로 다룰 문제는 다음과 같다.

> N명의 사람이 다리를 건너려 한다. 날이 어두워서 다리를 건널 때 햇불이 꼭 필요하다. 그러나 햇불은 하나밖에 없다. 다리는 좁아서 한 번에 두 명까지만 지날 수 있다. 사람들은 1번부터 N번까지 번호를 붙이고 있다. i번 사람이 다리를 건너는 데에는 $t.i$만큼의 시간이 든다. 두 명이 같이 건널 때에는 느린 사람의 속도에 맞추어 걸어야 한다.

> N명의 사람 모두가 다리를 최단 시간에 건널 수 있는 알고리즘을 구성하라.

문제를 단순화하기 위해, $i < j$이면 $t.i < t.j$라고 가정하자. (즉, 다리를 건너는 데 드는 시간이 짧은 사람부터 순서대로 사람들을 정렬했고, 각각이 다리를 건너는 데 드는 시간은 모두 다르다고 가정한다. 이 가정을 꼭 해야 하는 것은 아니지만, 다리를 건너는 시간이 서로 다르다고 가정하면 논의가 쉬워진다. 각 사람들이 건너는 시간에 대한 전순서(total order)를 부여할 수 있게 되기 때문이다. 사실 어떤 i와 $j(i < j)$에 대해 $t.i = t.j$이더라도, 임의로 전순서를 부여할 수 있다. i번째 사람이 건너는 데 드는 '시간'을 $t.i$ 대신 두 정수의 쌍 $(t.i, i)$으로 두고, 사전 순서대로 정렬하면 된다.)

> ⚠️ 두 수의 쌍에 대한 사전 순서(lexicographical order)는 다음과 같이 정의된다.
>
> $$[\,(m, n) < (p, q) \equiv m < p \vee (m = p \wedge n < q)\,]$$
>
> 12.7.6절에서 순서 관계에 대해 자세히 다루고 있다.
>
> 건너는 데 드는 시간의 합을 최소화하는 문제이기 때문에, 이 문제의 풀이는 최소 연산과 합 연산의 대수적 성질을 이용하고 있다. 15.2절에서 더 자세한 내용을 확인할 수 있다.

10.1 하한과 상한

이 문제를 푸는 과정이 꽤 길고 어려운 반면, 이 과정을 통해 얻을 수 있는 알고리즘은 놀랍도록 쉽고 간단하다. 풀이의 어려운 점이 어떤 부분인지 정확히 확인하자. 건너는 시간의 '상한'을 보이는 것과 '하한'을 보이는 것의 차이를 알아보자.

1장에서 처음 제시한 문제에서는 다리를 건너는 데 각각 $1, 2, 5, 10$분이 걸리는 네 명의 사람이 등장한다. 이 문제는, 네 사람이 17분 **안에** 강을 건널 수 있는지에 대한 질문이었다. 이는 즉, 걸리는 시간의 상한에 대한 질문이다. 상한은 주어진 시간에 강을 건널 수 있는 방법을 제시하면 보일 수 있다.

강을 건너는 데 걸리는 시간의 **하한**이 17분임을 보이는 것은 훨씬 어려운 문제이다. 하한임을 보이는 것은 걸리는 시간을 절대 더 줄일 수는 없음을 증명하는 것이다.

동일한 문제를 가지고 하한과 상한의 차이를 더욱 자세히 표현해 보자. 다리 건너기 문제를 처음 접한 사람들은 대부분 일단 가장 빠른 사람이 나머지 모두를 데리고 가는 방법을 생각할 것이다. 이러한 풀이는 총 $2 + 1 + 5 + 1 + 10$분($= 19$분)이 걸린다. 이 방법을 제시함으로써 건너는 데 걸리는 시간의 상한이 19분임을 보였다. 그러나 19분이 하한임을 보이지는 않았다. (실제로 아니다.) 비슷하게, 네 명의 사람들이 17분만에 강을 건널 수 있는 방법을 보였다고 해서 더 빠른 시간에 건널 수 없음을 보인 것은 아니다. 이는 단순히 건너는 방법을 구성하는 것보다 훨씬 어려운 것이다.

이 장의 목표는, N명의 사람이 다리를 건너는 알고리즘을 구성하는 것이다. 도출하게 되는 알고리즘 자체는 꽤 간단하지만, 이 알고리즘 자체로는 최적으로 건너는 시간의 상한만 이야기할 수 있다. 이 알고리즘으로 실제로 건너는 시간의 하한도 보일 수 있음을 설명하는 데 더 많은 지면을 할애할 것이다. 동일한 하한과 상한을 보이는 것은 결국 최적해를 찾는 것이다.

10.6절에서 최적의 이동 방법을 구성하는 두 가지 알고리즘을 제시한다. 더 효율적인 알고리즘은 이 책에서 다루는 범위를 넘어서는 사전 지식을 필요로 한다.

10.2 전략의 개요

다시 한 번 강조하지만, 특히 이 문제를 풀 때 불필요한 세부사항을 피하는 것이 중요하다. 이 문제의 답은 다리를 건너는 순서를 나타낸 **수열**이다. 그러나 다리를 건너는 순서의 자유도는 매우 크다. 예를 들어, 한 사람이 나머지 모두를 데리고 다리를 건너는 것이 최적의 풀이일 수도 있다. 사람들이 어떤 순서로 건너야 하는지 일일이 파악해야 하는 풀이는 극히 비효율적일 것이다. 서로 다른 순서의 가짓수는 $(N-1)!$가지이고, 이는 N이 매우 작을 때조차 너무 크다.

 $m!$는 m개의 물건을 나열하는 서로 다른 순열의 가짓수이다. 16.8절에서 '조합론'을 다룬다. 조합론이란 이와 같이 집합에 있는 원소들을 세는 방법에 대한 이론이다.

불필요한 세부사항을 피하는 방법은 '앞으로 이동'에 집중하는 것이다. 다리를 건널 때 항상 횃불을 들고 있어야 한다는 점을 기억하자. 즉, '앞으로 이동'과 '뒤로 이동'이 번갈아 나타난다. '앞으로 이동'은 우리가 원하는 방향으로 다리를 건너는 것, '뒤로 이동'은 그 반대 방향으로 다리를 건너는 것이다. 우리가 해야 할 일은 '앞으로 이동'이고, '뒤로 이동'은 이를 보조하는 역할을 한다고 볼 수도 있다. 이때, 앞으로 건너는 최적의 방법을 계산해 낸다면, 이에 수반되는 뒤로 이동은 쉽게 연역해 낼 수 있다.

이 아이디어에서 효과적인 풀이를 이끌어 내기 위해 수식으로 표현해 보자. '앞으로 건너는 방법'은 사람들로 이루어진 집합들의 **모음(bag)**으로 표현한다. 수학적으로 모음(다중 집합(multiset)이라고도 부른다)은 집합과 비슷한 개념이다. 집합을 정의할 때 어떤 값이 집합의 원소로 등장하는지 여부를 가지고 정의하는 반면, 모음은 어떤 값이 집합의 원소로 등장하는 횟수를 가지고 정의한다. 예를 들어 색깔 구슬의 모음을 나타낸다고 하자. 모음에 붉은 구슬이 몇 개 있는지, 푸른 구슬이 몇 개 있는지 등을 가지고 정의하게 된다. 이를 $\{1*a, 2*b, 0*c\}$와 같이 표기할 수 있다. a가 한 번, b가 두 번 등장하고 c는 등장하지 않는 모음이라는 뜻이다. 같은 모음을 $\{1*a, 2*b\}$로 간략하게 쓸 수도 있다.

모음은 수열과 다르다는 점을 짚고 넘어가자. 모음을 표기할 때 원소들을 일정한 순서로 나열해야 하지만(예를 들어 알파벳순으로 $\{1*a, 2*b, 0*c\}$), 그 순서는 아무 의미가 없다. $\{1*a, 2*b, 0*c\}$와 $\{2*b, 1*a, 0*c\}$는 같은 모음이다.

한 번의 '이동'은 건넌 사람들의 집합으로 표현한다. 예를 들어, $\{1, 3\}$은 사람 1과 사람 3이 강을 건너는 것을 표현한 것이다. 앞으로 이동과 뒤로 이동을 구분해야 할 때에는, 집합 표기 앞에 '+'(앞으로 건널 때) 또는 '−'(뒤로 건널 때)를 붙일 것이다. 즉, $+\{1, 3\}$은 사람 1과 사람 3이 강을 앞으로 건너는 것을 표현한 것이고, $-\{2\}$는 사람 2가 강을 뒤로 건너는 것을 표현한 것이다.

따라서 앞서 말했듯 우리의 관심사는 최적으로 건너는 방법에서 '앞으로 이동'의 모음을 계산하는 것에 있다. 먼저, 목표를 달성할 수 있는 이동의 수열이 만족하는 성질을 찾아보자.

모든 사람이 규칙에 따라 강을 건널 수 있도록 하는 이동의 수열을 **올바른 수열** (valid sequence)이라고 하자. 어떤 올바른 수열 a의 소요 시간이 다른 올바른 수열 b보다 적거나 같다면, 수열 a가 수열 b를 포함한다고 하자. 이때 포함 관계는 반사적(올바른 수열은 항상 자기 자신을 포함한다)이고, 전이적(올바른 수열 a가 올바른 수열 b를 포함하고 b가 올바른 수열 c를 포함하면, a는 c를 포함한다)이다. 이때 문제는 모든 올바른 수열을 포함하는 올바른 수열을 찾는 것이다.

> ⚠ 반사성과 전이성은 12.7절에서 논의하는 중요한 속성이다. 포함 관계는 반대칭적이지 않기 때문에 수열의 순서 관계가 되지는 않는다(원순서(pre-order)라고 한다). 최소 시간이 걸리는 수열은 보통 유일하지 않을 것이다.

즉, 올바른 수열은 번호가 붙은 이동의 집합이며, 다음 세 성질을 만족한다.

- 각각의 이동은 원소가 하나 또는 두 개인 집합이다. 이동에 붙은 번호는 수열에서의 순서이다(순서는 1번부터 세기 시작한다).
- 이동의 번호가 홀수이면 앞으로 이동이고, 짝수이면 뒤로 이동이다. 수열의 길이는 홀수이다.
- 각각의 사람에 대해서, 그 사람이 포함된 이동에는 앞으로 이동과 뒤로 이동이 번갈아 등장할 것이다(사람 i가 이동 T에 포함되어 있다는 것은 $i \in T$라는 것이다). 또, 각 사람이 포함된 첫 이동과 마지막 이동은 '앞으로 이동'이다.

이 정의로부터 다음 사실을 바로 도출할 수 있다. 이 사실들은 최적인 수열을 찾는 데 중요한 역할을 한다.

- 앞으로 건너는 총 횟수는 뒤로 건너는 총 횟수보다 하나 더 많다.
- 각 사람이 앞으로 건너는 횟수는 뒤로 건너는 횟수보다 하나 더 많다.

두 사람이 앞으로 건널 때, **규칙적인 앞으로 이동**(regular forward trip)이라고 하고, 한 사람이 뒤로 건널 때, **규칙적인 뒤로 이동**(regular return trip)이라고 하자. 규칙적인 수열은 규칙적인 이동으로만 이루어진 올바른 수열을 뜻한다.

첫 단계(보조정리 10.1, 202쪽)는, 모든 올바른 수열은 어떤 규칙적인 수열에 포함된다는 것을 보이는 것이다. 여기에는 다음 세 가지 의미가 있다.

- 규칙적인 수열에서는 앞으로 $N-1$번, 뒤로 $N-2$번 건넌다. (N은 사람의 수이다.)
- 앞으로 이동의 모음만 알아도 규칙적인 수열에서 걸리는 시간을 알 수 있다. 앞으로 건넌 순서조차 알 필요 없다는 것이다. (앞으로 이동의 모음을 알면, 각 사람이 몇 번 뒤로 건넜는지 쉽게 알 수 있다. 각 사람이 뒤로 건너는 횟수는 앞으로 건너는 횟수보다 하나 적기 때문이다. 이를 통해 뒤로 건너는 데 걸린 시간을 계산할 수 있다.)
- 가장 중요하게, 규칙적인 수열에서의 앞으로 이동의 모음만 알아도 규칙적인 수열을 만들어 낼 수 있다는 것이다. 이러한 수열은 걸리는 시간이 모두 같다. 따라서, 강을 건너는 최적의 방법을 찾는 문제를 앞으로 이동의 최적의 모음을 찾는 문제로 바꿀 수 있다.

앞으로 이동의 최적의 모음을 찾는 문제를 풀 때는, 뒤로 건너지 않는 사람들에 초점을 맞추어 푼다. 최적해에서 가장 느린 사람 두 명은 뒤로 건너지 않는다는 일견 당연한 사실을 보인다. 그런 다음, 귀납법을 이용해 풀이를 완성한다.

10.3 규칙적인 수열

앞서 언급했듯, '규칙적인' 수열은 앞으로 건널 때에는 두 명씩, 뒤로 건널 때에는 한 명씩 건너는 수열을 뜻한다. 다음 보조정리 덕분에, 규칙적인 수열에만 주목해도 문제를 풀 수 있다.

보조정리 10.1

규칙적이지 않은 이동을 포함하는 (올바른) 수열에 대해, 이 수열보다 빠르게 강을 건너는 규칙적인 수열이 존재한다.

증명

어떤 올바른 수열에 규칙적이지 않은 이동이 포함되어 있다고 하자. 두 가지 경우가 있다. 규칙적이지 않은 첫 이동이 뒤로 이동인 경우와 앞으로 이동인 경우.

규칙적이지 않은 첫 이동이 뒤로 이동이라고 하자. 뒤로 건넌 사람이 p라고 하자. p가 이 이동을 하기 직전에 했던 (앞으로) 이동을 생각하자. 그리고 두 이동 모두에서 p를 제거하자. 구체적으로, 다음과 같은 형태의 이동 수열을 생각해 보자.

$$u +\{p,q\}\ v -\{p,r\}\ w$$

q, r은 사람, u, v, w는 부분 수열(subsequence)이고, p는 v에 등장하지 않는다. (이때 p가 직전에 했던 앞으로 이동은 두 사람이 한 이동이었을 것이다. 이후의 뒤로 이동이 규칙적이지 않은 첫 이동이라고 가정했기 때문이다.) 이 수열을 다음과 같이 바꾸어 보자.

$$u +\{q\}\ v -\{r\}\ w$$

이는 올바른 수열이고, 걸리는 시간은 원래 수열보다 적거나 같을 것이다. (올바른 수열이란 각 개인이 앞뒤로 번갈아 건너게 되는 수열이다. p를 제외한 모든 사람이 건너는 시점은 바뀌지 않기 때문에 참이고, p에 대해서도 연속해서 나타나는 앞뒤로 이동을 하나씩 제거했기 때문에 참이다. 모든 x, y에 대해 $t.p{\uparrow}x + t.p{\uparrow}y \geq x + y$이기 때문에 걸리는 시간은 항상 적거나 같다.) 규칙적이지 않은 이동의 횟수는 줄어들지 않았다. 왜냐하면 규칙적이지 않은 뒤로 이동을 하나 없애면서 규칙적이지 않은 앞으로 이동을 하나 만들었기 때문이다. 그러나 각 사람이 이동하는 횟수의 합은 줄었다.

이제 규칙적이지 않은 첫 이동이 앞으로 이동이라고 하자. 고려할 경우가 두 가지 있다. 먼저 규칙적이지 않은 첫 이동이 수열의 가장 첫 이동인 경우, 그리고 그렇지 않은 경우이다.

규칙적이지 않은 첫 이동이 수열의 첫 이동일 때에는, 한 사람이 강을 건너서 그대로 돌아온다는 것이다. (N이 2 이상이라 가정할 수 있다.) 이러한 두 이동은 그냥 제거해도 된다. 0 초과의 시간이 걸렸을 것이므로 총 소요 시간도 줄어든다. 또, 각 사람이 이동하는 횟수의 합도 줄었다.

규칙적이지 않은 첫 이동이 수열의 첫 이동은 아닐 때, 건너는 사람을 p라고 하자. 그리고 q가 직전의 (뒤로) 이동에서 건너는 사람이라고 하자. (p의 이동이 규칙적이지 않은 첫 이동이므로, q는 한 명이다.) 즉, 수열이 다음 형태를 띠고 있다고 하자.

$$u \ -\{q\} \ +\{p\} \ v$$

q가 뒤로 건너오기 전에 p 또는 q가 등장한 마지막 이동을 생각하자. 두 가지 경우가 있다. 앞으로 이동이거나 뒤로 이동이거나.

앞으로 이동이었을 경우, q가 등장해야 한다. 이 이동에서 q의 자리에 p를 넣고, q의 뒤로 이동과 p의 앞으로 이동을 없애자. 즉,

$$u \ +\{q,r\} \ w \ -\{q\} \ +\{p\} \ v$$

를(w에는 p와 q가 등장하지 않는다)

$$u \ +\{p,r\} \ w \ v$$

의 형태로 바꾸자. 결과는 올바른 수열이 된다. 총 소요 시간이 줄어들었고(모든 x에 대해 $t.q{\uparrow}x + t.q + t.p > t.p{\uparrow}x$이기 때문에), 각 사람이 이동하는 횟수의 합도 줄어들었다.

뒤로 이동이었을 경우, 혼자 이동했을 것이다. (규칙적이지 않은 첫 이동은 $+\{p\}$이므로) 이동한 사람은 p였을 것이다. 이 이동에서 p의 자리에 q를 넣고, p의 뒤로 이동과 p의 앞으로 이동을 없애자. 즉,

$$u \ -\{p\} \ w \ -\{q\} \ +\{p\} \ v$$

를(w에는 p와 q가 등장하지 않는다)

$$u \ -\{q\} \ w \ v$$

로 바꾸자. 결과는 올바른 수열이다. 총 소요 시간이 줄어들고($t.p + t.q + t.p > t.q$이므로), 각 사람이 이동하는 횟수의 합도 줄어들었다.

지금까지, 규칙적이지 않은 이동이 포함되어 있는 올바른 수열을 변환하는 과정

을 설명하였다. 변환 후에 소요 시간은 항상 감소한다. 규칙적이지 않은 이동이 없어질 때까지 이 과정을 계속해서 반복하면, 알고리즘은 규칙적인 올바른 수열을 반환하며 종료할 것이다. 결과 수열은 원래 수열을 포함하며, 각 사람이 이동하는 횟수의 합도 감소했을 것이다.

10.4 앞으로 이동으로 이루어진 수열

보조정리 10.1에는 세 가지 중요한 따름정리(corollary)가 있다. 첫째, 최적의 이동에서 앞으로 이동의 횟수는 $N-1$이고, 뒤로 이동의 횟수는 $N-2$이다. 왜냐하면, 앞뒤로 이동을 한 번씩 반복할 때마다 강 건너편에 있는 사람의 수가 한 명씩 증가하고, 마지막 이동에서는 두 명 증가하기 때문이다. 즉, 첫 $2 \times (N-2)$번 이동한 뒤에는, 2명을 제외한 $N-2$명의 사람이 강을 건너는 데 성공하고, $2 \times (N-2) + 1$번 이동한 뒤에는 모든 사람이 강을 건너는 데 성공한다.

둘째, 규칙을 만족하는 수열에서 앞으로 이동의 모음만 주어져도 총 소요 시간을 알 수 있다. 이동의 순서도 알 필요가 없다. 왜냐하면, 앞으로 이동의 모음을 통해 각 사람이 앞으로 이동하는 횟수를 알아낼 수 있기 때문이다. 이를 통해 각 사람이 뒤로 이동하는 횟수를 계산할 수 있고, 뒤로 이동하는 데 드는 총 소요 시간도 계산할 수 있다.

예를 들어, 규칙을 만족하는 수열에서 앞으로 이동이 다음과 같다고 하자.

$3 * \{1, 2\}, 1 * \{1, 6\}, 1 * \{3, 5\}, 1 * \{3, 4\}, 1 * \{7, 8\}$

(이동은 쉼표로 구분되어 있다. $3 * \{1, 2\}$는 사람 1과 사람 2가 함께 다리를 3번 앞으로 건넜다는 뜻이다. $1 * \{1, 6\}$은 사람 1과 사람 6이 함께 다리를 1번 앞으로 건넜다는 뜻이다. 앞으로 이동이 나열된 순서에는 아무 의미가 없다.) 이때, 모음에서 각 사람이 등장하는 횟수를 센다. 사람 1은 앞으로 4번 이동했으므로, 뒤로 3번 이동했을 것이다. 비슷하게, 사람 2는 앞으로 3번 이동했으므로 뒤로 2번 이동했을 것이다. 사람 3은 앞으로 2번 이동했으므로 뒤로 1번 이동했을 것이다. 남은 사람들(사람 4, 5, 6, 7, 8)은 각각 1번씩 앞으로 이동했으므로, 뒤로 돌아오지 않았을 것이다. 따라서 총 소요 시간은 다음과 같다.

$$3 \times (t.1 \uparrow t.2) + 1 \times (t.1 \uparrow t.6) + 1 \times (t.3 \uparrow t.5) + 1 \times (t.3 \uparrow t.4) + 1 \times (t.7 \uparrow t.8)$$
$$+ \quad 3 \times t.1 + 2 \times t.2 + 1 \times t.3$$

(윗줄은 앞으로 이동에 소요된 시간의 합, 아랫줄은 뒤로 이동에 소요된 시간의 합을 뜻한다.) 앞으로 이동한 총 횟수는 7번(사람의 수보다 하나 적다), 뒤로 이동한 총 횟수는 6번이다.

보조정리 10.1의 세 번째 중요한 따름정리는 규칙적인 수열 대신, 이에 대응하는 앞으로 이동의 모음만이 주어졌을 때, 이 정보만 가지고도 규칙적인 수열을 구성할 수 있다는 것이다. 이를 증명하려면 좀 더 결정적인 관찰이 필요하다.

F가 어떤 규칙적인 수열에 대응하는 앞으로 이동의 모음이라고 하자. 즉, F는 집합의 모음이며, 각 집합은 정확히 두 개의 원소와 부호를 가지고 있다. F에 있는 집합의 원소는 사람들이며, 각 사람에는 1에서 N까지의 번호가 붙어 있다. 각 사람이 등장하는 횟수는 이 사람이 앞으로 이동한 횟수와 같다.

정확히 1번 앞으로 이동하는 사람을 붙박이(settler)라 부르기로 하자. 그리고, 2번 이상 앞으로 이동하는 사람을 떠돌이(nomad)라 부르기로 하자. 사람들을 두 종류로 나누면, 사람들의 종류에 따라 F에 속하는 이동을 세 종류로 나눌 수 있다. 이동하는 두 사람 모두 붙박이일 때 힘든(hard) 이동, 둘 중 한 명이 붙박이이고 나머지 한 명은 떠돌이일 때 좋은(firm) 이동, 두 사람 모두 떠돌이일 때 쉬운(soft) 이동이라고 부르자.[1]

모음 F에 있는 떠돌이의 수, 힘든 이동의 수, 좋은 이동의 수, 쉬운 이동의 수를 각각 #nomad, #hard, #firm, #soft라는 기호로 나타내기로 하자. 이때, 모음 F에 있는 이동의 수는 다음과 같다.

#hard + #firm + #soft

뒤로 이동한 총 횟수는 떠돌이들이 앞으로 이동한 총 횟수에서 떠돌이의 수를 뺀 값과 같다. 각 떠돌이가 앞으로 이동한 횟수가 뒤로 이동한 횟수보다 1회 더 많기 때문이다. 쉬운 이동 하나당 두 명, 좋은 이동 하나당 한 명의 떠돌이가 이동하므로, 뒤로 이동한 총 횟수는 다음과 같다.

$2 \times$ #soft + #firm − #nomad

앞으로 이동한 총 횟수는 뒤로 이동한 총 횟수보다 1회 더 많으므로,

---

1 (옮긴이) 이 용어들은 저자가 이해를 돕기 위해 임의로 붙인 것이다. 즉, 이 장에 한해서 사용할 용어들이다.

$$\#\text{hard} + \#\text{firm} + \#\text{soft} = 2 \times \#\text{soft} + \#\text{firm} - \#\text{nomad} + 1$$

이다. 정리하면, 다음과 같으며 아래 정의 10.2에서 이에 관한 성질을 정리한다.

$$\#\text{hard} + \#\text{nomad} = \#\text{soft} + 1$$

정의 10.2 (규칙적인 모음)

N이 2 이상이라 하자. $\{i \mid 1 \le i \le N\}$의 부분집합의 모음이 다음을 만족할 때, 규칙적인 N-모음이라고 부르기로 한다.

- F의 각 원소는 크기가 2이다. (즉, F에서 매번 두 명씩 이동한다.)
- $\langle \forall i : 1 \le i \le N : \langle \exists T : T \in F : i \in T \rangle \rangle$ (즉, 각 사람은 F에서 최소 한 번의 이동에 포함되어 있다.)
- F에서 떠돌이가 포함되지 않은 이동의 수, 떠돌이가 두 명 포함된 이동의 수, 떠돌이의 수를 각각 $\#\text{hard}.F, \#\text{soft}.F, \#\text{nomad}.F$라고 하면,

$$\#\text{hard}.F + \#\text{nomad}.F = \#\text{soft}.F + 1 \tag{10.3}$$

이제 우리가 증명한 것은 다음과 같다.

 '∀'과 '∃'는 각각 전칭 기호와 존재 기호라고 부른다. 뒤에서는 합을 'Σ'로 나타낸다. 여기서 사용한 한정 표현에 대한 표기법은 14장에서 소개한다.

보조정리 10.4

N이 2 이상일 때, N명이 강을 건너는 규칙적인 올바른 수열이 주어졌다고 하자. 이때, 수열에서 앞으로 이동만 (순서 없이) 모은 모음 F는 규칙적인 N-모음이다. 그리고 F만 가지고도 전체 이동에 소요되는 총 시간을 계산할 수 있다. $\#_F T$를 F에서 T가 등장하는 횟수라고 하자. $r_F i$를 다음과 같이 정의할 때,

$$r_F i = \langle \Sigma T : T \in F \wedge i \in T : \#_F T \rangle - 1 \tag{10.5}$$

(즉, $r_F i$는 사람 i가 돌아오는 횟수이다.) 총 소요 시간은

$$\langle \Sigma T : T \in F : \langle \Uparrow i : i \in T : t.i \rangle \times \#_F T \rangle + \langle \Sigma i :: t.i \times r_F i \rangle \tag{10.6}$$

이 된다. 이동의 종류에 대한 정의와 (10.3)을 함께 사용하면, 몇 가지 추론을 할 수 있다. #nomad.F가 0이면, 떠돌이는 존재하지 않는다. 따라서 정의에 따라 쉬운 이동이나 좋은 이동도 없다. 따라서 (10.3)에 의해 #hard.F는 1이다. 즉,

$$\#nomad.F = 0 \implies \#hard.F = 1 \land \#firm.F = 0 = \#soft.F \qquad (10.7)$$

떠돌이가 한 명뿐이라면, 떠돌이가 두 명인 이동은 없을 것이다. 즉, #soft.F가 0이 될 것이다. (10.3)으로부터 #hard.F도 0이 됨을 알 수 있다. 역은 (10.3)으로부터 자명하다. 즉,

$$\#nomad.F = 1 \equiv \#hard.F = 0 = \#soft.F \qquad (10.8)$$

이다. N(사람의 수)이 2 초과라서 한 번에 모두 건널 수는 없을 때, #nomad.F는 1 이상이 된다. (10.3)으로부터 #soft.F는 1 이상임을 알 수 있다.

$$N > 2 \land \#hard.F \geq 1 \implies \#soft.F \geq 1 \qquad (10.9)$$

이제 F에서 규칙적인 수열을 구성하는 방법을 보일 수 있다.

보조정리 10.10

2 이상의 N과 규칙적인 N-모음 F가 주어졌다고 하자. F에서부터 사람 N명이 건너는 규칙적인 수열을 만들어 낼 수 있다. 이 수열에 따라 건널 때 총 소요 시간은 (10.6)을 이용해 계산할 수 있다.

증명

모음 F의 크기에 대한 귀납법을 이용해 증명한다. 세 가지로 경우를 나눈다.

먼저, 만약 F에 정확히 하나의 이동이 있다면, 수열의 크기는 1이 될 것이다.

다음으로, 만약 #nomad.$F = 1$이라면 F에 있는 모든 이동은 좋은 이동이 될 것이다. 각 이동은 떠돌이 n과 붙박이 s에 대해 $\{n, s\}$의 꼴이다. F에 있는 모든 원소를 임의의 순서로 나열해서 이동을 만든 뒤, 각 이동 사이에 떠돌이 n의 뒤로 이동을 삽입하면 된다. 첫 이동은 어떤 s에 대해 $\{n, s\}$가 될 것이다.

마지막 경우는 #hard.F가 0이 아니고, F에 2 이상의 이동이 있을 때이다. (10.9)에 의해 #soft.F는 1 이상일 것이다. 이제, 쉬운 이동의 정의에 따라, #nomad.F는

2 이상이 될 것이다. F에서 쉬운 이동을 아무거나 하나 고르고, $\{n, m\}$이라 두자. n과 m은 모두 떠돌이이다. 처음에 $\{n, m\}$이 이동하고, 다음으로 n이 돌아오고, 아무 어려운 이동을 한 뒤, m이 돌아오는 형태의 수열을 구성하자. 아까 사용한 쉬운 이동과 어려운 이동을 F에서 제거하자. 이제, n과 m이 이동한 횟수가 하나씩 줄어들고, 사람이 2명 감소한 모음 F'가 생겼다. 귀납법에 따라, 남은 사람들이 강을 건널 수 있는 F'에 대응하는 규칙적인 수열이 존재한다.

최적화 문제

보조정리 10.4와 10.10에 따라 일반화된 강 건너기 문제를 풀 수 있게 되었다. 이제 최소 시간에 강을 건너는 방법을 찾는 대신, (10.6)에 따른 소요 시간을 최소화하는 규칙적인(정의 10.2) 모음을 찾을 것이다.

(10.6)에 따른 소요 시간을 논하기 위해 몇 가지 용어를 정의할 것이다. (10.6)에는 두 개의 항이 있다. 이 중 앞의 변수는 F에서 앞으로 이동하는 총 시간, 뒤의 변수는 F에서 뒤로 이동하는 총 시간이라 부를 것이다. 모음 F에 속한 이동 T에 대해, $\langle \Uparrow i : i \in T : t.i \rangle \times \#_F T$를 ($F$에서) T가 이동하는 총 시간으로 부를 것이다. 그리고 각 i에 대해 $t.i \times r_F i$를 사람 i가 뒤로 이동하는 총 시간으로 부를 것이다.

10.5 붙박이와 떠돌이 정하기

이 절에서는 붙박이와 떠돌이를 정하는 방법에 대해 다룬다. 느린 사람들이 붙박이를, 빠른 사람들이 떠돌이를 하면 됨을 보일 것이다. 구체적으로, 최적해에서 떠돌이는 2명 이하임을 확인할 것이다. N이 2 초과이면 가장 빠른 사람은 항상 떠돌이이다. 그리고 두 번째로 빠른 사람도 떠돌이가 되어야 할 수 있다.

보조정리 10.11

규칙적인 모음은, 모든 붙박이가 모든 떠돌이보다 느린 모음에 포함된다.

증명

규칙적인 N-모음 F가 주어졌다고 하자. p가 붙박이, q가 떠돌이이고 p가 q보다 빠를 때에 (p, q)를 반전(inversion)이라고 부르자.

임의의 반전 (p, q)를 고르자. 그리고 F에서 q와 p를 모두 뒤바꾼 모음을 생각해 보자. 이 모음은 규칙적인 N-모음이며, 뒤로 이동하는 총 시간은 최소 $t.q - t.p$ 이상 줄어들었을 것이다.

p 또는 q가 포함되지 않은 이동에서 앞으로 이동하는 시간은 변하지 않았을 것이다. q가 포함되어 있던 이동에서 앞으로 이동하는 총 시간은 증가하지 않았을 것이다($t.p < t.q$이므로). p가 포함되어 있던 **하나의** 이동에 대해 앞으로 이동하는 총 시간은 $t.q - t.p$만큼 증가했을 것이다. 두 가지 경우를 고려해야 한다. 첫째, p가 포함되어 있던 이동이 $\{p, q\}$였을 경우이다. 이때 p와 q를 바꾸어도 이동이 바뀌지 않으므로 이동 시간도 변하지 않았을 것이다. 둘째, p가 포함되어 있던 이동이 $\{p, r\}$였을 경우($r \neq q$)이다. 이때, 다음과 같은 이유로 총 이동 시간은 증가하지 않는다.

$$t.p \uparrow t.r + (t.q - t.p)$$
$$= \quad \{ \quad \text{최대 연산에 대한 덧셈 연산의 분배법칙, 그리고 약간의 계산} \quad \}$$
$$t.q \uparrow (t.r + (t.q - t.p))$$
$$\geq \quad \{ \quad t.p \leq t.q, \text{최대 연산의 단조성} \quad \}$$
$$t.q \uparrow t.r$$

종합하면, 총 이동 시간은 증가하지 않는다. 즉, p와 q를 바꾼 모음은 원래 모음을 포함하며, 반전의 개수가 하나 이상 줄어든다. 따라서, 더 이상 할 수 없을 때까지 반전의 개수를 줄이는 작업을 반복하면, 원래 모음을 포함하면서 모든 붙박이가 모든 떠돌이보다 느린 모음이 된다.

따름정리 10.12

모든 규칙적인 N-모음은 다음 성질을 만족하는, 규칙적인 N-모음 F에 포함된다.

- F의 모든 좋은 이동에 대해, 떠돌이는 사람 1이다.
- F의 모든 쉬운 이동은 $\{1, 2\}$이다. (모음 안에 이 이동이 나타나는 횟수는 (0번을 포함해) 몇 번이든 상관없다.)
- F에서 $\{1, 2\}$가 나타나는 횟수는, 어떤 $1 \leq j \leq N \div 2$에 대해 j이다. 그리고 어려운 이동의 집합은 $\{k : 0 \leq k < j - 1 : \{N - 2 \times k, N - 2 \times k - 1\}\}$이 된다. ($j = 1$일 때에는 공집합이 된다.)

어려운 이동의 집합은 집합으로 이루어진 집합이다. 이 집합을 나타내는 일반적인 수학적 표현

$$\{\{N - 2 \times k, N - 2 \times k - 1\} \mid 0 \le k < j - 1\}$$

에서는 k가 종속 변수이고 j, N이 독립 변수라는 것이 분명하게 드러나지 않는다. 이에 대한 논의는 14.2.2절에서 확인하라.

증명

총 이동 시간을 최소화하는 규칙적인 N-모음을 F라 하자. 보조정리 10.11로부터, 떠돌이보다 붙박이가 느리다고 가정해도 된다.

1이 아닌 i에 대해, 떠돌이가 사람 i인 좋은 이동이 있다고 하자. 여기서 사람 i를 사람 1로 바꾸어 주자. 이는 사람 i가 앞으로 가는 시간에는 영향을 주지 않는다. 그러나 돌아오는 시간은 ($t.i - t.1$만큼) 줄어든다. 바꾼 뒤의 N-모음이 규칙을 만족한다면, F가 총 이동 시간을 최소화한다는 전제에 모순된다는 결론을 이끌어 낼 수 있다. (규칙적인 모음이 되기 위해 필요한 조건은 보조정리 10.4에 정리되어 있다.)

물론, F에 있는 각 집합의 크기는 변하지 않았다. 사람 i가 포함된 이동의 수는 하나 줄어들었지만, 사람 i가 F에서 떠돌이였기 때문에 아직 양수이다. 사람 1이 포함된 이동의 수는 하나 늘어나고, 그 밖의 모든 사람이 포함된 이동의 수는 변하지 않는다. 성질 (10.3)도 확인해 보아야 한다. 바꾼 뒤에도 사람 i가 떠돌이라면, 모든 이동의 타입이 변하지 않기 때문에 (10.3)은 그대로 성립한다. 그러나 만약 바꾼 뒤에 사람 i가 붙박이가 된다면 떠돌이의 수가 감소할 것이다. 그럴 경우, 사람 i는 원래 F에서 두 개의 이동에 포함되어 있었을 것이다. 두 번째 이동은 F에서는 좋은 이동이었는데 바뀐 뒤 힘든 이동이 되거나, F에서는 쉬운 이동이었는데 좋은 이동이 될 것이다. 두 경우 모두 (10.3)이 그대로 성립한다는 것은 간단하게 보일 수 있다.

이제 F에서 $\{1, 2\}$가 아닌 쉬운 이동이 존재한다고 하자. 앞서 보였던 것과 비슷한 논리로 이 이동을 $\{1, 2\}$로 대체하면 총 이동 시간이 더 적은 규칙적인 모음을 얻을 수 있다. 이는 F가 총 이동 시간을 최소화한다는 전제에 모순된다.

(10.3)으로부터, 쉬운 이동이 존재하지 않거나 (2 이상인 어떤 j에 대해) F에서

$\{1, 2\}$가 j번 등장하고, 힘든 이동이 $j-1$개 존재한다는 결론을 내릴 수 있다. 쉬운 이동이 없을 때에는 모든 이동이 좋은 이동이거나 힘든 이동이 될 것이다. 그러나 앞서 보였듯, 좋은 이동에서 떠돌이는 항상 사람 1이고, 힘든 이동에는 떠돌이가 없다. 따라서 사람 1은 F에서 유일한 떠돌이이고, (10.3)으로부터 힘든 이동은 존재하지 않는다. 즉, F에 있는 유일한 (좋은) 이동은 사람 1과 사람 2로 이루어진다.

마지막으로 어떤 2 이상의 j에 대하여 힘든 이동의 모음은 다음 집합과 같음을 보여야 한다. (각 힘든 이동은 단 한 번 등장하므로, 모음 대신 집합으로 써도 무관하다.)

$$\{k : 0 \leq k < j - 1 : \{N - 2 \times k, N - 2 \times k - 1\}\}$$

2 이상인 j에 대해, 쉬운 이동의 수가 j라고 하자. 이때, 붙박이는 사람 3에서 사람 N까지이고, 이들 중 $2 \times (j-1)$명은 힘든 이동에 포함되어 있으며, 남은 $N - 2 \times (j-2)$명은 좋은 이동에 포함되어 있다. 붙박이의 순서와 상관없이 모음은 규칙을 만족할 것이다. 따라서, 붙박이들에게 느린 순서대로 힘든 이동을 배정하는 것이 최적임을 보일 것이다. 힘든 이동을 하는 붙박이의 수에 대한 귀납법을 사용한다.

따름정리 10.13

따름정리 10.12에 있는 성질을 만족하는 최적해를 F라 하자. F에서 $\{1, 2\}$가 등장하는 횟수를 j라 하고, 다음과 같이 $HF.j$와 $FF.j$를 정의하자.

$$HF.j = \langle \Sigma\, i : 0 \leq i < j - 1 : t.(N - 2i) \rangle$$
$$FF.j = \langle \Sigma\, i : 3 \leq i \leq N - 2 \times (j-1) : t.i \rangle$$

이때, F의 총 소요 시간은

$$HF.j + FF.j + j \times t.2 + (N - j - 1) \times t.1 + (j-1) \times t.2 \tag{10.14}$$

이다. (앞에 있는 세 개의 항은 앞으로 가는 시간, 뒤에 있는 두 개의 항은 뒤로 가는 시간을 의미한다.)

증명

두 가지 경우를 고려해야 한다. 쉬운 이동이 없다면, j의 값은 1이 된다. 이때, 총 소요 시간은

$$\langle \Sigma i : 2 \leq i \leq N : t.i \rangle + (N-2) \times t.1$$

이 된다. 이때,

$$HF.1 + FF.1 + 1 \times t.2 + (N-1-1) \times t.1 + (1-1) \times t.2$$

$=$ { HF과 FF의 정의, 그리고 약간의 계산 }

$$0 + \langle \Sigma i : 3 \leq i \leq N : t.i \rangle + t.2 + (N-2) \times t.1$$

$=$ { 계산 }

$$\langle \Sigma i : 2 \leq i \leq N : t.i \rangle + (N-2) \times t.1$$

쉬운 이동이 존재한다면, j의 값은 쉬운 이동의 수와 같고 2 이상일 것이다. 이때 $HF.j$는 F에서 앞으로 가는 힘든 이동의 총 소요 시간이고, $FF.j$는 F에서 앞으로 가는 쉬운 이동의 총 소요 시간이다. 또, $j \times t.2$는 쉬운 이동을 j번 할 때 앞으로 가는 총 시간이다. 마지막으로, 사람 1이 뒤로 가는 총 시간은 $(N-j-1) \times t.1$이고 사람 2가 뒤로 가는 총 시간은 $(j-1) \times t.2$이다. (사람 2는 앞으로 가는 j개의 이동에 포함되어 있고, 사람 1은 앞으로 가는 $j + (N - 2 \times (j-1) - 3 + 1)$개의 이동에 포함되어 있다. $j-1$과 $N-j-1$을 합하면 $N-2$가 되고, 뒤로 이동이 $N-2$개 존재한다고 했던 것과 동일하다.)

10.6 완성된 알고리즘

2 이상인 모든 j에 대해, 모음에 $\{1, 2\}$의 개수가 j개일 때 규칙적인 N-모음의 최소 소요 시간을 $OT.j$로 정의하자. 즉, $OT.j$의 값은 (10.14)의 정의와 같다. 이제, 다음 사실들을 관찰할 수 있다.

$$HF.(j+1) - HF.j = t.(N-2j+2)$$
$$FF.(j+1) - FF.j = -(t.(N-2j+2) + t.(N-2j+1))$$

따라서,

$$OT.(j+1) - OT.j = -t.(N-2j+1) + 2 \times t.2 - t.1$$

이다. 이때,

$$OT.(j+1) - OT.j \leq OT.(k+1) - OT.k$$

$=$ { 앞의 수식 }

$\quad -t.(N-2j+1)+2\times t.2-t.1 \leq -t.(N-2k+1)+2\times t.2-t.1$

$=$ { 계산 }

$\quad t.(N-2k+1)\leq t.(N-2j+1)$

$=$ { t는 단조증가(monotone increasing)하는 함수임 }

$\quad j\leq k$

이므로, $OT.(j+1)-OT.j$는 j가 증가하면 증가한다. 따라서 $OT.j$의 최솟값은 $OT.(j+1)-OT.j$가 음수에서 양수로 바뀌는 지점을 찾으면 알 수 있다.

$OT.j$의 최솟값을 찾고 N명의 사람이 강을 건널 수 있는 규칙적인 수열을 찾는 가장 쉬운 방법은, 1부터 시작하는 j에 대한 반복문을 수행함으로써 선형 탐색을 하는 것이다. 각 반복에서 식 $2\times t.2\leq t.1+t.(N-2j+1)$을 평가한다. 식이 참이면, 쉬운 이동 $\{1,2\}$를 수행한다. 그 뒤 사람 1이 돌아온다. 그리고 힘든 이동 $\{N-2j+2, N-2j+1\}$을 수행하고 사람 2가 돌아온다. 식이 거짓이면, 남은 $N-2j+2$명의 사람이 총 $N-2j+1$번의 좋은 이동을 수행해 강을 건넌다. 각 이동에서 한 사람은 사람 1과 함께 다리를 건너고, 마지막 이동이 아니라면 사람 1이 다시 돌아온다. 이 알고리즘은 아래에 구체적으로 묘사되어 있다. 이동에 대한 세부 사항은 간략히 나타내었다. j는 매 반복마다 1씩 증가하고 $N-2j+1$은 언젠가 1 또는 2가 될 것이므로 반복문은 항상 종료될 것이 보장된다. 두 경우 모두에서 $t.1<t.2$이므로 종료 조건이 성립할 것이다. 불변량은 앞으로 이동의 모음에 $\{1,2\}$이 j개 존재할 때 N명의 사람이 강을 건너는 소요 시간을 나타낸다.

$\{2\leq N \wedge t.1 < t.2\}$

$j, T := 1, 0\,;$

{ 불변량:

$\quad 1\leq j\leq N\div 2$

$\quad \wedge\ OT.j = T + \langle \Sigma i : 2\leq i\leq N-2j+2 : t.i\rangle + (N-2j-2)\times t.1$

$\quad$ 진행 측도: $N-2j$ }

$do\ 2\times t.2\leq t.1+t.(N-2j+1)\ \rightarrow\ $ 붙박이들 $\{N-2j+2, N-2j+1\}$이 이동한다 ;

$\qquad\qquad\qquad\qquad\qquad T := T+2\times t.2+t.1+t.(N-2j+2)\,;$

$\qquad\qquad\qquad\qquad\qquad j := j+1$

od

$$\{ \qquad 2 \times t.2 > t.1 + t.(N - 2j + 1)$$
$$\wedge \; OT.j = \langle \Downarrow k : 1 \leq k \leq N \div 2 : OT.k \rangle$$
$$\wedge \; OT.j = T + \langle \Sigma i : 2 \leq i \leq N - 2j + 2 : t.i \rangle + (N - 2j - 2) \times t.1 \};$$

집합 $\{i \mid 2 \leq i \leq N - 2j + 2\}$에 속하는 각 사람들이 좋은 이동을 한다.

> ⚠ 선형 탐색(linear search)은 매우 기초적인 알고리즘이다. 프로그래밍 언어에 익숙한 사람들은 선형 탐색이 *for* 구문과 비슷하다는 것을 알아차릴 것이다. 이분 탐색(binary search)은 보통 선형 탐색보다 더 효율적이다. 그러나 이분 탐색을 항상 적용할 수 있는 것은 아니다. 이분 탐색은 9.3절에서 알고리즘 설계에 대한 예시로 소개한다. 9.3절에서 소개한 내용은 연습문제 10.15를 푸는 데 활용할 수 있다.

⑦ 연습문제 10.15

N이 큰 값일 때, 이분 탐색을 이용하면 최적의 j 값을 찾기 위해 필요한 시행의 수를 줄일 수 있다. 그 방법을 구체적으로 보여라.

> ⚠ 3장에서 완전 탐색은 가능하면 피해야 한다고 했다. 완전 탐색은 강 건너기 문제와 같이 주어진 제한에 맞추어 강을 건너는 것이 가능한지 묻는 문제에 적용할 수 있다. 다리 건너기 문제에서, 사람들이 다리를 건너게 하는 방법을 한 가지 찾는 것은 별로 중요하지 않다. 문제는 최소 시간에 다리를 건너는 것이다.
>
> 다리 문제에 대한 상태 전이 그래프에는 사이클이 없다. 사이클이 없는 그래프에서의 최적화 문제를 풀 때 쓸 수 있는, 완전 탐색과 맞닿아 있는 방법에는 '동적 계획법(dynamic programming)'이라 불리는 방법이 있다. 완전 탐색과 비슷하게, 동적 계획법에는 상태 전이 다이어그램을 구성하고, 위상 탐색(topological search)을 통해 다이어그램의 서로 다른 경로를 탐색하고, 최적의 경로를 결정하는 과정이 포함되어 있다. 사이클이 없는 그래프와 위상 탐색에 대해서 더 알고 싶다면 16.7절을 보아라.
>
> 동적 계획법은 상태 전이 다이어그램이 복잡한 구조적 특성을 가지지 않는 문제를 풀 때 특히 유용하다. 그러나 완전 탐색과 같이 문제에 대한 정보 없이 사용하면 안 된다. 동적 계획법의 수행 시간은 상태 전이 다이어그램에 있는 상태의 개수에 따라 결정된다. 물론, 상태 전이 다이어그램에서의 서로 다른 경로의 가짓수보다는 훨씬 적은 시간 안에 작동한다. 그래서 동적 계획법은 모든 경로에 대한 완전 탐색보다 훨씬 효율적으로 작동한다. 그럼에도, 상태의 개수

가 지수적으로 증가하는 경우에는 동적 계획법은 작은 문제 개체에만 사용할 수 있다.

연습문제 10.16은 상태의 개수, 그리고 다리 건너기 문제를 푸는 서로 다른 방법(최적이 아닌 방법을 포함해)의 개수를 묻는다. 결론적으로, 이 문제에서 동적 계획법은 사람의 수가 적을 때를 제외하고는 매우 비효율적이다.

⑦ 연습문제 10.16

이 문제에서는, 앞으로 건널 때는 항상 두 명이, 뒤로 건널 때는 항상 한 명이 건너는 경우만 생각하자. 즉, 모든 풀이에는 $N - 1$개의 앞으로 이동과 $N - 2$개의 뒤로 이동이 있다.

(a) 다리 건너기 문제의 상태 전이 다이어그램에 있는 상태의 개수를 계산하라.

(b) 모두가 다리를 건널 수 있는 서로 다른 방법의 가짓수를 계산하라.

N이 $2, 3, 4, 5, 6$일 때의 답은 어떻게 되는가?

10.7 정리

이 장에서는 사람의 수와 각 사람이 건너는 시간을 임의의 수로 확장했을 때 다리 건너기 문제를 푸는 알고리즘을 제시하였다. 이러한 최적화 문제를 풀 때에 가장 어려운 점은 더 이상 개선할 수 없는 풀이를 구성하는 알고리즘을 만드는 것이다. 문제를 풀 때 가장 중요한 단계는 다리를 건너는 순서를 고려하지 않고 앞으로 이동의 모음에만 초점을 맞추어도 된다는 사실을 깨닫는 것이다. 보조정리를 통해 앞으로 이동의 최적의 모음이 만족해야 할 성질들을 구성하고, 문제를 푸는 알고리즘을 구성할 수 있었다.

여기서 보인 성질은 대부분 놀라운 성질은 아니었다. 최적의 수열은 '규칙을 만족한다' - 앞으로 이동은 두 명씩, 뒤로 이동은 한 명씩 하고, '붙박이(뒤로 이동하지 않는 사람)'는 가장 느린 사람들, '떠돌이(뒤로 이동하는 사람)'는 가장 빠른 사람들이다. 떠돌이가 최대 두 명이고, '힘든' 이동(붙박이 두 명이 하는 이동)의 횟수는 가장 빠른 두 사람이 하는 이동의 횟수보다 하나 적다는 사실은 그렇게 당연하진 않다. 떠돌이가 두 명 이하라는 사실은 앞으로 이동의 모음에 초점을 맞추었으면 더 쉽게 증명할 수 있었다. 이동의 순서도 함께 추론해야 했다면, 이 성질은 증명하기 훨씬 어려웠을 것이다.

이러한 성질들이 놀랍지 않고 결과 알고리즘은 (되돌아봤을 때) 심지어 '당연'해 보이기도 한다. 그러나 그 덕분에 증명의 진가를 이해할 수 있게 되었다. 다리 건너기 문제에서 가장 '당연'한 풀이(가장 빠른 사람이 나머지 모두를 데리고 오는 풀이)가 항상 가장 좋은 풀이는 아니었다. 어떤 것이 '당연'해 보일 때는 반드시 한번 더 생각해 보자.

10.8 참고 자료

미국에서 다리 건너기 문제는 '손전등 문제(flashlight problem)' 또는 '횃불 문제(torch problem)'라 불린다. 여기서 제시한 풀이는, 다리의 용량(한 번에 건널 수 있는 사람의 수)도 매개변수로 둔 더 일반적인 문제의 풀이 [Bac08]를 기반으로 한다. 더 일반적인 문제의 관점에서 보면 이 문제는 다리의 용량이 2인 문제이다. 이 풀이는 기본적으로 건터 로트(Rote)의 풀이 [Rot02]와 동일하다. 로트는 넓은 분야에 관한 글을 썼다. 잘못된 알고리즘이 실린 출판물을 지적하기도 했다.

다리의 용량까지 매개변수로 주어지면 문제는 더욱 어려워진다. 최소 시간 풀이에 대한 많은 '당연한' 성질들이 거짓이 된다. 예를 들어, 최소 시간 풀이에서 다리를 최소 횟수로 건너지 않을 수도 있다. ($N = 5$이고 다리의 용량은 3이고, 다리를 건너는 시간이 각각 $1, 1, 4, 4, 4$일 때, 최소 소요 시간은 8이며, 이때 다리를 5번 건넌다. 다리를 3번 건널 때, 최소 소요 시간은 9이다.)

11장

A l g o r i t h m i c   P r o b l e m   S o l v i n g

기사의 순회

이 장에서 다루는 문제는 어렵다. 그러나 효과적인 추론을 통해 문제를 적절히 분해하면 풀 수 있다.

> 문제는 체스판에서 기사(knight)가 순회(circuit)하는 방법을 찾는 것이다. 기사가 체스판의 모든 칸을 순회하는 이동의 수열을 구하는 것이다. 기사는 각 칸을 한 번씩만 방문해야 하며, 순회를 시작했던 칸에서 순회를 끝내야 한다.

이 문제는 탐색 문제의 한 종류이다. 이론적으로는, 기사가 체스판을 따라 이동할 수 있는 가능한 모든 경로를 살펴보면 – 완전 탐색을 하면 – 답을 찾을 수 있다. 그러나 체스판에는 칸이 64개 존재하므로, 기사는 64번 움직여야 한다. 즉, 어디로 움직일지 총 64번의 선택을 해야 한다는 것이다. 꼭짓점 칸에서는 선택의 가짓수가 두 가지뿐이지만, 가운데에 있는 16개의 칸에서는 선택의 가짓수가 (그림 11.1과 같이) 8가지에 달한다. 나머지 칸에서는 선택의 가짓수가 4가지 또는 6가지 존재한다. 이때 경로가 될 수 있는 선택지는 어마어마하게 많다. 이는 보통은 문제가 되지 않지만, 이들 중 시작점으로 다시 돌아와야 한다는 빡빡한 제약을 만족하는 특정한 선택지를 찾으려 한다면 문제가 될 수 있다. 기사의 순회 문제는 이와 같이 폭발적으로 많은 선택지 가운데 극히 일부를 찾아내야 한다는 점에서 어려운 문제이다.

그래도 희망은 있다. 체스판의 칸이 나열되어 있는 패턴은 매우 간단하다. 또한 기사가 움직일 수 있는 가짓수는 많지만 하나의 쉬운 규칙(세로로 두 칸과 가로로 한 칸, 또는 가로로 두 칸과 세로로 한 칸)으로 정의할 수 있다. 매우 강력한 구조적 조건이므로, 기사의 순회 문제를 풀 때 꼭 이용해야 한다.

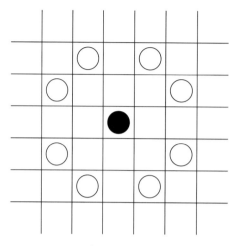

그림 11.1 기사의 이동

11.1 직선 이동으로 순회하기

기사의 순회 방법을 찾는 문제는 바로 풀기 어렵다. 먼저 조금 더 간단한 순회 문제를 풀어 보자.

간단한 문제를 구상해 보자. 어떤 기물이 체스판을 순회하게 만들고 싶다. 기물에 이동 규칙을 직접 부여할 수 있다면 어떻게 부여하는 것이 좋을까?

물론 당연히, 임의의 칸에서 임의의 칸으로 이동할 수 있게 하는 것이 가장 쉬운 방법이다. 이때는 체스판의 크기와 상관없이 항상 체스판을 순회하는 방법이 존재한다. 아무 칸에서 출발해서, 아직 방문하지 않은 아무 칸을 방문하는 작업을 반복하고 출발한 칸으로 돌아온다. 그런데 이건 너무 쉽다. 이동할 수 있는 칸에 제약을 걸어 보자.

가장 간단한 이동 규칙은 가로와 세로로 한 칸씩 움직일 수 있게 하는 것이다. (체스에서 킹 기물이 할 수 있는 이동에서 대각선을 제외한 것이다.) 이러한 이동을 직선 이동이라 부르자. 직선 이동만 이용해서 체스판을 순회할 수 있는가?

답이 바로 튀어나오지는 않겠지만, 답은 '예'이다. 몇 번 시행착오를 겪으면 직선 이동을 이용한 순회 방법을 찾을 수 있다. 하지만 좀 더 체계적으로 찾아보자. 가끔 더 일반적인 문제가 더 풀 만할 때가 있다. 8 × 8 체스판으로 문제를 국한하는 대신, 임의의 직사각형 체스판을 생각해 보자. 상하좌우로 한 번에 한 칸씩만 이동할 수 있을 때, 기물이 체스판을 순회할 수 있을까? 즉, '직선' 이동만을 이용해, 모든 칸을 한 번씩 방문하고, 출발했던 점에서 끝낼 수 있을까?

문제와 좀 더 친숙해지도록 연습문제를 준비했다. 풀이는 직관적이고 쉽다.

> ### ⊘ 연습문제 11.1
>
> (a) 칸의 개수와 순회에 필요한 이동 횟수에 어떤 관계가 있는가? 이 관계를 이용
>   해 양변의 길이가 홀수일 때 체스판을 순회하는 것이 불가능함을 보여라. (힌
>   트: 체스판의 체크무늬를 생각하라. 이동할 때마다 각 칸의 색이 바뀐다는 점
>   이 핵심이다. 이때 이러한 성질은 순회 가능 여부를 판별할 때 중요한 요소가
>   된다.)
>
> (b) 크기 $2m \times 1$의 체스판을 순회하는 것이 가능하려면, m이 어떤 값을 가져야
>   하는가? ($2m \times 1$ 체스판은 1개의 열(세로줄)로 이루어져 있으며, 이 열에는
> $2m$개의 칸이 있다.)
>
> (c) n이 양수일 때, $2 \times n$ 체스판을 순회하는 것이 가능함을 보여라. ($2 \times n$ 체스
>   판은 2개의 행(가로줄)으로 이루어져 있으며, 이 행에는 n개의 칸이 있다.)

연습문제 11.1에서 내릴 수 있는 결론은, 먼저 직선 이동으로 체스판을 순회하는
것은 어떤 양수 m과 n에 대하여 체스판의 크기가 $2m \times n$일 때에만 가능하다는 것
이다. 즉, 한 변의 길이가 $2m$이고 다른 변의 길이가 n인 경우이다. (시작점이 존재
해야 하므로, m과 n은 0일 수 없다.) 또, 어떤 양수 n에 대해 체스판이 $2 \times n$ 크기
일 때는 직선 이동으로 체스판을 순회할 수 있다는 것이다. 이 결론을 이용해 $2m$
$\times n$ 체스판의 직선 이동 순회를 구성해 보자. 크기가 $2 \times n$인 경우를 기저로 한 m
에 대한 귀납법을 사용하자.

귀납법을 이용해 구성하려면, m이 1 이상일 때 크기 $2m \times n$인 체스판을 생각
해야 한다. m이 1 초과이면 $2m \times n$ 체스판은 $2p \times n$ 체스판과 $2q \times n$ 체스판으
로 쪼갤 수 있다. 이때 p, q는 m보다 작고 $p + q = m$이다. 두 체스판을 직선 이동
으로 순회할 수 있음은 귀납 가설로 전제할 수 있다. 이제 두 구성을 합치기만 하면
된다.

풀이에 대한 서술에서, 체스판의 크기를 (행의 수) $\times$ (열의 수)로 표현하기로
하자.

두 구성을 합칠 때의 핵심은 꼭짓점 칸이다. 각 꼭짓점 칸에서 가능한 직선 이동

은 두 가지이며, 순회에는 두 가지 이동 모두 필요하다. 특히, 순회를 할 때 꼭짓점 칸에서의 가로 이동은 반드시 필요하다. 이제 $2m \times n$ 체스판이 $2p \times n$ 체스판과 $2q \times n$ 체스판으로 위아래로 나뉘어 있고, $2p \times n$ 체스판이 위에 있다고 하자. $2p \times n$ 체스판의 왼쪽 아래 꼭짓점 칸은 $2q \times n$ 체스판의 왼쪽 위 꼭짓점 칸 바로 위에 있다. 각 체스판에 대해 직선 이동 순회를 구성하자. 그림 11.2는 이 결과를 그림으로 보여 준다. 왼쪽 가운데에 있는 회색 실선은 각 순회에 포함되어야 함을 알고 있는 이동이다. 점선은 순회의 나머지 부분이다. (물론, 점선의 모양은 실제로 구성하는 순회의 모양과 무관하다.)

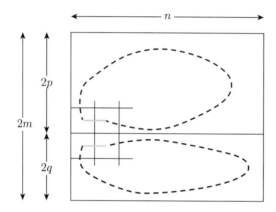

그림 11.2 직선 이동 순회 결합하기. 먼저, 체스판을 더 작은 체스판 두 개로 나누고, 각각의 직선 이동 순회를 구성한다.

이제, 두 순회를 하나로 합치려면, 그림 11.3과 같이 두 개의 가로 이동을 세로 이동으로 바꾸면 된다. 이제 구성이 끝났다.

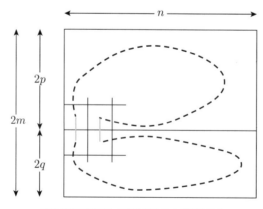

그림 11.3 다음으로, 그림과 같이 두 순회를 합친다.

그림 11.4는 이러한 방법으로 6 × 8 체스판에서 구성한 순회를 나타낸다. 이 귀납적 알고리즘의 기저를 이용해서 세 개의 2 × 8 체스판에서 각각 직선 이동 순회를 구성한다. 귀납 단계를 이용해서 각 가로 이동을 세로 이동으로 교체함으로써 순회를 합쳐 준다.

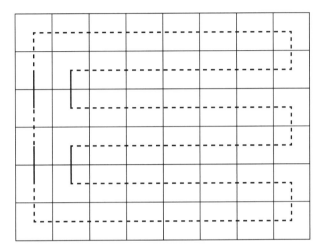

그림 11.4 6 × 8 체스판에서의 직선 이동 순회

⟨?⟩ 연습문제 11.2

앞에서 언급했듯, 칸의 개수가 홀수일 때에는 순회를 할 수 없다.

3×3 체스판을 생각하자. 여기서 가운데 칸을 제외하고 모든 칸을 방문하는 직선 이동 순회를 구성하는 것은 쉽다(그림 11.5 왼쪽). 또, 구석의 한 칸을 제외하고 모든 칸을 방문하는 직선 이동 순회를 구성하는 것도 쉽다(오른쪽). 그러나 이 칸들이 아닌 나머지 네 칸을 제외하고 모든 칸을 방문하는 직선 이동 순회는 구성할 수 없다.

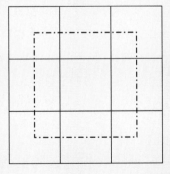 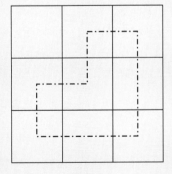

그림 11.5 3×3 체스판에서 한 칸을 제외한 직선 이동 순회

임의의 홀수 크기의 체스판에 대해서, 한 칸을 제외한 직선 순회 이동을 구성하는 것이 언제 가능하고 언제 불가능할까?

11.2 상자

이제, 다시 기사의 순회 문제로 돌아오자. 풀이의 핵심은 우리가 직선 이동에 대해 알아낸 사실을 활용하는 것이다. 이를 위해, 그림 11.6과 같이, 2 × 2 칸을 하나의 **상자**(supersquare)로 묶어서, 8 × 8 체스판을 4 × 4 상자로 분할해 보자.

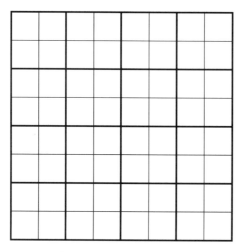

그림 11.6 4 × 4개의 상자로 나뉜 체스판

그러면 기사의 이동을 두 가지로 나눌 수 있다. 먼저, 직선 이동은 상자를 중심으로 볼 때 '직선'으로 움직이는 이동이다. 즉, 이동한 뒤에 원래 상자에 상하좌우로 인접한 상자에 있게 될 때 직선 이동이라고 부른다. 대각선 이동은 상자의 관점에서 직선으로 움직이지 않는 이동이다. 이동한 뒤에 원래 상자의 대각선에 있는 상자에 있게 될 때 대각선 이동이라고 부른다. 그림 11.7에서 상자의 가장자리는 굵은 선으로 표시되어 있다. 기사가 출발하는 칸은 검은색, 직선 이동을 통해 도달할 수 있는 칸은 흰색, 대각선 이동을 통해 도달할 수 있는 칸은 회색으로 표시되어 있다.

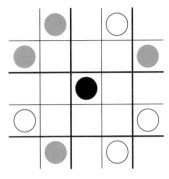

그림 11.7 시작 위치(검은색)에서 기사가 직선 이동으로 도달할 수 있는 칸(흰색)과 대각선 이동으로 도달할 수 있는 칸(회색). 상자의 가장자리는 굵은 선으로 표시되어 있다.

직선 이동에 집중하면 핵심적인 관찰을 할 수 있다. 그림 11.8은 어떤 상자(그림에서는 왼쪽 아래 상자)에서 출발해서 위쪽 방향 또는 오른쪽 방향 직선 이동을 통해 도달할 수 있는 상자를 나타낸다. 같은 무늬(빗금과 색칠 모두 일치해야 함)를 가진 칸으로만 이동할 수 있다. 예를 들어, 왼쪽 아래의 상자에 있는 흰색 칸으로부터 직선 이동을 통해 도달할 수 있는 칸은 왼쪽 위의 흰색 칸 또는 오른쪽 아래의 흰색 칸이다. 다른 무늬를 가진 칸으로는 이동할 수 없다.

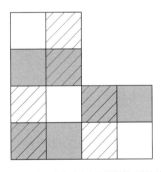

그림 11.8 왼쪽 아래 상자에서 출발하는 직선 이동

여기서 패턴을 관찰할 수 있다. 세로로 이동하면 상자의 무늬가 세로축을 중심으로 반전되고, 가로로 이동하면 무늬가 가로축을 중심으로 반전된다(세로로 이동하면 칸의 빗금 여부가 바뀌고, 가로로 이동하면 칸의 색칠 여부가 바뀐다).

2×2 칸을 세로축으로 뒤집는 연산을 v(세로를 뜻하는 vertical의 준말), 가로축으로 뒤집는 연산을 h(가로를 뜻하는 horizontal의 준말)라 쓰자. 두 연산을 세미콜론(;)으로 잇는 것은 두 연산을 순서대로 수행한다는 의미이다. 예를 들어, $v \, ; h$는

먼저 세로축을 뒤집은 다음 가로축을 뒤집는 연산을 의미한다. 사실, 세로축을 먼저 뒤집고 가로축을 뒤집는 연산과 가로축을 먼저 뒤집고 세로축을 뒤집는 연산은 같다. 즉,

$$v\,;h = h\,;v$$

이다. 두 연산 모두 2×2 칸의 중심을 축으로 $180°$ 회전하는 연산과 같다. 이 연산에 c(중심을 뜻하는 center의 준말)라는 이름을 붙이자. 즉, c의 정의에 따라,

$$v\,;h = c = h\,;v \qquad (11.3)$$

이다. 이제 2×2 칸에서 수행할 수 있는 세 개의 연산을 정의했다. 네 번째 연산은 아무것도 하지 않는 연산이다. 책의 다른 부분에서는 *skip*이란 이름으로 불렀는데, 지금은 더 간략하게 n(변화 없음을 뜻하는 no change의 준말)으로 부르기로 하자. 세로축으로 두 번 뒤집거나, 가로축으로 두 번 뒤집거나, 중심을 축으로 두 번 $180°$ 회전하면 아무것도 하지 않는 것과 같다. 즉,

$$v\,;v = h\,;h = c\,;c = n \qquad (11.4)$$

이다. 또, 다음이 성립한다.

$$n\,;x = x\,;n = x \qquad (11.5)$$

세 등식 (11.3), (11.4), (11.5)와 함께 ; 연산이 결합법칙을 만족한다(연산 x를 수행한 다음 연산 y, z를 수행하는 것은, 연산 x, y를 수행한 다음 연산 z를 수행하는 것과 같다. 즉, $x\,;(y\,;z) = (x\,;y)\,;z$)는 사실을 이용하면 연산에 대한 임의의 수열을 하나의 연산으로 줄일 수 있다. 예를 들어,

$$v\,;c\,;h$$
$$= \quad \{\ v\,;h = c\ \}$$
$$v\,;v\,;h\,;h$$
$$= \quad \{\ v\,;v = h\,;h = n\ \}$$
$$n\,;n$$
$$= \quad \{\ n\,;x = x 에\ x := n 을\ 대입\ \}$$
$$n$$

이다. 즉, 세로축으로 뒤집은 다음, 중심을 축으로 180° 돌린 다음, 가로축으로 뒤집으면 아무것도 하지 않은 것과 같다. (첫 번째 단계와 두 번째 단계에 결합법칙이 어떻게 사용되었는지 확인하라.)

⨀ 연습문제 11.6

두 연산 x와 y를 순서대로 수행했을 때의 결과를 나타내는 표를 그려라. 표에는 네 개의 열과 네 개의 행이 있어야 하며, 각각의 이름은 n, v, h, c 중 하나여야 한다. (직접 칸을 뒤집으면서 계산해 보아라.)

이 표를 이용해 두 가지 사실을 보여라. 먼저, 집합 $\{n, v, h, c\}$의 원소 x, y에 대해 다음이 성립함을 보여라.

$$x\,;\,y = y\,;\,x \tag{11.7}$$

다음으로, 집합 $\{n, v, h, c\}$의 원소 x, y, z에 대해 다음이 성립함을 보여라.

$$x\,;\,(y\,;\,z) = (x\,;\,y)\,;\,z \tag{11.8}$$

(이론상 $4^3 = 64$가지의 조합을 고려해야 한다. 작업량을 줄일 수 있는 방법을 생각해 보아라.)

⨀ 연습문제 11.9

2×2 칸에 대해, 두 가지 연산을 추가해 보자. 칸의 중심을 축으로 시계 방향으로 90° 회전하는 연산을 r, 시계 반대 방향으로 90° 회전하는 연산을 a라고 부르자. 네 가지 연산 n, r, a, c에 대해, 두 연산을 순서대로 수행했을 때의 결과를 나타내는 표를 그려라.

11.3 체스판 나누기

상자에 적용할 수 있는 네 개의 연산을 알아보았다. 이는 기사의 순회 문제를 풀 때 중요한 과정이었다. 이제 상자 하나를 'n' 상태라고 하자. 그럼 남은 15개의 상자는 위치에 따라 n, v, h, c 상태라 부를 수 있다. 그림 11.9에 예시가 나타나 있다. 왼쪽 아래 구석에 있는 상자가 'n' 상태라 하자. 그러면 바로 위의 상자는 'v', 바로 오른쪽의 상자는 'h', 바로 오른쪽 위 대각선에 있는 상자는 'c' 상태가 된다. 멀리 떨어져 있는 상자에도 연산 합성에 대한 규칙을 적용해 상태를 부여할 수 있다.

따라서 체스판에 있는 64개의 칸은 4개의 서로소인(서로의 교집합이 공집합인) 집합으로 나뉘게 된다. 그림 11.9에서 칸의 무늬를 보고 집합을 쉽게 구별할 수 있다. 기사는 직선 이동을 통해 같은 무늬를 가진 두 칸 사이를 이동할 수 있다(즉, 같은 무늬를 가진 두 칸 사이로는 기사가 이동할 수 있고, 다른 무늬를 가진 두 칸 사이로는 기사가 이동할 수 **없다**).

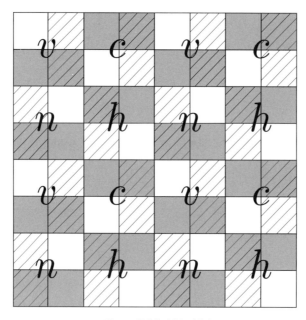

그림 11.9 상자에 상태 부여하기

11.1절에서 직선 이동 순회에 대해 했던 논의를 떠올려 보자. 체스판의 한 변의 길이가 짝수이고 다른 변의 길이가 2 이상이면 직선 이동 순회를 구성할 수 있음을 보였다. 구체적으로, 4 × 4 체스판에서 직선 이동 순회를 구성할 수 있다.

여기서 기사의 '직선' 이동은 상자의 관점에서 직선 이동이다. 즉, 네 가지 중 한 가지 무늬를 가진 칸을 모두 방문하는 직선 이동 순회를 구성할 수 있다는 것이다. 그림 11.9에서 이는 흰색 칸으로만 이루어진 순회, 빗금 칸으로만 이루어진 순회, 색칠된 칸으로만 이루어진 순회, 색칠된 빗금 칸으로만 이루어진 순회를 각각 구성할 수 있다는 것이다. 그림 11.10에서 각 순회의 일부 예시를 보여 준다. 앞으로는 흰색 칸으로만 이루어진 순회, 빗금 칸으로만 이루어진 순회, 색칠된 칸으로만 이루어진 순회, 색칠된 빗금 칸으로만 이루어진 순회 순서대로 연한 선에서 진한 선으로 나타낼 것이다.

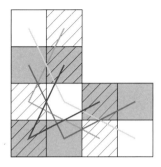

그림 11.10 각 순회에서 왼쪽 아래 상자 부분. 순회가 연결하는 칸의 무늬는 선의 농도로 구분한다.

이제, 체스판의 모든 상자를 방문하는 네 개의 **독립적인** 순회를 구성하였다. 마지막 단계는 네 개의 순회를 하나로 합치는 것이다. 이를 위해, 기사의 '대각선' 이동을 이용해야 한다.

네 개의 순회를 하나로 합치는 가장 간단한 방법은 2개씩 합친 다음, 마지막으로 두 쌍을 합치는 것이다. 예를 들어, 흰색 칸을 연결하는 순회와 빗금 칸을 연결하는 순회를 합쳐서 '색칠되지 않은 칸'을 연결하는 순회를 만들고, 색칠된 칸을 연결하는 순회와 색칠된 빗금 칸을 연결하는 순회를 합쳐서 '색칠된 칸'을 연결하는 순회를 만들고, 마지막으로 색칠되지 않은 칸을 연결하는 순회와 색칠된 칸을 연결하는 순회를 합쳐서 전체 체스판을 연결하는 순회를 완성하는 것이다.

색칠되지 않은 칸을 연결하는 순회와 색칠된 칸을 연결하는 순회를 만드는 방법이 그림 11.11에 나타나 있다. 각 경우에, (점선으로 나타나 있는) 두 개의 직선 이동을 (실선으로 나타나 있는) 두 개의 대각선 이동으로 교체하였다. 빗금 칸을 연결하는 순회와 흰색 칸을 연결하는 순회를 합치기 위해 직선 이동과 대각선 이동을 고르는 방법이 그림 11.12에 나타나 있다. 각 경우에, '평행한' 두 개의 직선 이동을 '평행한' 두 개의 대각선 이동으로 교체하였다. 평행한 두 개의 이동을 찾는 것은 대칭성을 이용해 쉽게 할 수 있다. 반면에, 빗금 칸에서 색칠된 칸으로 가는 대각선 이동이나 색칠된 빗금 칸에서 흰색 칸으로 가는 대각선 이동은 존재하지 않기에, '빗금 칸을 연결하는 순회'나 '빗금 치지 않은 칸을 연결하는 순회'를 만드는 것은 불가능하다.

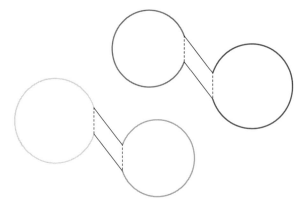

그림 11.11 '색칠되지 않은 칸'을 연결하는 순회와 '색칠된 칸'을 연결하는 순회를 만드는 방법의 개요. 직선 이동 순회는 원형으로, 순회에 있는 직선 이동 하나를 점선으로 나타냈다. 이 직선 이동을 실선으로 나타낸 대각선 이동으로 교체하였다.

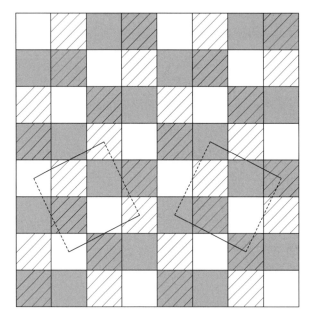

그림 11.12 색칠되지 않은 칸을 연결하는 순회와 색칠된 칸을 연결하는 순회 만들기. 점선으로 나타낸 직선 이동을 실선으로 나타낸 대각선 이동으로 대체한다.

빗금 칸을 연결하는 순회와 흰색 칸을 연결하는 순회를 합쳐서 '색칠되지 않은 칸을 연결하는 순회'를 만든 예시가 그림 11.13에 나타나 있다. 합치는 과정이 점선과 실선으로 표시되어 있다. 직선 이동(점선)을 대각선 이동(실선)으로 대체한다. 이 '색칠되지 않은 칸을 연결하는 순회'에 '색칠된 칸을 연결하는 순회'를 만들어서 합치면 전체 체스판에 대한 순회를 완성할 수 있다. 이는 연습문제로 남긴다.

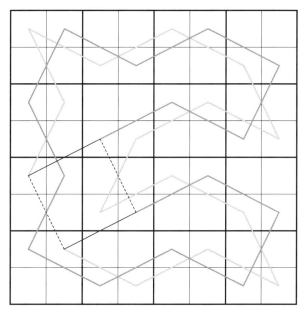

그림 11.13 색칠되지 않은 칸을 잇는 순회. 점선으로 나타낸 평행한 두 직선 이동을 실선으로 나타낸 평행한 두 대각선 이동으로 대체하였다.

이때 한 가지 난점은, 이용할 수 있는 직선 이동 순회가 제한되어 있다는 것이다. 예를 들어, 그림 11.12에서 제시된 방법을 이용해 빗금 칸을 연결하는 순회와 흰색 칸을 연결하는 순회를 합쳤다고 하자. 흰색 칸을 연결하는 순회에는 다른 제약이 없다(직선 이동 순회가 왼쪽 아래 칸을 어떻게 지날지는 정해져 있다). 그러나 빗금 칸을 연결하는 직선 이동 순회에는 제약이 있다. 순회에 점선으로 그려져 있는 이동이 포함되어 있어야 한다. 먼저 합칠 이동을 정한 다음 이를 포함하도록 직선 이동 순회를 적절히 구성하면 이 난점을 해결할 수 있다.

더 작은 크기의 체스판에서 기사의 순회를 구성하려면, 합칠 이동의 쌍을 더 세심하게 정해야 한다. 8×6 체스판에서는 가능하지만 더 작은 체스판에서는 불가능하다.

⍰ **연습문제 11.10**

앞서 소개한 방법으로 8×8 체스판에서 기사의 순회를 구성하라. 8×6 체스판에서도 구성해 보아라. 각각의 순회를 어떻게 합쳤는지 표시하라.

(?) **연습문제 11.11**

순회를 합치는 또 다른 방법이 그림 11.14에 나와 있다. 직선 이동 회로 네 개가 원으로 표시되어 있고, 각 원에서 하나의 이동이 점선으로 나타나 있다. 점선은 두 칸을 잇는 직선 이동 하나를 뜻한다. 이들이 (그림에서 실선으로 나타낸) 대각선 이동으로 대체된다면, 전체 체스판에 대한 순회가 완성될 것이다.

이 계획을 실행하기 위해, 그림 11.14에 나타난 네 개의 대각선 이동을 체스판에서 찾아야 한다. 이를 최소 노력으로 하려면, 빗금 칸을 잇는 회로에서의 이동과 색칠된 칸을 잇는 회로에서의 이동이 평행한 경우, 흰색 칸을 잇는 회로에서의 이동과 색칠된 빗금 칸을 잇는 회로에서의 이동이 평행한 경우를 찾는 것이다. (앞의 풀이에서는 반대로 빗금 칸을 잇는 회로에서의 이동과 흰색 칸을 잇는 회로에서의 이동이 평행한 경우를 찾았다.) 예를 들어, 왼쪽 아래 구석에 있는 색칠된 두 칸을 잇는 이동에서 시작한다고 하면, 찾아볼 대각선 이동의 후보가 많이 줄어든다. 대칭성을 이용하면, 적절한 이동을 쉽게 찾을 수 있다.

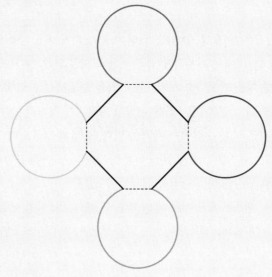

그림 11.14 직선 이동 순회를 합치는 방법. (점선으로 나타낸) 네 개의 직선 이동을 (실선으로 나타낸) 네 개의 대각선 이동으로 교체하였다.

위 방법을 이용해, 8×8 체스판과 6×8 체스판에서 기사의 순회를 구성하라. 이 방법을 임의의 $4m \times 2n \ (m \geq 2, n \geq 3)$ 크기의 체스판으로 확장해 보아라.
(6×8 체스판에서 구성하는 것보다 8×8 체스판에서 구성하는 것이 더 쉬울 것이

다. 전자의 경우에는 직선 이동 회로를 구성하는 데 더 신경 써야 한다. 잘 안 된다면, 합칠 이동의 위치를 유지한 상태에서 체스판을 90° 돌려 보아라.)

⍰ 연습문제 11.12

크기 $(4m + 2) \times (4n + 2)$ 체스판에서 2×2 칸을 상자로 묶으면, 상자로 된 $(2m + 1) \times (2n + 1)$ '상자판'이 된다. 각 변의 길이가 홀수이므로, 직선 이동 순회를 할 수 없으며, 연습문제 11.10의 전략을 쓸 수 없다. 그러나 연습문제 11.2의 전략을 이용하면, m과 n이 1 이상일 때 기사는 크기 $(4m + 2) \times (4n + 2)$의 체스판을 순회할 수 있다.

전략은 먼저 하나를 제외한 모든 상자를 지나는 직선 이동 순회를 만드는 것이다. (방법은 연습문제 11.2를 참조하라.) 그런 다음 각 순회에 대해, 하나의 이동을 두 개의 이동으로 대체한다(제외한 상자를 지나는 직선 이동 하나와 대각선 이동 하나). 이 방법은 그림 11.15에 나타나 있다.

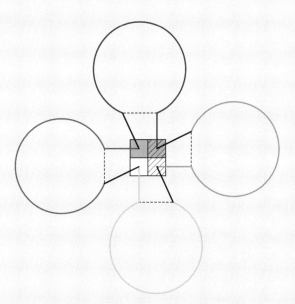

그림 11.15 기사가 $(4m + 2) \times (4n + 2)$ 체스판을 순회하는 전략. 선택한 하나의 상자 주변으로 네 개의 직선 이동 회로를 구성했다. 이들을 그림과 같이 연결하였다.

6×6 체스판에 대해서 이 전략의 세부사항을 완성해 보라. 6×6 체스판의 대칭성을 최대한 활용하라. 그림 11.15와 같이 합치는 이동 12개를 구성하는 건 사실 3

개만 만들어도 충분하다. 나머지 9개의 이동은, 3개의 이동을 90°씩 회전하면 얻을 수 있다.

6×6 체스판에서의 풀이를 이용해서, 1 이상의 임의의 m과 n에 대해 크기 $(4m + 2)×(4n + 2)$ 체스판에서 기사의 순회를 구성하는 방법을 설명하라.

11.4 정리

체계적인 전략 없이 기사의 순회 문제를 풀기는 매우 힘들다. 그렇기에 이 문제는 체계적인 문제 해결 전략을 설명하기 좋다. 이 문제를 푸는 데 사용한 방법은 본질적으로 문제를 분해하는 방법이었다. 기사의 순회 문제를 직선 이동 순회 문제로 환원하고, 이 순회들을 합치는 것이다.

어떤 방법을 좋은 방법이라고 부르려면, 연관된 다른 문제로도 확장할 수 있어야 한다. 기사의 순회 문제를 푸는 데 사용한 방법이 그렇다. 8 × 8 체스판에서 순회를 구성하기 위해 이 방법을 사용했지만, 훨씬 큰 체스판에도 이 방법을 이용할 수 있다.

이 방법의 주재료는 다음과 같다.

- 이동을 '직선' 이동과 '대각선' 이동으로 분류하는 것
- '상자'를 기준으로 한 직선 이동 순회
- 직선 이동 순회를 결합하기 위해 대각선 이동 이용하기

이 방법을 한 번 제대로 이해하고 나면, 주재료를 이용해 기사의 순회가 필요할 때마다 다시 만들어 낼 수 있다. 순회 자체를 기억하는 것과 비교하면 확실히 실용적이다.

이 방법의 결점은, 상자로 나눌 수 있는 체스판에 대해서만 적용할 수 있다는 것이다. 앞서 보였듯, 칸의 개수가 홀수 개일 때는 기사의 순회를 구성하는 것이 불가능하다. 이제 $(2m) × (2n + 1)$ 크기의 체스판(즉, 한 변의 길이가 짝수이고 다른 변의 길이가 홀수일 때)에서 기사의 순회를 구성하는 것이 가능한지 판단하는 일만 남았다. 이에 관한 정보는 여러 웹사이트에서 얻을 수 있는데, 몇몇 사이트 정보는 11.5절에 밝혀 두었다.

기사의 순회 문제에서 2부에 나오는 몇몇 수학적 개념의 예시를 엿볼 수 있다. n,

v, h, c 연산자는 '군(group)'의 예시이다. 12.5.6절의 정의 12.22를 보아라. 직선 이동으로 연결되어 있는 칸들 간의 관계는 '동치 관계(equivalence relation)'의 예시이다. 그리고 이 관계가 칸들을 네 개의 서로소인 집합으로 나눈다는 사실은 동치 관계에 대한 일반적인 정리의 예시이다. 12.7.8절을 참고하라.

기사의 순회 문제는 '해밀토니언 회로 문제(Hamiltonian Circuit Problem)'라고 불리는 일반적인 문제의 예시이다. 일반적으로 해밀토니언 회로 문제의 입력은 그래프(정점과 간선으로 이루어진 네트워크, 16장 참고)이며, 이 그래프에서 모든 정점을 한 번씩 방문하고 출발 정점으로 돌아오는 것이 목표이다. 해밀토니언 회로 문제는 결국 'NP-완전(NP-complete)'이라 불리는 종류의 문제이다. NP-완전 문제는 검증은 쉽지만 풀기는 어려운 문제이다. 즉, NP-완전 문제에 대한 (옳은지 틀린지 모르는) 풀이가 주어지면, 이 풀이가 옳은지 틀린지 쉽게 확인할 수 있다. (예를 들어, 체스판에 있는 칸들을 어떤 순서로 나열하고 나면, 이것이 기사가 순회할 수 있는 순서인지 판별하는 것은 쉽다.) 그러나 NP-완전 문제를 푸는 풀이를 구성할 수 있는 효율적인 방법은 지금까지 알려져 있지 않다. '복잡도 이론'에서는 어떤 알고리즘 문제가 얼마나 어려운지 나타내는 방법을 다룬다.

11.5 참고 자료

기사의 순회 문제에 대한 풀이와 이 문제에 관한 역사는 인터넷에서 쉽게 찾을 수 있다. 이들 중 [MacQuarrie, St. Andrews Univ.]에 따르면, 체스가 발명되기도 전인 9세기에 알 아들리(al-Adli ar-Rumi)가 처음으로 기사의 순회를 찾았다고 한다.

기사의 순회 문제를 풀기 위해 상자를 이용하는 방법은 데이크스트라의 연구 [Dij92]에서 처음 사용되었다. 데이크스트라의 풀이는 일반적인 크기(8 × 8)의 체스판에서의 풀이었고, 연습문제 11.11에서 설명한 직선 이동 회로를 합치는 방법을 이용한다. 직선 이동 회로를 두 개씩 묶어서 합치는 방법은 디타르트 미하엘리스가 제안하였다. 두 방법 모두 '평행한 이동'을 찾는 과정이 포함되어 있다. 미하엘리스의 풀이가 조금 더 나은 풀이인데, 각 단계에서 '평행한 이동'을 두 쌍만 찾으면 되기 때문이다. 데이크스트라의 풀이에서는 평행한 이동을 네 쌍 찾아야 하기 때문에 풀기 조금 더 어렵다. 연습문제 11.12의 풀이는 저자가 구성하였으며, 미하엘리스가 유용한 피드백을 주었다.

이 장을 (2003년에) 처음 쓴 이후, 상자를 이용한 풀이를 1840년에 (유의어 사전으로 잘 알려진) 피터 마크 로젯(Peter Mark Roget)이 먼저 만들었음을 알게 되었다. 조지 젤리스(George Jelliss)[구글에 'Knight's Tours' 검색]에 따르면, H.J.R 머리(H.J.R.Murray)가 1913년 출판한 저서 《History of Chess(체스의 역사)》에서 두 종류의 이동을 표현하기 위해 '직선 이동(straights)'과 '대각선 이동(slants)'이라는 용어를 처음 도입했다고 한다. 젤리스의 웹사이트는 기사의 이동과 기사의 순회에 대한 내용을 폭넓게 다루고 있다.

제2부

수학적 기법

MATHEMATICAL TECHNIQUES

12장

수학의 언어

수학은 효과적인 추론의 예술이다. 수학의 발전은 수학 자체의 언어로 인코딩되고 전달되며, 이는 전 세계에서 이해되고 통용된다. 실제로 적절한 맥락에서는 수학의 언어를 사용한 의사소통이 자연어를 사용하는 것보다 일반적으로 더 쉽다. 수학의 언어는 명확하고 간결하기 때문이다.

수학의 언어는 수학 하면 생각나는 공식 그 이상의 것이다. 이 언어는 자체적인 스타일과 관용구 및 관습을 가진 자연어의 한 형태이며, 그렇기에 종종 수학적 '방언'[1]이라고도 불린다. 수학적 방언을 가르칠 수는 없지만, 이 언어의 일부 어휘를 요약할 수 있다. 이 장은 거의 모든 수학적 문서에 사용되는 집합과 술어, 함수, 관계의 어휘 요소를 다룬다. 이후의 장에서는 이러한 주제에 대하여 더 자세히 다룬다.

수학적 표기법은 수학의 언어에서 필수적인 부분이기에, 표기법에 관한 내용은 이 장에서 반복적으로 등장할 것이다. 잘 설계된 수학적 표기법은 문제를 해결할 때 엄청난 가치가 있다. 가장 좋은 예시는 수를 적을 때 사용하는 위치 표기법이다. (예를 들어, 12, 101, 1.31 등에서 '0'과 소수점의 사용에 주목하라.) 이 표기법 덕분에 로마 숫자로는 상상도 하지 못했던 산수 작업을 할 수 있게 되었다. (위치 표기법으로 수를 변환하지 않고 $MCIV$와 IV를 곱해 보아라.)

수학적 표기법은 여러 세기 동안 사용되어 오면서 진화하였다. 때로는 이로 인해 훌륭한 표기법이 만들어졌지만, 때로는 이제는 바꾸기에 너무 늦어 버린 나쁜 표기

---

1 방언이란 특정 집단이 사용하는 말, 토착어를 뜻한다.

법으로도 이어졌다. 만약 여러분이 수학을 이해하는 데 어려움을 느끼고 있다면, 혼란스러운 표기법이 그 원인일 수도 있다.

이 책에서는 때때로 수학적인 전통을 깨고 비표준적인 표기법을 사용한다. 표현의 균일성을 높임으로써 이해를 돕기 위함이다. 당연하게도 이러한 조치는 가볍게 감행해서는 안 된다.

12.1 변수와 표현식, 법칙

수학적 표현식은 수학의 언어에서 한 눈에 알아볼 수 있는 부분을 형성한다. $2+3$ 이나 4×5와 같은 표현식은 이미 우리 모두에게 친숙하다. 이것이 바로 수를 값으로 가지는 산술 표현식의 예다. 표현식은 종종 상수라고 불리는데, 이는 변하지 않는 특정한 값을 가지는 기호를 뜻한다. 예를 들어, 그리스 문자 π는 원의 둘레와 면적을 구하는 공식에서 사용된다. π는 하나의 수(대략 3.14)를 나타낸다. 여기서 '~로 나타낸다(denote)'는 '~로 표기한다'는 뜻이다.

표현식은 종종 그들이 가지는 '값'과 혼동되곤 한다. 대부분은 아무 문제가 없지만, 가끔은 (지금과 같은 때에는) 명확하게 구분하는 것이 중요하다. 표현식과 값은 각각 이름과 사람으로 비유할 수 있다. 이름과, 그 이름이 특정하는 사람은 서로 다르다. 예를 들어, '이순신'은 조선의 명장인 위인의 이름이다. 이름 '이순신'은 성 '이'와 이름 '순신'으로 이루어져 있다. 반면에 사람 이순신은 출생일이 있고, 부모님과 배우자, 자녀가 있으며, 여러 업적을 달성하였다. 그러나 우리가 이순신을 언급할 때 일반적으로 사람을 의미하는지 그 이름을 의미하는지 명확하게 구분할 수 있다.

표현식에는 종종 변수가 포함된다. 변수란 어떤 값을 나타내는 기호이며, 이 값은 맥락에 따라 달라진다. 아인슈타인의 유명한 공식

$$E = mc^2$$

에서 c는 빛의 속력을 나타내는 상수고, E와 m은 둘 다 변수다. 이는 에너지와 질량 간의 관계를 나타내는 공식이다. 이 공식을 이용해서 에너지를 계산하기 위해서는 대상이 되는 물체의 질량의 값을 알아야 한다. 비슷하게, 두 공식 $2\pi r$과 πr^2은 각각 반지름이 r인 원의 둘레와 넓이를 알려 준다. 여기서, π는 상수고 r은 변수다.

불리언 표현식은 특히 가장 중요한 종류의 표현식이다. 불리언 표현식이란 계산 결과가 두 불리언 값 참(true)과 거짓(false) 중 하나인 표현식이다. 예를 들어, $1^2 =$

1과 $0 < 1$, $1 + 2 = 2 + 1$은 모두 계산 결과가 참인 표현식이고, $2^2 = 1$과 $1 < 0$, $1 + 1 = 1$은 모두 계산 결과가 거짓인 표현식이다. $m = 0$과 $i < j$과 같은 표현식의 값은 당연하게도 참이거나 거짓이지만, 변수에 의존적이기 때문에 변수의 값을 알기 전까지는 이 표현식의 값도 알 수 없다.

('불리언'이라는 용어는 영국의 수학자 조지 불(George Boole)의 이름에서 비롯되었다. 그는 책《The Laws of Thought(생각의 법칙)》에서 추론적 계산 방법을 설명하였는데, 이것이 지금의 '불리언 대수'다. 불리언 대수는 그의 책이 출판된 이후로 상당히 발전해 왔으며, 이 책 13장에서 자세히 다룬다. 구텐베르크 프로젝트를 통해 인터넷에서 그의 책을 읽어 볼 수 있다.)

전통적으로 수학은 참인 명제의 목록을 제공하는 것으로 알려져 있다. 따라서 전통적인 수학은 '$m = 0$이라 하자', '$i < j$라고 가정하자'와 같은 명제를 포함하며, 읽는 사람은 이러한 불리언 표현식은 항상 그 계산 결과가 참이라고 이해해야 한다. 그러나 컴퓨터과학에서는 이러한 표현식을 다르게 이용한다. 예를 들어, 표현식 '$m = 0$'은 프로그램에서 분기문으로 사용될 수 있다. 즉, 표현식의 값이 참이냐 거짓이냐에 따라 서로 다른 동작을 선택할 수 있다. 이 책에서는 컴퓨터 과학자가 사용하는 불리언 표현식의 용례를 따른다.

중요한 결과 중 하나는 수학 법칙을 다루는 방법이다. 기본적인 수학 법칙 중 하나로, 0을 더하는 것은 아무런 영향을 주지 않는다는 법칙이 있다. 전통적으로 이 법칙은 등식 $x + 0 = x$으로 표현된다. 여기서 x는 수를 나타내는 변수고, $x + 0 = x$는 불리언 표현식이다. 즉, 산술 법칙은 x의 값이 무엇이더라도 표현식이 항상 참으로 계산된다는 것이다. 따라서, $0 = x$와 $x + 0 = x$와 같은 표현식은 둘 다 불리언 표현식이지만 중요한 차이점이 있다. 전자의 표현식의 값은 x의 값에 따라 달라지지만, 후자의 값은 x의 값에 의존하지 않는다. 이러한 차이를 강조하기 위해 이 책에서는 불리언 표현식의 값이 항상 참임을 나타내기 위하여 아래와 같이 대괄호를 사용한다. (즉, 표현식이 하나의 법칙이다.)

$[x + 0 = x]$

이 대괄호는 '어디서든'이라고 읽는다. '어디서든'이란, '변수가 가질 수 있는 모든 값에 대하여'라는 뜻이다. 표현식 $x + 0 = x$에서, 변수 x는 독립적(free)인 반면에, 표현식 $[x + 0 = x]$에서 x는 종속적(bound)이다. 이러한 용어에 대해서는 14장에서 다룬다.

표현식은 그 표현식에 쓰인 변수를 사례화(instantiate)하여 얻을 수 있는 사례(instance)를 가진다. 표현식 $x+0$의 사례로는 $0+0$과 $1+0$ 등이 있다. 여기서 변수 x는 하나의 수로 사례화되었다. $2x+0$과 y^2+0 또한 이 표현식의 사례다. 여기서 표현식은 변수 x를 사례화하기 위해 사용되었다. x는 변수일 뿐만 아니라 표현식 그 자체이므로, 0과 1, $2x$, y^2은 모두 표현식 x의 사례다.

표현식에 하나의 변수가 여러 번 등장한다면, 같은 변수를 동일하게 사례화해야 함에 유의해야 한다. 예를 들어, x^2+x의 사례로는 0^2+0과 1^2+1가 있다. 그러나 x^2+0은 이 표현식의 사례가 아니다.

법칙은 어디서든 참인 불리언 표현식이기 때문에, 그 표현식의 사례도 모두 법칙이라고 볼 수 있다. 법칙 $[x+0=x]$의 사례로는 $0+0=0$, $1+0=1$, $[x \times y+0 = x \times y]$ 등이 있다. 변수를 가지지 않는 $1+0=1$과 같은 표현에는 '어디서든' 대괄호가 필요하지 않다는 데 주목하자.

12.2 집합

집합은 가장 기본적인 수학적 개념 중 하나다. 예시로 살펴보면 이해하기 가장 좋다. 평일의 집합은 { 월요일, 화요일, 수요일, 목요일, 금요일 }이고, 삼원색의 집합은 { 빨간색, 초록색, 파란색 }이다.

일반적으로, 집합은 자기 자신이 가지는 원소들로 정의된다. 평일의 집합은 다섯 개의 원소(월요일, 화요일, 수요일, 목요일, 금요일)를 가진다. 삼원색의 집합은 세 개의 원소(빨간색, 초록색, 파란색)를 가진다.

이 두 예시는 모두 유한 개의 원소를 가지며, 모든 원소를 직접 나열할 수 있을 정도로 그 개수가 충분히 작다. 작은 유한 집합의 경우, 집합은 원소 나열법으로 정의할 수 있다. 이때, 원소의 목록을 중괄호로 감싸는 표기법이 사용된다. 예를 들어, $\{0, 1\}$은 두 원소로 이루어진 집합이며, $\{a, b, c, d\}$는 네 개의 원소를 가진 집합이다. 원소를 나열하는 순서는 중요하지 않다. 즉, 표현식 $\{0, 1\}$과 $\{1, 0\}$은 둘 다 0과 1로 이루어진 동일한 집합을 나타낸다.

두 불리언 값으로 이루어진 집합 $\{true, false\}$는 특히 중요하다. 이 책에서는 이 집합을 $Bool$로 적는다.

12.2.1 속함 관계

기호 '∈'은 속함 관계라고 불리는 표준적인 표기법이다. $x \in S$ 형태의 표현식은 불리언 값을 나타내며, 이 값은 x가 S의 원소이면 참이고, 그렇지 않다면 거짓이다. 예를 들어, $0 \in \{0, 1\}$은 참인 반면, $b \in \{a, c, d\}$는 거짓이다. 표현식 $x \in S$는 'x는 S에 속한다'라고 읽는다.

12.2.2 공집합

유한한 원소를 가진 집합의 극단적인 예는 공집합(empty set)이다. 공집합은 0개의 원소를 가진다. 공집합은 일반적으로 기호 '∅'으로 쓰며, 가끔씩 {}라고도 쓴다. 공집합에서 집합의 중요한 개념이며, 특히 컴퓨터 프로그램에서 그러하다. 인터넷 검색 엔진은 주어진 질의에 대해 어떤 검색 결과도 찾지 못했다면 공집합을 반환한다. 엄밀하게는, 공집합은 모든 x에 대하여 $x \in \emptyset$가 거짓인 집합 $\emptyset$이다.

12.2.3 자료형/전체 집합

집합이 가질 수 있는 원소에는 어떠한 제약도 없다.[2] 색, 날짜, 사람, 수, 그 무엇이든 원소가 될 수 있다. 심지어 집합도 원소가 될 수 있다. 예를 들어, $\{\{0, 1\}\}$은 하나의 원소를 가지는 집합이며, 그 원소는 두 개의 원소로 이루어진 집합 $\{0, 1\}$이다. 또 다른 예시로 $\{\emptyset\}$을 보자. 이 집합은 공집합 $\emptyset$을 원소로 가진다. 두 집합 $\{\emptyset\}$과 $\emptyset$을 혼동해서는 안 된다.

'자료형'이라는 말은 집합의 동의어로 자주 쓰인다. '색', '날짜', '수'는 모두 '자료형'의 예시다. 집합의 원소는 모두 같은 자료형인 경우가 거의 대부분이지만, 반드시 그래야만 할 필요는 없다. 예를 들어, {월요일, 1}은 완벽하게 잘 정의된 집합이다. 그러나 이 집합이 유용하게 사용될 것 같지는 않다. 지금까지 다룬 집합은 모두 원소가 같은 자료형을 가졌다. 수학자들은 '자료형'이라는 단어 대신에 '전체 집합(universe)'이라는 용어를 사용한다. 수로만 이루어진 집합은 수들의 전체 집합에서 얻은 것이다.

기본적인 자료형으로는 정수(0, 10, −5와 같은 수), 자연수(0 이상의 정수. 0을 포함한다)[3], 실수(정수뿐만 아니라 $\sqrt{2}$, π와 같은 수도 포함), 불리언(참과 거짓), 문자(어떤 문자 체계에 속하는 글자들)가 있다.

---

2   (옮긴이) 사실 약간의 제약은 있다. 예를 들면, 집합은 자기 자신을 원소로 가질 수는 없다.
3   (옮긴이) 자연수에 0을 포함할지는 책마다 다르며, 거의 대부분의 경우에는 0을 포함하지 않는다.

12.2.4 합집합과 교집합

집합을 결합하는 두 가지 방법으로 합집합과 교집합이 있다. 두 집합의 합집합은 두 집합 중 적어도 하나에 속하는 모든 원소를 모아 놓은 집합이다. 예를 들어, 두 집합 $\{0, 1\}$과 $\{1, 4\}$의 교집합은 $\{0, 1, 4\}$다. 이를 수식으로 나타내면 이러하다.

$$\{0, 1\} \cup \{1, 4\} = \{0, 1, 4\}$$

기호 '$\cup$'은 두 집합을 합하라는 뜻이다. 위의 예시에서 각각 두 개의 원소를 가진 두 집합은 결합하여 세 개의 원소를 가진 집합을 이루었다. (네 개가 아니다!)

두 집합의 교집합이란 두 집합 모두에 속하는 모든 원소를 모아 놓은 집합이다. 두 집합 $\{0, 1\}$과 $\{1, 4\}$의 교집합은 $\{1\}$이다. 이를 수식으로 나타내면 이러하다.

$$\{0, 1\} \cap \{1, 4\} = \{1\}$$

기호 '$\cap$'는 교집합을 나타낸다.

합집합과 교집합과 관련된 법칙은 13장에서 다룬다.

12.2.5 조건 제시법

집합을 정의할 때 모든 원소를 열거하는 것은 아주 작은 집합에 대해서만 실행 가능한 방법이다. 달력에 있는 모든 달의 집합을 원소 나열법으로 정의하려면, 물론 가능은 하지만, 매우 지루한 작업임이 분명하다. 달력에 있는 모든 날짜를 원소 나열법으로 정의하는 것은 분명 더더욱 지루할 것이다!

집합을 정의하는 매우 일반적인 방법은 조건 제시법(set comprehension)이라고 불린다. 조건 제시법은 어떤 집합(전체 집합 또는 자료형)이 주어진다고 가정하고, 그 전체 집합에서 특정 조건을 만족하는 원소를 모두 모아 집합을 정의하는 방법이다.

예를 들어, 1조 이하의 모든 자연수 중에서 2나 5로 나누어떨어지는 수들의 집합을 생각하자. 이 집합은 유한 집합이므로 - 이론적으로 - 모든 원소를 열거할 수 있다. 그러나 이 작업을 사람이 직접 하기에는 너무나 긴 시간이 필요할 것이다. 이 예시에서 전체 집합은 자연수 집합이고, 조건은 '1조 이하이면서, 2 또는 5로 나누어떨어진다'이다. 또 다른 예시로, 나이가 60 이상 70 이하인 낙성대학교에 재학 중인 학생들의 집합을 생각하자. (아마 이 집합은 공집합일 것이다. 그러한 대학교는 없을 것이며, 아마 있더라도, 나이가 60 이상 70 이하인 학생이 없을 것이다.) 여기서 전체 집합은 낙성대학교 학생들의 집합이고, 조건은 '나이가 60 이상 70 이하다'이다.

조건 제시법의 전통적인 수학적 표기법은 아래와 같다.

$$\{n \mid 10 \leq n \leq 1000\}$$

이 표현식은 10 이상 1000 이하인 n을 모두 모아 놓은 집합을 나타낸다. 여기서, 중괄호는 '~들의 집합'으로, 기호 '|'는 '~ 조건을 만족하는'이라고 읽는다.

이 - 이례적이지 않은 - 예시에서 전체 집합이 무엇인지는 명확하지 않다. 전체 집합은 자연수 집합일 수도 있고, 실수 집합일 수도 있다. 변수 n은 가변수(dummy variable) 혹은 종속 변수(bound variable)라고 불린다. 이 책에서는 혼란을 방지하기 위하여 변수에 대한 몇 가지 명명 규칙을 사용한다. 일반적으로, m과 n은 자연수를 나타낼 때, x와 y는 실수를 나타낼 때 사용한다.

표현식

$$10 \leq n \leq 1000$$

은 n에 대한 구문(predicate)이라고 한다. 어떤 n의 값에 대해서 이 표현식은 참이고(예를 들어, 10과 11, 12), 또 어떤 값에 대해서 거짓이다(예를 들어 0과 1, 2). 표현식 $\{n \mid 10 \leq n \leq 1000\}$은 구문 $10 \leq n \leq 1000$의 계산 결과가 참이 되는 모든 (자연수) n의 집합을 나타낸다.

독립 변수와 종속 변수의 차이점은 중요하다. 표현식의 값은 독립 변수의 값에 의존적이다. 반면, 표현식의 값이 종속 변수의 값에 의존한다고 말하는 것은 의미가 없다. 표현식 $\{n \mid 10 \leq n \leq 1000\}$은 독립 변수를 가지고 있지 않기 때문에, 이는 상수를 나타낸다. 아래의 표현식과 비교해 보자.

$$\{n \mid 0 \leq n < k\}$$

이 표현식은 하나의 독립 변수 k를 가진다. 즉, 이 표현식이 나타내는 집합의 값은 변수 k의 값에 의존적이다. (편의상, k는 자연수를 나타낸다고 하자.) 개체 $\{n \mid 0 \leq n < 1\}$의 계산 결과는 $\{0\}$이다. 왜냐하면, $0 \leq n < 1$의 계산 결과가 참이 되는 자연수 n의 개체는 0이 유일하기 때문이다. 또 다른 개체 $\{n \mid 0 \leq n < 2\}$의 계산 결과는 $\{0, 1\}$이다. 일반적으로, $\{n \mid 0 \leq n < k\}$는 첫 k개의 자연수를 포함하는 집합

을 나타낸다. 극단적인 경우로 $\{n \mid 0 \leq n < 0\}$은 공집합과 같다. n의 값에 관계없이 표현식 $0 \leq n < 0$은 항상 그 값이 거짓이기 때문이다. 14장에서 독립 변수와 종속 변수에 대하여 다룬다.

12.2.6 모음

집합은 그 집합에 속한 원소들로 정의된다. 즉, 두 집합이 같다는 것은 이 두 집합이 동일한 원소를 가지고 있다는 뜻이다. 모음(bag)은 집합과 유사하지만, 각 원소마다 그 원소가 모음에 총 몇 개 들어 있는지를 나타내는 하나의 수(중복도)를 가진다. 모음은 동일한 원소를 여러 개 가질 수 있기 때문에, 종종 다중 집합(multiset)이라고 불린다.[4] 일반적인 집합보다 모음이 더 유용할 때가 가끔 있다.

어떤 책에서는 모음을 나타낼 때 집합의 중괄호가 아닌 특이한 형태의 괄호를 사용하곤 한다. 이 책에서는 집합과 같이 중괄호를 사용하되, 각 원소를 $m \times x$의 형태로 적는다. 여기서, m은 중복도를, x는 원소를 의미한다. 예를 들어, $\{2 \times \text{red}, 1 \times \text{green}\}$은 두 개의 red와 하나의 green을 원소로 갖는 모음을 나타낸다.

12.3 함수

함수는 입력을 출력에 대응시킨다. 더 엄밀하게, 함수는 입력 값의 집합에 속하는 각 원소를 하나의 출력 값에 대응시킨다. 함수의 익숙한 예시로는 어머니, 아버지, 그리고 생년월일이 있다. 이 예시에서 입력은 한 명의 사람이고, 출력은 그 사람에 대한 특징이다. 여기서, 출력은 입력에 의해 유일하게 결정된다. 우리는 모두 한 명의 어머니(생모), 한 명의 아버지(생부), 그리고 하루의 생년월일을 가지고 있다. 또 다른 친숙한 예시로는 나이와 체중이 있다. 우리의 나이와 체중은 시간에 따라 변하므로, 입력은 사람과 시각의 조합이다. (예를 들어, 명량 해전 때 충무공 이순신의 나이는 52세였다.)

국적 또한 사람의 특성 중 하나지만, 어떤 사람은 여러 개의 국적을 가지고 있기에 함수가 될 수 없다. 배우자 또한 함수가 아닌데, 어떤 사람은 배우자가 없을 수도 있고, 일부다처제 사회에서는 배우자가 여러 명일 수 있기 때문이다. 국적과 배우자는 모두 수학적 관계의 예시이며, 곧 이에 대하여 다룰 것이다.

---

4 (옮긴이)다중 집합이라는 용어는 거의 사장되었다.

수학에서 쓰이는 함수의 예시로는 *even*이 있다. 이 함수는 $0, 2, 4, 6$ 등의 수를 참에 대응시키고, $1, 3, 5, 7$ 등의 수를 거짓에 대응시킨다. 이 경우, 입력 값의 집합은 자연수 집합이고, 출력 값의 집합은 불리언의 집합이다.

'사상(寫像; mapping)'과 '보내다(map)'는 모두 함수가 하는 행동을 나타내는 용어다. 예를 들면, 함수 *even*은 짝수를 참, 홀수를 거짓으로 보내는 사상이다.

실수를 실수로 보내는 잘 알려진 수학 함수는 매우 많다. 부정(negation)은 0.1을 -0.1로, -2를 2로 보내는 함수다. 제곱 함수는 1을 1로, 2를 4로, 10을 100으로, 0.1을 0.01로 보내는 함수다. 제곱 함수는 1과 -1을 모두 1로 보낸다. 함수는 각 입력 값을 하나의 출력 값에 대응시켜야 하지만, 여러 개의 입력 값이 하나의 출력 값에 대응될 수도 있다. 또 다른 잘 알려진 함수로는 $\sin, \cos, \tan$와 같이 각도를 실수로 보내는 삼각 함수가 있다. 넓이와 부피 함수는 각각 2차원 물체와 3차원 물체를 실수에 대응시킨다.

12.3.1 함수의 적용

함수는 어디에서나 사용된다. 함수와 그 적용을 나타내는 데에는 다양한 크기와 모양의 표기법이 사용된다. 다음은 잘 알려진 산술 함수를 인자 x에 적용하기 위해 일반적으로 사용하는 표기법이다. 표기법이 가지는 형태는 경우에 따라 다르다.

$$\sin x,\ x^2,\ -x,\ \sqrt{x},\ e^x,\ \lfloor x \rfloor$$

이 예시들은 $\sin x$나 $-x$와 같이 함수를 인자 x 앞에 적기도 하고, x^2와 같이 뒤에 적을 수도 있으며(이 경우, 일반적으로 함수의 이름을 위첨자 형식으로 적는다), $\lfloor x \rfloor$처럼 괄호로 나타내기도 한다는 사실을 보여 준다.

$\hat{x}$나 $\tilde{x}$와 같이 부가적으로 사용되는 표기법은 보통 일시적인 목적으로 사용된다. 가끔은 함수가 정의되고 있는지 여부가 전혀 명확하지 않은 경우도 있다. 문자의 위나 아래에 선을 긋거나 ($\bar{x}, \underline{x}$), 프라임을 붙이는 것(x')이 바로 그러한 예다. 예를 들어, x'과 같은 표기법을 사용했을 때, 이는 단순히 x나 y와 같은 식별자로 쓰인 것일 수도 있고, 혹은 인자 x 뒤에 쓰이는 함수를 도입한 것일 수도 있다. (예를 들어, f'는 f의 도함수를 나타내는 표준적인 표기법이다.) 문자 위에 선을 긋는 것은 함수의 인자를 나타내기 위해 때때로 괄호를 대체하여 사용되며($\sqrt{x}$), 여집합을 나타내기도 한다.

함수가 명시적으로 사용되지는 않았지만 함수가 정의되는 경우는 첨자를 사용하는 경우다. 이 책에서 x_0, x_1과 같이 두 개의 변수가 도입되는 경우, x는 정의역이 $\{0, 1\}$인 함수다. 함수에 인자를 적용하는 것은 첨자로 나타낸다. 마찬가지로, 수열을 $x_0, x_1, \ldots$로 나타낸다면, x는 정의역이 자연수 집합인 함수다.

함수를 소개할 때 표준적인 수학 언어는 오해를 불러일으킬 수 있다. 종종 '함수 $f(x) = 2x$'와 같은 문장을 볼 수 있다. 이는 여러 가지를 동시에 나타내기 위한 수학적인 약식이다. 중요한 점은 함수가 $f(x) = 2x$도 아니며 $f(x)$도 아니라는 것이다. 이들은 하나의 독립 변수 x를 가지는 표현식이다. 이 예시에서 소개되는 함수는 수에 2를 곱하는 함수이며, 이 문장은 이 함수에 'f'라는 이름을 부여한다. 동시에, 함수를 인자에 적용할 때에는 인자를 괄호로 묶고 그 앞에 'f'라는 이름을 붙여 표기한다는 것을 나타낸다. 문장에서 기호 x는 가변수다. 그러나 굳이 x를 사용한 데에는 숨은 의미가 있다. 이 문장은 '함수 $f(y) = 2y$'와 같이 동일하게 쓸 수도 있기 때문에, 크게 볼 땐 중요하지 않다. 그러나 선택된 x는 함수가 실수를 실수로 대응시킨다는 것을 나타낸다. 표준적인 수학적 표기 규칙에서 x는 실수를 나타내기 때문이다. 비교를 위해, '함수 $f(n) = 2n$'이라는 문장은 n이 자연수를 나타낸다는 표기 규칙에 따라 이 함수의 정의역이 자연수 집합임을 암시적으로 정의한다. 마지막으로, 불리언 표현식 $f(x) = 2x$는 정의적 등식(definitional equality)이라고 불리는데, 이는 'f'라는 이름을 정의하기 위한 목적을 가지고 있으므로, x의 값에 관계없이 항상 참의 값을 가진다.

초기 프로그래밍 언어에는 수학적 관용어가 사용되었다. 예를 들어, 1950년대에 처음 개발된 프로그래밍 언어 포트란(FORTRAN)은 이름이 $i \sim n$의 알파벳으로 시작하는 변수는 정수 값을 나타낸다는 규칙을 가지고 있었다. 그러나 시간이 흐르면서 소프트웨어 개발에서 수학적 전통을 지키는 일은 불가능한 것임을 깨닫게 되었다. 예를 들어, 함수의 적용을 나타내는 접합(juxtaposition, 인자 x에 함수 f를 적용하는 것을 fx로 나타내는 표기법)과 같은 많은 수학적 표기법은 변수나 함수의 이름이 단 하나의 문자로 이루어져야 한다는 가정에 의존한다. 그러나 컴퓨터 프로그램에서는 'person'이나 'age'와 같이 여러 문자로 구성된 이름을 사용할 수밖에 없다. 현대의 프로그래밍 언어는 변수와 함수의 이름을 선언하고, 자료형을 명시적으로 지정하도록 요구하며, 함수의 적용에 대해 다른 표기법을 사용한다. 일부 언어는 $age\ person$과 같이 공백으로 함수의 적용을 표현하기도 한다. 이는 사실상 접합이지만 구문 분석(parsing, 문장을 규칙에 따라 분석하여 단위 요소로 분해하는 작업)을 하기 위해서는 공백이 필요하다. 다른 언어는 *person.age*와 같이 점을 사용한다. 이 책에서는 컴퓨터 시대의 교훈을 따르려고 노력한다. 그러나 독자는 방대한 수학 문헌의 풍부한 지식을 활용하기 위하여 전통적인 수학적 단축어에 익숙해져야 한다. 따라서 함수와 그 적용에 대한 표기법을 포함하여 본문의 일부에서는 오랜 역사를 가진 수학적 표기법을 따르지만, 다른 곳에서는 비전통적인 표기법을 사용한다.

앞의 예시에서 함수는 모두 하나의 인자를 가졌다. 이러한 함수를 단항 함수(unary function)라고 부르며, 제곱근 기호나 부정 기호와 같은 기호는 단항 연산자(unary operator)라고 한다. 두 개 이상의 인자를 가지는 함수를 생각하면 표기법의 다양성은 더욱 커진다. 두 개의 인자를 가지는 이항 함수(binary function)에 대한 가장 일반적인 표기법은 중위 표기법(infix notation)이다. 이는 $a + b$와 같이 두 피연산자 사이에 연산자를 적는 방법이다. 그러나 경우에 따라 함수가 표기되지 않을 수도 있다. 예를 들어, $2y$는 곱셈을 나타낸다. 또는 x^y와 같이 첨자를 사용할 수도 있고, $\frac{x}{y}$처럼 2차원적인 표기법을 쓸 수도 있다. 다른 예로는 $\log_b x$가 있다. 여기서 두 개의 인자는 로그의 밑수 b와 인자 x다. (이 예시는 무시해도 되는 인자를 숨기기 위하여 첨자로 사용하는 일반적인 현상을 보여 준다. 이는 법적 문서에서 작은 글꼴로 작성된 부분과 비슷한 역할을 한다.) 고급 수학에서는 A_i^j와 같은 표기법이 사용되기도 한다.

12.3.2 이항 연산자

이항 함수란 두 개의 인자를 가지는 함수다. 이항 연산자는, 엄밀하게 말하자면, 이항 함수를 나타내기 위해 사용하는 기호다. 예를 들어, 기호 '+'와 '×'는 이항 연산자로, 각각 덧셈과 곱셈을 나타낸다. 그러나 종종 기호와 그 기호가 나타내는 함수를 구분하지 않곤 한다. 보통, 둘 중 무엇을 의미하는지는 문맥을 통해 명확하게 알 수 있다. 이 책에서 '이항 연산자'는 두 개의 인자를 갖는 함수를, '연산 기호'는 그 기호 자체를 의미한다. 앞서 언급했듯이, 이항 연산자는($2 + 3$, 2×3과 같은) 중위 형식으로 적는다. 그러나 때때로, 인자의 앞에 적기도 한다($\log_2 10$과 $gcd(10, 12)$가 그 예다). (최대공약수의 표기법은 뒤에서 살펴볼 좋지 않은 표기법 중 하나다.) 인자의 뒤에 적는 후위 표기법은 아주 드물게 쓰인다.

'⊕'와 '⊗' 같은 기호는 이항 함수를 나타내기 위한 변수로 사용될 것이다. (m과 n 이 수를 나타내기 위한 변수로 사용되는 것과 같은 맥락이다.) ⊕와 ⊗는 중위 형식 으로 쓰나, 이들은 중위 형식으로 쓰이지 않는 이항 함수를 나타낼 수도 있음을 잊 지 말아야 한다.

기호 f와 g는 단항 함수를 나타내는 변수로 쓰일 것이다. 이들의 적용은 '$f(x)$'와 같은 전통적인 표기법으로 쓴다.

12.3.3 연산자 우선순위

함수가 여러 번 적용되는 표현식에서는 함수를 계산하는 순서에 모호함이 생길 수 있다. 예를 들어, 표현식 $8 \div 4 \div 2$를 보자. 이 표현식은 나눗셈 연산자 '$\div$'가 두 번 사용되기 때문에, 이 두 연산자를 어떤 순서로 계산해야 하는지 의문이 생긴다. $8 \div 4$(2의 값을 얻는다)를 먼저 계산하고 그다음에 $2 \div 2$(최종 결과 1을 얻는다)를 계산 해야 하는가, 아니면 $4 \div 2$(2의 값을 얻는다)를 먼저 계산하고 그다음에 $8 \div 2$(최종 결과 4를 얻는다)를 계산해야 하는가? 이 두 가지 계산 순서는 괄호를 사용하여 분 명하게 구분할 수 있다. $(8 \div 4) \div 2$는 전자, $8 \div (4 \div 2)$는 후자의 계산 순서를 따 르라는 뜻이다. 또 다른 예로는 8^{4^2}가 있다. 사실 이는 방금 예시에서 나눗셈을 지수 기호로 바꾼 것이다. 세 번째 예로 -2^3을 보자. 여기서는 부정과 지수, 총 두 함수가 쓰였다. 여기서 궁금증은, $(-2)^3$와 같이 부정을 먼저 계산한 후에 지수를 계산해야 하는가, 아니면 $-(2^3)$처럼 반대로 해야 하는가다. 물론, 이 예시에서는 두 경우 모 두 결과가 -8이 되지만, -2^2에서 두 순서는 서로 다른 결과를 얻게 된다.

수학 표현식은 이렇게 종종 모호하다. 이러한 모호함은 의도적으로 수학 계산에 활용되기도 한다. 이때는 순서의 모호함이 식의 값에 영향을 주지 않는 경우다. 모 호함이 값에 영향을 준다면, 함수의 평가 순서나 우선순위를 지정하여 이러한 모호 함을 해소할 수 있다. 이 규칙들은 종종 수학적 관습이라고 불리기도 한다. 불행히 도, 수세기 동안 수학적 표기법이 발전하면서 전통적인 관습이 명시되지 않아 학생 들이 어려움을 느끼곤 한다. (수학자들은 학생들을 탓하지만 실제로는 자신들을 탓 해야 한다!)

'잘 알려진' 규칙의 예로, 뺄셈은 왼쪽에서 오른쪽으로 계산한다는 것이 있다. 예 를 들어, 표현식 $1 - 2 - 3$의 값은 -4(즉, $(1-2)-3$)이 되며, 2(즉, $1-(2-3)$)가 아니다. 반면에 거듭제곱은 전통적으로 오른쪽에서 왼쪽으로 계산한다. 10^{2^3}의 값은 100,000,000(즉, 10^8)이지 1,000,000(즉, 100^3)이 아니다. 순서가 중요하지 않고 결과적으로 모호성이 활용되는 예로는 덧셈이 있다. $1 + 2 + 3$의 값은 덧셈을 왼쪽에서 오른쪽으로 계산하든 오른쪽에서 왼쪽으로 계산하든 6이다. (자세한 논의는 12.5.4절을 참조하라.)

연산자 우선순위는 하나의 표현식에 서로 다른 연산자가 사용될 때에 종종 필요하다. 연산자 우선순위의 가장 잘 알려진 예는 곱셈과 덧셈이다. 표준 규칙에서 곱셈은 덧셈보다 우선순위가 높다. 따라서, $1 + 2 \times 3$을 계산할 때, 2×3의 값을 먼저 계산하고 그 결과에 1을 더해야 한다. 다른 계산 순서가 요구되는 경우에는 $(1 + 2) \times 3$과 같이 괄호를 사용하여 표시해야 한다.

초등 교과서에서는 종종 우선순위 규칙에 대해 언급하지 않는다. 이는 산술 표기법이 명시적으로 규칙을 설명할 필요가 없도록 발전했기 때문이다. 곱셈은 일반적으로 접합으로 표시되며, 이로 인해 $1 + 2x$와 같은 표현에서 사람의 눈은 자연스럽게 숫자 2와 x를 그룹화한다. '+' 기호 주위의 공백도 이에 일조한다. 마찬가지로, 2×3^2와 같은 표현식에서 사람의 눈은 '3^2'를 그룹화하며, 이로부터 지수 연산이 곱셈보다 높은 우선순위를 갖는다는 규칙을 자연스럽게 알 수 있다.

연산자 우선순위에 대해 언급하지 않는 또 다른 이유는 때때로 표현식을 특정한 순서로 계산해야만 의미가 있는 경우도 있기 때문이다. 덧셈과 곱셈과 같은 산술 연산자와 관계 연산자(여기서는 이하 관계 '$\leq$')를 결합한 $m \leq n \times p$와 같은 표현식에 해당한다. 이 표현식을 '$(m \leq n) \times p$'로 읽는 것은 의미가 없다. 불리언 값과 수를 곱하는 것은 의미가 없기 때문이다. 따라서 여기에는 우선순위에 대한 규칙이 필요하지 않다.

표현식의 구조를 알아내는 것을 표현식 구문 분석(파싱)이라고 한다. 1960년대에 프로그래밍 언어가 개발될 때 구문 분석 문제가 중요한 이슈로 떠올랐다. 그 당시에는 임의의 복잡성을 가진 표현식을 구문 분석하는 일을 멍청한 기계에 어떻게 지시해야 하는가가 문제였다. 그러나 이 경험을 통해 구문 분석은 인간에게도 어려운 문제라는 것을 깨닫게 됐다. 표현식이 복잡해질수록 구문 분석은 어려워지는데, 이는 표현식의 의미를 이해하기 위한 첫 번째 단계다. 불행히도, 많은 수학자는 독자가 표현식의 구조를 의도대로 이해해 주기를 바란다. 이 책에서는 이러한 관행을 피하고자 한다. 풀이에서 명확한 표현을 쓰는 것이 매우 중요하기 때문이다. 결과적으로, 표현식을 구문 분석하기 쉽도록 만들고자 노력하였다. 가능한 경우에는 공백과 적절한 연산자 선택을 통해 의미를 한순간에 파악할 수 있도록 하였다. 그러나 연산자 우선순위 규칙은 피할 수 없다. 이 책에서 사용되는 규칙은 아래와 같이 연산자를 여러 범주로 분류한다. 각 범주 내에서는 추가적인 우선순위 규칙을 적용하며, 이는 연산자를 처음 소개할 때 명확하게 설명할 것이다.

우선순위	연산자
가장 높음	단항 연산자 (전위, 후위)
	함수의 적용 (중위점)
	이항 연산자 ($+$, $\times$ 등)
	산술 관계 ($=$, $\leq$ 등)
가장 낮음	논리 접속사 ($\equiv$, $\vee$ 등)

12.4 자료형과 자료형 검사

12.2.3절에서 언급했듯이, '자료형'이라는 단어는 '집합'의 동의어로 종종 사용되곤 한다. 한 가지 차이점은, '자료형'은 '자료형 검사'를 통해 실수를 줄이는 데 사용되며, 특히 컴퓨터 프로그램에서 쓰인다.

많은 학생이 물리학에서 자료형 검사와 처음 만나게 된다. 여기서 '자료형'은 '차원'이라고 불린다. 속력과 에너지, 일률 등, 측정되는 양은 모두 차원을 갖는다. 예를 들어, 속력의 차원은 거리를 시간으로 나눈 것이고, 가속도의 차원은 거리를 시간의 제곱으로 나눈 것이다. 물리학에서 등식을 세울 때에는 등식의 양변이 동일한 차원을 가지는지 확인하면 좋다. 이 작업은 비교적으로 쉽고, 속도와 가속도를 같다고 하는 등의 어리석은 실수를 피하는 데 도움이 된다.

컴퓨터 프로그램은 물리학이나 수학에서 사용되는 공식의 수와 비교하면 규모가 엄청나다. 따라서 자료형 검사는 오류를 피하는 데 매우 중요한 역할을 한다.

자료형 검사는 특정 기본 자료형을 식별하고, 기존의 자료형으로부터 더 복잡한 자료형을 구성하는 체제를 가지고 있다. 기본 자료형의 예로는 자연수, 정수, 실수, 그리고 불리언이 있다. 이러한 자료형은 각각 $\mathbb{N}$(자연수), $\mathbb{Z}$(정수), $\mathbb{R}$(실수), $Bool$(불리언)로 표시한다. 더 복잡한 자료형을 구성하는 가장 간단한 방법으로는 곱집합(cartesian product)과 분리합(disjoint sum), 함수 공간이 있다. 이 세 가지 체제에 대해서는 이어지는 절에서 설명한다. 더 복잡한 체제로는 집합, 행렬, 다항식, 귀납법이 있다.

12.4.1 곱집합과 분리합

두 집합 A, B의 곱집합 $A \times B$란 $a \in A$와 $b \in B$를 만족하는 모든 순서쌍 (a, b)의 집합이다. 예를 들어, A가 {빨강, 초록, 파랑}이고 B가 $\{true, false\}$이면, $A \times B$는 아래와 같다.

$\{(빨강, true), (빨강, false), (초록, true), (초록, false), (파랑, true), (파랑, false)\}$

A와 B의 분리합 $A + B$는, A나 B 둘 중 하나에서 원소를 고르고, 어느 집합에서 그 원소를 골랐는지 태그(tag)를 붙여서 만든 집합이다. $A + B$의 원소를 표기하는 방법은 다양하다. 여기서는 태그로 l(왼쪽)과 r(오른쪽)을 사용하자. {빨강, 초록, 파랑}과 $\{true, false\}$의 분리합은 이러하다.

$\{l.빨강, l.초록, l.파랑, r.true, r.false\}$

분리합은 때때로 분리 합집합(disjoint union)이라고도 불리며, 두 집합의 합집합 (union)을 형성하는 것과 유사하다는 특징을 가지고 있다. 실제로, 방금 언급한 예에서 {빨강, 초록, 파랑}과 $\{true, false\}$의 분리합과 분리 합집합은 정확히 같은 개수의 원소를 가진다. 분리합과 합집합은 결합하는 두 집합이 공통 원소를 가질 때 달라진다. 특히, 모든 집합 A에 대하여 집합 $A + A$는 집합 $A \cup A$보다 두 배 많은 원소를 가진다. 예를 들어, $\{true, false\} + \{true, false\}$는

$\{l.true, l.false, r.true, r.false\}$

인 반면에, $\{true, false\} \cup \{true, false\}$는

$\{true, false\}$

이다. 두 원소 $l.true, r.true$는 태그에 의해 서로 구분됨에 유의하라.

곱집합과 분리합을 나타내기 위해 산술 연산자 $\times$와 $+$를 사용하는 것은 연산자의 과적화(overloading)의 예다. 여러 자료형의 인자를 허용하는 기호는 과적화된 (overloaded) 기호라고 말한다. (현대 프로그래밍 언어에 익숙한 독자는 과적화의 문제점에 대해 알게 될 것이다. 기호 '/'는 1/2과 1.0/2.0이 서로 다른 의미를 갖도록 종종 과적화되곤 한다. 전자는 0으로 계산되는 반면에, 후자의 값은 0.5이다. 자료형 '강제'는 프로그램이 의도한 의미를 갖게 하기 위하여 때때로 필요하다.) 과적합을 하는 이유는 집합에 대한 연산을 더 익숙한 모습으로 보이게 하기 위해서다.

이는 두 자료형의 연산자 간의 대응 관계를 기반으로 의도적으로 이루어진다.

집합의 원소의 개수는 하나의 대응 관계로 볼 수 있다. 두 유한 집합 A, B의 원소 개수가 각각 p, q라면, $A \times B$는 $p \times q$개의 원소를 가지고, $A + B$는 $p + q$개의 원소를 가진다. 즉, (유한한) 집합 C의 원소의 개수를 $|C|$로 나타내면, 다음과 같은 법칙이 성립한다.

$$[\,|A \times B| = |A| \times |B|\,]$$
$$[\,|A + B| = |A| + |B|\,]$$

(12.1절에서 논의한 바와 같이, 대괄호는 '어디서든'이라는 뜻을 가짐에 유의하라.) 이 두 등식에서 좌변의 '$\times$'와 '$+$'는 집합에 대한 연산을 나타내고, 우변의 '$\times$'와 '$+$'는 수에 대한 연산을 나타낸다. $\emptyset$은 공집합을 나타냄을 상기할 때,

$$|\emptyset| = 0$$

이므로, 모든 유한 집합 A에 대하여,

$$|A + \emptyset| = |A| + |\emptyset| = |A| + 0 = |A|$$

가 성립하며, 비슷하게

$$[\,|A \times \emptyset| = |\emptyset| = 0\,]$$

이다.

엄밀하게, 두 집합 $A + \emptyset$과 A는 같은 수의 원소를 가지고 있지만, 같은 집합은 아니다. A와 다르게, $A + \emptyset$의 원소들은 태그를 갖고 있기 때문이다. 따라서, $[\,A + \emptyset = A\,]$라고는 말할 수 없다. 두 유한 집합이 같은 수의 원소를 가지고 있다면, 그 두 집합은 서로 **동형**(isomorphic)이라고 한다. 동형 관계는 '$\cong$' 기호로 나타낸다. 따라서 다음과 같이 쓸 수는 있다.

$$[\,A + \emptyset \cong A\,]$$
$$[\,A \times \emptyset \cong \emptyset\,]$$

지금까지는 유한 집합에 한정하여 논의하였다. 그러나 이러한 성질은 무한 집합에 대해서도 성립한다. 여기에는 이 책의 범위를 벗어나는 고급 수학 지식이 요구된다. '수'라는 개념은 '초한(transfinite)' 수로 확장되며, 집합의 원소의 개수는 집합의

기수(cardinality; 크기, 농도)라고 한다. 이러한 성질이 유한 집합뿐만 아니라 모든 집합에 대하여 성립한다는 사실은 표기법의 과적화를 정당화할 수 있다.

12.4.2 함수의 자료형

함수는 입력 값을 출력 값에 대응시킨다. 따라서, 함수의 자료형은 입력의 자료형과 출력의 자료형, 총 두 부분으로 구성되어야 한다. 입력 값의 자료형은 정의역 (domain)이라고 하며, 출력 값의 자료형은 공역(codomain)이라고 한다. 정의역이 A, 공역이 B인 함수의 자료형은 $A \to B$로 나타낸다. 예를 들어, $\mathbb{Z} \to Bool$은 함수 $even$의 자료형이다. 이 함수는 주어진 정수가 짝수인지 아닌지를 판별하는 함수다. $\mathbb{R} \to \mathbb{R}$은 부정(negation, $x \to -x$), 배중(doubling, $x \to 2x$), 제곱 등의 자료형이다. 마지막으로, $\mathbb{R} \to \mathbb{Z}$은 바닥 함수(floor)와 천장 함수(ceiling)의 자료형이다.

함수의 정의역과 공역은 함수를 정의하는 데 필수적이다. 예를 들어, 수에 1을 더하는 작업은 그 수의 자료형이 무엇인지에 따라 서로 다른 성질을 갖는다. (15.1절을 참조하라.) 따라서 동일하게 1을 더하는 함수이더라도 자료형이 $\mathbb{N} \to \mathbb{N}$인 함수와 $\mathbb{R} \to \mathbb{R}$인 함수는 서로 분명하게 구분해야 한다. 특히 과적화된 표기법이 사용될 때 함수의 자료형은 중요해진다. (수와 집합, 각각에서 사용되는 연산자 $+$, $\times$를 생각해 보아라.)

이항 연산자의 정의역의 자료형은 두 자료형의 곱집합이다. 실수의 덧셈과 곱셈의 자료형은 모두 $\mathbb{R} \times \mathbb{R} \to \mathbb{R}$이다. 함수는 또한 함수를 인자로 가질 수 있으며, 이러한 함수를 고차 함수(higher-order function)라고 한다. 함수의 적용은 우리 모두가 가장 먼저 접하는 예다. 12.3.2절에서 언급한 대로, 함수의 적용은 점으로 표시하며, 어떤 자료형 A, B에 대하여 $(A \to B) \times A \to B$의 자료형을 가진다. 즉, 함수의 적용의 첫 번째 인자는 자료형 $A \to B$의 함수이고, 두 번째 인자는 자료형 A의 값이다. 그런 다음, 함수를 값에 적용한 결과는 B의 자료형을 갖는다. (함수의 적용은 컴퓨터 과학자들이 다형적(polymorphic) 함수라고 부르는 것의 예다. 항등 함수(identity function)는 다형적 함수의 가장 간단한 예다. 이는 모든 값을 자기 자신에게 매핑하는 함수다. 모든 자료형 A에 대하여 자료형 $A \to A$의 항등 함수가 있다.)

함수의 자료형은 종종 위첨자를 사용해서 나타내기도 한다. $A \to B$ 대신에 B^A의 표기법이 사용된다. 이는 $+$와 $\times$가 각각 분리합과 곱집합을 나타내는 데에 사용되는 이유와 동일하다. 모든 집합 A, B에 대하여

$$|B^A| = |B|^{|A|}$$

가 성립한다. 유한 집합 A, B에 대해서 이것이 정말로 성립하는지 살펴보자. 자료형 $A \to B$의 함수 f를 정의하는 과정을 보자. A의 각 원소 a에 대하여, $f(a)$의 값을 정하는 방법은 총 $|B|$가지가 있다. 따라서, A가 한 개의 원소를 가진다면 f는 총 $|B|$가지가 있고, A가 두 개의 원소를 가진다면 f는 총 $|B| \times |B|$가지가 있고, A가 세 원소를 가지면 f는 $|B| \times |B| \times |B|$가지가 있다. 즉, f로 가능한 함수는 총 $|B|^{|A|}$개가 있다.

한 가지 중요한 결과는 함수 공간이 일반적인 산술에서의 지수 연산과 유사한 속성을 갖는다는 것이다.

$$[\,|A^{B+C}| = |A^B \times A^C|\,]$$

이는 아래와 같이 적을 수 있다.

$$[A^{B+C} \cong A^B \times A^C]$$

두 집합 A^{B+C}와 $A^B \times A^C$는 같은 집합이 아님에 유의하라. 전자는 함수의 집합이지만, 후자는 순서쌍의 집합이다. 그러나 두 집합의 기수는 서로 같다. 이는 조합론에서 매우 중요한 기초 성질 중 하나다. 자세한 논의는 16.8절을 참조하라.

함수 공간을 나타내는 데 화살표 기호를 사용하면, 다음과 같이 (덜 인상적으로) 규칙을 적을 수 있다.

$$[\,(B + C) \to A \cong (B \to A) \times (C \to A)\,]$$

거듭제곱 표현법은 화살표 표현법보다는 드물게 사용된다. 하지만 집합의 멱집합(power set)을 나타낼 때에는 흔하게 볼 수 있다. 집합 A의 모든 원소가 집합 B의 원소라면, A는 B의 부분집합이라고 한다. 집합 A의 멱집합이란, A의 모든 부분집합의 집합이다. 부분집합 관계는 '⊆' 기호로 나타낸다. 예를 들어, {월요일, 화요일}은 평일 집합의 부분집합이고, 평일 집합은 요일 집합의 부분집합이다. 공집합은 모든 집합의 부분집합이고, 모든 집합은 자기 자신의 부분집합이다. 즉,

$$[\emptyset \subseteq A]$$
$$[A \subseteq A]$$

공집합의 멱집합은 단 하나의 원소(공집합)만 가지고 있다. 공집합이 아닌 집합의 멱집합은 최소 두 개의 원소(공집합과 자기 자신)를 가진다. 집합 A의 부분집합을 나타내는 방법 중 하나는 정의역이 A이고 공역이 $Bool$인 함수를 명시하는 것이다. 그 부분집합에 속하는 A의 원소는 $true$의 함숫값을 가지고, 그렇지 않다면 $false$의 함숫값을 가지도록 함수를 정의하면 된다. (이러한 함수를 부분집합의 특성 함수(characteristic function)이라 한다.) 따라서, A의 모든 부분집합의 개수는 $|Bool^A|$과 같고, 이 값은 즉 $|Bool|^{|A|}\,(=2^{|A|})$다. 여기에서, A의 모든 부분집합의 집합을 2^A로 표기하자는 제안을 할 수 있고, 이것이 바로 (기이한 이름의) 멱집합이다. (어떤 책에서는 $\wp(A)$의 표기법을 사용하곤 한다. 여기서 $\wp$는 멱(power)의 앞 글자를 따온 것이지만, 그러면 정의 과정의 동기가 사라져 버린다.)

12.5 대수적 특성

수학적 표기법의 사용은 문제 해결에 도움이 된다. 수학적 표현은 자연어 문장보다 보통 더 간결하기 때문이다. 표현의 경제성에서 명확성이 나온다. 그러나 수학적 표기법은 자연어의 축약형에 불과한 것은 아니다. 수학적 표현의 실제 이점은 계산에 있다.

지금까지 소개한 수학적 담론의 모든 대상(수, 집합, 함수 등)은 수학적 법칙으로 설명할 수 있는 속성을 가지고 있다. 이러한 수학적 법칙은 수학 계산의 기반을 형성한다.

산술(arithmetic)이란 특정한 수를 이용하여 때로는 손으로, 때로는 계산기를 이용하여 수행하는 계산을 말한다. 소득과 지출, 현행 세법에 따라 개인의 소득세를 계산하는 것은 산술 계산의 예다. **대수**(algebra)란 임의의 수학적 표현식을 계산하는 것에 관한 학문이며, 종종 수와 표준적인 산술 연산자 이외의 객체와 함수를 포함한다. 예를 들어, 불리언 대수는 두 개의 불리언 값인 참과 거짓, 불리언 값을 나타내는 변수, '논리곱'과 '논리합' 같은 불리언 연산자로 구성된 불리언 표현식을 계산하는 것이다. 관계 대수는 관계와 '전이 폐포(transitive closure)'와 같은 연산자로 계산하는 것이다. 이러한 연산자는 이후의 절에서 소개한다.

새로운 연산자를 탐구할 때, 수학자들은 특정 유형의 대수 법칙이 성립하는지 여부를 조사하곤 한다. 대수는 산술보다 훨씬 일반적인 학문이지만, 주목하는 속성들은 여전히 산술의 법칙에 크게 영향을 받았다. 이 절에서는 사용되는 용어들을 소개한다.

이 절에서는 ⊕와 ⊗라는 기호를 이항 연산자를 나타내는 변수로 사용한다. 각 연산자는 어떤 자료형 A에 대하여 $A \times A \to A$의 자료형을 갖는다고 가정하며, 여기서 A를 연산자의 매개체(carrier)라고 한다. 매개체를 실수 집합 $\mathbb{R}$이라고 한다면, 덧셈, 곱셈, 최솟값과 최댓값 등이 이항 연산자가 될 수 있다. 또 다른 예로, 집합의 합집합과 교집합이 있다. 이 경우, 매개체는 어떤 A에 대하여 멱집합 2^A이다. 또한, 최대공약수를 나타내는 gcd와 최소공배수를 나타내는 lcm도 예시로 사용할 것이다. 여기서 매개체는 자연수 집합 $\mathbb{N}$이다.

12.5.1 대칭성

이항 연산자 '⊕'가 대칭적(symmetric) 혹은 교환적(commutative)이라는 것은 다음이 성립한다는 뜻이다.

$$[\, x \oplus y = y \oplus x \,]$$

(대괄호는 '어디서든'이라고 읽음을 기억하라. 여기서는, 연산자 ⊕의 매개체로서 '가능한 모든 값 x와 y에 대하여'라는 뜻이다.)

예시 덧셈과 곱셈은 대칭적인 이항 연산자다.

[대칭성] $[\, x + y = y + x \,]$ (12.1)

[대칭성] $[\, x \times y = y \times x \,]$ (12.2)

수들의 최솟값과 최댓값 연산도 대칭적이다. 두 수 x와 y의 최솟값을 $x \downarrow y$, 최댓값을 $x \uparrow y$로 나타내자. (흔하게 사용되는 $min(x, y)$, $max(x, y)$으로 표기하지 않고 중위 표기법을 사용하는 이유는 곧 설명할 것이다.)

예시가 아닌 경우 나눗셈과 지수는 대칭적인 이항 연산자가 아니다.

$$\frac{1}{2} \neq \frac{2}{1}$$
$$2^3 \neq 3^2$$

(어떤 성질이 어디서나 성립하지 않음을 보이기 위해서는, 단 하나의 반례만 제시하면 충분하다.)

12.5.2 영원과 단위원

⊗가 대칭적이라고 하자. 어떤 값 z가 모든 x에 대하여 다음을 만족하면, z를 ⊗의 영원(zero, 0)이라고 한다.

$$x \otimes z = z$$

유사하게, 어떤 값 e가 모든 x에 대하여 다음을 만족하면, ⊗의 단위원(unit, 1)이라고 한다.

$$x \otimes e = x$$

수 0은 곱셈의 영원이고, 수 1은 곱셈의 단위원이다. 즉,

[영원] $[\, x \times 0 = 0 \,]$ (12.3)

[단위원] $[\, x \times 1 = x \,]$ (12.4)

수 0은 덧셈의 단위원임에 유의하라.

[단위원] $[\, x + 0 = x \,]$ (12.5)

최소공배수 lcm과 최대공약수 gcd는 대칭적인 이항 연산자다. 수 0은 lcm의 영원이고,

[영원] $[\, m \, lcm \, 0 = 0 \,]$ (12.6)

수 1은 lcm의 단위원이다.

[단위원] $[\, m \, lcm \, 1 = m \,]$ (12.7)

0은 m과 0의 유일한 공배수이기 때문에, 필연적으로 최소공배수가 된다.

최대공약수에 대해서 영원과 단위원라는 용어는, 처음에는 헷갈릴 수 있다. gcd의 영원은 1이고,

[영원] $[\, m \, gcd \, 1 = 1 \,]$ (12.8)

gcd의 단위원은 0이다.

[단위원] $[\, m \, gcd \, 0 = m \,]$ (12.9)

(단위 규칙의 개체 중 하나는 $0 \, gcd \, 0$의 값이 0이라는 것이다. 이는 매우 낯설게 느껴진다. 어떻게 0이 자기 자신의 약수가 될 수 있다는 말인가? 이러한 의문은 '최대공약수'의 엄밀한 정의를 아직 다루지 않았기 때문에 발생한다. 12.7절에서 이 문제를 해결한다.)

$\mathbb{R}$에서 최솟값의 단위원은 존재하지 않는다. 최솟값의 단위원을 '무한대(infinity)'라는 새로운 수로 정의하여 실수 $\mathbb{R}$을 확장해 보자. 무한대는 기호 ∞로 나타낸다. 이 작업을 위해서는 무한대를 포함하여, 덧셈과 곱셈 등의 정의를 확장해야 한다. 정의에 따라, 무한대는 최솟값의 단위원이고,

[단위원] $[\, x \downarrow \infty = x \,]$ (12.10)

최댓값의 영원이다.

[영원] $[\, x \uparrow \infty = \infty \,]$ (12.11)

(여기서 '어디서든' 대괄호는 '$\mathbb{R} \cup \{\infty\}$에 속하는 모든 x에 대하여'라는 뜻을 가진다.) 무한대를 도입하면, 일반적으로 덧셈과 뺄셈과 같은 다른 연산자가 포함되어 있는 경우에 더욱 복잡해진다.

만일 연산자 $\otimes$가 대칭적이지 않다면, 좌영원(left zero)과 우영원(right zero), 좌단위원(left unit)과 우단위원(right unit)은 서로 구분되어야 한다. 이러한 정의는 필요한 경우에 쉽게 제시될 수 있다.

12.5.3 멱등

이항 연산자 $\oplus$가 멱등적(idempotent)이라는 것은 다음과 같다.

$[\, x \oplus x = x \,]$

예시   최솟값과 최댓값, 최대공약수, 최소공배수는 모두 멱등 연산자의 예시다.

[멱등성] $[\, x \downarrow x = x \,]$ (12.12)

[멱등성] $[\, m \, gcd \, m = m \,]$ (12.13)

집합의 합집합과 교집합 또한 멱등적이다.

예시가 아닌 경우   덧셈과 곱셈은 멱등이 아니다. 예를 들면, $1 + 1 \neq 1$, $2 \times 2 \neq 2$.

일반적으로(그러나 반드시 성립하진 않는다), 멱등 연산자는 '대소 관계'와 관련이 있다. 최솟값은 이상 관계(최소 관계)와, 최대공약수는 약수 관계와 연관이 있다. 12.7.6절과 이 장의 마지막에 있는 연습문제를 보아라.

12.5.4 결합법칙

이항 연산자 $\oplus$가 결합적(associative)이라는 것은 다음과 같다.

$$[\,x \oplus (y \oplus z) = (x \oplus y) \oplus z\,]$$

예시 덧셈과 곱셈은 결합적인 이항 연산자다.

[결합법칙] $[\,x + (y + z) = (x + y) + z\,]$ (12.14)

[결합법칙] $[\,x \times (y \times z) = (x \times y) \times z\,]$ (12.15)

예시가 아닌 경우 나눗셈과 지수는 결합적이지 않다.

$$1/(2/3) \neq (1/2)/3$$
$$2\hat{}(3\hat{}4) \neq (2\hat{}3)\hat{}4$$

(두 번째 표현식에서 지수 연산에 관습적인 위첨자 표기법이 아닌 기호 ^를 사용했다. 이는 나눗셈과의 비교를 더 분명하게 하기 위해서다.)

연산자가 결합적이고, 중위 표기법으로 쓰였다면, 연산 순서의 모호함이 있음에도 불구하고 괄호를 생략할 수 있다. 이렇게 괄호를 생략한 표현식을 연속된 표현식(continued expression)이라고 한다. 예를 들어, 연속된 표현식

$$1 + 2 + 3 + 4 + 5$$

는 $(((1 + 2) + 3) + 4) + 5, ((1 + 2) + 3) + (4 + 5), (1 + 2) + (3 + (4 + 5))$ 등과 값이 같다. 괄호는 어떤 순서로 표현식을 계산해야 하는가를 지시하지만, 덧셈은 결합적이기 때문에, 어떤 순서를 택해도 상관이 없다. 이는 중위 표기법에서 매우 매우 중요하다.

연산자가 대칭적이면서 결합적이라면, 괄호를 생략하고 연속된 표현식으로 적음과 동시에, 항의 순서를 원하는 대로 바꿀 수도 있다. 예를 들어,

$$2 \times 4 \times 5 \times 25$$

는 다음과 같이 계산할 때 가장 쉽다.

$$(2 \times 5) \times (4 \times 25)$$

앞에서 최대공약수를 전위 표기법으로 적는 것은 아주 나쁜 표기 방법이라고 언급하였다. 그 이유는 gcd는 결합적이고 대칭적이기 때문이다. 즉, 전위 표기법으로 적으면,

[대칭성] $[\, gcd(x, y) = gcd(y, x) \,]$ (12.16)

[결합성] $[\, gcd(x, gcd(y, z)) = gcd(gcd(x, y), z) \,]$ (12.17)

가 되는데, 다음을 한번 계산해 보아라.

$$gcd(5, gcd(10, gcd(24, 54)))$$

이제, 중위 표기법으로 적어 보자.

$$5 \, gcd \, 10 \, gcd \, 24 \, gcd \, 54$$

중위 표기법으로 나타내면 $5 \, gcd \, 24$가 1과 같으므로 표현식의 값이 1이라는 사실을 관찰하기 훨씬 쉬워진다. 전위 표기법은 $24 \, gcd \, 54$부터 시작해서 세 개의 gcd 값을 계산하도록 요구한다. 이는 아마도 암산하기 까다로울 것이다.

최솟값과 최댓값 또한 일반적으로 전위 표기법을 사용해서 나타낸다. 그러나 이들 또한 결합적이고 대칭적이기 때문에, 중위 표기법을 사용하는 것이 더 합리적이다. 이 책에서는 기호 ↓는 최솟값을, ↑은 최댓값을 의미한다. 예를 들어,

$$u \downarrow v \downarrow w \downarrow x$$

는 네 값 u, v, w, x의 최솟값을 나타낸다.

12.5.5 분배법칙/인수분해

함수 f가 연산자 $\oplus$에 대하여 분배 가능하다(distributive)는 것은, 어떤 연산자 $\otimes$가 있어서 다음이 성립함을 뜻한다.

$$[\, f(x \oplus y) = f(x) \otimes f(y) \,]$$

예시 곱셈은 덧셈에 대하여 분배 가능하다.

[분배법칙]　$[\,x \times (y+z) = x \times y + x \times z\,]$ (12.18)

지수 또한 덧셈에 대하여 분배 가능하다.

[분배법칙]　$[\,b^{y+z} = b^y \times b^z\,]$ (12.19)

지수 함수에서 덧셈으로 구성된 항이 '분배'되는 과정에서, 덧셈이 어떻게 곱셈으로 바뀌는지 주목하라. 여기서 함수 f는 '밑이 b인 지수 함수'이다. 즉, 이 함수는 값 x를 b^x로 대응시킨다.

　로그 함수는 지수의 역함수기 때문에, 분배법칙의 역 또한 존재한다.

[분배법칙]　$[\,\log_b(x \times y) = \log_b x + \log_b y\,]$ (12.20)

로그 함수에서 곱셈으로 구성된 항이 '분배'되는 과정에서 곱셈은 덧셈으로 바뀌었다.

　(각각의 예제는 여러 분배법칙들을 모은 집합을 나타낸다. 예를 들어, 성질 (12.18)은 각 값 x에 대하여, x를 곱하는 함수는 덧셈에 대하여 분배 가능함을 나타낸다. 따라서, 2를 곱하는 배증도 덧셈에 대하여 분배 가능하고, 3이나 4를 곱하는 함수 또한 그러하다.)

예시가 아닌 경우　덧셈은 곱셈에 대하여 분배 가능하지 않다.

$$1 + (2 \times 3) \neq ((1+2) \times (1+3))$$

연속된 표현식

함수가 결합적인 이항 연산자에 대하여 분배 가능하다면, 중위 표기법은 또다시 빛을 발한다. 예를 들어, $2\,\times$는 덧셈에 대하여 분배 가능하므로,

$2 \times (5 + 10 + 15 + 20)$

은

$2 \times 5 + 2 \times 10 + 2 \times 15 + 2 \times 20$

과 같다.

　분배 과정의 역은 인수분해(factorisation)라고 한다. 인수분해에서도 중위 표기법은 매우 도움이 된다. 예를 들어, 다음 표현식

$$\log_b 5 + \log_b 10 + \log_b 15 + \log_b 20$$

을 인수분해하면 다음을 얻는다.

$$\log_b(5 \times 10 \times 15 \times 20)$$

12.5.6 대수학

지금까지 논의한 대수적 성질들은 매우 중요하기에, 수학자들은 이를 깊이 연구해 왔다. '대수'라는 단어는, 예를 들면 '기초 대수'와 '불리언 대수', '관계 대수'에서 사용되며, 어떤 집합(또는 집합의 모음)에서 정의된 연산자를 다루는 규칙을 나타낸다. (기초 대수는 실수에 대한 덧셈과 곱셈 같은 산술 연산자를 다루는 규칙들의 모음이다.) 특정 대수들은 여러 응용 분야의 기초가 된다. 이 절에서는 '모노이드 (monoid)'와 '군(group)', '반환(semiring)'의 정의를 소개한다. 모노이드와 군은 꽤 유용한 개념이다. 반환은 다양한 경로 탐색 문제의 기본이 되는 개념이다. 더 깊은 내용을 원하는 독자는 '환(ring)'과 '체(field)', '벡터 공간(vector space)'의 정의를 직접 찾아보아라.

정의 12.21 (모노이드)

모노이드 $(A, 1, \times)$는 다음을 만족하는 대수 구조다.

1) A는 집합이다.
2) 1은 A의 원소이다.
3) $\times$는 A에서 정의된 이항 연산자이다.
4) $\times$는 결합법칙을 만족하고, 1은 $\times$의 (왼쪽과 오른쪽) 단위원이다.

만약 $\times$가 대칭적이라면, 그 모노이드는 대칭적(또는 교환적)이라고 부른다.

$(\mathbb{N}, 1, \times)$(자연수 집합과 수 1, 수의 곱셈)는 대칭적인 모노이드의 고전적인 예다. $(\mathbb{N}, 0, +)$ 또한 대칭적인 모노이드다.

정의 12.22 (군)

군 $(A, 1, \times, ^{-1})$은 다음을 만족하는 대수 구조다.

1) $(A, 1, \times)$는 모노이드다.

2) $^{-1}$은 A에서 정의된 단항 연산자이다.

3) $[\, x \times (x^{-1}) = 1 = (x^{-1}) \times x \,]$

여기서 연산자 $\times$가 대칭적이라면, 그 군은 **아벨**(Abel) 군(혹은 대칭적, 교환적)이라고 한다.

단항 부정 연산자 $-$에 대하여, $(\mathbb{Z}, 0, +, -)$는 아벨 군의 한 예시다. $((\mathbb{Z}, 0, +)$는 대칭적인 모노이드이고, $[\, m + (-m) = 0 \,]$이다.)

모노이드와 군은 종종 객체에 대한 변환들(예를 들면, 3차원 물체의 회전과 이동)의 집합을 다룰 때 등장한다. 각각의 변환이 가역적인 경우에는 (즉, 역변환이 존재하는 경우) 군을 형성하며, 그렇지 않은 경우에는 모노이드를 형성한다. 여기서 단위원 1은 아무것도 바꾸지 않는 항등 변환이다. 1.2절에서는 2×2 정사각형의 행과 열을 뒤집는 예시를 소개했다.

정의 12.23 (반환, semiring)

반환 $(A, 1, 0, \times, +)$은 다음을 만족하는 대수 구조다.

1) $(A, 1, \times)$는 모노이드다.

2) $(A, 0, +)$는 대칭적인 모노이드다.

3) 0은 $\times$의 영원이다.

4) $\times$는 $+$에 대하여 분배 가능하다. 즉,

$$[\, x \times (y + z) = (x \times y) + (x \times z) \,]$$

이고

$$[\, (y + z) \times x = (y \times x) + (z \times x) \,]$$

여기서, 연산자 $\times$는 반환의 곱 연산자, 연산자 $+$는 반환의 합 연산자라고 한다. 만약 $+$가 멱등이면, 그 반환은 멱등이라고 한다.

반환은 '한정 기호'의 사용과 근본적으로 관련되어 있으며(14장을 참조하라), 다양한 문제와 특히 경로 찾기 문제에서 핵심적인 역할을 수행한다. 다양한 응용 사례에 대해서는 16장을 참조하라. **환**(ring)은 반환 $(A, 1, 0, \times, +)$에 추가적인 단항 연산자 $-$(덧셈에 대한 역원 연산자라고 부른다)가 있는 것으로, $(A, 0, +, -)$가 아벨 군이 되도록 한다.

12.6 불리언 연산자

조건 제시법은 집합을 정의하는 매우 보편적인 방법이기 때문에, 불리언에 대한 함수는 매우 중요하다. 예를 들어, 집합의 합집합에 대응하는, 불리언에서 불리언으로 가는 이항 연산자인 논리합이 있고, 교집합에 해당하는, 불리언에서 불리언으로 가는 또 다른 이항 연산자인 논리곱이 있다. 불리언의 값을 가지는 연산자는 관계를 나타내며, 인자 또한 불리언인 경우 이러한 연산자는 논리 연결자라고 부른다. 왜냐하면 이러한 연산자는 논리학의 기본 요소인 불리언 값 $true$와 $false$를 연결하기 때문이다. 등식은 가장 기본적인 논리 연결자이며, 함축 또한 그러하다. 이 절에서는 이러한 불리언 연산자들을 소개한다. 이들의 성질에 대해서는 13장에서 더 자세하게 다루며, 5장도 같이 참조하라.

불리언 연산자의 정의역과 공역은 (크기가 작은) 유한 집합이므로, 입력의 모든 가능한 조합과 출력 값을 열거함으로써 이들을 수학적으로 정확하게 정의할 수 있다. 이는 진리표(truth table)를 이용하면 된다.

불리언 값은 두 가지가 있으므로, 하나의 불리언을 불리언으로 보내는 함수는 총 2^2개가 있다. 이 네 개의 진리표는 이러하다.

p	$true$	p	$\neg p$	$false$
$true$	$true$	$true$	$false$	$false$
$false$	$true$	$false$	$true$	$false$

이 표의 첫 번째 열은 변수 p가 가질 수 있는 서로 다른 값을 열거한다. 수직선 이후의 각 열은 네 개의 함수 중 하나를 입력 값 p에 적용했을 때 반환되는 값을 나열한다. 왼쪽부터 차례대로 이 함수들은 각각 상수-참 함수, 항등 함수, 부정, 그리고 상수-거짓 함수다. 상수-참 함수는 항상 참을 반환하며, 상수-거짓 함수는 항상 거짓을 반환한다. 항등 함수는 입력 값을 그대로 반환한다. 마지막으로, 부정은 입력 값이 참인 경우 거짓을 반환하고, 입력 값이 거짓인 경우 참을 반환한다.

이들은 자료형이 $Bool \rightarrow Bool$인 함수의 전부이므로, 하나의 불리언 변수 p를 포함하는 모든 불리언 표현식은 항상 $true$, p, $\neg p$, $false$로 단순화할 수 있다.

불리언에서 불리언으로 가는 이항 함수는 총 $2^{2 \times 2} = 16$개가 있다. 이 중에서 여덟 개는 자주 사용된다. 여섯 개는 이항 연산자이고, 나머지 둘은 상수-참 함수와 상수-거짓 함수다. 이 여덟 함수의 진리표는 이러하다.

p	q	$true$	$p = q$ $p \equiv q$	$p \neq q$ $p \not\equiv q$	$p \vee q$	$p \wedge q$	$p \Leftarrow q$	$p \Rightarrow q$	$false$
$true$	$true$	$true$	$true$	$false$	$true$	$true$	$true$	$true$	$false$
$true$	$false$	$true$	$false$	$true$	$true$	$false$	$true$	$false$	$false$
$false$	$true$	$true$	$false$	$true$	$true$	$false$	$false$	$true$	$false$
$false$	$false$	$true$	$true$	$false$	$false$	$false$	$true$	$true$	$false$

수직선 왼편에는 입력 값 p, q가 가질 수 있는 네 개의 서로 다른 조합이 열거되어 있다. 수직선 오른편에는 여덟 개의 이항 연산자가 반환하는 값이 나열되어 있다. 각 열 위에는 그 연산자를 나타내는 표기법이 적혀 있다. 이 함수들은 왼쪽부터 차례대로, 상수-참 함수, (불리언) 등호, (불리언) 부등호, 논리합, 논리곱, q이면 p이다(if), q일 때에만 p이다($only\ if$), 상수-거짓 함수다.

등호의 진리표는 자명하다. $p = q$의 값은 p와 q가 같은 값을 가질 때에는 참이고, 그렇지 않다면 거짓이다. (예를 들어, $true = true$의 값은 참인 반면에, $false = true$의 값은 거짓이다.) 부등호($\neq$)는 그 반대다. 불리언 등호와 부등호를 나타내는 기호로 '$\equiv$'와 '$\not\equiv$'가 각각 사용되기도 한다. 더 자세한 설명은 5.3절을 참조하라.

논리합은 'or'로, 논리곱은 'and'로도 불린다. 두 불리언의 'or' 값이 참인 경우는 둘 중 적어도 하나의 값이 참일 때고, 두 불리언의 'and' 값이 참인 경우는 둘 다 참의 값을 가질 때다. 두 기호 $\vee$와 $\wedge$('또는'과 '그리고'라고 읽는다)는 이 연산자들을 나타낸다. 더욱 분명하게 하기 위해, 논리합은 때때로 '포괄적 논리합(inclusive-or)'이라고 불리며 '배타적 논리합(exclusive-or)'과 구별된다. '배타적 논리합'은 두 불리언 값 중 정확히 하나가 참일 때에 참 값을 가진다. '배타적 논리합'은 '두 값이 서로 다르다'로 해석할 수 있고, 이는 부등호의 진리표를 통해 확인할 수 있다.

'$p \Leftarrow q$'는 'q이면 p이다' 또는 'q에 의하여 p이다'라고 읽는다. $false \Leftarrow true$의 값은 거짓이고, 그 외의 $p \Leftarrow q$ 값은 모두 참이다. '$p \Rightarrow q$'는 'p이면 q이다' 또는 'p에 의하여 q이다'라고 읽는다. $true \Rightarrow false$의 값은 거짓이고, 그 외의 $p \Rightarrow q$ 값은 모두 참이다.

12.7 이항 관계

이항 관계는 두 개의 인자를 가지며 불리언 값을 반환하는 함수다. 등호 관계는 이항 관계의 한 예다. 같은 자료형의 두 객체(두 수, 두 사과, 두 학생 등)는 서로 같거나 같지 않다. 또 다른 예로는 약수 관계가 있다. 두 수가 주어지면 첫 번째 숫자가 두 번째 숫자의 약수이거나 그렇지 않을 것이다.

이항 관계에는 중위 표기법이 자주 사용된다. 이는 자연어에서 (특히 영어에서) 흔히 사용되는 관례를 반영한다. 예를 들어 'Anne is married to Bill(안나는 빌과 결혼한 사이다)'이라고 말하고(관계 'is married to(결혼한 사이)'가 두 인자 사이에 놓인다), 'Anne is the sister of Clare(안나는 클레어의 여자 형제다)'라고 말한다. (이때, 'Anne is married to Bill(안나는 빌과 결혼한 사이다)'는 참 또는 거짓이다.)

관계는 종종 그림으로 나타내곤 한다. 관계의 값은 그래프의 정점이며, 유향 간선으로 관련된 값들을 연결하여 나타낸다. 간단한 예로, '$ABBA$'라는 문자열에서 두 문자 A와 B를 생각해 보자. 문자 B는 문자 A와 문자 B를 뒤따른다. 반면에, 문자 A는 문자 B를 뒤따르지 않는다. '뒤따르는(follow)' 관계를 A와 B가 적힌 두 정점과 세 간선을 가진 그래프로 나타낼 수 있다. 그림 12.1(a)는 이를 나타낸 것이다. 그림 12.1(b)에서는 문자열 '$CCDD$'의 문자 C와 D 사이의 '뒤따르는' 관계를 보여 준다. 간선의 방향에 주목하라. D에서 C를 향하는 간선은 D가 C를 뒤따른다는 것을 나타낸다. C가 D를 뒤따르는 것은 아니다.

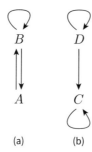

(a)　　　　(b)

그림 12.1 문자열 (a) $ABBA$와 (b) $CCDD$에 대하여 '뒤따르는' 관계를 나타낸 그래프.

가계도는 가족 구성원들 간의 '부모 관계'를 나타내는 관계를 그림으로 표현한다. (가계도는 조상 관계를 나타내기도 한다. 하세(Hasse) 다이어그램에 대해서는 이후에 다룬다.) 가계도에서는 종종 화살표가 생략된다. 왜냐하면 표시된 날짜가 화살표를 대신할 수 있기 때문이다.

이항 관계에서 중요한 속성으로는 반사성(reflexivity)과 대칭성(symmetry), 전이성(transitivity)이 있다. 이 세 가지 속성을 순서대로 설명하고, 중위 표기법의 사용이 이러한 속성을 활용하는 데 어떻게 도움을 주는지 살펴보자.

앞으로 언급할 관계의 예시로는 수에 대한 이하 관계인 ≤와 수에 대한 부등호 관계 ≠, 그리고 정수에 대한 약수 관계 \가 있다. (여기서 $m \backslash n$은 'm이 n의 약수이다'로 읽는다.) $m \times k$와 n이 같도록 하는 정수 k가 존재할 때, n은 m의 **배수**이고, m이 n의 **약수**라고 말한다. 예를 들어, 3이 6을 나눈다고 말한다. 왜냐하면 3×2가 6과 같기 때문이다. 모든 정수는 0의 약수라는 것이 중요한데, 이는 모든 m에 대해 $m \times 0$이 0과 같기 때문이다. 즉,

$$[\, m \backslash 0 \,]$$

특히, $0 \backslash 0$에 해당한다. 풀어서 말하자면, 0은 자기 자신의 약수이다. 여기서는 약수 관계를 배수 관계의 반대로 정의하였다. $m \backslash n$을 $\dfrac{m}{n}$ 또는 $m \div n$과 혼동하면 안 된다. 전자는 불리언이며, 후자 두 개는 수다.

변수 R와 S, T는 이항 관계를 나타내는 데 사용될 것이다.

12.7.1 반사성

관계 R이 반사 관계라는 것은 다음을 만족한다는 뜻이다.

$$[\, x \, R \, x \,]$$

예시 등호는 반사 관계다.

[반사성] $[\, x = x \,]$ (12.24)

수에 대한 이하 관계 또한 반사 관계다.

[반사성] $[\, x \leq x \,]$ (12.25)

(주의: 기호 ≤는 '이하' 혹은 '최대'로 읽어야 한다. 이를 '같거나 작다'고 읽는 것은 너무 길고 복잡하다! 또한 이렇게 표현하면 추론할 때 두 값이 '같은' 경우와 '작은' 경우를 나누어서 분석하기 쉽다. 경우를 나누어서 분석하는 것은 최대한 피해야 한다. 비슷하게, 기호 ≥는 '같거나 크다'가 아닌 '최소' 혹은 '이상'으로 읽어야 한다.)

약수 관계는 반사 관계다.

[반사성] $[\, m \backslash m \,]$ (12.26)

(여기서 m은 정수를 나타낸다.)

일상적인 반사 관계의 예시로는 '생일이 같다' 관계가 있다. (모든 사람은 자기 자신과 생일이 같다.) 이는 단순히 등호('같다') 관계를 다르게 표현한 것임에 불과하다. 일반적으로, 임의의 함수 f에 대하여, $f(x)$와 $f(y)$가 같을 때 x와 y는 관계가 있다고 정의함으로써 반사 관계를 얻을 수 있다. 이 예시에서 함수 f는 '생일'이다. 사실, 이러한 요령은 반사성 외에도 '동치 관계' 등의 성질을 가진 관계를 구성할 때에도 쓰인다. 자세한 내용은 12.7.8절을 참조하라.

예시가 아닌 경우 수에 대한 미만 관계는 반사 관계가 아니다.

$$0 < 0 \equiv \text{false}$$

(이는 종종 '$0 \not< 0$'과 같이 적곤 한다. 일반적인 수학 표기법에 따르면, $\not<$는 미만 관계의 보수(complement)를 뜻한다. 따라서, $\not<$는 반사 관계가 된다. 즉, $[x \not< x]$.) 부등호 관계는 반사 관계가 아니다(자기 자신과 같지 않은 값은 없다). 가계도의 사람들에 대한 '형제자매 사이다' 관계 또한 반사 관계가 아니다. 자기 자신과 형제자매 관계인 사람은 없다.

12.7.2 대칭성

관계 R이 대칭 관계라는 것은 다음을 만족한다는 뜻이다.

$$[x \, R \, y = y \, R \, x]$$

관계는 불리언 값을 가지는 함수라는 점을 명심하라. 따라서 $x \, R \, y$의 값은 x와 y의 값에 따라서 참 또는 거짓의 값을 가진다. 유사하게, $y \, R \, x$의 값 또한 x와 y의 값에 따라 참 또는 거짓으로 결정된다. x와 y의 값에 관계없이, $x \, R \, y$와 $y \, R \, x$의 값이 서로 같다면, 관계 R은 대칭 관계다.

예시 등호 관계는 대칭 관계다.

[대칭성] $[\,(x = y) = (y = x)\,]$ (12.27)

부등호 관계 또한 대칭 관계다.

[대칭성] $[\,(x \neq y) = (y \neq x)\,]$ (12.28)

일상적인 대칭 관계의 예시로는 '결혼한 사이다'가 있다.

처음에는 이 예시들이 매우 혼란스러울 것이다. 자연어는 참인 명제에 초점을 맞추며, 거짓인 명제를 허용하는 것은 자연스럽지 않다. 불리언 값의 아버지, 조지 불은 명제가 참 또는 거짓의 값을 가질 수 있다는 놀라운 통찰을 발견했다. 이는 곧, 두 명제가 같은지 비교할 수 있게 되었다는 것이다. 주어진 값 x와 y에 대하여, 표현식 $x = y$는 참 또는 거짓의 값을 가질 것이다. (예를 들어, $0 = 0$은 참의 값을 가지고, $0 = 1$은 거짓의 값을 가진다.) 등호 관계의 대칭성은 $x = y$의 값이 $y = x$의 값과 항상 같음을 뜻한다.

(자연어의 모호함을 더 잘 이해하기 위하여 언급하자면, 등호 관계의 대칭성은 $x = 0$이 $0 = x$와 동일하다는 것을 의미한다. 그러나 많은 사람들은 '$0 = x$'와 같이 쓰는 것을 매우 주저한다. 왜냐하면 이는 0에 대한 주장인 것처럼 보이는 반면에, 대조적으로 '$x = 0$'은 x에 대한 주장인 것처럼 보이기 때문이다. 이러한 '자연스러운' 혹은 '직관적인' 사고 방식을 버리고, 이 두 표현식이 동일하다는 것을 수용하기 위해 조지 불의 통찰력을 받아들이도록 스스로 훈련하여야 한다.)

예시가 아닌 경우   수에 대한 이하 관계는 대칭 관계가 아니다.

$$(0 \leq 1) \neq (1 \leq 0)$$

$0 \leq 1$의 값은 참인 반면에, $1 \leq 0$의 값은 거짓이며, 참과 거짓은 같지 않다. 약수 관계도 대칭 관계가 아니다.

$$1 \backslash 2 \neq 2 \backslash 1$$

12.7.3 역

관계 R의 역(converse) $R^{\cup}$은 다음과 같이 정의된다.

[역] $[x\, R^{\cup}\, y = y\, R\, x]$ $\hfill$ (12.29)

예를 들어, 이하 관계($\leq$)의 역은 이상 관계($\geq$)고, 약수 관계의 역은 '배수' 관계다. R이 대칭적이라면 R과 $R^{\cup}$은 서로 같다. 이 책에서는 $R^{\cup}$의 표기법을 사용하지는 않고, (비대칭적인) 관계의 역을 종종 언급할 것이다.

12.7.4 전이성

다음을 만족하면 관계 R은 전이적(transitive)이라고 한다.

- 모든 x, y, z에 대하여, $x \, R \, y$가 참이고 $y \, R \, z$가 참이면, $x \, R \, z$ 또한 참이다.

예시 등호 관계는 전이적이다.

[전이성] $\left[\, x = y \wedge y = z \Rightarrow x = z \,\right]$ (12.30)

(기호 $\wedge$는 '그리고', $p \Rightarrow q$는 'p이면 q이다' 혹은 'q일 때에만 p이다'라는 뜻임을 상기하라.)

수에 대한 이하 관계는 전이적이다.

[전이성] $\left[\, x \le y \wedge y \le z \Rightarrow x \le z \,\right]$ (12.31)

약수 관계는 전이적이다.

[전이성] $\left[\, m \backslash n \wedge n \backslash p \Rightarrow m \backslash p \,\right]$ (12.32)

(이는 다음과 같이 읽을 수 있다. 모든 m, n, p에 대하여, m이 n의 약수이고, n이 p의 약수라면, m은 p의 약수이다.)

예시가 아닌 경우 부등호 관계는 전이 관계가 아니다. $0 \ne 1$이고 $1 \ne 0$이지만, $0 \ne 0$은 참이 아니기 때문이다. 형식적으로 말하자면, $0 \ne 1 \wedge 1 \ne 0 \Rightarrow 0 \ne 0$의 값은 거짓이다.

자식 관계는 명백하게 전이적이지 않다. 아마 놀랍게도, 형제 관계 또한 전이적이지 않다. 대칭성을 가지기 때문에, 전이성을 가지면 반사성도 가지게 될 것이라고 생각할 수 있지만, 이는 사실이 아니다. 예를 들어, 철수는 민수의 형제라고 가정하자. 그러면 민수는 철수의 형제다. 이제, 형제 관계가 전이성을 가진다고 가정해 보자. 그러면 철수는 철수의 형제라는 결론이 나온다. 그러나 누구도 자기 자신의 형제가 아니다. 따라서 형제 관계는 전이적이지 않다.

자연어를 쓰는 것이 얼마나 적절하지 않은지 보아라. '형제의 형제는 형제다'라는 말은 그럴듯하게 들리지만 사실이 아니다.

연속된 표현식

전이적 관계는 $m \le n \le p$와 같이 종종 연속된 표현식에서 쓰이곤 한다. 여기서 이 표현식은 '$m \le n$ 그리고 $n \le p$'처럼 반드시 함께 읽어야 한다. 이러한 방법으로, 공식을 더욱 조밀하게 적을 수 있다. (n을 두 번 적지 않아도 된다!) 또한, $m \le p$라고 직관적으로 추론할 수 있다. 이하 관계의 전이성이 이 표기법에 내포되어 있다.

비슷하게, $m = n = p$와 같이도 적을 수 있다. 이 또한 함께 읽어야 한다. 또한, 등호 관계는 전이적이므로, $m = p$임을 바로 알 수 있다. 아래의 계산에서 이러한 상황이 발생한다. (아래의 계산에서 A, B, C는 집합을 나타낸다. 계산에 사용된 법칙에 대해서는 12.4절에서 논의한다.)

$$|A^{B+C}|$$
$$= \quad \{ \ \text{법칙}: [\,|A^B| = |A|^{|B|}\,]\text{에서 } B := B+C \ \}$$
$$|A|^{|B+C|}$$
$$= \quad \{ \ \text{법칙}: [\,|A+B| = |A|+|B|\,]\text{에서 } A,B := B,C \ \}$$
$$|A|^{|B|+|C|}$$
$$= \quad \{ \ \text{지수는 덧셈에 대하여 분배 가능} \ \}$$
$$|A|^{|B|} \times |A|^{|C|}$$
$$= \quad \{ \ \text{법칙}: [\,|A^B| = |A|^{|B|}\,]\text{을 두 번 적용, 두 번째 적용에는 } B := C \ \}$$
$$|A^B| \times |A^C|$$
$$= \quad \{ \ \text{법칙}: [\,|A \times B| = |A| \times |B|\,]\text{에서 } A,B := A^B, A^C \ \}$$
$$|A^B \times A^C|$$

이 계산은 각 표현식이 그다음 표현식과 같음을 주장한다. 하지만 더 중요한 것은, 첫 번째와 마지막의 표현식이 서로 같음을 도출한다는 것이다. 즉, 계산의 결론은 아래와 같다.

$$[\,|A^{B+C}| = |A^B \times A^C|\,]$$

(결론에서 '어디서든' 대괄호가 사용된 이유는 이 계산이 A, B, C의 값에 의존하는 순간이 한 번도 없었기 때문이다.) 연속된 등식의 연결 의미의 장점은 긴 식을 두 번 쓸 필요가 없다는 것이다. (이는 표현식을 읽기 쉽게 만들고 실수할 여지를 많이 줄여 준다.) 또한 등호 관계의 전이성이 무료로 제공된다는 것이다.

때로는 서로 다른 관계가 연속된 표현식에서 결합되기도 한다. 예를 들어, 표현식 $0 \leq m < n$을 보자. 이는 '$0 \leq m$ 그리고 $m < n$'으로 연결해서 읽는다. 이를 통해 $0 < n$을 추론할 수 있다. 여기서는 두 개의 관계가 포함되어 있어서 추론이 더 복잡하다. 그러나 이는 매우 기본적인 추론이기 때문에 표기법이 인식하기 쉽게 설계되어 있다.

12.7.5 반대칭성

관계 R이 반대칭적(anti-symmetry)이라는 것은 다음을 만족한다는 것이다.

- 모든 x와 y에 대하여, $x \, R \, y$가 참이고 $y \, R \, x$가 참이면, x와 y는 서로 같다.

예시 수에 대한 이하 관계는 반대칭적이다.

$$[\text{반대칭성}] \quad [\, x \leq y \wedge y \leq x \;\Rightarrow\; x = y \,] \tag{12.33}$$

자연수에 대한 약수 관계는 반대칭적이다.

$$[\text{반대칭성}] \quad [\, m \backslash n \wedge n \backslash m \;\Rightarrow\; m = n \,] \tag{12.34}$$

예시가 아닌 경우 부등호 관계는 반대칭 관계가 아니다. $0 \neq 1$이고 $1 \neq 0$이지만, $0 = 1$은 참이 아니다.

정수에 대한 약수 관계는 반대칭적이지 않다. 1은 -1을 나누고, -1은 1을 나누지만, 1과 -1은 서로 같지 않다. 이 예시는 때때로 관계의 자료형을 아는 것이 중요하다는 점을 보여 준다. 관계의 자료형은 관계가 정의된 값들의 집합을 정의한다. 자연수에 대한 약수 관계는 정수에 대한 약수 관계와 다르고, 이 둘은 서로 다른 성질을 갖는다.

12.7.6 순서

어떤 관계가 반사적이고 전이적이며 반대칭적이면, 그 관계를 순서 관계(ordering relation)라고 한다.

예시 등호 관계는 순서 관계다.

이하 관계는 순서 관계다. 이는 전순서 관계(total ordering relation)의 예시이기도 하다. 즉, 모든 수 x와 y에 대하여, $x \leq y$이거나 $y \leq x$이다.

약수 관계는 순서 관계다. 이는 부분 순서 관계(partial ordering relation)다. 왜냐하면, 모든 자연수 m과 n에 대하여, $m \backslash n$ 또는 $n \backslash m$이라고 말할 수 없기 때문이다. 예를 들어, 2는 3의 약수가 아니고, 또한 3도 2의 약수가 아니다.

이제, 두 수 m과 n의 '최대공약수'를 엄밀하게 정의할 수 있게 되었다. 이는 **약수 관계에서 정의된 부분 순서**에서 $p \backslash m$과 $p \backslash n$을 모두 만족하는 가장 큰 수 p다. 즉, 여기서의 '최대'는 수에 대한 이하 관계(최대 관계)에 대한 것이 아니다. 이는 $0 \, gcd \, 0$의 값이 왜 0인지를 알려 준다. 약수 관계에서 정의된 부분 순서에서, 0은 가장 큰 수다. 왜냐하면, 모든 수는 0의 약수이기 때문이다. 그러나 수에 대한 이하 관계로 '가장 큰'을 정의할 때, '값이 가장 큰' 0의 약수는 존재하지 않는다. $0 \, gcd \, 0$의 값이 정의되지 않아서 gcd에 대한 결합법칙이 더 이상 성립하지 않게 된다면 참으로 안타까운 일이다. (예를 들어, $(1 \, gcd \, 0) \, gcd \, 0$의 값은 1이지만, $1 \, gcd \, (0 \, gcd \, 0)$은 정의되지 않게 될 것이다.) 더 자세한 논의는 15.3절을 참조하라.

하세(Hasse) 다이어그램

순서 관계는 종종 하세 다이어그램으로 표현된다. 순서 관계에 속하는 값들은 다이어그램에서 정점으로 표시된다. 두 값이 '순서'를 이룬다면, 다이어그램에서 이 둘은 위를 향하는 길이 0 이상의 경로로 연결된다. 그림 12.2는 여섯 개의 원소(0부터 5까지의 수)로 구성된 집합의 부분 순서를 나타낸다.

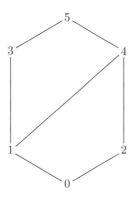

그림 12.2 부분 순서의 하세 다이어그램

하세 다이어그램은 관계 그 자체를 있는 그대로 나타내는 그림이 아니다. 관심 있는 관계의 이른바 '반사 전이 폐포'를 나타낸다. 예를 들어, 자연수에 대한 이하 관계의 하세 다이어그램(그림 12.3(a))은 사실 선행자 관계를 나타낸다. 선행자 관계

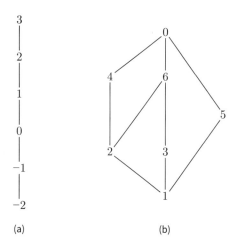

(a)　　　　　　　　(b)

그림 12.3 (a) 이하 관계와 (b) 약수 관계의 (부분) 하세 다이어그램

는 수 m과 $m+1$ 사이에 성립하지만, 그 외에는 성립하지 않는 관계다. '최대'는 선행자 관계의 '반사 전이 폐포'다. 마찬가지로, 그림 12.3(b)는 첫 여섯 개의 자연수에 대한 약수 관계의 하세 다이어그램이다. 1은 모든 수의 약수고, 모든 수는 0의 약수다. 그럼에도 불구하고, 정점 1에서 다른 모든 정점으로 가는 간선이나, 모든 정점에서 정점 0으로 가는 간선은 그려지지 않았다. '반사 폐포'는 길이가 0인 경로를 허용하는 것을 의미하며, 전이 폐포는 길이가 2 이상인 경로를 허용함을 뜻한다.

그림 12.4는 그림 12.2가 뜻하는 관계의 (a) 반사 폐포와 (b) 전이 폐포, (c) 반사 전이 폐포를 나타낸다. 반사 폐포는 단순하게 각 정점에서 자기 자신으로 가는 루프를 추가함으로써 만들 수 있다. (따라서 관계가 반사적이 된다.) 전이 폐포는 정

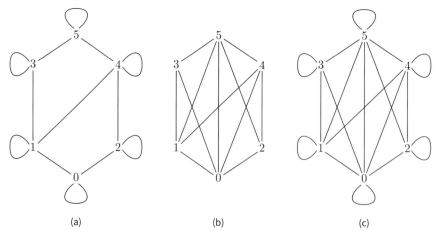

(a)　　　　　　　　(b)　　　　　　　　(c)

그림 12.4 (a) 반사 폐포, (b) 전이 폐포, (c) 반사 전이 폐포

점들을 연결하는 길이 2 이상인 (상향) 경로가 있는 경우, 시작 정점에서 도착 정점으로 가는 간선을 추가하여 형성된다. (따라서 관계가 전이적이 된다.)

가계도는 '전이 폐포'의 친숙한 예시다. 이는 '부모-자식' 관계를 트리로 묘사한다. 하지만, 이 트리의 경로를 따라가면 '조상-자손' 관계를 얻을 수도 있다. 조상 관계는 전이적이지만, 부모 관계는 그렇지 않다. 즉, 조상 관계는 부모 관계의 '전이 폐포'이다.

하세 다이어그램의 간선은 방향을 나타내지 않기 때문에 나타내고자 하는 관계가 그 역과 헷갈릴 수 있다. 가계도는 '부모-자식' 관계를 묘사하지만, 그 역인 '자식-부모' 관계를 묘사한다고 해석할 수도 있다. 그림 12.3은 이하 관계와 약수 관계를 나타내지만, 이상 관계와 배수 관계를 나타낸다고 볼 수도 있다. 항상 위나 아래를 가리키도록 화살표를 추가하면 이러한 모호함을 없앨 수 있다. 하지만 이러한 모호함은 사실 중요하지 않다. 왜냐하면, 반사 전이 폐포의 관계는 항상 그 역의 반사 전이 폐포와 동일하기 때문이다.

요약하면, 하세 다이어그램은 (작은 유한한) 순서 관계를 효율적/경제적으로 제시하는 방법이다. 그래프를 통해 경로를 쉽게 파악할 수 있고, 이렇게 함으로써 관계가 더욱 명확해진다. 이는 표현의 경제성이 얼마나 유용한지를 보여 준다. 관계가 다이어그램에 그리지 못할 정도로 클 때 전이 폐포를 계산하는 기술이 매우 중요해진다. 이를 수행하기 위한 효율적인 알고리즘은 컴퓨터과학에서 핵심적이다. 이에 대한 자세한 내용은 16.2절에서 다룬다.

12.7.7 등식

앞에서 살펴본 바에 따르면, 등호 관계는 반사적이고 대칭적이며 전이적이다. 등호 관계는 수학에서 가장 근본이 되는 관계지만, 등호의 개념을 올바르게 받아들이기까지는 아주 오랜 시간이 걸렸다. 사실, 등호 기호는 1557년 로버트 레코드(Robert Recorde)가 도입했는데, 이는 수학사 기준으로는 매우 최근이다.[5] 그 이전에는 두 식이 같다면 서로 옆에 쓰여서, 읽는 이가 둘이 서로 같음을 짐작하도록 남겨졌다.

---

5 로버트 레코드(1510~1558)는 영국 웨일스 출신의 의사이자 수학자다. 그의 책 《The Whetstone of Whitte(기지의 숫돌)》에는 등호 기호가 처음으로 등장하며, 이 책의 출판은 영국에 대수학을 처음으로 소개하는 데에 기여하였다. 이전에는 등호 기호로 ∝와 같은 기호가 사용되었지만, 레코드는 일부러 두 개의 '동등한' 평행선으로 이루어진 기호를 선택하였다.

라이프니츠(Leibniz)는 등식의 중요성을 제대로 알아챘는데, 그는 모든 수학을 계산으로 귀결시키고자 하였고(그의 글 중 일부를 그림 12.5에 발췌했다), 논리의 첫 번째 규칙인 '같은 것은 같다(substitution of equals for equals)'를 제정한 공을 인정받았다. 이 규칙은 수학 계산에서 항상 이용됨에도 불구하고 많은 책에서 이를 언급하지 않는다. 라이프니츠의 규칙을 이용한 아주 간단한 예시는 이러하다.

$$(2-1) \times 3$$
$$= \quad \{ \quad 계산 \quad \}$$
$$1 \times 3$$

이 과정에서는 $2-1$이 1과 같다는 사실을 이용하여 전자를 후자로 치환하였다.

정확하게 말하자면, 라이프니츠의 규칙은 x와 y가 같다면, 모든 함수 f에 대하여 $f(x)$와 $f(y)$가 같다는 것을 의미한다. 위의 예에서 함수 f는 '3을 곱하기($\times 3$)'다.

라이프니츠의 규칙을 사용할 때 일반적으로 함수에 대해 명시적으로 언급할 필요는 없다. '같은 것은 같다'는 하위 표현식을 같은 값으로 치환할 수 있음을 의미한다. 좀 전의 예에서 하위 표현식 '$2-1$'은 '1'로 치환되었다. 물론 '$3-2$'처럼 1과 같은 다른 표현식으로도 치환할 수 있다.

로버트 레코드의 등호 기호는 두 값이 같음을 나타내기 위해 범용적으로 사용된다. 예를 들어, 수(정수, 실수, 복소수 등)의 동일성, 집합의 동일성, 함수의 동일성 등에 사용된다. 이는 표기법 과적화의 가장 빈번한 예다. 많은 경우에 과적화는 유용하지만 때로는 그렇지 않을 수도 있다.

정의 1.

같은 용어 또는 **동일한 용어**(same or coincident term)는 진릿값에 영향을 주지 않고 '어디서든' 서로 치환할 수 있는 용어를 의미한다. 예를 들어, '삼각형(triangle)'과 '삼변형(trilateral)'은 모든 유클리드의 삼각형에 관한 명제에서 서로 치환될 수 있고, 그 반대도 가능하며, 그렇게 하더라도 참/거짓이 달라지지 않는다.

$A \infty B$는 A와 B가 같다는 것을 나타낸다. 예를 들어, 선분 XY와 YX에 대하여 $YX \infty XY$와 같이 말할 수 있다. 즉, X에서 Y로 가는 최단 이동 거리와, Y에서 X로 가는 최단 이동 거리는 서로 같다. (Fig. 15)

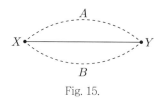

Fig. 15.

정의 2.

다양한 용어(diverse term)란 서로 같지 않거나, 때로는 치환이 불가능한 용어를 의미한다. 이러한 예로는 원과 삼각형 혹은 정사각형과 마름모가 있다. 정사각형은 마름모라고 부를 수 있지만, 그 반대는 할 수 없다.

$A\ non \propto B$는 A와 B가 서로 다르다는 것을 나타낸다. XY와 RS가 바로 그러한 예다. (Fig. 16)

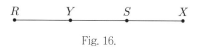

Fig. 16.

그림 12.5 라이프니츠의 글에서 발췌[Lei69]

12.7.8 동치 관계

문제에서 동일하거나 '동등한' 여러 개체를 하나로 모아 놓는 작업은 문제 해결에서 흔하게 사용하는 전략이다. 이에 해당하는 수학 개념으로 '동치 관계'가 있다. 동치 관계는 반사성과 대칭성, 전이성을 가지는 (이항) 관계다. 등호 관계는 동치 관계의 가장 간단한 예시다.

일반적으로, 집합 A에서 정의된 동치 관계는 A를 정의역으로 갖는 함수와 함께, 그 함수의 치역에 대한 등호 관계를 통해 정의된다. 예를 들어, 자료형이 $\mathbb{Z} \to Bool$인 함수 $even$을 생각해 보자. $\mathbb{Z}$에 대하여 '동일한 홀짝성을 갖는다' 관계는 다음과 같이 정의할 수 있다. 임의의 정수 m, n에 대하여,

m은 n과 동일한 홀짝성을 갖는다 $\equiv even(m) = even(n)$

이러한 관계는 모든 짝수 정수를 하나의 그룹으로, 또한 모든 홀수 정수를 또 다른 하나의 그룹으로 묶어 준다. 이 관계가 반사적이라는 것은 쉽게 확인할 수 있다. 왜냐하면, 모든 정수 m에 대하여, m은 m과 동일한 홀짝성을 갖기 때문이다. (등호 관계는 반사적이다.)

또한 대칭성을 갖는다. 왜냐하면, 모든 정수 m, n에 대하여

m은 n과 동일한 홀짝성을 갖는다 $\equiv$ n은 m과 동일한 홀짝성을 갖는다

가 성립하기 때문이다. (등호 관계는 대칭적이다.)

마지막으로, 전이성을 갖는다. 왜냐하면, 모든 정수 m, n, p에 대하여

m은 n과 동일한 홀짝성을 갖는다 $\wedge$ n은 p와 동일한 홀짝성을 갖는다
$\Rightarrow$ m은 p와 동일한 홀짝성을 갖는다

가 성립하기 때문이다. (등호 관계는 전이적이다.)

즉, 등호 관계가 동치 관계라는 사실과, (간접적으로) 라이프니츠의 규칙 '같은 것은 같다'로부터 이 관계가 동치 관계임이 바로 드러난다.

이를 일반화하여, 정의역이 A, 치역이 B인 함수 f가 주어질 때, '같은 f 값을 가진다' 관계를, 정의역 A에 속하는 모든 x와 y에 대하여, 아래 식의 진릿값으로 정의할 수 있다.

$$f(x) = f(y)$$

(여기서 사용된 '='는 치역 B에 대한 등호 관계를 나타낸다.) 예를 들어, 색이 같은 두 개체를 동등하게 여기거나, 나이가 같은 두 사람을 동등하게 생각해 볼 수 있다. 이외에도 다양한 예시를 들어 볼 수 있다. 이렇게 하면, 함수 f를 사용하여 집합 A를 '동등한' 원소들의 그룹으로 분할할 수 있다.

사실, 동치 관계는 원칙적으로는 항상 이와 같은 방식으로 정의된다. 동치 관계를 정의하는 또 다른 방법은, 주어진 관계의 반사적 대칭적 전이 폐포를 고려하는 것이다. '동등한' 원소들의 각 그룹은 동치류(equivalence class)라고 하며, 각 동치류를 하나의 개체로 취급하여 몫 공간(quotient class)을 정의할 수 있다. 이는 수학적으로 중요한 구성 방법으로, 그 중요성은 분리합과 곱집합에 견줄 만하다.

12.8 계산

이 책에서는 수학 계산의 각 과정을 문서화하여 강조하는 방식을 사용한다. 이 방식은 이미 12.7.4절에서도 사용하였다. 여기서는 이 방식에 대하여 간략하게 설명한다.

구체적인 예시를 보자. 한 학생이 자신과 한 친구를 위해 음료수를 사려고 한다. 친구의 음료수 가격은 학생의 음료수 가격의 3배다. 학생은 5달러를 지불하고 1달러를 거스름돈으로 받았다. 각 음료수의 가격은 얼마일까?

이 문제를 해결하기 위해, 학생과 친구의 음료수 가격을 나타내는 두 변수 s, f를 도입하자. 현재, $f = 3 \times s$와 $s + f + 1 = 5$라는 정보를 알고 있다. 이제, 다음과 같이 계산할 수 있다.

$$f = 3 \times s \;\wedge\; s + f + 1 = 5$$
$$= \quad \{ \text{ '같은 것은 같다' } \}$$
$$f = 3 \times s \;\wedge\; s + 3 \times s + 1 = 5$$
$$= \quad \{ \text{ 계산 } \}$$
$$f = 3 \times s \;\wedge\; s = 1$$
$$= \quad \{ \text{ '같은 것은 같다' } \}$$
$$f = 3 \times 1 \;\wedge\; s = 1$$
$$= \quad \{ \text{ 계산 } \}$$
$$f = 3 \;\wedge\; s = 1$$

특정 문제의 세부 사항보다는 계산의 구조에 초점을 맞추기 위하여, 계산이 간단하도록 의도적으로 설계하였다.

계산에 관해 가장 먼저 관찰할 점은, 그 결론이 두 불리언 표현식

$$f = 3 \times s \;\wedge\; s + f + 1 = 5$$

과

$$f = 3 \;\wedge\; s = 1$$

이 '어디서든' 같다는 것이다.

여기서, '어디서든'은 두 표현식이 변수 f와 s의 값에 관계없이 항상 같은 (불리언) 값을 갖는다는 뜻이다. 예를 들어, f와 s가 모두 0이라면 두 표현식 모두 거짓이고, f가 3이고 s가 1이면 두 표현식 모두 참이다.

이 계산은 $f = 3$의 값이 참이라는 것(혹은, $s = 1$의 값이 참이라는 것)을 주장하지 않는다. 이 계산은 더도 말고 덜도 말고, 처음에 주어진 표현식이 항상 표현식

$f = 3 \wedge s = 1$과 같은 불리언 값을 가짐을 주장한다. 이는 불리언 대수학의 중요한 측면이다. 등호와 논리합 같은 논리 연산자는 기본이 되는 불리언 표현식을 묶어 주지만, 이러한 표현식의 참 거짓을 알려 주지는 않는다. 이 예에서, 학생과 친구는 서로의 음료수 비용에 대하여 논쟁을 하고 있을 수 있다. 그러나 이 계산은 논쟁을 단순화해 줄 뿐 그 이상의 도움을 주진 않는다.

두 번째로 관찰할 점은 계산의 각 행이 불리언 등호 기호에 의하여 연결된다는 것이다. 12.7.4절의 계산에서 집합에 대한 등호를 사용했던 것과 정확히 같은 방식이다. 기호 ⇔는 종종 불리언에 대한 등호를 나타내는 데 사용되는데, 불행하게도 일부 독자는 이를 '만약 그리고 오직 그러할 때에만(*if and only if*)'이라고 배웠을 수도 있다. 더 나쁜 점은, 일부 독자는 명제들은 함의(⇒, implication)로 연결해야 한다고 배웠을 수도 있다. 여기에서 '만약 그리고 오직 그러할 때에만'을 사용하는 것은 지나치게 복잡하다. 이는 마치, 수에 대한 등호를 '이하이자 이상', 혹은 집합에 대한 등호를 '부분집합이자 상위집합(superset)'이라고 부르는 것과 같다. 함의를 사용하는 것은, '2 × 3의 계산 결과는 최대 6이다'와 같이 주장하는 꼴이다. 여기서 불리언에 대한 등호를 나타내기 위해 다른 기호를 사용해야 한다면, 그 유일한 근거는 계산 내에서 등호 기호가 과적화되었다는 의미다. $f = 3$에서 등호 기호는 수에 대한 기호다. 그러나 앞에서와 같은 (계산의) 배치는 가능한 모호성을 없애 준다.

세 번째로 이 계산에서 주목할 점은 모든 과정에서 힌트를 함께 보여 준다는 것이다. 복잡한 프로그래밍을 하다 보면 문서화가 매우 중요하다는 점을 깨닫곤 한다. 계산의 문서화는 계산 과정을 점검하고, 각 과정을 잊어 버렸을 때 다시 떠올리기 위해서 중요하다. 이 책에서 사용하는 힌트는 때로는 매우 명시적이고 때로는 묵시적이다. 예를 들어, 힌트 '계산'은 그리 많은 정보를 알려 주지 않는다. 이 책에서는 독자가 계산에 어려움이 없다고 가정한다. 하지만 이는 공식에 등장하는 논리 연산자(지금의 경우, ∧)보다는 산술 연산자에 더욱 집중해야 한다는 것을 뜻한다. 이러한 힌트는 더 복잡한 계산에서 매우 유용할 것이다.

앞의 계산에서 '같은 것은 같다'라는 힌트는 두 번 등장한다. 이는 12.7.7절에서 소개한 라이프니츠의 첫 번째 논리 규칙을 뜻한다. 사실, 이 규칙은 두 번밖에 명시되지 않았지만, 실제로는 네 개의 모든 과정에서 사용되었다. 두 번째 과정에서 불리언 값 $s + 3 \times s + 1 = 5$은 $s = 1$로 단순화된 다음, p를 $f = 3 \times s \wedge p$에 대응시키는 함수에 적용되었다. 비슷하게, 마지막 과정에서는 3×1을 3으로 치환할 수 있다는 사실을, n을 $f = n \land s = 1$에 대응시키는 함수에 적용하였다. 라이프니츠의 규칙은 거의 대부분의 계산에 필수적으로 쓰이지만, 그렇게 자주 언급되지는 않는다. 그 이유는 ⇔ 기호보다 불리언에 대한 등호 기호를 사용하는 이유와 같다.

12.8.1 계산 과정

하나의 계산은 여러 **과정**들로 이루어져 있다. 두 과정으로 이루어진 계산은 이러한 형태를 띨 것이다.

$$R$$
$$= \quad \{ \ p \ \}$$
$$S$$
$$= \quad \{ \ q \ \}$$
$$T$$

이 계산에서 R, S, T는 표현식을, p와 q는 각각 $[\,R = S\,]$와 $[\,S = T\,]$에 대한 힌트를 나타낸다. 이 계산의 **결론**은 $[\,R = T\,]$이다. (대괄호는 '어디서든'이라고 읽는다는 것을 기억하라.)

산술 법칙을 사용하는 경우, 힌트에 그 법칙의 이름만 쓸 때도 있고, 법칙의 적용 과정을 명시적으로 밝혀 줄 때도 있다. 아래의 예시는 후자에 해당한다.

$$(n+1)^2 - n^2$$
$$= \quad \{ \ [\,x^2 - y^2 = (x - y) \times (x + y)\,]\text{에서}$$
$$\qquad x, y := n + 1, n \ \}$$
$$((n+1) - n) \times ((n+1) + n)$$

위 과정은 산술 법칙의 한 사례다. 사용한 법칙은 모든 (수) x와 y에 대하여 참임을 나타내기 위해, '어디서든' 괄호로 감쌌으며, 동시 대입은 해당 사례의 세부 사항을 보여 준다. 흔하게 사용되는 법칙(예를 들면, '결합법칙')에는 매번 명시적으로 설명하는 대신 이름을 붙여 줄 것이다. 아주 단순한 규칙들(예를 들면, 0의 법칙, $[\,x + 0 = x\,]$)은 종종 암묵적으로 적용할 것이다.

계산의 중간 과정을 모두 밝히면, 그 내용이 너무 길어질 것이다. 이를 피하고자 다음의 계산처럼, 가끔씩은 여러 과정을 하나로 압축할 것이다.

$$(n+1)^2 - n^2$$
$$= \quad \{ \ \text{계산} \ \}$$
$$2 \times n + 1$$

중간 과정이 분명하고 독자가 충분히 스스로 해낼 수 있다고 생각될 때에만 위처럼 합칠 것이다. 즉, 주제를 처음으로 소개할 때는 각 과정을 자세하게 설명할 것이다. 주제에 점차 익숙해질수록 더 긴 과정을 생략할 것이다. 긴 계산 과정을 한 번에 다룰 때 실수하기 쉬우므로, 독자들은 이를 유념해야 한다. 정의를 적용할 때 특히 그렇다. 정의에 의하여 어떤 변수가 어떻게 치환되는지를 명시하고, 식을 간소화하는 작업은 뒤로 미뤄야 한다.

12.8.2 과정 간의 관계

계산의 각 과정에서 하나의 표현식과 그다음 표현식이 등호 관계를 가짐을 보여 준다면, 그 계산은 등장하는 모든 표현식이 (어디서든) 서로 같음을 증명한다. 그러나 그중에서 제일 중요한 결론은 보통 첫 번째와 마지막 식 간의 등호 관계다. 여기에는 등호 관계가 전이적이라는 사실이 암묵적으로 적용되었다. 즉, 만약 $R = S$이고 $S = T$라면, $R = T$도 성립한다.

기호 $<$로 나타내는 미만 관계 또한 전이적이다. 아래는 256과 367의 차이를 대략적으로 계산하는 과정을 보여 준다.

$$367 - 256$$
$$< \quad \{ \ 367 < 400 \ \}$$
$$400 - 256$$
$$< \quad \{ \ 200 < 256 \ \}$$
$$400 - 200$$
$$= \quad \{ \ \text{계산} \ \}$$
$$200$$

이 계산의 결론은 $367 - 256 < 200$이다. 이 계산은 미만 관계 기호가 겹쳐 쓰이는 경우를 잘 보여 준다. 일반적으로, $R < S < T$는 '$R < S$ 그리고 $S < T$'를 뜻한다. 미만 관계가 전이적이라는 것은 $R < S < T$의 결론이 $R < T$임을 뜻한다.

이외에 다른 관계도 여러 번 결합될 수 있지만, 그렇게 하는 데는 논리적인 정당성이 있어야 한다. 예를 들어, 증명의 한 과정에서 $R < S$를 주장하고, 그다음 과정에서 $S \leq T$라고 주장한다면, 결론적으로 $R < T$가 성립한다. 즉, 이러한 과정들은 마지막 줄처럼 등호 관계와 결합될 수 있다. 그러나 하나의 계산에서 $<$ 와 $>$(혹은 $\geq$)를 결합하는 것은 말이 되지 않는다. 이러면 첫 번째 식과 마지막 식 간의 관계에 대하여 어떠한 추론도 할 수 없다.

표현식의 자료형은 무엇이든 될 수 있다. 표현식은 실수 값, 정수 값, 집합, 관계 등을 나타낼 수 있다. 각 경우에서, 익숙한 등호 기호 =는 값의 동등함을 나타내는 데 사용된다. 특히, R, S, T가 불리언 값을 나타내는 경우에도 등호 기호는 여전히 동등함을 나타내는 데에 사용됨에 유의하라. 예를 들어, 증명의 한 과정은 이러할 수 있다.

$$E \leq F$$
$= \quad \{ \quad E$와 F는 정수 값을 나타낸다.
$\qquad$ 정수 산술의 성질 $\quad \}$
$$E < F + 1$$

여기서 E와 F가 정수 값을 나타낼 때, 불리언 표현식 $E \leq F$는 항상 표현식 $E < F + 1$와 같은 값을 가진다는 사실을 사용하였다. 다르게 말하자면, $E \leq F$의 값은 (참 혹은 거짓일 것이다) 항상 $E < F + 1$의 값과 같다. 여러 표현식을 한 줄에 적을 때에는 불리언 값에 대한 등호 기호로 $\equiv$를 사용할 수도 있다. 이 기호를 사용하는 이유 중 하나는 모호한 표현을 피하기 위함이다. 예를 들어,

$$E \leq F \equiv E < F + 1$$

는 아래의 식에서 생기는 혼동을 피할 수 있다.

$$E \leq F = E < F + 1$$

후자는 '$E \leq F$ 그리고 $F = E$ 그리고 $E < F + 1$'를 뜻한다. (즉, 여기서의 등호는 불리언 값에 대한 것이 아니라 정수 값에 대한 것이다.) 불리언 값에 대한 등호 기호가 두 가지인 데는 또 다른 이유가 있다. 바로, 불리언 등호 관계는 전이적이면서 동시에 결합적이기 때문이다. 이 두 번째 이유는 첫 번째 이유보다 훨씬 더 중요한데, 5.3절에서 이를 간단히 설명하며, 13장에서 자세히 다룬다.

불리언 표현식의 값은 독립 변수의 값에 의하여 참 또는 거짓으로 결정된다는 점

을 기억하라. 이 책에서 불리언 표현식의 값이 항상 참이라고 주장하는 경우는 두 가지가 있다. 하나는 표현식이 계산 과정에 등장하는 경우고, 다른 하나는 표현식을 '어디서든' 괄호로 감싼 경우다. 독립 변수가 없는 표현식의 경우에 $1 - 1 = 0$과 같이, '어디서든' 괄호는 생략되기도 한다.

일반적으로, 계산 과정에서 두 표현식을 연결하는 관계는 각 표현식에 등장하는 연산자보다 우선순위가 낮다. 이 우선순위 규칙은 다른 우선순위 규칙보다 우선시해야 한다. 사실, 이 책에서 사용하는 배치를 따른다면, 이 규칙은 아주 자연스럽다.

12.8.3 만약과 오직 그러할 때에만

불리언 값과 관련된 과정은 종종 '만약(*if*)' 관계나 '오직 그러할 때에만(*only if*)' 관계로 묶이곤 한다. '만약' 관계는 ⇐로 나타내고, '오직 그러할 때에만' 관계는 ⇒로 나타낸다.

다음 예시는 '만약' 단계가 등장하는 계산이다. (두 번째 단계는 '만약 $10 \times 20 \leq 11 \times 20$ 그리고 $11 \times 20 \leq 11 \times 23$이라면, $10 \times 20 \leq 11 \times 23$이다'로 읽어야 한다.) 이 계산은 $200 \leq 11 \times 23$이 참임을 이끌어 낸다.

$$200 \leq 11 \times 23$$
$$= \quad \{ \quad 200 = 10 \times 20 \quad \}$$
$$10 \times 20 \leq 11 \times 23$$
$$\Leftarrow \quad \{ \quad \leq \text{는 전이적이다.} \quad \}$$
$$10 \times 20 \leq 11 \times 20 \leq 11 \times 23$$
$$= \quad \{ \quad \leq \text{에 대하여 곱셈은 가역적이다(두 번 적용),}$$
$$\text{그리고 } 10 \leq 11 \text{ 그리고 } 20 \leq 23 \quad \}$$
$$true$$

위에서 한 번 등장하는 '만약' 단계는 강화(strengthening) 과정이다. 이 예에서, 부등식 $10 \times 20 \leq 11 \times 23$은 이보다 더 강력한 표현식인 $10 \times 20 \leq 11 \times 20 \leq 11 \times 23$으로 대체되었다. '만약' 단계는 강화 단계이기 때문에, 계산에서 등호 단계보다 환영 받지는 못한다. 경우에 따라서는, 강화가 너무 엉성할(coarse) 수도 있다. 다음 예시에서는 위와 같은 패턴을 사용하지만 너무 엉성한 강화 때문에 증명에 실패하는 경우를 보여 준다.

$$243 \leq 11 \times 23$$
$$= \quad \{ \quad 243 = 9 \times 27 \quad \}$$
$$9 \times 27 \leq 11 \times 23$$
$$\Leftarrow \quad \{ \quad '\leq'\text{는 전이적이다.} \quad \}$$
$$9 \times 27 \leq 11 \times 27 \leq 11 \times 23$$

$11 \times 27 \leq 11 \times 23$은 거짓임에도 불구하고 위의 계산은 옳다. '만약 거짓이라면, $243 \leq 11 \times 23$이다'라는 명제는 정당하지만, 의미가 없다.

'오직 그러할 때에만' 과정은 '만약' 단계와 반대로, 약화 단계에 해당한다. '오직 그러할 때에만' 단계는 불리언 표현식이 거짓임을 주장할 때 주로 사용된다. 다음 예시를 보아라.

$$23 \times 11 = 243$$
$$\Rightarrow \quad \{ \quad \text{라이프니츠 ('같은 것은 같다')} \quad \}$$
$$(23 \times 11) \bmod 3 = 243 \bmod 3$$
$$= \quad \{ \quad (23 \times 11) \bmod 3 = 1$$
$$243 \bmod 3 = 0$$
$$\text{(상세한 계산 과정 생략)} \quad \}$$
$$1 = 0$$
$$= \quad \{ \quad \text{계산} \quad \}$$
$$false$$

첫 번째 단계는 '오직 $(23 \times 11) \bmod 3 = 243 \bmod 3$일 때에만 23×11이다'라고 읽어야 한다. 이 단계에는 '함수에 같은 값을 적용하면 그 함숫값은 같다'라는 라이프니츠 규칙이 명백하게 적용되었다. 여기에서, 함수는 주어진 수를 3으로 나눈 나머지를 계산하는 '$\bmod\ 3$'이다. 두 번째 단계에서는, 나머지(mod) 계산의 성질을 사용하여 (23×11의 값을 계산하지 않고) $(23 \times 11) \bmod 3$과 $243 \bmod 3$의 값을 쉽게 계산하는 단계가 생략되었다. 이 계산의 결론은 '오직 거짓일 때에만 $23 \times 11 = 243$', 즉, $23 \times 11 \neq 243$이다.

12.9 연습문제

1. 아래의 표현식 중에서 어디서든 참인 것을 모두 골라라. 어디서든 참이 아닌 표현식에 대해서는, 그 표현식의 값이 거짓이 되는 사례를 들어라. x는 실수 값을 나타낸다.

   (a) $0 \leq x^2$

   (b) $x < 2x$

   (c) $x^2 - x - 12 = (x - 3) \times (x + 4)$

   (d) $x^2 + x - 20 = (x - 4) \times (x + 5)$

   (e) $(-x)^3 = -(x^3)$

2. 집합의 원소를 모두 나열하라.

   (a) $\{0, 1, 4\} \cup \{4, 1, 3\}$

   (b) $\{0, 1, 4\} \cap \{4, 1, 3\}$

   (c) $(\{2, 4, 6\} \cup \emptyset \cup \{9\}) \cap \{9, 4\}$

   (d) $\{m \mid m \in \{0, 1, 4\} \cup \{4, 1, 3\} \wedge even(m)\}$

   (e) $\emptyset \cap \{2, 4\}$

   (f) $\{0, 1, 4\} + \{4, 1, 3\}$

   (g) $\{0, 1\} \times \{0, 1\}$

   (h) $\{0, 1, 2\} + (\{1\} \times \{3, 5\})$

   (i) $2^{\{0\}}$

3. 집합에 속한 원소의 개수를 밝혀라. 집합의 속한 원소를 모두 나열하지 않고 문제를 풀어 보아라.

   (a) $\{m \mid 0 \leq m < 1000\}$

   (b) $\{m \mid 0 \leq m < 1000\} + \{m \mid 2000 \leq m < 2500\}$

   (c) $\{0, 1\} \times \{m \mid 0 \leq m < 1000\}$

   (d) $2^{\emptyset}$

   (e) $2^{\{m \mid 0 \leq m < 3\}}$

   (f) $\{\emptyset, \{a, b\}\}$

(g) $\{a, b\} \rightarrow \{\text{red,green,blue}\}$

(h) $\{\text{red,green,blue}\} \rightarrow \{a, b\}$

4. 이항 연산자의 좌영원과 우영원은 유일함을 보여라. 대칭적인 이진 연산자의 단위원은 유일함을 보여라.

5. 함수 $double$과 $square$를 다음과 같이 정의하자.

$$double(x) = 2 \times x$$
$$square(x) = x^2$$

아래의 참 거짓을 밝혀라.

(a) $double$은 덧셈에 대하여 분배 가능하다.

(b) $double$은 곱셈에 대하여 분배 가능하다.

(c) $double$은 지수에 대하여 분배 가능하다.

(d) $double$은 최소에 대하여 분배 가능하다.

(e) $square$는 덧셈에 대하여 분배 가능하다.

(f) $square$는 곱셈에 대하여 분배 가능하다.

(g) $square$는 지수에 대하여 분배 가능하다.

(h) $square$는 최소에 대하여 분배 가능하다.

6. 크기가 가장 작은 모노이드는 무엇인가? (모노이드 $(A, 1, \times)$의 크기란 집합 A의 크기를 뜻한다.) 크기가 가장 작은 반환(semiring)은 무엇인가?

7. 군 $(A, 1, \times, ^{-1})$에서 $1^{-1} = 1$임을 보여라.

8. 문자열 $ABBA$에서 정의된 '뒤따르는' 관계는 대칭적이다. 이는 $ABBA$가 회문(palindrome)이라는 사실로부터 증명할 수 있다. (회문이란, 앞으로 읽으나 뒤로 읽으나 똑같은 단어를 뜻한다.) A와 B로 이루어진 문자열 중에서 회문은 아니지만 글자에 대한 '뒤따르는' 관계는 대칭적인 경우를 구성하라.

9. 문자열 $ABBA$에서 '뒤따르는' 관계는 반사적인가? 전이적인가?

10. **비어 있는 단어**란 문자열 중에서 길이가 0인 것을 의미한다. (비어 있는 단어와

공집합을 구분해서 사용하라.) 비어 있는 단어에서 정의된 '뒤따르는' 관계는 대칭적인가? 전이적인가?

11. '뒤따르는' 관계가 아래 각각의 조건을 만족하도록, A와 B로 이루어진 문자열을 구성하라.

(a) 반사적이고 전이적이지만 대칭 관계는 아니다.

(b) 전이적이지만 반사 관계나 대칭 관계는 아니다.

(c) 동치 관계이다.

각각의 조건에 대하여, 문자열을 최대한 짧게 구성해 보아라.

'뒤따르는' 관계가 반사적이고 대칭적이지만 전이 관계는 아니도록, A와 B로만 이루어진 문자열을 구성하는 것은 불가능하다. 왜인가?

12. 집합 $\{a, b\}$의 부분집합들의 집합에 대한 하세 다이어그램을 그려라.

13. 집합 $\{a, b, c\}$의 부분집합들의 집합에 대한 하세 다이어그램을 그려라.

14. 그림 12.3의 두 다이어그램 각각에 대하여, 반사 전이 폐포를 그려라.

15. 0부터 16까지 수에 대하여, 약수 관계에서 정의된 순서를 하세 다이어그램으로 그려 보아라.

13장

불리언 대수

이 장에서는 논리적 추론의 근간이 되는 불리언 대수에 대해 다룰 것이다. 5장에서 논의했듯이, 동치 추론에 초점을 둘 것이다. 대부분의 논리학 소개서는 함축 추론에 초점을 맞추고, 동치 추론은 일반적이지 않기 때문에, 5장에서 다룬 몇몇 내용이 13.1절과 13.2절에 한 번 더 등장한다. 이 장만 독립적으로 읽을 수는 있지만, 때로는 더 자세한 설명을 위해 5장을 참조할 것이다.

13.1 불리언 등호

등호는 어떤 정의역에서든 여러 가지 특징적인 성질을 가지고 있다. 등호는 **반사적**이고, **대칭적**이며 **전이적**이다. 가장 중요한 성질은, 같은 두 개체는 항상 서로 치환 가능하다는 것이다. 이는 '같은 것은 같다' 혹은 라이프니츠 규칙이라고 한다.

이러한 규칙은 불리언 등호에서도 당연히 성립한다. 따라서 불리언 값을 가지는 변수 p에 대해, 이러한 법칙을 얻을 수 있다.

[반사성] $[p = p]$ (13.1)

이 법칙은 진리표를 통해 검증해 볼 수 있다. p가 가질 수 있는 두 가지 값 각각에 대하여 $p = p$의 값을 살펴보면 된다.

p	$p = p$
true	*true*
false	*true*

진리표를 통해, p의 값에 관계없이 $p = p$는 항상 참임을 알 수 있다. 즉, $p = p$는 '어디서든' 참이다.

비슷하게, 이러한 법칙도 얻을 수 있다.

[대칭성]　$[(p = q) = (q = p)]$　　　　　　　　　　　　　　　　(13.2)

이 법칙 또한 진리표를 구성하여 검증할 수 있다. 이번에는 진리표에 총 4개의 행이 있어야 한다. p와 q가 가질 수 있는 값의 조합은 2×2가지이기 때문이다.

p	q	$p = q$	$=$	$q = p$
true	*true*	*true*	*true*	*true*
false	*true*	*false*	*true*	*false*
true	*false*	*false*	*true*	*false*
false	*false*	*true*	*true*	*true*

진리표의 첫 두 열에는 p와 q가 가질 수 있는 네 가지 값 조합을 열거하였다. $(p = q) = (q = p)$라는 표현식의 값을 계산하는 것은 복잡하기 때문에, 표의 세로선 오른쪽에 각 부분 표현식의 값을 상세하게 밝혔다. 세로선 오른쪽의 첫 번째와 세 번째 열에는 각각 $p = q$와 $q = p$의 값을 적었다. 이 값들은 어떤 때에는 참이고, 또 다른 때에는 거짓의 값을 가지지만, 각 행에서 이 두 값은 항상 같다는 사실을 관찰하라. 즉, 표현식 $(p = q) = (q = p)$는 '어디서든' 참이다.

불리언 등호가 반사성과 대칭성을 가진다는 사실은 그리 놀랍지 않다. 더 놀라운 사실은, 불리언 등호에서 결합법칙이 성립한다는 것이다.

[결합법칙]　$[((p = q) = r) = (p = (q = r))]$　　　　　　　　　(13.3)

직접 진리표를 구성하여 법칙을 검증해 볼 것을 권장한다. 변수 p, q, r이 가질 수 있는 값의 조합은 $2 \times 2 \times 2$가지가 있으므로, 진리표에는 총 8개의 행이 있어야 한다. 실수를 피하려면, 각 부분 표현식의 값을 계산 순서에 따라 계산하여 표에 나타내어라. 또한, $((p = q) = r)$과 $(p = (q = r))$의 값이 참이 되는 경우가 언제인지 일반적인 규칙을 알아내어라. (p, q, r 중에 참인 변수의 수를 세어 보아라.)

5.3절에서 논의했듯이, 불리언 등호를 나타낼 때에는 =와 ≡ 두 가지 기호를 혼용해서 사용할 것이다. 기호 =는 등호의 전이성을 강조한다. 아래와 같은 연속된 등식

$$p_1 = p_2 = ... = p_n$$

은 $p_1, p_2, ..., p_n$이 모두 같음을 뜻한다. 불리언 등호로써 기호 =는 불리언 표현식의 계산 과정에서 일반적으로 사용된다. 계산의 모든 과정이 동치 과정이라면, 첫 번째와 마지막 표현식이 같다는 결론을 내릴 수 있다. 기호 ≡는 불리언 등호가 결합적임을 강조한다. 아래의 연속된 **동치식**

$$p_1 \equiv p_2 \equiv ... \equiv p_n$$

은 이 표현식을 완전히 괄호로 묶은 다음(어떻게 묶더라도 계산 결과는 바뀌지 않는다!) 괄호로 지정한 계산 순서에 따라 표현식을 계산하라는 의미를 갖는다.

불리언 등식에 불리언 부분 표현식이 p, q, 두 개만 있고, p와/또는 q가 다른 관계, 특히 다른 정의역에서의 등호 관계 혹은 부등호 관계로 연관되어 있다면, $p \equiv q$로 쓰기로 한다. 예를 들어, 간단한 계산 법칙인 상쇄 법칙은 이렇게 적는다.

$$[x = y \equiv x + z = y + z]$$

식에 등장하는 두 = 기호는 실수의 등호 관계를 나타낸다. ≡는 =보다 우선순위가 낮음에 유의하라.

법칙 (5.2)는 불리언 등호 관계의 결합성이 어떻게 활용되는지에 관한 첫 번째 예시였다. 편의상 법칙을 아래에 다시 적었다.

[정의] $[true \equiv p \equiv p]$ (13.4)

이 표현식을 $true = (p = p)$로 해석한다면, 이 규칙은 참을 정의하고 있다고 볼 수 있다. 즉, 표현식 '$p = p$'의 사례는 전부 '$true$'로 대체할 수 있음을 명시하고 있다. (역으로, '$true$'는 항상 표현식 '$p = p$'의 임의의 사례로 대체할 수 있다.) 혹은, 이 표현식을 $(true = p) = p$로도 해석할 수 있다. 그러면 이 규칙은 참이 불리언 등호의 단위원(unit)임을 명시하는 것이다.

13.2 부정

부정(negation)은 이미 5.4절에서 자세하게 다루었으므로, 여기서는 아주 간략하게 만 설명한다.

부정은 불리언을 불리언에 대응시키는 단항 연산자다. (즉, 정확히 하나의 인자를 가지는 함수다.) 부정은 기호 ¬로 나타내며 인자 앞에 접두어로 쓰인다. 만약 p 가 불리언 표현식이라면 '¬p'는 '$not\ p$'라고 읽는다. ¬p에 대한 법칙은 이러하다.

[부정] $[\ \neg p \equiv p \equiv false\ ]$ (13.5)

이 법칙은 새로운 단항 연산자 '¬'와 새로운 상수 '$false$'를 같이 소개하고 있다.

대우 법칙과 불리언 부등식의 성질에 대한 법칙은 5.4.1절과 5.4.3절을 참조하라.

13.3 논리합

논리합(disjunction) $p \vee q$는 'p 또는 q'라는 의미를 갖는다. 즉, p나 q 중 적어도 하나가 참이면, $p \vee q$의 값은 참이다.

논리합은 세 가지의 자명한 성질을 가지며, 그것은 바로 멱등성, 대칭성, 결합성이다. 논리합이 멱등적이라는 규칙은 이렇게 적을 수 있다.

[멱등성] $[\ p \vee p \equiv p\ ]$ (13.6)

편의상, $\vee$ 연산자는 $\equiv$보다 우선순위가 높다고 하자. 즉, 위의 표현식은 $p \vee (p \equiv p)$ 가 아니라 $(p \vee p) \equiv p$로 읽어야 한다.

논리합의 대칭성과 결합성에 관한 규칙도 아래와 같이 나타낼 수 있다.

[대칭성] $[\ p \vee q \equiv q \vee p\ ]$ (13.7)

[결합법칙] $[\ p \vee (q \vee r) \equiv (p \vee q) \vee r\ ]$ (13.8)

논리합에서 결합법칙이 성립하기 때문에, 아래와 같이 논리합을 연속해서 사용할 때 괄호를 생략해도 된다.

$p \vee q \vee p \vee r \vee q \vee q$

논리합의 대칭성과 결합성은 논리합들로 묶여 있는 항의 순서를 원하는 대로 바꾸는 것을 허용한다. 또한 논리합의 멱등성은 여러 번 등장하는 항을 하나로 소거하여 단순화하는 것을 허용해 준다. 따라서 앞의 표현식은 아래처럼 간략하게 만들 수 있다.

$\quad p \vee q \vee p \vee r \vee q \vee q$

$= \quad \{\ \text{항 재배치 – 논리합은 대칭적이고 결합적이기 때문에 가능하다}\ \}$

$\quad p \vee p \vee r \vee q \vee q \vee q$

$= \quad \{\ \text{논리합의 멱등성(세 번 적용)}\ \}$

$\quad p \vee r \vee q$

논리합에 관한 네 번째 규칙은 그렇게까지 자명하지 않다. 논리합은 **동치 관계에 대하여 분배 가능**하다.

[분배법칙] $\quad [\, p \vee (q \equiv r) \equiv p \vee q \equiv p \vee r \,]$ $\hfill$ (13.9)

마지막 다섯 번째 규칙은 **배중률**(excluded middle)이라고 한다. 즉, 어떤 명제 p에 대하여, p와 p의 부정이 모두 거짓일 수는 없다는 규칙이다. p는 참이거나 거짓이거나, 두 가지 가능성만 가질 뿐, 세 번째 '중간'의 가능성은 없다.

[배중률] $\quad [\, p \vee \neg p \,]$ $\hfill$ (13.10)

이를 기반으로 다른 여러 가지 법칙을 유도할 수 있다. 예를 들어, 거짓이 논리합의 단위원임은 이렇게 증명할 수 있다.

$\quad p \vee false$

$= \quad \{\ false\text{의 정의 (5.3)}\ \}$

$\quad p \vee (\neg p \equiv p)$

$= \quad \{\ \text{논리합은 동치 관계에 대하여 분배 가능 (13.9)}\ \}$

$\quad p \vee \neg p \equiv p \vee p$

$= \quad \{\ \text{배중률 (13.10),}$

$\qquad\quad \text{논리합의 멱등성}\ \}$

$\quad true \equiv p$

$= \quad \{\ \text{동치 관계의 단위원 (5.2)}\ \}$

$\quad p$

비슷하게, $true$가 논리합의 영원임도 보일 수 있다. 이를 요약한 정리는 이러하다.

정리 13.11

불리언은 단위원이 거짓, 영원이 참, 곱 연산이 ∨, 합 연산이 ≡인 반환(*Bool*, *false*, *true*, ∨, ≡)을 이룬다.

13.4 논리곱

이 절에서는 논리곱(conjunction)('그리고' 연산)을 논리합과 동치 관계로부터 정의한다. 또한, 이 정의로부터 논리곱의 기초적인 성질을 증명한다.

논리곱의 정의는 황금률(golden rule)이라고도 불린다.

[황금률] $[p \wedge q \equiv p \equiv q \equiv p \vee q]$ (13.12)

논리곱 연산자(∧, '그리고'라고 읽는다)는 논리합(∨)과 동등한 우선순위를 가진다.

논리곱과 논리합의 우선순위는 같기 때문에 $p \wedge q \vee r$과 같은 표현식은 애매모호하다. $(p \wedge q) \vee r$과 $p \wedge (q \vee r)$ 중에서 무엇을 뜻하는지 불분명하기 때문이다. 따라서 이러한 경우에는 반드시 괄호로 묶어 주어야 한다. (일반적으로는 그렇게 하지만, 논리곱에 논리합보다 더 높은 우선순위를 부여하는 것은 좋지 않은 관행이다. 이렇게 하면 두 연산이 대칭적이라는 대수적 성질이 잘 드러나지 않기 때문이다.)

황금률은 아래와 같이 해석하면 논리합과 동치 관계로부터 논리곱을 정의한 것과 같다.

$[(p \wedge q) = (p \equiv q \equiv p \vee q)]$

혹은, 아래처럼 두 표현식의 등식으로 해석할 수도 있다.

$[(p \wedge q \equiv p) = (q \equiv p \vee q)]$

추후에 논리 함축을 정의할 때에는 이렇게 해석할 것이다. 이는 논리곱과 동치 관계로부터 논리합을 정의했다고 볼 수도 있다.

$[(p \wedge q \equiv p \equiv q) = p \vee q]$

특히 마지막 줄의 해석 방식은 계산에서 논리합을 논리곱으로 대체할 때 매우 유용하다.

황금률은 다양하게 활용될 수 있기에 그렇게 이름이 붙었다. 황금률의 아름다움은 동치 관계의 결합성과 대칭성을 활용할 때 빛을 발한다. 아래의 예시는 논리곱이 대칭적임을 증명할 때 이 규칙이 어떻게 사용되는지 보여 준다.

$p \land q$

$=$ { 황금률 }

$p \equiv q \equiv p \lor q$

$=$ { 동치 관계와 논리합은 대칭적이다 }

$q \equiv p \equiv q \lor p$

$=$ { 황금률, $p, q := q, p$ }

$q \land p$

논리합에 대한 논리곱의 흡수 법칙(absorption)은 이렇게 유도된다.

$p \lor (p \land q)$

$=$ { 황금률 }

$p \lor (p \equiv q \equiv p \lor q)$

$=$ { 논리합은 동치 관계에 대해 분배 가능하다 }

$p \lor p \equiv p \lor q \equiv p \lor (p \lor q)$

$=$ { 논리합의 멱등성과 결합성 }

$p \equiv p \lor q \equiv p \lor q$

$=$ { 동치 관계의 반사성 (5.2) }

p

따라서,

[흡수 법칙] $\quad p \lor (p \land q) \equiv p$ (13.13)

비슷하게, 논리곱이 결합적임도 보일 수 있다. 증명의 대략적인 흐름은 이러하다. (첫 번째와 세 번째 과정은 일부 생략하였다.)

$p \land (q \land r)$

$=$ { $\land$의 정의,

$\lor$는 $\equiv$에 대해 분배 가능하다 }

$$p \equiv q \equiv r \equiv q \vee r \equiv p \vee q \equiv p \vee r \equiv p \vee q \vee r$$

$=$ { 동치 관계는 대칭적이다,

　　　논리합은 대칭적이다 }

$$r \equiv p \equiv q \equiv p \vee q \equiv r \vee p \equiv r \vee q \equiv r \vee p \vee q$$

$=$ { 첫 번째 과정을 반대로 적용, $p, q, r := r, p, q$ }

$$r \wedge (p \wedge q)$$

$=$ { 논리곱은 대칭적이다 }

$$(p \wedge q) \wedge r$$

이제부터, 연속된 논리곱에서 종종 괄호를 생략할 것이다. 이는 논리곱이 결합적이기 때문에 가능함을 유념하라.

　아래에 논리합과 논리곱에 대한 몇 가지 추가적인 성질을 나열해 두었다. 이러한 성질은 앞에서 제시한 규칙을 사용하여 모두 증명할 수 있다. 혹은 진리표를 구성하여 검증할 수도 있다. (이 경우, 마지막 법칙을 증명하려면 32개의 행을 가진 표를 그려야 한다!)

[분배법칙]　$[\, p \vee (q \wedge r) \equiv (p \vee q) \wedge (p \vee r) \,]$

[분배법칙]　$[\, p \wedge (q \vee r) \equiv (p \wedge q) \vee (p \wedge r) \,]$

[전건 긍정]　$[\, p \wedge (p \equiv q) \equiv p \wedge q \,]$

[드 모르간의 법칙]　$[\, \neg(p \wedge q) \equiv \neg p \vee \neg q \,]$

[드 모르간의 법칙]　$[\, \neg(p \vee q) \equiv \neg p \wedge \neg q \,]$

[모순]　$[\, p \wedge \neg p \equiv false \,]$

[분배법칙]　$[\, p \wedge (q \equiv r \equiv s) \equiv p \wedge q \equiv p \wedge r \equiv p \wedge s \,]$

논리합과 논리곱 간의 상호작용을 요약하는 편리한 방법은, 두 연산자 모두 반환에서 곱셈과 덧셈과 같은 역할임을 깨닫는 것이다.

정리 13.14

불리언은 단위원이 거짓, 영원이 참, 곱 연산이 $\wedge$, 합 연산이 $\vee$인 반환($Bool$, $false$, $true$, $\wedge$, $\vee$)을 이룬다.

　즉, 논리합과 논리곱은 서로 '쌍대(duality)'를 이룬다. 본질적으로, 많은 성질은 참과 거짓, 그리고 $\wedge$와 $\vee$를 서로 바꿈으로써 '이중화(dualize)'될 수 있다. 이에 대하여 자세하게 다루지는 않지만, 이러한 이유로 논리합과 논리곱에 동등한 우선순위를 부여하였다.

13.5 함축

대부분의 구성과 증명은 논리적 동치보다는 논리적 함축과 더 관련이 깊다. 간단하게 말하자면, 함축(implication)은 '~는 ~이다'보다 '~라면 ~이다'에 더 가깝다. 예를 들어, 철수의 아버지와 영희의 아버지가 형제 관계라면, 철수와 영희는 사촌 관계다. 이 문장은 '~라면 ~이다' 형식을 띄고 있는데, 철수와 영희가 사촌 관계가 되는 조건이 완전하지 않기 때문이다. 예를 들어, 그 둘의 어머니가 자매 관계여도 철수와 영희는 사촌 관계이다.

혼란스럽게도, 일반 대화에서 한국어 '~라면'은 종종 동치 관계를 의미할 때 사용된다. 예를 들어, '철수와 영희가 서로 어머니가 같거나 아버지가 같다면 이 둘은 형제자매다'라고 말하곤 한다. 그러나 여기에서 의미하는 것은 형제자매의 정의가 '어머니가 같거나 아버지가 같다'라는 것이다.

표기법 $p \Leftarrow q$는 'q라면 p이다'를 뜻한다. 'q일 때에만 p이다'라는 명제는 $p \Rightarrow q$로 표기한다. 표현식 $p \Leftarrow q$는 종종 'q로부터 p이다'라고 읽기도 하고, $p \Rightarrow q$는 'p가 q를 함축한다'라고 읽을 수 있다.

표현식 $p \Leftarrow q$와 $q \Rightarrow p$는 같은 의미를 가진다. 두 가지 표기법을 모두 사용하는 것이 유용하다. 때로는 한 방향으로의 주장을 반대 방향보다 더 쉽게 구성할 수 있다.

13.5.1 정의와 기본 성질

함축은 등식으로 정의된다. $p \Leftarrow q$를 정의하는 한 가지 방법은 이러하다.

['만약 그렇다면(if)'의 정의]　　$[p \Leftarrow q \equiv p \equiv p \lor q]$　　　　　　　　(13.15)

글자 사이의 간격에서 알 수 있듯이, $\Leftarrow$에 $\equiv$보다 더 높은 우선순위를 부여할 것이다. 또한, $\Leftarrow$와 $\Rightarrow$의 우선순위는 $\lor$와 $\land$보다 더 낮을 것이다.

(13.15)에서는 $\Leftarrow$를 동치 관계와 논리합으로 정의하였는데, 동치 관계와 논리곱으로도 정의할 수 있다.

['만약 그렇다면'의 정의]　　$[p \Leftarrow q \equiv q \equiv p \land q]$　　　　　　　　(13.16)

황금률에 의해 $p \equiv p \lor q$와 $q \equiv p \land q$는 같음을 알 수 있고, 따라서 두 정의는 동치다.

화살표의 방향을 반대로 바꾸면, $p \Rightarrow q$의 두 가지 정의를 얻을 수 있다.

['오직 그러할 때에만(only if)'의 정의] $[\, p \Rightarrow q \equiv q \equiv p \lor q \,]$ (13.17)

['오직 그러할 때에만'의 정의] $[\, p \Rightarrow q \equiv p \equiv p \land q \,]$ (13.18)

이러한 정의에서 변수 p, q에 적절한 값을 대입하면 여러 가지 법칙을 얻을 수 있다. 예를 들어, (13.15)에서 다음 법칙이 도출된다.

[강화] $[\, p \lor q \Leftarrow q \,]$ (13.19)

자세한 계산 과정은 이러하다.

$$
\begin{aligned}
&\quad p \lor q \Leftarrow q \\
&= \quad \{\ (13.15), p, q := p \lor q, q\ \} \\
&\quad p \lor q \equiv (p \lor q) \lor q \\
&= \quad \{\ \text{논리합의 결합성과 멱등성}\ \} \\
&\quad p \lor q \equiv p \lor q \\
&= \quad \{\ \equiv\text{의 반사성}\ \} \\
&\quad true
\end{aligned}
$$

불리언 표현식은 종종 독립 변수에 대한 필요 조건으로 해석되곤 한다. 이 법칙은 증명의 필요 조건 $p \lor q$를 더 강한 필요 조건 q로 대체할 때 적용할 수 있다. 예를 들어, $m \le n$은 $m < n \lor m = n$과 같다. 필요 조건 $m = n$은 필요 조건 $m \le n$보다 더 '강하다'. 이것이 이 법칙의 이름이 '강화'인 이유다.

동일한 정의로부터 또 다른 강화 법칙을 얻을 수 있다.

[강화] $[\, p \Leftarrow p \land q \,]$ (13.20)

이 법칙은 (13.15)에서 q에 $p \land q$를 대입하여 보일 수 있다. 이외에도 정의로부터 바로 도출할 수 있는 법칙은 다음과 같다.

[불합리성] $[\, p \Leftarrow false \,]$

[반사성] $[\, p \Leftarrow p \,]$

[드 모르간의 법칙] $[\,p \Leftarrow q \equiv p \vee \neg q\,]$

[대우] $[\,p \Leftarrow q \equiv \neg p \Rightarrow \neg q\,]$

[모순] $[\,\neg p \equiv p \Rightarrow \mathit{false}\,]$

[분배법칙] $[\,(p \equiv q) \Leftarrow r \equiv p \wedge r \equiv q \wedge r\,]$

[분배법칙] $[\,(p \equiv q) \Leftarrow r \equiv p \Leftarrow r \equiv q \Leftarrow r\,]$

[양도(shunting)] $[\,p \Leftarrow q \wedge r \equiv (p \Leftarrow q) \Leftarrow r\,]$

위 법칙들의 이름은 흔하게 쓰인다. 예를 들어, (어떤 속성 p, q에 대해서) q로부터 p임을 보여야 할 때, 대신에 이것의 **대우**인 $\neg p$이면 $\neg q$임을 증명하곤 한다. '귀류법(모순에 의한 증명)'은 두 가지 **모순** 법칙을 결합하여 사용한 것이다. 하나는 바로 앞에서 설명했고, 다른 하나는 13.4절에서 다뤘다. 어떤 속성 p가 성립하지 않음을 보이기 위해, $p \Rightarrow \mathit{false}$임을 보인다. 여기서, 거짓($\mathit{false}$)은 어떤 q에 대해 $q \wedge \neg q$ 형식의 '모순'이다.

13.5.2 대체 규칙

논리 연산자를 다른 방법이 아닌 등식으로 정의하면, '같은 것은 같다' 규칙을 사용할 기회가 눈에 보이게 된다는 장점이 있다. $p \Leftarrow q$의 정의가 바로 그러한 좋은 예시다.

전건 긍정(modus ponens)은 논리학에서 가장 중요한 규칙이다.

$$[\,(p \Leftarrow q) \wedge q \equiv p \wedge q\,]$$

이 규칙을 증명해 보자. 가운데 과정이 가장 중요하며, 첫 번째 과정은 이를 위한 발판을 마련해 준다.

$\qquad (p \Leftarrow q) \wedge q$

$=\quad \{\ \mathit{true}$는 동치 관계의 단위원 $\}$

$(p \Leftarrow q) \wedge (q \equiv \mathit{true})$

$=\quad \{$ '같은 것은 같다':

$\qquad p \Leftarrow q$에서 q를 true로 치환 $\}$

$\qquad (p \Leftarrow \mathit{true}) \wedge (q \equiv \mathit{true})$

$=\quad \{\ [\,p \Leftarrow \mathit{true} \equiv p\,], \mathit{true}$는 동치 관계의 단위원 $\}$

$\qquad p \wedge q$

중간 과정에서는 만약 q가 참이라면, q가 등장하는 모든 표현식에서 참을 q로 대체할 수 있다는 직관을 사용한다. 이 규칙은 메타 규칙(meta-rule)이라 불린다. 왜냐하면 이는 대수 법칙의 형태로 표현할 수 없고, 이 규칙이 어떻게 사용되는지 설명하기 위해서는 명제 논리 밖의 추가적인 언어가 필요하기 때문이다. 이 규칙을 표현하는 한 가지 방법은 이러하다.

[치환] $[\,(e=f) \wedge E[x:=e] \equiv (e=f) \wedge E[x:=f]\,]$ (13.21)

이 규칙은 e와 f의 값이 같다면, 임의의 논리 표현식 E에서도 e를 f로(혹은 그 반대로) 치환할 수 있다는 아이디어를 보여 준다.

이 규칙은 e와 f의 자료형에 의존하지 않음에 유의하라. e와 f가 수이든, 문자열이든, 불리언이든, 어떤 것이든지 상관없다. 명제의 동치 관계는 단순히 불리언의 등호 관계이므로, 이 규칙은 동치 관계 $e \equiv f$에도 동일하게 적용된다. 그러나, e와 f, x의 자료형은 모두 같아야 한다.

규칙에서 변수 x가 등장한 이유는, e와 f가 전부 서로 바뀔 필요가 없음을 나타내기 위해서다. 예를 들어,

$$(a^2=b) \wedge (a^2+1 = 2a^2+3) \equiv (a^2=b) \wedge (a^2+1 = 2b+3)$$

은 이 규칙의 한 사례다. 이 표현식이 성립하는 이유는 이러하다.

$$(a^2+1 = 2x+3)[x:=a^2] \equiv a^2+1 = 2a^2+3$$
$$(a^2+1 = 2x+3)[x:=b] \equiv a^2+1 = 2b+3$$

즉, 부분 표현식 a^2이 여러 번 등장해도, 그중 일부만 a^2과 같은 값으로 대체해도 된다.

'같은 것은 같다' 규칙은, 함수에 같은 값을 대입하면 그 함숫값도 같다는 사실을 라이프니츠가 공식화한 것이고, 사실, 이는 대체 규칙의 한 사례일 뿐이다. x를 인자로 가지는 표현식 E는 변수 x에 대한 함수고, $E[x:=e]$와 $E[x:=f]$는 그 함수에 e와 f를 대입한 결과다. 라이프니츠의 공로를 기리기 위해, 힌트에서 '같은 것은 같다'를 종종 '라이프니츠'로 적을 것이다.

라이프니츠의 규칙을 더 직접적으로 나타내면 이러하다. 여기서 E는 임의의 표현식이며, e와 f, x의 자료형은 모두 동등하다.

[라이프니츠] $[\,(e=f) \equiv (e=f) \wedge (E[x:=e] = E[x:=f])\,]$ (13.22)

(규칙 (13.22)는 $e=f$와 $(e=f) \wedge (E=E)$가 동치라는 사실을 규칙 (13.21)에 적용하여 도출할 수 있다.)

이 책에서는 규칙 (13.21)과 (13.22)를 모두 사용한다. 증명 과정에서 논리 연산자의 수가 그대로인지 바뀌었는지 여부를 가지고 둘 중 어떤 규칙이 적용되었는지 알 수 있다.

다시 논리적 함축의 성질로 돌아가자. '같은 것은 같다' 규칙을 활용하여, 함축이 전이적임을 보일 수 있다.

$(p \Leftarrow q) \wedge (q \Leftarrow r)$

$=$ { 정의 }

$(p \equiv p \vee q) \wedge (q \equiv q \vee r)$

$=$ { '같은 것은 같다' (13.22):

두 번째 항에서 $E = (p \vee x)$로 적용 }

$(p \equiv p \vee q) \wedge (q \equiv q \vee r) \wedge (p \vee q \equiv p \vee q \vee r)$

$=$ { '같은 것은 같다' (13.21):

오른쪽 두 개의 $p \vee q$를 p로 대체 }

$(p \equiv p \vee q) \wedge (q \equiv q \vee r) \wedge (p \equiv p \vee r)$

$=$ { 정의 }

$(p \Leftarrow q) \wedge (q \Leftarrow r) \wedge (p \Leftarrow r)$

$\Rightarrow$ { 약화 }

$p \Leftarrow r$

아래의 규칙들은 모두 '같은 것은 같다' 규칙을 사용하여 증명할 수 있다.

[상호 함축(mutual implication, iff)] $[\,p \equiv q \equiv (p \Leftarrow q) \wedge (p \Rightarrow q)\,]$

[분배법칙] $[\,p \Leftarrow q \vee r \equiv (p \Leftarrow q) \wedge (p \Leftarrow r)\,]$

[분배법칙] $[\,p \wedge q \Leftarrow r \equiv (p \Leftarrow r) \wedge (q \Leftarrow r)\,]$

상호 함축 규칙은 불리언에 대한 '뒤따르는' 관계가 반대칭적임을 보여 준다. 이는 수에 대한 '이하' 관계가 반대칭적인 것과 유사하다.

$[\,x = y \equiv x \leq y \wedge x \geq y\,]$

어떤 수 x의 계산과 관련된 문제를 풀 때, 종종 해당 수의 **상한**인 y를 계산해야 할 때가 있다. 즉, $x \le y$임을 입증해야 한다. 그런 다음 두 번째 과정에서, y가 x의 하한이기도 함을 확인한다. 즉, $x \ge y$이다. (이는 종종 최적화 문제를 풀 때 맞닥뜨린다. 최적화 문제란 특정 속성을 가지는 최소한의 수 x를 알아내는 것이다. 첫 번째 과정은 원하는 속성을 가지는 수 y를 제시하고, 그다음에 원하는 속성을 만족하면서 y보다 줄일 수 없다는 것을 보여 주어야 한다.) 마찬가지로 때로는 주어진 불리언 표현식 p를 불리언 표현식 q로 단순화해야 할 때가 있다. 그러기 위해 먼저 q로부터 p가 유도되며, 별도로 p가 q를 함축함을 보인다. 이는 흔하게 사용되는 증명 기술이지만, 종종 동치 추론을 사용하여 피할 수 있다.

13.6 집합 계산

12장에서 집합에 대해 다루었다. 12.2.5절에서는 집합을 정의하는 일반적인 방법으로 조건 제시법을 소개하였다. 조건 제시법이란 불리언 표현식을 사용하여 집합의 원소를 판별하는 방법을 의미한다. 결과적으로, 불리언 대수와 집합 대수 간에는 아주 밀접한 연관 관계가 있다. 이 절에서는 이 연관 관계를 통해 집합 대수를 소개한다.

집합의 등호 관계를 정의하면서 시작해 보자. 두 집합 S와 T가 같다는 것은 그 둘이 동일한 원소를 가지고 있다는 뜻이다.

[집합의 등호 관계] $\quad [\, S = T \equiv \langle \forall_x :: x \in S \equiv x \in T \rangle \,]$ (13.23)

규칙 (13.23)은 두 집합의 등호 관계에 대한 추론을 어떤 임의의 x에 대한 불리언 표현식 $x \in S$와 $x \in T$에 대한 추론으로 바꾸어 준다. 위 동치의 우변에는 전칭 기호 $\forall$이 있다. 이 기호는 '모든'이라고 읽으며, 전체 표현식은 '모든 x에 대해, x가 S에 속하는지 여부와 x가 T에 속하는지 여부가 동일하다'라고 읽는다. 전칭 기호에 대해서는 14장에서 자세하게 다룰 것이다. 현재로서는, x에 대한 가정 없이 x에 대한 속성 P를 증명하면 $\langle \forall_x :: P \rangle$라고 결론지을 수 있다는 규칙을 적용할 것이다.

예를 들어, 두 집합 S와 T의 합집합은 이렇게 정의된다.

[합집합] $\quad [\, x \in S \cup T \equiv x \in S \lor x \in T \,]$ (13.24)

이 정의를 이용하여, $S \cup T$와 $T \cup S$가 동일한 집합임을 보이자.

$$x \in S \cup T$$

$$= \quad \{ \ \text{합집합의 정의 (13.24)} \ \}$$

$$x \in S \lor x \in T$$

$$= \quad \{ \ \text{논리합은 대칭적이다} \ \}$$

$$x \in T \lor x \in S$$

$$= \quad \{ \ \text{합집합의 정의 (13.24)} \ \}$$

$$x \in T \cup S$$

이는 곧 아래의 식을 증명한다.

$$\langle \forall_x :: x \in S \cup T \equiv x \in T \cup S \rangle$$

여기에 (13.23)을 적용하면 $[S \cup T = T \cup S]$을 얻는다.

이 계산의 핵심은 논리합이 대칭적이라는 것이다. 합집합은 논리합의 속성을 그대로 물려받는다. 왜냐하면 규칙 (13.24)는 두 집합의 합집합을 두 불리언의 논리합으로, 혹은 그 반대로도 다시 쓰는 간단한 방법을 제공하기 때문이다. 따라서 합집합은 멱등적이고 결합적이다. 합집합의 단위원은 공집합이며 그 이유는

[공집합] $[x \in \emptyset \equiv \mathit{false}]$ (13.25)

이고 거짓은 논리합의 단위원이기 때문이다.

비슷하게, 두 집합의 교집합은 불리언 표현식의 논리곱으로 정의된다.

[교집합] $[x \in S \cap T \equiv x \in S \land x \in T]$ (13.26)

결과적으로, 교집합은 논리곱의 속성인 멱등성과 대칭성, 결합성을 모두 물려받는다. 또한, 합집합은 교집합에 대해 분배 가능하고, 교집합도 합집합에 대해 분배 가능하다.

[분배법칙] $[R \cup (S \cap T) = (R \cup S) \cap (R \cup T)]$,

[분배법칙] $[R \cap (S \cup T) = (R \cap S) \cup (R \cap T)]$

위 속성들의 증명은 간단하다. 집합의 등호 관계의 정의를 적용하여 각 속성을 불리언의 등호 관계로 변환하고, 관련된 불리언 연산자의 속성을 적용한 후, 다시 한 번 집합의 등호 관계의 정의를 적용하면 된다.

형식적으로, 집합 대수와 불리언 대수 간의 이 중요한 관계는 두 가지 간단한 조건 제시법 규칙으로 포착된다. S가 집합을 값으로 가지는 표현식이고, P가 (변수 x를 매개변수로 가지는 일반적인) 불리언 표현식인 경우, 다음과 같다.

[조건 제시법] $[\, e \in \{x \mid P\} \equiv P[x := e]\,]$

[조건 제시법] $[\, S = \{x \mid x \in S\}\,]$

13.7 연습문제

1. 다음 불리언 표현식에 대해 진리표를 구성하라.

   (a) $(p \Leftarrow q) \vee (p \Rightarrow q)$

   (b) $(p \Leftarrow q) \wedge (p \Rightarrow q)$

   (c) $\neg p \vee q$

   (d) $\neg p \wedge q$

   (e) $p \vee q \equiv q$

   (f) $p \wedge q \equiv q$

   (g) $p \vee q \not\equiv q$

   각 표현식은 16개의 불리언 이항 연산자 중 하나를 정의한다. 그 연산자가 12.6절의 표에 포함되어 있다면, 그 기호를 찾아 적어라.

2. 다음 부정의 각 성질을 증명하라.

   [부정] $\neg false = true$

   [이중 부정] $[\, \neg\neg p = p\,]$

   [결합법칙] $[\,((p \not\equiv q) \equiv r) \equiv (p \equiv (q \not\equiv r))\,]$

   규칙 (5.2)와 (13.5)를 이용하라. 규칙을 적용할 때에는 각 변수에 어떤 값을 대입했는지 명확하게 밝혀라.

3. 이 장에서 소개한 규칙을 이용하여 다음을 증명하라.

   $[\, p \vee q \equiv p \wedge \neg q \not\equiv q\,]$

   (이 식을

$$[\,(p \vee q) \;=\; (p \wedge \neg q \not\equiv q)\,]$$

처럼 해석하면, 논리합과 배타적 논리합의 관계를 알 수 있다. 이는 개수를 세는 문제에서 유용하다.)

4. 13.4절에 있는 규칙들을 지문에 주어진 순서대로 모두 증명하라. 증명 과정에서 앞에 있는 규칙을 사용할 수는 있지만, 뒤에 등장하는 규칙은 사용할 수 없다.

5. 십진법으로 적힌 수가 짝수인지 아닌지 판별하는 방법은 매우 간단하다. 단순하게 마지막 숫자가 짝수인지 확인하면 된다. 예를 들어, 2437은 홀수이다. 마지막 숫자인 7이 홀수기 때문이다. 이 산술 법칙을 수식화하고 증명하라. (힌트: $2437 = 243 \times 10 + 7$. 5.3.1절에서 논의한 분배법칙이 필요할 것이다. 또한, 두 수의 곱이 짝수인지 판별하는 방법을 수식화하고 증명해야 한다.)

6. 불리언은 단위원이 참, 영원이 거짓, 곱셈이 $\wedge$, 덧셈이 $\not\equiv$인 반환[1]($Bool$, $true$, $false$, $\wedge$, $\not\equiv$)을 이룸을 증명하라.

   이는 잘 알려진 성질로, 일부 저자는 논리곱 대신 (곱셈처럼 보이는) $\bullet$을, 부등호 대신에 (덧셈처럼 보이는) $\oplus$를 사용한다. 비슷한 내용의 정리 13.11은 이보다 훨씬 덜 알려져 있다. 사실, 이 두 정리는 참과 거짓의 역할을 서로 바꾸어 얻은 쌍대 관계의 정리들이다. 비동치와 논리곱의 조합은 종종 데이터 암호화에 사용된다. 쌍대 관계를 통해, 여기서의 동치와 논리합을 대신 사용할 수 있음을 알 수 있다.

7. '같은 것은 같다' 규칙을 이용해, 아래의 성질을 증명하라.

   [상호 함축] $[\,p \equiv q \;\equiv\; (p \Leftarrow q) \wedge (p \Rightarrow q)\,]$
   [분배법칙] $[\,p \Leftarrow q \vee r \;\equiv\; (p \Leftarrow q) \wedge (p \Leftarrow r)\,]$
   [분배법칙] $[\,p \wedge q \Leftarrow r \;\equiv\; (p \Leftarrow r) \wedge (q \Leftarrow r)\,]$

---

1 이 성질은 일반적으로, 불리언 값이 체(field) $GF(2)$를 이룬다고 말한다. 여기서 $GF(2)$는 차수가 2인 '갈루아 체(Galois field)'를 나타낸다. 체가 되기 위해서는 반환에서 추가로 몇 가지 성질이 더 필요하지만, 불리언 값의 경우에 이 추가적인 성질은 사소하고, 대부분의 경우 대상의 대수적인 성질을 이해하는 데 아무런 기여도 하지 않는다. 불리언 값이 이루는 체는 가장 간단한 (갈루아) 체이며, 체의 개념은 더 복잡한 수학적 구조를 이해하는 데 매우 중요하다.

8. 각 집합의 원소를 모두 나열하라.

   (a) $\{m \mid 0 \le m < 6\}$

   (b) $\{m \mid 3 \le m < 8\}$

   (c) $\{m \mid 0 \le m < 6 \wedge 3 \le m < 8\}$

   (d) $\{m \mid 0 \le m < 6 \vee 3 \le m < 8\}$

   (e) $\{m \mid 0 \le m < 6 \not\equiv 3 \le m < 8\}$

9. 황금률을 집합에 대한 표현식으로 바꾸면, 별개의 두 명제로 표현할 수 있다.

   $$[S = T \equiv S \cup T = S \cap T],$$
   $$[S \cup T = S \equiv T = S \cap T]$$

   이중 후자는 부분집합 관계를 정의하는 두 가지 방법을 알려 준다.

   $$[S \supseteq T \equiv S \cup T = S],$$
   $$[T \subseteq S \equiv T = S \cap T]$$

   이를 13.5.1절에서 다룬 '만약 그렇다면(if)'과 '오직 그러할 때만(only if)'의 정의와 비교해 보아라. 즉, 집합 계산에서 부분집합 관계는 불리언 대수의 함축에 대응된다.

   13.5.1절에서 다룬 규칙들을 집합 계산의 형태로 수식화하고 증명하라. 예를 들어, 보강 규칙 (13.19)는

   $$[S \cup T \supseteq S]$$

   가 되고, 상호 함축에 대한 규칙('뒤따르는' 관계의 반대칭성)은 부분집합 관계의 반대칭성을 나타내는 규칙이 된다.

   $$[S = T \equiv S \subseteq T \wedge S \supseteq T]$$

   필요하다면, 13.5.1절의 모든 규칙은 타당하다고 여겨도 좋다.

14장

한정 기호

이 장에서는 한정 기호의 표기법을 배울 것이다. 한정 기호를 다루는 법과 사용되는 예시도 함께 살펴볼 것이다.

전칭 기호와 한정 기호를 특히 중요하게 다룰 것이다. 한정에 대한 몇몇 규칙도 설명한다.

14.1 점점점과 시그마

대부분의 독자는 '점점점' 표기법을 이미 접해 보았을 것이다. 제대로 소개되는 경우가 드문 표기법이다. 대부분의 경우, 설명 없이 '$1 + 2 + ... + 20 = 210$' 또는 '~를 $x_0, x_1, ..., x_n$으로 두자'와 같은 형태로 사용하곤 한다.

점점점 표기법은 어떤 값의 모음에 연산을 적용할 때, 이 모음이 너무 크거나 모음의 크기가 변수에 의해 결정될 때 사용한다. '$1 + 2 + ... + 20 = 210$'에서 연산은 덧셈이고, 값은 20개 있다. '~를 $x_0, x_1, ..., x_n$으로 두자'에서의 연산은 나열(쉼표로 표시)이고, 값의 개수는 변수 n이다.

점점점 표기법은 간단한 경우에 편하게 사용할 수 있다. 그러나 몇 개의 예시 값으로부터 가운데에 있는 값들을 채워서 값들의 모음을 이끌어 내야 하기에, 독자에게 중요한 짐을 지운다.

시그마 표기법이라고 부르는 표기는 연속된 합계를 표기할 때 쓰이는 잘 정립된 표기법이다. 다음 예시는 0에서 n까지(n을 포함해서)의 모든 수를 더하는 연산을 시그마 표기법으로 표기한 것이다.

$$\sum_{k=0}^{n} k^2$$

비슷하게, 연속된 곱은 **파이(Pi)** 표기법으로 표현한다. 예를 들어, 수 n의 팩토리얼은 1부터 n까지(n을 포함해서)의 수를 모두 곱한 값으로 정의한다. 점점점 표기법으로 이를 나타내면

$$n! = 1 \times 2 \times ... \times n$$

이 된다. 이를 파이 표기법으로 표기하면

$$n! = \prod_{k=1}^{n} k$$

가 된다. 시그마와 파이 표기법은 2차원에 걸쳐 값을 표기하므로, 표기를 이루는 요소들을 알아보기 매우 쉽다. 앞선 예시들에 있는 Σ나 Π 같은 기호들을 한정 기호라 한다. 한정 기호는 어떤 연산을 수행해야 하는지 나타낸다(Σ는 덧셈, Π는 곱셈). 또한 특정한 **범위**(첫 예시에서는 0에서 n, 둘째 예시에서는 1에서 n) 안에 있는 **종속 변수**(두 예시에서는 k)가 있다. 마지막으로, 구간의 각 지점에서 종속 변수에 대해 계산해야 하는 값(첫 예시에서는 k^2, 둘째 예시에서는 k)을 나타내는 함수 **항**이 있다. 종속 변수는 항상 한정 기호 밑에 있는 표현식의 등호 왼쪽에 있으며, 등호 오른쪽에 있는 하한부터 한정 기호 위에 있는 상한까지의 범위에 있는 수들이 된다. 종속 변수에 대한 함수는 한정 기호 오른쪽에 쓰여 있다. 즉, 시그마 표기법과 파이 표기법의 일반적인 형태는

$$\bigoplus_{bv=lb}^{ub} E$$

가 된다. 여기서 $\bigoplus$는 한정 기호, bv는 종속 변수를 나타내는 기호, lb와 ub는 한정 범위의 하한과 상한, E는 종속 변수의 범위에 있는 각 점에서 평가되어야 하는 함수를 나타낸다.

시그마 표기법과 파이 표기법은 가독성이 좋아 널리 사용된다. 그러나 이 표기법의 주요한 단점은 연속한 범위의 수를 한정할 때에만 사용할 수 있다는 것이다. 이 표기법으로 연속하지 않은 수들을 한정하려 하면 문제가 발생한다. 다음 절에서, 이 문제를 피할 수 있는 일관적인 표기법을 소개한다.

14.2 한정 기호 표기법

합계와 곱셈은 한정 기호의 두 가지 예시에 지나지 않는다. 일반적으로, 결합법칙과 교환법칙을 만족하는 이항 연산자에 대해, (빈 구간이 아닌) 구간에서 연산의 값을 '한정(quantify, 순회하며 계산하기)'하는 것은 의미가 있다. 덧셈, 곱셈, 동치, 비동치, 합집합, 교집합, 최소, 최대, 논리곱, 논리합, 최대공약수, 최소공배수는 모두 결합법칙과 교환법칙을 만족하는 연산자이다. 각 경우에, 단순히 두 개의 값이 아닌 (0개 초과의) 몇 개의 값에 이 연산자를 적용하는 것은 의미 있고 유용하다. 게다가 빈 구간을 '순회'하는 것은 연산자가 단위원을 가지고 있다는 가정하에 의미 있다.

값을 순회하는 일관적인 표기법을 소개할 것이다. 한정 기호의 규칙을 이용해, 기억해야 하는 법칙의 수를 크게 줄일 수 있다.

먼저 합계를 예로 들어, 앞에서 논의한 시그마 연산자와 비교해 설명한다. 그런 다음, 일반적인 경우를 논의하기 전에 논리곱과 논리합 연산자(각각 '모든 ~에 대해', '어떤 ~에 대해' 한정에 대응된다)의 관점에서 한정 기호를 다룬다.

14.2.1 합계

합계를 다음과 같이 표기할 것이다.

$$\langle \Sigma bv : \text{range} : \text{term} \rangle$$

이 표기법에 있는 다섯 가지 요소를 차례로 설명한다.

첫 요소는 **한정 기호**, 이 경우에는 Σ이다. 수학자들 사이에서 오랫동안 Σ는 몇 개의 값을 더한다는 의미로 쓰여 왔다. 두 번째 요소는 **더미 변수** bv이다. 한정 기호에 종속되었다는 의미에서 **종속 변수(bound variable)**라고도 불린다. 보통 i, j, k 또는 x, y, z와 같은 변수를 사용한다. 한 개의 더미 변수뿐 아니라 더미 변수의 수열을 사용하는 표기 또한 뒤에 등장할 것이다. 세 번째 요소는 더미의 **범위(range)** 이다. 범위는 불리언 표현식으로, 더미가 포함되어 있는 집합을 정의한다. 이는 범위 표현식이 참으로 평가되는 값의 집합과 같다. (범위가 무한 집합이면 한정이 잘 정의되지 않을 수도 있다. 이에 대한 논의는 뒤에서 진행하겠다.) 네 번째 요소는 **항(term)**이다. 합계의 경우, 항은 정수 또는 실수 표현식이다. 마지막 요소는 꺾쇠 괄호($\langle \rangle$)로, 종속 변수를 사용하는 영역(scope)을 나타낸다.

$\langle \Sigma bv : \text{range} : \text{term} \rangle$ 형태의 합은 다음과 같이 계산한다. 더미가 범위에 있는 각각의 값일 때 항의 값을 평가한 뒤, 평가한 값을 모두 더한다. 예를 들어,

$$\langle \Sigma k : 1 \leq k \leq 3 : k^3 \rangle$$

은

$$1^3 + 2^3 + 3^3$$

과 같다. 여기서, 범위 $1 \leq k \leq 3$에 의해 집합 $\{k \mid 1 \leq k \leq 3\}$이 결정된다. 즉, 더미 k는 세 개의 값 $1, 2, 3$이 된다. 각 값에 대해 항 k^3을 계산하고, 이 값들을 더한다.

다음과 같이 범위는 어떤 불리언 표현식이든 될 수 있고, 항은 어떤 정수 또는 실수 표현식이 될 수 있다.

$$\langle \Sigma k : even(k) \wedge 0 \leq k < N : k^3 + k^2 + N + 1 \rangle$$

가끔, 범위 안에 더미의 값으로 가능한 것이 없을 수 있다. 예를 들어, 더미 k의 범위가 $0 \leq k < N$이고, N이 0이라고 하자. 이 경우, 합은 0으로 정의된다. 0개의 값을 모두 더하면 0이다.

어떤 맥락에서는 중요할 수 있는데, 더미는 특정한 자료형의 값이 될 수 있다. 일반적인 관례로, i, j, k는 정수 값을 의미한다. 이 책에 있는 문제에서도 다른 표기가 없으면 이 관례를 따른다. 필요할 경우, 더미를 소개하는 위치 바로 뒤에 더미의 타입을 표시할 수 있다.

$$\langle \Sigma k \in \mathbb{Z} : even(k) \wedge 0 \leq k < N : k^3 + k^2 + N + 1 \rangle$$

추가로, 간혹 더미의 자료형을 한정 표현 대신에 앞선 텍스트에서 표기하기도 한다.

또한 몇 개의 변수를 같은 한정 표현에 종속시키고 싶을 수 있다. 예를 들어,

$$\langle \Sigma i, j : 0 \leq i < j \leq N : i + j \rangle$$

는 $0 \leq i < j \leq N$을 만족하는 모든 i와 j에 대해 $i + j$의 값을 모두 합한 것을 나타낸다. N이 2일 때, 가능한 i와 j의 값은: $i = 0$과 $j = 1$, $i = 0$과 $j = 2$, $i = 1$과 $j = 2$ 이므로,

$$\langle \Sigma i, j : 0 \leq i < j \leq 2 : i + j \rangle = (0 + 1) + (0 + 2) + (1 + 2)$$

이다. 이때, 더미 목록의 변수들은 모두 달라야 한다. 같은 더미를 여러 번 선언하면 안 된다. 예를 들어, 다음 식 $\langle \Sigma i, i : 0 \le i < 2 : 0 \rangle$은 해석할 수 없다.

14.2.2 독립 변수와 종속 변수

다음 절에서부터 합계 연산의 일반적인 성질을 수식으로 표현한다. 몇몇 규칙은 부가 조건이라고 부른다. 부가 조건은 규칙이 오용되는 것을 막는다. 먼저, 부가 조건은 의미(semantic)에 관한 것이 아니라, 문법(syntactic)에 관한 것이다. 즉, 표현식에 있는 값들이 만족해야 하는 조건이 아니라, 표현식이 어떻게 쓰여야 하는가에 대한 조건이다. 이 조건은 어떤 표현식에는 적용되지만, 같은 값으로 평가되는 어떤 표현식에는 적용되지 않을 수 있다. 예를 들어, '기호 0이 표현식에 등장한다'는 표현식의 문법에 대한 조건이다. 0과 1 − 1은 같은 값을 가지지만, 이 조건은 표현식 0에 대해 참이고 표현식 '1 − 1'에 대해 거짓이다.

부가 조건은 문법에 관한 규칙이라 서술하기 번거로울 것이라고 생각할 수 있지만, 실제로는 꽤 직관적이다. 이를 이해하기 위해, 표현식에서 '독립 변수'와 '종속 변수'의 개념을 명확히 아는 것부터 시작하자. (이 개념은 문법에 관한 부가 조건을 의미 관점에서 정당화할 수 있게 해 준다.)

이 절의 모든 예시는 합계 연산으로 주어지지만, 논의의 결과는 어떤 한정 기호를 쓰든 상관없이 적용된다.

합계 연산의 더미를 종속 변수라고 한다는 것을 기억하자. 예를 들어, $\langle \Sigma k : 1 \le k \le 3 : k \rangle$에 있는 모든 k는 한정 기호 Σ에 종속되어 있다. 이 표현식에 등장하는 변수 중, 한정 기호에 종속되어 있지 않은 변수를 독립 변수라고 한다. 예를 들어, 2^n의 독립 변수는 n이고, $\langle \Sigma k : 0 \le k < m : k^n \rangle$의 독립 변수는 m과 n이다.

독립 변수와 종속 변수의 역할은 서로 다르다. 표현식의 값은 독립 변수의 값에 따라 바뀐다. 예를 들어, 2^n의 값은 독립 변수 n의 값에 따라 바뀌고, $\langle \Sigma k : 0 \le k < m : k^n \rangle$의 값은 독립 변수 m과 n의 값에 따라 바뀐다. 그러나 표현식에 있는 종속 변수에 따라 표현식의 값이 바뀐다고 말하는 것은 의미가 없다. 그리고 종속 변수의 이름은 바뀔 수 있지만, 독립 변수는 그렇지 않다. 두 식 $\langle \Sigma k : 1 \le k \le 3 : k^n \rangle$과 $\langle \Sigma j : 1 \le j \le 3 : j^n \rangle$의 의미는 같다. 더미 변수의 이름을 '$k$'에서 '$j$'로 바꾼다고 의미가 바뀌지는 않는다. 그러나 2^m과 2^n은 다르다. 독립 변수 m과 n의 이름은 마음대로 바꿀 수 없다.

한정 기호에 종속된 더미 변수는 프로그램의 지역 변수처럼 작동한다. 더미의 첫 번째 소개는 지역 변수를 선언하는 것과 같고, 더미가 선언된 영역은 꺾쇠 괄호로 구분한 변수의 영역과 같다. 더미의 이름은 재사용할 수 있다. 즉, 서로 다른 한정 표현이 같은 종속 변수를 이용할 수 있다. 예를 들어, 다음 표현식

$$\left\langle \Sigma k : 0 \leq k < n : k \right\rangle \times \left\langle \Sigma k : 1 \leq k \leq n : k^2 \right\rangle$$

에는 이름이 k인 서로 다른 두 더미 변수가 있다. 첫 더미는 왼쪽 Σ에, 두 번째 더미는 오른쪽 Σ에 종속되어 있다. 꺾쇠 괄호가 두 더미가 종속된 영역(더미가 의미를 가지는 부표현식)을 명확하게 나누어 두 변수를 혼동하지 않게 해 준다.

더미 이름을 재사용하는 일은 흔하다. 이름이 중요한 것도 아닌데 왜 다른 이름을 생각해 내느라 애쓰겠는가? 더미 이름을 재사용하는 것은 종속된 영역이 겹치는 경우를 제외하고는 문제가 되지 않는다. 더미의 영역이 겹치는 경우는 이들이 '중첩되어' 사용되었을 때뿐이다.

한정 표현을 중첩해서 사용하는 것은, 한정 표현 안에 다른 한정 표현을 넣는 것이다. 예를 들어,

$$\left\langle \Sigma j : 0 \leq j \leq n : \left\langle \Sigma k : 0 \leq k < n : j \times k^2 \right\rangle \right\rangle$$

표현식의 바깥 단계에 있는 종속 변수는, 안에 있는 부분 표현식에서는 독립 변수이다. 위의 예시에서, j는 모두 종속 변수이지만, 안쪽 표현식 $\langle \Sigma k: ... \rangle$에서는 독립 변수이다. (중첩된 반복문에서 변수를 선언하는 것과 같다. 변수는 선언된 블록 안에서는 지역 변수이지만, 그 안에 있는 중첩된 블록 안에서는 전역 변수처럼 쓰인다.)

같은 표현식에서 같은 변수가 독립 변수이면서 종속 변수일 수 있다. 예를 들어,

$$\left\langle \Sigma k : 0 \leq k < n : k^2 \right\rangle + k$$

에서, 가장 오른쪽에 나타나는 k는 독립 변수이지만, 다른 모든 k는 Σ 한정 기호에 종속되어 있다. 가장 오른쪽의 k는 다른 모든 k와는 다르다. 다른 모든 k는, 이를테면 j로 이름을 바꿔도 괜찮다. 이와 동등한 (어쩌면 더욱 읽기 편한) 표현은

$$\left\langle \Sigma j : 0 \leq j < n : j^2 \right\rangle + k$$

이다. 또한, 중첩된 한정 표현에서 더미의 이름을 재활용해도 된다. 다음

$$\langle \Sigma i : i = 0 \vee i = 1 : \langle \Sigma i : i = 2 \vee i = 3 : i \rangle - 4 \times i \rangle$$

는 분명히 의미를 가진다. 이는 $((2+3) - 4 \times 0) + ((2+3) - 4 \times 1)$이 된다. 안쪽의 더미 변수의 이름을 j로 바꾸면, 동등한 표현식

$$\langle \Sigma i : i = 0 \vee i = 1 : \langle \Sigma j : j = 2 \vee j = 3 : j \rangle - 4 \times i \rangle$$

을 얻게 된다. 중첩된 한정 표현에서는, 안쪽의 종속이 우선순위를 갖는다. (블록 구조의 언어에서 변수를 선언하는 비유가 여기서도 유용하다.)

더미의 이름이 바뀔 때, 한정 기호가 다른 변수를 **포착**하게 될 수 있다. 앞서 변수의 이름을 바꾸는 올바른 방법으로

$$\langle \Sigma k : 1 \leq k \leq 3 : k^n \rangle = \langle \Sigma j : 1 \leq j \leq 3 : j^n \rangle$$

를 들었다. 그러나 k를 n으로 바꾸면 틀린 식이 될 것이다.

$$\langle \Sigma k : 1 \leq k \leq 3 : k^n \rangle \neq \langle \Sigma n : 1 \leq n \leq 3 : n^n \rangle$$

왼쪽 합에서 n은 독립 변수이다. 오른쪽 합에서 모든 'n'은 한정 기호에 종속되어 있다. 좌변은 n의 값에 따라 값이 바뀌는 식이지만, 우변은 그렇지 않다($1^1 + 2^2 + 3^3$과 같다). 따라서 더미의 이름을 바꿀 때, 한정 기호의 영역 안에서 새 이름이 독립 변수로서 존재하면 안 된다.

한정 표현을 다룰 때 한정 기호가 독립 변수를 실수로 '포착'하지 않도록 주의해야 한다. 마찬가지로, 종속 변수를 독립 변수로 만들지도 않아야 한다. 언제나 표현식에서 어떤 변수가 독립 변수이고 어떤 변수가 종속 변수인지 유의 깊게 보아야 한다. 법칙을 적용할 때 독립 변수를 종속 변수로, 또는 종속 변수를 독립 변수로 바꾸어서는 안 된다. 또한 같은 더미 이름을 여러 번 반복해서 쓰지 않아야 한다. (예를 들어 한정 표현의 중첩을 풀 때에 이런 상황이 발생할 수 있다.) 변수를 치환하는 과정에서 항상 주의해야 한다. 변수를 바꿀 때에는, 이 변수가 독립 변수로 쓰이는 부분에서만 바꾸어야 한다. 변수가 독립 변수로 나타날 때와 종속 변수로 나타날 때를 구분하면 위험을 쉽게 피할 수 있게 된다.

14.2.3 합계 연산의 속성

일상적인 점점점 표기법과 비교했을 때 형식을 갖춘 한정 기호 표기법은 표현하기 쉽고, 계산 규칙을 사용하기 쉽다. 이 절에서는, 합계 연산에서의 규칙들을 표현해 볼 것이다. 이후, 이 모든 규칙이 더 일반적인 규칙의 예시가 됨을 보일 것이다.

한정 표현의 각각의 요소에 대해 규칙을 공식화할 것이다. 즉, 더미의 사용에 대한 규칙, 범위의 구조에 대한 규칙, 항의 구조에 대한 규칙이 있다. 추가로, 한정 범위와 정보를 주고 받을 수 있는 **거래(trading)** 규칙이라 불리는 두 개의 규칙이 있다.

부가 조건

모든 규칙을 적용할 때의 부가 조건은, 독립 변수를 포착해서 종속 변수로 만들거나, 같은 이름의 더미 변수가 여러 번 나타나도록 하면 안 된다는 것이다.

더미 규칙

더미를 사용할 때에 세 가지 규칙을 지켜야 한다. 첫 번째 규칙은, 더미는 단순히 임시 변수라는 것이다. 더미를 위해 고른 이름은 한정 표현의 다른 변수와 겹치지 않는 이상 아무 의미가 없다. (이 규칙은 14.2.2절에서 언급했지만 반복해 보았다.) 수식을 대수적으로 조작할 때, 독립 변수를 종속 변수로 만들거나 종속 변수를 독립 변수로 만드는 일이 없도록 하기 위해 이름을 바꾸는 일은 자주 있다.

R과 T에 있는 모든 **독립** 변수 j의 이름을 k로 바꾼 식을 각각 $R[j := k]$와 $T[j := k]$로 쓰자. 이때,

[더미 이름 바꾸기] $[\langle \Sigma j : R : T \rangle = \langle \Sigma k : R[j := k] : T[j := k] \rangle]$ $\qquad$ (14.1)

앞서 논의했듯, 규칙을 적용할 때의 부가 조건에 따라, R과 T에는 독립 변수 k가 등장하면 안 된다.

두 번째 규칙은, 한정 표현들의 모음을 축약해서 표기할 때 더미 변수를 여러 개 쓴다는 것이다. 이 책에서는 규칙에 등장하는 여러 변수들의 목록을 js로 표기한다.

[중첩] $[\langle \Sigma j, js : R \wedge S : T \rangle = \langle \Sigma j : R : \langle \Sigma js : S : T \rangle \rangle]$ $\qquad$ (14.2)

이 규칙에는 두 가지 부가 조건이 있다. 첫 번째 부가 조건은, 목록 js에 있는 변수들이 표현식 R에서 독립 변수로 나타나면 안 된다는 것이다. 등식 오른쪽의 목록 js에 있는 변수들이 쓰이는 영역은 안쪽 꺾쇠 괄호로 제한되어 있어, 종속 변수 j의 범위인 R까지 닿지 않기 때문이다. R이 부가 조건을 만족하지 않는다면, 좌변의 식을 우변과 같이 만들 때 이 변수들은 독립 변수가 되고 말 것이다.

이 조건이 있어야 종속 변수가 독립 변수가 되는 현상을 피할 수 있다. 목록 js에 있는 변수들이 R에서 독립 변수로 나타났다고 하자. 이 규칙을 왼쪽에서 오른쪽으로 사용한다면, 이 변수들은 좌변에서는 종속 변수이지만 우변에서는 독립 변수가 될 것이다. 따라서 우변은 이 변수의 값에 따라 바뀌는 표현식이 되고, 좌변은 그렇지 않은 표현식이 될 것이다.

두 번째 부가 조건은 목록 js가 변수 j를 포함해서는 안 된다는 것이다. 등식 좌변의 j, js가 j를 두 번 포함하게 될 것이기 때문이다. 그렇게 되면 범위와 항에서 j들이 어디서 왔는지 구분할 수 없게 된다. 예를 들어,

$$\langle \Sigma i : i = 0 \vee i = 1 : \langle \Sigma i : i = 2 \vee i = 3 : i - 2 \times i \rangle \rangle$$

에 중첩 규칙을 단순히 적용하면

$$\langle \Sigma i, i : (i = 0 \vee i = 1) \wedge (i = 2 \vee i = 3) : i - 2 \times i \rangle$$

가 된다. 각각의 i가 어디서 온 i인지 구분할 수 없기 때문에 위 식은 의미가 없다.

중첩 규칙을 적용하기 전에 종속 변수의 이름을 적절히 바꾸면 이러한 문제를 피할 수 있다. 이름을 바꾸면, 위에 있는 합은

$$\langle \Sigma i : i = 0 \vee i = 1 : \langle \Sigma j : j = 2 \vee j = 3 : j - 2 \times j \rangle \rangle$$

가 된다. 이 식에 중첩 규칙을 적용하면 다음과 같다.

$$\langle \Sigma i, j : (i = 0 \vee i = 1) \wedge (j = 2 \vee j = 3) : j - 2 \times j \rangle$$

이 규칙은 왼쪽에서 오른쪽으로(한정 표현을 '중첩'시키는 방향) 적용할 수도 있고, 오른쪽에서 왼쪽으로(한정 표현의 중첩을 해제하는 방향) 적용할 수도 있다. 따라서, 규칙은 '중첩' 규칙이기도 하고, '중첩 해제' 규칙이기도 하다. 첫 번째 부가 조건은 규칙을 왼쪽에서 오른쪽으로 적용할 때 중요하고, 두 번째 부가 조건은 규칙을

오른쪽에서 왼쪽으로 적용할 때 중요하다.

세 번째 규칙은 강력하다. 중첩 규칙과 함께하면 합계 연산의 값이 더해지는 순서를 바꿀 수 있게 되기 때문이다. 그러나 규칙은 매우 간단하게 표현된다. 합계 연산 안에 있는 더미 변수의 순서가 중요하지 않다는 뜻이다.

[재배열] $[\langle \Sigma j, k : R : T \rangle = \langle \Sigma k, j : R : T \rangle]$ (14.3)

다음은 중첩 규칙과 재배열 규칙이 함께 쓰이는 예시를 보여 준다. 괄호는 덧셈 연산이 중첩에 대응된다.

$$(1 \times 1 + 1 \times 2 + 1 \times 3) + (2 \times 2 + 2 \times 3) + 3 \times 3$$
$$= \quad \{ \ \Sigma\text{의 정의} \ \}$$
$$\langle \Sigma i : 1 \le i \le 3 : \langle \Sigma j : i \le j \le 3 : i \times j \rangle \rangle$$
$$= \quad \{ \ \text{중첩 (해제)} : 1 \le i \le 3 \land i \le j \le 3 \equiv 1 \le i \le j \le 3 \ \}$$
$$\langle \Sigma i, j : 1 \le i \le j \le 3 : i \times j \rangle$$
$$= \quad \{ \ \text{재배열} \ \}$$
$$\langle \Sigma j, i : 1 \le i \le j \le 3 : i \times j \rangle$$
$$= \quad \{ \ \text{중첩} : 1 \le i \le j \le 3 \equiv 1 \le j \le 3 \land 1 \le i \le j \ \}$$
$$\langle \Sigma j : 1 \le j \le 3 : \langle \Sigma i : 1 \le i \le j : i \times j \rangle \rangle$$
$$= \quad \{ \ \Sigma\text{의 정의} \ \}$$
$$1 \times 1 + (1 \times 2 + 2 \times 2) + (1 \times 3 + 2 \times 3 + 3 \times 3)$$

중첩과 재배열을 반복해, 더할 값의 순서를 바꿀 수 있었다. 이 규칙은 결정적으로 덧셈의 결합법칙과 교환법칙에만 의존한다.

범위 부분

범위 부분을 조작할 때의 규칙은 네 가지가 있다. 두 가지 규칙은 범위가 공집합인 경우와 범위가 정확히 하나의 원소를 포함하는 경우를 다룬다.

[빈 구간] $[\langle \Sigma k : false : T \rangle = 0]$ (14.4)
[하나의 점] $[\langle \Sigma k : k = e : T \rangle = T[k := e]$ (14.5)

두 규칙의 부가 조건은, 표현식 e에 'k'가 독립 변수로서 등장할 때는 하나의 점 규칙을 사용하면 안 된다는 것이다. 규칙을 왼쪽에서 오른쪽으로 사용할 때 k를 독립 변수로 만들거나, 오른쪽에서 왼쪽으로 사용할 때 k를 종속 변수로 만들 수 있기 때문이다.

세 번째 규칙은 하나의 합을 여러 개의 합으로 분리할 수 있게 한다.

[분리] $[\langle \Sigma k : P : T \rangle + \langle \Sigma k : Q : T \rangle = \langle \Sigma k : P \vee Q : T \rangle + \langle \Sigma k : P \wedge Q : T \rangle$ (14.6)

이 규칙은 주로 P와 Q가 서로소일 때, 즉 $P \wedge Q$가 항상 거짓일 때, 전체 범위를 서로소인 두 집합 P, Q로 나누는 용도로 주로 쓰인다. 분리 규칙이라는 이름도 그 이유에서 붙었다. 이 경우, $\langle \Sigma k : P \wedge Q : T \rangle$는 빈 구간 규칙에 의해 0이 되고, 우변에서 제거할 수 있게 된다. 아래는 명제 P를 $P \wedge Q$와 $P \wedge \neg Q$로 '분리하는' 예시이다.

$\langle \Sigma k : P \wedge Q : T \rangle + \langle \Sigma k : P \wedge \neg Q : T \rangle$

=   { 분리 (14.6)에 $P, Q := P \wedge Q, P \wedge \neg Q$를 대입   }

$\langle \Sigma k : (P \wedge Q) \vee (P \wedge \neg Q) : T \rangle + \langle \Sigma k : P \wedge Q \wedge P \wedge \neg Q : T \rangle$

=   { 술어 논리 }

$\langle \Sigma k : P : T \rangle + \langle \Sigma k : false : T \rangle$

=   { 빈 구간(14.4), 계산 }

$\langle \Sigma k : P : T \rangle$

위 계산으로 다음 규칙을 유도했다.

$[\langle \Sigma k : P : T \rangle = \langle \Sigma k : P \wedge Q : T \rangle + \langle \Sigma k : P \wedge \neg Q : T \rangle]$ (14.7)

이 규칙을 하나의 점 규칙과 함께 사용하면, 합계 연산에서 하나의 항을 떼어 내는데 쓰일 수 있다. 예를 들어,

$\langle \Sigma i : 0 \leq i \leq N : 2^i \rangle$

=   { 두 경우 $i = 0 \vee i \neq 0$으로 분리(즉, Q를 $i = 0$으로 두고 (14.7)을 사용)   }

$\langle \Sigma i : 0 \leq i \leq N \wedge i = 0 : 2^i \rangle + \langle \Sigma i : 0 \leq i \leq N \wedge i \neq 0 : 2^i \rangle$

=   { 범위를 간략화($0 \leq N$이라고 가정)   }

$\langle \Sigma i : i = 0 : 2^i \rangle + \langle \Sigma i : 1 \leq i \leq N : 2^i \rangle$

=   { 하나의 점 규칙 }

$2^0 + \langle \Sigma i : 1 \leq i \leq N : 2^i \rangle$

$$= \quad \{ \ 계산 \ \}$$
$$1 + \langle \Sigma i : 1 \leq i \leq N : 2^i \rangle$$

(분리 규칙을 흔히 (14.7)과 같은 형태로 서술하지만, (14.6)처럼 아름다운 대칭을 이루는 식이 더욱 보기 좋고 기억하기 쉽다.)

마지막 규칙은 앞선 재배열 규칙에서 비롯된 규칙이다. 이 규칙도 합계 연산에 있는 항들을 재배열하도록 해 준다. 자료형 J에서 자료형 K로 가는 함수 f와, 자료형 K에서 자료형 J로 가는 함수 g를 생각하자. 그리고 f와 g가 서로 **역함수**라고 하자. 즉, 모든 $j \in J$와 $k \in K$에 대해,

$$f(j) = k \equiv j = g(k)$$

라고 하자. 이때,

[변형] $[\langle \Sigma k \in K : R : T \rangle = \langle \Sigma j \in J : R[k := f(j)] : T[k := f(j)] \rangle]$ (14.8)

함수가 역함수를 가질 때, 이를 전단사 함수(bijection)라고 부른다. 변형 규칙은 함수 f의 정의역 J와 공역 K가 같은 경우에 가장 흔히 사용된다. 입력 값을 동일한 집합의 출력 값으로 보내는 전단사 함수는 집합에 있는 원소의 순서를 바꿀 뿐이다. 이 경우에 (14.8)을 이용해 더하는 값의 순서를 임의로 바꾸어도 된다.

이 규칙은 사실 하나의 점 규칙(14.5), 중첩 규칙(14.2), 재배열 규칙(14.3)의 조합이다. 이 장의 끝에 있는 연습문제를 참조하라. 이 규칙은 일반적으로 어떤 자료형의 값들의 합을 다른 자료형의 값들의 합으로 변형하기 때문에 변형 규칙이라 불린다. 이는 자주 쓰이고 매우 강력하기 때문에 따로 서술하였다.

변형 규칙을 적용할 때에, 함수 f는 따라오는 힌트에 치환 '$k := f(j)$'의 형태로 표시된다.

거래 규칙

합계 연산의 범위 부분은 편리하지만, 사실 형식적으로 따지면 이 부분의 내용은 모두 더미나 항 부분으로 옮길 수 있기에 꼭 필요하진 않다. 다음 규칙을 사용해 더미의 자료형 부분으로 정보를 옮길 수 있다.

[거래] $[\langle \Sigma k \in K : P \wedge Q : T \rangle = \langle \Sigma k \in \{k \in K \mid P\} : Q : T \rangle]$ (14.9)

여기서 좌변에서 더미 k의 자료형이었던 K는 우변에서 $\{k \in K \mid P\}$의 형태로 P의 부분집합으로 바뀌 쓰였다. 예를 들어, 자연수 집합 $\mathbb{N}$을 정수 집합 $\mathbb{Z}$의 부분집합 $\{k \in \mathbb{Z} \mid 0 \le k\}$로 바뀌 쓸 수 있다.

범위를 구체적으로 언급하지 않기 위해 (범위가 계산에 직접적으로 사용되지 않는 등) 규칙 (14.9)가 암묵적으로 사용되곤 한다. 더미의 자료형은 한정 표현에서 생략되고, 대신 텍스트에 명시되곤 한다. 이 경우에,

$$\langle \Sigma k :: T \rangle$$

와 같이 표기된다. 즉, k의 자료형이 K일 때, $\langle \Sigma k :: T \rangle$는 $\langle \Sigma k \in K : true : T \rangle$를 줄여 쓴 것이다.

0이 덧셈의 단위원이라는 점을 이용하면, 정보를 범위에서 항 부분으로 옮길 수 있다. 주어진 범위에 k가 없으면, 0을 더한다.

[거래]　$[\langle \Sigma k : P \wedge Q : T \rangle = \langle \Sigma k : Q : if \ P \to T \ \square \ \neg P \to 0 \ fi \rangle]$　　　(14.10)

어떤 책에서는 이 규칙을 간략하게 만들기 위해 특이한 방법을 사용한다. $0 \times x = 0$과 $1 \times x = x$이므로, 불리언 거짓을 0에 대응시키고 불리언 참을 1에 대응시키는 것이다. 이 대응을 대괄호로 표시하면, 규칙은 다음과 같아진다.

$$\langle \Sigma k : P \wedge Q : T \rangle = \langle \Sigma k : Q : [P] \times T \rangle$$

항 부분

항 부분에 대한 규칙은 두 가지 있다. 첫 규칙은 두 개의 합계 연산을 합칠 수 있게 (하나의 합계 연산을 두 개로 분리할 수 있게도) 해 준다.

[재배열]　$[\langle \Sigma k : R : T_0 + T_1 \rangle = \langle \Sigma k : R : T_0 \rangle + \langle \Sigma k : R : T_1 \rangle]$　　　(14.11)

변형 규칙처럼, 이 규칙은 앞서 설명한 중첩 규칙(14.2)과 재배열 규칙(14.3)의 조합이다. 왜냐하면,

$$T_0 + T_1 = \langle \Sigma j : j = 0 \vee j = 1 : T_j \rangle$$

이기 때문이다. 매우 자주 쓰이는 규칙이라, 별도로 한 번 더 서술했다.

마지막 규칙은 합계 연산에서 상수 곱을 '뽑아 낼' 수 있게 해 준다. (상수 곱을 덧

셈 연산 안으로 '분배'할 수 있게 해 주기도 한다.)

[분배법칙] $[\langle \Sigma k : R : c \times T \rangle = c \times \langle \Sigma k : R : T \rangle]$　　　　　(14.12)

이 규칙들을 적용할 때 일반적인 부가 조건은, 표현식 c에서 'k'가 독립 변수일 때 분배법칙을 사용하면 안 된다는 것이다. (그렇게 하지 않는다면, 그러한 변수들의 종속/독립 변수 여부가 뒤바뀌게 된다.)

14.2.4 주의

합계 연산에 대해 한 가지 주의사항을 언급하며 논의를 마무리하겠다. 무한 범위에 한정 연산을 적용할 때 항상 주의해야 한다. 이 경우에, 표현식의 값은 유한한 한정 표현의 값으로 이루어진 수열의 극한값으로 정의된다. 간혹 이러한 극한값이 존재 하지 않을 수도 있다. 예를 들어, $\langle \Sigma i : 0 \leq i : (-1)^i \rangle$은 정의되지 않는다. N이 0부 터 증가할 때, 유한한 한정 표현 $\langle \Sigma i : 0 \leq i < N : (-1)^i \rangle$의 값에 0과 1이 번갈아 나 타난다. 여기에는 극한이 존재하지 않는다. 앞서 살펴본 규칙들은 합계 연산의 범 위가 무한대일 때에는 올바르지 않을 수도 있다. 무한히 더했을 때 값이 **수렴**하는지 여부를 계산하는 것은, 수학에서 잘 연구된 분야이지만, 이 책의 범위를 넘어선다.

14.3 전칭 기호와 존재 기호

합계 연산은 한정 기호 중 하나일 뿐이다. 연속된 곱셈을 할 때 $\prod$ 표기법을 쓰는 것에 이미 익숙한 독자들은 합계 연산의 성질들을 곱셈 연산에 쉽게 적용할 수 있 을 것이다. 일반적으로, 결합법칙과 교환법칙을 만족하는 모든 이항 연산자에 대 해, '순회하며 계산(quantify)'하는 것은 의미가 있다. 덧셈, 곱셈, 동치, 비동치, 합 집합, 교집합, 최소, 최대, 논리합, 논리곱, 최대공약수, 최소공배수는 모두 결합법 칙과 교환법칙을 만족하는 연산자이다. 각 경우에, 단순히 두 개의 값이 아닌, 몇 개의 값에 이 연산자를 적용하는 것은 의미 있고 유용하다.

　전칭 기호와 존재 기호라고 부르는 두 한정 기호는 프로그램을 작성할 때 특히 중요하다. 전칭 기호는 불리언 값에 대한 논리곱을 임의의 크기로 확장한다. 합계 연산과 같이, 전칭 기호로는 ∀(모든 ~에 대해) 기호가 널리 쓰인다. 표기법 $\langle \forall k : R : T \rangle$는, 범위 R에 있는 모든 값을 더미 k에 대입했을 때, 불리언 표현식 T의 값들 을 모두 논리적 '$AND(\wedge)$'한 값을 뜻한다. 이를 풀어 쓰면 범위 R에 있는 모든 수 k에 대해, T가 성립한다.

$\langle \forall \qquad k \qquad : \qquad R \qquad : \qquad T \rangle$

예를 들어,

$\langle \forall k : 0 \leq k < N : 0 \leq f(k) \rangle$

는, 0에서 $N-1$까지의 모든 입력에 대해 함수 f의 값이 양수라는 뜻이다. 점점점 표기법으로 쓰면 다음과 같다.

$0 \leq f(0) \wedge 0 \leq f(1) \wedge \ldots \wedge 0 \leq f(N-1)$

불리언 값에 대한 논리합을 임의의 크기로 확장할 때에는 ∃(어떤 ~에 대해) 기호가 널리 쓰인다. 표기법 $\langle \exists k : R : T \rangle$는, 범위 R에 있는 모든 값을 더미 k에 대입했을 때, 불리언 표현식 T의 값들을 모두 논리적 'OR($\vee$)'한 값이다. 이를 풀어 쓰면

범위 R에 있는 어떤 수 k에 대해, T가 성립한다.

$\langle \exists \qquad k \qquad : \qquad R \qquad : \qquad T \rangle$

예를 들어,

$\langle \exists k : 0 \leq k < N : 0 \leq f(k) \rangle$

는, 0에서 $N-1$까지의 범위 안에 어떤 값이 존재해서, f의 함숫값이 양수가 된다는 것이다. 점점점 표기법으로는

$0 \leq f(0) \vee 0 \leq f(1) \vee \ldots \vee 0 \leq f(N-1)$

이 된다.

14.3.1 전칭 기호

합계 연산 때 했던 것과 같이, 전칭 기호와 존재 기호의 수학적 성질에 대한 규칙을 나열할 수 있다. 많은 규칙은 앞에서와 같은 형태를 띠고 있다. 이 절에서는 전칭 기호에 대한 규칙을 서술한다. 합계 연산 때와 유의미하게 다른 것은 분리 규칙뿐이다.

규칙을 적용할 때의 부가 조건을 다시 설명하지는 않을 것이다. 다시 말하지만, 여기서는 규칙을 서술할 뿐이다.

부가 조건

규칙을 적용할 때 독립 변수를 종속 변수로 만들거나 종속 변수를 독립 변수로 만들거나, 또는 더미 변수 목록에 같은 변수가 여러 번 등장하게 하면 안 된다.

한정 기호를 바꿀 때를 제외하고, 더미에 대한 규칙은 합계에 대한 규칙과 동일하다. 독립 변수가 종속 변수로, 종속 변수가 독립 변수로 바뀌면 안 된다는 부가 조건 또한 동일하다.

[더미 이름 바꾸기] $\quad [\langle \forall j : R : T \rangle = \langle \forall k : R[j := k] : T[j := k] \rangle]$ (14.13)

[중첩] $\quad [\langle \forall j, js : R \wedge S : T \rangle = \langle \forall j : R : \langle \forall js : S : T \rangle \rangle]$ (14.14)

[재배열] $\quad [\langle \forall j, k : R : T \rangle = \langle \forall k, j : R : T \rangle]$ (14.15)

범위에 대한 규칙은 한정 기호 Σ를 $\forall$로, $+$를 $\wedge$로, 0(덧셈의 단위원)을 참(논리곱의 단위원)으로 바꾸어서 바로 얻을 수 있었다. 하나의 점 규칙에 대한 추가 조건(e에 'k'가 등장하면 안 된다)도 그대로 유지된다.

[빈 구간] $\quad [\langle \forall k : false : T \rangle = true]$ (14.16)

[하나의 점] $\quad [\langle \forall k : k = e : T \rangle = T[k := e]]$ (14.17)

[분리] $\quad [\langle \forall k : P : T \rangle \wedge \langle \forall k : Q : T \rangle = \langle \forall k : P \vee Q : T \rangle]$ (14.18)

(전칭 기호에 대한) 빈 구간 규칙은, 과거에 논리학자와 철학자의 열띤 토론 주제였다. 사실 수학적으로는 논란의 여지가 없이 옳다. 분리 규칙에서 P(또는 Q)를 거짓으로 두었을 때 파생되는 규칙일 뿐이다.

전칭 기호에서의 분리 규칙은 합계에서보다 간단한 규칙이 되었다. 논리곱은 멱등(idempotent)이지만 덧셈은 아니라는 차이점 덕분이다. 전칭 기호에서 구간을 나눌 때는, 어떤 원소가 양쪽에 모두 나타나도 상관없다. 합계에서 구간을 나눌 때 문제가 되는 일이다.

분리 규칙은 원래 두 구문의 논리합 $P \vee Q$에 대한 규칙이었지만, 덕분에 임의의 개수의 구문에 대한 논리합으로 확장할 수 있었다. 이에 따라, 다음와 같이 '또는($\vee$)'을 존재 기호로 바꿀 수 있다.

[분리] $[\langle \forall j : R : \langle \forall k : S : T \rangle \rangle = \langle \forall k : \langle \exists j : R : S \rangle : T \rangle]$ (14.19)

(이 규칙을 오른쪽에서 왼쪽으로 읽을 때, 'k'가 R에서 독립 변수가 아니어야 한다는 부가 조건이 필요하다.)

범위에서 항을 거래하는 공식은 합계 연산에서와 같다. 합계 연산에서 연산자와 상수를 적절히 바꾸어 주면 된다. 예를 들어 0(합계의 단위원)을 참(논리곱의 단위원)으로 바꾸면 된다. $if\ P \to T\ \square\ \neg P \to true\ fi$을 $P \Rightarrow T$와 같이 쓴다면, 항 부분을 거래하는 규칙을 더 간단하게 만들 수 있다.

[거래] $[\langle \forall k \in K : P \wedge Q : T \rangle = \langle \forall k \in \{k \in K \mid P\} : Q : T \rangle]$ (14.20)

[거래] $[\langle \forall k : P \wedge Q : T \rangle = \langle \forall k : Q : P \Rightarrow T \rangle]$ (14.21)

마지막 규칙은 항 부분에 대한 규칙이다. 분배법칙은 전칭 기호에 대한 분배 속성의 한 예시일 뿐이다. 곧, 더욱 다양한 분배법칙을 만나보게 될 것이다.

[재배열] $[\langle \forall k : R : T_0 \wedge T_1 \rangle = \langle \forall k : R : T_0 \rangle \wedge \langle \forall k : R : T_1 \rangle]$ (14.22)

[분배법칙] $[\langle \forall k : R : p \vee T \rangle = p \vee \langle \forall k : R : T \rangle]$ (14.23)

14.3.2 존재 기호

존재 기호에 대한 규칙을 살펴보자. 예상하였듯, 전칭 기호에 대한 규칙과 완전히 대칭적이다. (규칙 (14.32)에서, $if\ P \to T\ \square\ \neg P \to false\ fi$을 $P \wedge T$로 간략하게 만들었다.) 다시금, 모든 규칙에는 독립 변수를 종속 변수로 만들거나 종속 변수를 독립 변수로 만들면 안 된다는 부가 조건이 적용된다.

[더미 이름 바꾸기] $[\langle \exists j : R : T \rangle = \langle \exists k : R[j := k] : T[j := k] \rangle]$ (14.24)

[중첩] $[\langle \exists j, js : R \wedge S : T \rangle = \langle \exists j : R : \langle \exists js : S : T \rangle \rangle]$ (14.25)

[재배열] $[\langle \exists j, k : R : T \rangle = \langle \exists k, j : R : T \rangle]$ (14.26)

[빈 구간] $[\langle \exists k : false : T \rangle = false]$ (14.27)

[한 개의 점] $[\langle \exists k : k = e : T \rangle = T[k := e]]$ (14.28)

[분리] $[\langle \exists k : P : T \rangle \vee \langle \exists k : Q : T \rangle = \langle \exists k : P \vee Q : T \rangle]$ (14.29)

[분리] $[\langle \exists j : R : \langle \exists k : S : T \rangle \rangle = \langle \exists k : \langle \exists j : R : S \rangle : T \rangle]$ (14.30)

[거래] $[\langle \exists k \in K : P \wedge Q : T \rangle = \langle \exists k \in \{k \in K \mid P\} : Q : T \rangle]$ (14.31)

[거래] $[\langle \exists k : P \wedge Q : T \rangle = \langle \exists k : Q : P \wedge T \rangle]$ (14.32)

[재배열] $[\langle \exists k : R : T_0 \lor T_1 \rangle = \langle \exists k : R : T_0 \rangle \lor \langle \exists k : R : T_1 \rangle]$ (14.33)

[분배법칙] $[\langle \exists k : R : p \land T \rangle = p \land \langle \exists k : R : T \rangle]$ (14.34)

14.4 한정 기호 규칙

지금까지 네 가지 한정 기호인 합, 곱, 전칭 기호와 존재 기호를 살펴보았다. 또한 이들을 조작할 때의 규칙도 함께 보았다. 대부분은 이들 기호가 공통으로 가지고 있는 규칙이었다. 이 절에서는, 이 규칙들을 임의의 한정 기호로 일반화한다. 이 과정을 기술적으로는 **추상화**라고 한다. 지금까지 다룬 '특정한' 한정 기호를 결합법칙과 교환법칙을 만족하는 임의의 연산자로 '추상화'해 $\oplus$라는 기호로 쓸 것이다.

규칙은 앞에서와 같이 더미에 대한 규칙, 범위 부분에 대한 규칙, 항 부분에 대한 규칙, 그리고 거래 규칙으로 구분되어 있다. 연산자가 어떤 분배법칙을 기반으로 하는지에 따라, 추상화 과정은 서로 다른 여러 연산자를 관계 지을 수 있게 해 준다는 이점이 있다. 뒤에서는 분배법칙만 단독으로 논의할 것이다(14.4.7절).

경고: 일반적으로, 이 절의 규칙은 한정 범위의 구간이 유한할 때만 성립한다. 이 규칙들은 모두 구간의 크기에 대한 귀납법을 이용해 증명할 수 있다. 다행히, 전칭과 존재 기호에 대한 법칙들은 이러한 제한 없이도 성립한다. 그 밖의 다른 모든 경우에는, 이 제한을 무시하면 위험할 수 있다. 무한한 합계의 위험성을 앞서 언급한 적이 있었다. 논리 연산자에 대한 의미 없는 한정의 예시는, 거짓으로 이루어진 무한한 수열에 대한 동치 연산($\langle \equiv i : 0 \leq i : false \rangle$로 표현한다)이다. 유한 수열에 대한 한정 $\langle \equiv i : 0 \leq i < N : false \rangle$는 N의 값에 따라 참과 거짓이 번갈아 나타나므로, 극한값이 없다. (전칭과 존재를 제외한) 무한 한정을 다루는 방법은 이 책의 범위를 벗어난다.

14.4.1 표기법

한정 표기법은 이진 연산자, 예를 들어 $\oplus$를 임의의 값들의 모음으로 확장한 것이다. 이 모음은 집합(범위라고 한다)에 작용하는 함수(항이라고 한다)로 정의된다. 한정 표현의 형태는

$\langle \oplus bv \in \text{type} : \text{range} : \text{term} \rangle$

이다. $\oplus$는 한정 기호, bv는 더미 변수 또는 종속 변수, type은 값의 자료형, range

는 더미의 범위가 있는 type의 부분집합, term은 범위의 값들에 적용하는 함수를 뜻한다. 한정의 값은, 더미가 범위 안에 있는 각 값일 때 항의 값을 평가해서 모두 $\oplus$ 연산자를 적용한 값이 된다.

엄밀하게는, 항상 더미의 자료형을 명시적으로 서술해야 한다. 자료형에 대한 정보가 중요할 수 있기 때문이다. (예를 들어, 정수에 대한 부등호는 실수에 대한 부등호보다 더 강한 조건일 수 있다.) 그러나 반복해서 쓰기 번거롭다는 이유로, 이를 생략하고 대신 더미의 이름에 나타내곤 한다. (정수를 뜻하는 변수 i, j, k를 쓰는 등) 즉, 가장 흔한 표기법은 다음 형태이다.

$$\langle \bigoplus bv : \text{range} : \text{term} \rangle$$

추가로 가끔씩 (계산의 불필요한 반복을 줄이기 위해) 범위를 생략하곤 한다. 이 경우에 한정 표현의 형태는

$$\langle \bigoplus bv :: \text{term} \rangle$$

이 된다. 이때에는, 뒤따르는 텍스트가 범위를 명확히 설명해야 한다.

앞서 정의했듯, 한정 표현은 연산 $\oplus$이 결합법칙과 교환법칙을 만족할 때에만 의미가 있다.[1] 연산자 $\oplus$는, 비어 있는 구간에 대한 한정에 의미를 부여하기 위해 단위원을 가져야 한다. $\oplus$의 단위원을 $1_\oplus$로 부르기로 하자.

$\oplus$ 연산자에 대응되는 한정 기호 '$\bigoplus$'에는 연산자에 따라 오래된 관습적 표기법이 존재할 수 있다. 그때는 관습을 따르기로 한다. 그렇지 않은 기호에 대해서는, 연산자와 같은 기호를 조금 더 크게 만들어서 쓰기로 한다. 한정 기호의 표기법에는 다음과 같은 예시가 있다:

합	$\langle \sum bv : \text{range} : \text{term} \rangle$
곱	$\langle \prod bv : \text{range} : \text{term} \rangle$
전칭 (and)	$\langle \forall bv : \text{range} : \text{term} \rangle$
존재 (or)	$\langle \exists bv : \text{range} : \text{term} \rangle$
최소	$\langle \Downarrow bv : \text{range} : \text{term} \rangle$
최대	$\langle \Uparrow bv : \text{range} : \text{term} \rangle$

---

1 범위에 있는 값을, 정해진 순서대로 나열한다면 이러한 가정을 하지 않아도 될 수 있다. 이는 함수형 언어에서 '리스트 평가'라고 부르는 것을 수행할 때 벌어지는 일이다. 이때는 중첩 규칙과 재배열 규칙이 성립하지 않게 된다.

동치 $\quad\quad \langle \equiv bv : \text{range} : \text{term} \rangle$

비동치 $\quad\quad \langle \not\equiv bv : \text{range} : \text{term} \rangle$

14.4.2 독립 변수와 종속 변수

'독립 변수'나 '종속 변수'에 대한 개념은 합계 연산에 대해 논의한 14.2.2절에서 다루었다. 이 정의는 모든 한정 기호에 적용할 수 있으며, 동일한 부가 조건이 적용된다. (다른 독립 변수를 종속 변수로 만들거나, 종속 변수를 독립 변수로 만들면 안 되며, 더미 목록에서 변수가 반복되면 안 된다.) 아래 텍스트에서 부가 조건을 다시 쓰지는 않지만, 독자들은 맥락을 활용해 잘 이해할 것이라 생각한다.

14.4.3 더미

한정 표현에서 더미 변수(또는 종속 변수)는 범위와 항을 연결 짓는 역할을 한다. 더미에 대한 세 가지 규칙이 있다.

[더미 이름 바꾸기] $\quad [\langle \bigoplus j : R : T \rangle = \langle \bigoplus k : R[j := k] : T[j := k] \rangle]$ $\quad\quad$ (14.35)

[중첩] $\quad [\langle \bigoplus j, js : R \wedge S : T \rangle = \langle \bigoplus j : R : \langle \bigoplus js : S : T \rangle \rangle]$ $\quad\quad$ (14.36)

[재배열] $\quad [\langle \bigoplus j, k : R : T \rangle = \langle \bigoplus k, j : R : T \rangle]$ $\quad\quad$ (14.37)

14.4.4 범위 부분

범위 부분은 더미의 범위 안에서 값의 집합을 결정하는 불리언 표현식이다. 줄이는 규칙 두 개와, 나누는 규칙 두 개, 총 네 개의 규칙이 있다.

[빈 구간] $\quad [\langle \bigoplus k : false : T \rangle = 1_{\oplus}]$ $\quad\quad$ (14.38)

[하나의 점] $\quad [\langle \bigoplus k : k = e : T \rangle = T[k := e]]$ $\quad\quad$ (14.39)

[분리] $\quad [\langle \bigoplus k : P : T \rangle \oplus \langle \bigoplus k : Q : T \rangle = \langle \bigoplus k : P \vee Q : T \rangle \oplus \langle \bigoplus k : P \wedge Q : T \rangle]$ $\quad\quad$ (14.40)

$\oplus$가 멱등일 때는, 분리 규칙은 다음과 같이 간단해진다.

$$[\langle \bigoplus k : P : T \rangle \oplus \langle \bigoplus k : Q : T \rangle = \langle \bigoplus k : P \vee Q : T \rangle] \quad\quad (14.41)$$

게다가 두 개의 명제 P, Q에서 임의의 개수의 명제들의 논리합(존재 기호)으로 바꾸어 우변을 일반화할 수 있다. 이때 다음을 얻는다. $\oplus$가 멱등일 때,

[분리] $[\langle \bigoplus j : R : \langle \bigoplus k : S : T \rangle \rangle = \langle \bigoplus k : \langle \exists j : R : S \rangle : T \rangle]$ (14.42)

14.4.5 거래

두 개의 거래 규칙은 정보를 더미의 타입와 범위 사이에서, 또 범위와 항 사이에서 거래할 수 있게 한다.

[거래] $[\langle \bigoplus k \in K : P \wedge Q : T \rangle = \langle \bigoplus k \in \{k \in K \mid P\} : Q : T \rangle]$ (14.43)

[거래] $[\langle \bigoplus k : P \wedge Q : T \rangle = \langle \bigoplus k : Q : if\, P \to T \,\square\, \neg P \to 1_\oplus \, fi \rangle]$ (14.44)

14.4.6 항 부분

항 부분에 대한 규칙 하나를 제시한다. (아래 분배법칙에 대한 논의도 참고하라.)

[재배열] $[\langle \bigoplus k : R : T_0 \oplus T_1 \rangle = \langle \bigoplus k : R : T_0 \rangle \oplus \langle \bigoplus k : R : T_1 \rangle]$ (14.45)

14.4.7 분배법칙

분배법칙은 수학적 계산에서 매우 중요하다. 컴퓨팅에서도 중요한데, 해야 하는 계산의 수를 크게 줄여 주기 때문이다.

전형적인 분배법칙은, 덧셈을 통해 부정을 분배할 수 있다는 법칙이다.

$$-(x + y) = (-x) + (-y)$$

이 성질은 부정을 '뽑아 내어' 뺄셈을 덧셈으로 대체할 때 쓰인다. 비슷하게, 곱셈은 덧셈을 통해 분배된다.

$$x \times (y + z) = x \times y + x \times z$$

이는 곱셈의 수를 줄이기 위해 사용된다. 다른 예시로, 최소 연산을 통해 덧셈이 분배된다.

$$x + (y \downarrow z) = (x + y) \downarrow (x + z)$$

이는 최단 경로 알고리즘에 쓰인다.

가끔 분배법칙이 적용되면서 연산자가 바뀌는 경우가 있다. 로그와 지수의 법칙을 사용하면, 실수에 대한 곱셈은 덧셈으로, 덧셈은 곱셈으로 바뀐다.

$$\ln(x \times y) = \ln x + \ln y$$

$$e^{x+y} = e^x \times e^y$$

즉, 로그 함수는 곱셈을 통해 분배되면서 곱셈을 덧셈으로 바꾼다. 그리고 지수 함수는 덧셈을 통해 분배되면서 덧셈을 곱셈으로 바꾼다.

분배법칙은 두 개의 값에서 1개 이상의 유한한 수의 값으로 확장될 수 있다. 예를 들어,

$$a \times (x + y + z) = a \times x + a \times y + a \times z$$

가 성립한다. 분배 속성을 0개의 값으로 확장하는 것은, 단위원이 보존될 때만 할 수 있다. 다행히 이는 앞서 제시한 모든 예시에서 성립한다. 특히,

$-0 = 0$ (마이너스가 덧셈의 단위원을 보존함)

$x \times 0 = 0$ (x를 곱했을 때 덧셈의 단위원이 보존됨)

$\ln 1 = 0$ (곱셈의 단위원이 덧셈의 단위원으로 바뀜)

$e^0 = 1$ (덧셈의 단위원이 곱셈의 단위원으로 바뀜)

추가로, 무한대 ∞가 최소 연산의 단위원이라 상정할 수 있고,

$x + \infty = \infty$ (x를 더하는 행위가 최소 연산의 단위원을 보존)

따라서 각각의 경우에, 이항 연산의 입장에서 분배법칙은 0개 이상의 유한한 수의 값으로 확장된다. (값이 하나인 경우는 자명하다.)

한정 표현에 대한 일반적인 분배법칙을 식으로 쓰면 다음과 같다. $\oplus$와 $\otimes$가 모두 결합법칙과 교환법칙을 만족하는 연산자이고, 각각 단위원 $1_\oplus$와 $1_\otimes$를 가진다고 하자. f가 성질

$$f(1_\oplus) = 1_\otimes$$

를 만족하는 함수라고 하고, 모든 x와 y에 대해,

$$f(x \oplus y) = f(x) \otimes f(y)$$

라고 하자. 이때 다음이 성립한다.

[분배법칙] $[f(\langle \bigoplus k : R : T \rangle) = \langle \bigotimes k : R : f(T) \rangle]$ (14.46)

분배법칙에 대한 중요한 예시 중 하나는, 전칭 기호와 존재 기호에 대한 드 모르간 (De Morgan)의 법칙이다. 이항 논리곱과 논리합에 대한 드 모르간의 법칙은 13.4 절에 제시되어 있다. 풀어 말하면, 논리 부정은 논리곱을 통해 분배되고, 논리곱을 논리합으로 바꾼다. 이때, ¬거짓은 참이고 ¬참은 거짓이기 때문에, 다음과 같이 존재 기호와 전칭 기호로 확장할 수 있다.

[드 모르간의 법칙] $[\neg \langle \exists k : R : T \rangle = \langle \forall k : R : \neg T \rangle]$ (14.47)

[드 모르간의 법칙] $[\neg \langle \forall k : R : T \rangle = \langle \exists k : R : \neg T \rangle]$ (14.48)

무한한 범위를 합한 결과 값이 존재하지 않을 수도 있다고 앞서 경고한 바 있다. 그러나 이 경고는 존재 기호와 전칭 기호에는 적용되지 않는다. 모든 전칭 기호나 존재 기호는 의미가 있는 식이고, 위의 규칙들을 적용할 수 있다.

14.5 연습문제

1. 다음 합을 계산하라.

    (a) $\langle \Sigma k : 1 \leq k \leq 3 : k \rangle$

    (b) $\langle \Sigma k : 0 \leq k < 5 : 1 \rangle$

    (c) $\langle \Sigma i, j : 0 \leq i < j \leq 2 \wedge odd(i) : i + j \rangle$

    (d) $\langle \Sigma i, j : 0 \leq i < j \leq 2 \wedge odd(i) \wedge odd(j) : i + j \rangle$

2. 다음 두 가지 경우에서, $\langle \Sigma k : k^2 = 4 : k^2 \rangle$의 값을 계산하라.

    (a) k의 자료형이 자연수일 때

    (b) k의 자료형이 정수일 때

3. 다음 표현식에서 독립 변수를 모두 나열하라.

    (a) $4 \times i$

    (b) $\langle \Sigma j : 1 \leq j \leq 3 : 4 \times i \rangle$

    (c) $\langle \Sigma j : 1 \leq j \leq 3 : 4 \times j \rangle$

    (d) $\langle \Sigma j : 1 \leq j \leq 3 : m \times j \rangle \times \langle \Sigma j : 1 \leq j \leq 3 : n \times j \rangle$

(e) $\langle \Sigma j : 1 \leq j \leq 3 : m \times j \rangle \times \langle \Sigma k : 1 \leq k \leq 3 : n \times j \rangle$

4. 다음 등식의 좌변과 우변을 계산하라. 등식 중 어떤 식은 항상 참이고, 어떤 식은 거짓이 될 수 있다. 그러한 식들을 구분하라.

(a) $\langle \Sigma j : 1 \leq j \leq 3 : 4 \times i \rangle = \langle \Sigma k : 1 \leq k \leq 3 : 4 \times i \rangle$

(b) $\langle \Sigma j : 1 \leq j \leq 3 : 4 \times j \rangle = \langle \Sigma k : 1 \leq k \leq 3 : 4 \times j \rangle$

(c) $\langle \Sigma j : 1 \leq j \leq 3 : \langle \Sigma k : k = 0 : 4 \times j \rangle \rangle = \langle \Sigma i : 1 \leq i \leq 3 : \langle \Sigma k : k = 0 : 4 \times i \rangle \rangle$

(d) $\langle \Sigma j : 1 \leq j \leq 3 : \langle \Sigma j : j = 1 : 4 \times j \rangle \rangle = \langle \Sigma k : 1 \leq k \leq 3 : \langle \Sigma j : j = 1 : 4 \times k \rangle \rangle$

5. 분리 규칙 (14.6)으로부터 거래 규칙 (14.10)을 유도하라. 가능한 모든 범위 R 에 대해 $\langle \Sigma k : R : 0 \rangle = 0$이 성립한다고 가정해도 된다.

6. 하나의 점 규칙 (14.5), 중첩 규칙 (14.2), 그리고 재배열 규칙 (14.3)으로부터 (14.8)을 유도하라. 힌트: 유도는 f가 전단사 함수라는 사실을 이용해야 한다. 즉, 모든 $j \in J$와 $k \in K$에 대해,

$$f(j) = k \equiv j = g(k)$$

를 만족하는 함수 g가 있다는 것이다. 하나의 점 규칙을 이용해, 두 번째 더미 변수를 만들어 보아라. 그러면 위 성질을 사용할 수 있게 될 것이다.

7. 다음과 같이 일반화된 분배법칙을 증명하라.

$$\langle \Sigma j : P : S \rangle \times \langle \Sigma k : Q : T \rangle = \langle \Sigma j, k : P \wedge Q : S \times T \rangle$$

이 규칙을 적용할 때의 부가 조건은 무엇인가?

8. 다음 규칙

$$\langle \bigoplus k : P : T \rangle = \langle \bigoplus k : P \wedge Q : T \rangle \oplus \langle \bigoplus k : P \wedge \neg Q : T \rangle$$

을 유도하라. 이 규칙을 이용해, $\oplus$가 멱등일 때에 (14.40)으로부터 (14.41)을 도출하라.

9. 합에 대한 변형 규칙 (14.8)에서, f가 전단사 함수라는 조건이 있었다. 이 규칙은 합계뿐 아니라 다른 모든 한정 기호에 대해 적용할 수 있었다.

한정 기호가 멱등일 때, 이 규칙을 간략하게 할 수 있다. 멱등 한정 기호에 대한 변형 규칙은 다음과 같다. 함수 f가 더미 j의 자료형에서 더미 k의 자료형으로 가는 함수라고 하자. f가

$$\langle \forall k :: \langle \exists j :: k = f(j) \rangle \rangle$$

를 만족하면, 다음이 성립한다.

$$\langle \bigoplus k : R : T \rangle = \langle \bigoplus j : R[k := f(j)] : T[k := f(j)] \rangle$$

위 규칙을 증명하라.

10. 아래 표는 결합법칙과 교환법칙을 만족하는 이진 연산자와 단위원을 함께 보여 준다. 각각에 대해서, 본문에 명시되어 있지 않은 분배법칙 (14.46)의 예시를 대어라.

연산자	단위원	한정 기호
$\wedge$	참	$\forall$
$\vee$	거짓	$\exists$
$+$	0	Σ
$\times$	1	$\prod$
$\downarrow$	∞	$\Downarrow$
$\uparrow$	$-\infty$	$\Uparrow$
$\equiv$	참	$\equiv$
$\neq$	거짓	$\neq$
$\cup$	$\emptyset$	$\bigcup$
$\cap$	$\mathcal{U}$	$\bigcap$

15장

A l g o r i t h m i c   P r o b l e m   S o l v i n g

정수론의 요소들

정수론은 수(자연수와 정수뿐 아니라, 유리수와 실수까지)의 속성, 그중에서도 효과적인 계산을 돕는 일련의 속성을 분류하는 것을 목표로 한다. 그렇기에 정수론은 알고리즘 수학의 대들보 역할을 한다. 세부적인 내용을 책에 담기에 정수론은 너무 범위가 넓다. 이 장은 정수론의 몇 가지 핵심 요소를 다룬다. 15.1절과 15.2절은 정수의 순서에 대한 추론을 다룬다. 15.3절과 15.4절은 자연수의 (부분) 순서인 약수 관계를 다룬다.

15.1 부등식

'이하(≤로 쓴다)' 관계나 '미만(<로 쓴다)' 관계가 들어간 표현식을 부등식이라 한다. 이하 관계는 **전순서**(total order)라고 부른다. 즉, 순서 관계(반사적, 전이적, 반대칭적)이면서, **완전**한 것이다.

[완전] $[\, x \leq y \lor y \leq x \,]$ (15.1)

이하 관계는 '작거나 같다'라는 이름으로 자주 부르게 된다. 이 명칭은 이하 관계가 미만 관계의 반사 폐포(reflexive closure)라는 사실을 강조한 것이다.

[반사 폐포] $[\, x \leq y \equiv x < y \lor x = y \,]$ (15.2)

이 규칙은 '미만' 또는 '같다'의 두 가지 경우를 나누어 분석해야 할 때 사용한다.
이하 관계의 반대칭성은,

[반대칭성] $[\,x = y \equiv x \le y \land y \le x\,]$ (15.3)

두 수학 표현식이 (항상) 같음을 증명할 때 흔히 쓰인다. 함축 연산의 반대칭성을 이용해 두 불리언 표현식의 등식을 증명하던 것과 같은 방법이다. 다른 방법으로, 간접 등식의 규칙을 이용할 수도 있다.

[간접 등식] $[\,x = y \equiv \langle \forall z :: x \le z \equiv y \le z \rangle\,]$ (15.4)

간접 등식의 규칙은 두 수의 등식을 두 불리언 표현의 등식으로 바꾸어 등식의 추론을 도와 준다. $\le$를 다른 반사적이고 반대칭적인 관계로 바꾸어도 성립한다. 이를 사용하는 예시가 15.2절과 15.3절에 나온다.

이하 관계의 역은 이상 관계이다.

[역] $[\,x \le y \equiv y \ge x\,]$ (15.5)

그리고 미만 관계의 역은 초과 관계이다.

[역] $[\,x < y \equiv y > x\,]$ (15.6)

이하 관계의 부정은 초과 관계이다.

[부정] $[\,\neg (x \le y) \equiv y > x\,]$ (15.7)

따라서, 반대칭성 규칙의 부정은 부등식 규칙이다.

[부등식] $[\,x \ne y \equiv x < y \lor y < x\,]$ (15.8)

이하 관계와 미만 관계의 전이성은 흔히 **단조성**과 함께 쓰인다. 일반적으로 수에서 수로 가는 함수 f가 이하 관계에 대해 단조적이라는 것은,

$[\,f(x) \le f(y) \Leftarrow x \le y\,]$

라는 것이다. 비슷하게, 미만 관계에 대해 단조적이라는 것은,

$[\,f(x) < f(y) \Leftarrow x < y\,]$

라는 것이다. 두 관계 '이하'와 '미만' 모두에 대해, 임의의 수를 더하는 것은 단조적이다.

$$[x + z \leq y + z \Leftarrow x \leq y] \wedge [x + z < y + z \Leftarrow x < y]$$

덧셈은 상쇄 가능한 연산('$+z$'를 '$-z$'로 상쇄할 수 있다)이기 때문에, 덧셈에 대해서는 앞의 식의 역도 성립한다.

[단조성] $\quad [x + z \leq y + z \equiv x \leq y]$ (15.9)

[단조성] $\quad [x + z < y + z \equiv x < y]$ (15.10)

(이와 같이, 단조의 정의에서의 함축($\Leftarrow$) 연산이 동치($\equiv$)로 바뀔 수 있을 때, 이 성질은 **순서 동형**(order isomorphism)이라고 말한다.)

양수에 대한 곱셈 또한 단조적이고 상쇄 가능하다. 따라서,

[단조성] $\quad [(x \times z \leq y \times z \equiv x \leq y) \Leftarrow 0 < z]$ (15.11)

[단조성] $\quad [(x \times z < y \times z \equiv x < y) \Leftarrow 0 < z]$ (15.12)

이다. -1의 곱셈에 대한 반단조성(anti-monotonicity)은 (15.9)에 대한 간단한 예시이다.

$$[x \leq y \equiv -y \leq -x]$$

(z를 $-(x + y)$로 두어라.) '이하' 대신 '미만'을 넣어도 유사한 식을 얻을 수 있다. 즉, 임의의 음수를 곱하는 연산은 반단조적이다. 다음과 같은 규칙들을 쓸 수 있다.

[반단조성] $\quad [(x \times z \leq y \times z \equiv x \geq y) \Leftarrow z < 0]$ (15.13)

[반단조성] $\quad [(x \times z < y \times z \equiv x > y) \Leftarrow z < 0]$ (15.14)

(0을 곱하는 연산이 '이하'와 '미만' 관계에 대해 단조적인지 아닌지에 대한 답은 독자에게 맡기겠다.)

위의 규칙들은 자연수, 정수, 유리수 또는 실수 등 어떤 종류의 수에 대해서든 성립한다. 정수에 대해서는 일반적으로 유리수나 실수에서는 성립하지 않는 중요한 규칙이 하나 더 있다.

[1 더하기] $\quad [m < n \equiv m + 1 \leq n]$ (15.15)

일반적으로 m과 n은 임의의 실수가 아닌, 정수를 나타낼 때 쓰는 표기이다. 이 규칙은 동등한 몇몇 다른 형태로도 자주 사용한다. 이 장 끝의 연습문제를 보아라.

유리수(정수 m과 n에 대해 $\frac{m}{n}$의 형태인 수)에 대한 엄밀한 추론을 위해, 첫 번째 단계는 곱셈의 단조성을 사용해서 주어진 부등식을 정수에 대한 부등식으로 만드는 것이다. 예를 들어, m과 n이 정수이고 n이 양수일 때, $\frac{m}{n}$과 $\frac{m+1}{n+1}$ 사이의 관계를 알아내고 싶다고 하자. 아직 모르는 관계를 ?로 나타낼 때

$$\frac{m}{n} ? \frac{m+1}{n+1}$$

$=$ { 단조성: (15.11) 또는 (15.12)에

        $x, y, z := m, m+1, n \times (n+1)$을 대입

        $(0 < n \times (n+1) \Leftarrow 0 < n)$ }

    $m \times (n+1) ? (m+1) \times n$

$=$ { 분배법칙, 단위원   }

    $m \times n + m ? m \times n + n$

$=$ { 단조성: (15.9) 또는 (15.10)에 $x, y, z := m, n, m \times n$을 대입   }

    $m ? n$

아래와 같이 결론 내릴 수 있다.

$$[\, (\frac{m}{n} \leq \frac{m+1}{n+1} \equiv m \leq n) \Leftarrow 0 < n \,] \wedge [\, (\frac{m}{n} < \frac{m+1}{n+1} \equiv m < n) \Leftarrow 0 < n \,]$$

관계 ?가 어떤 관계이든 상관없이 각 단계가 올바른지 확인하기 위해서는 각 단계에 어떤 성질이 가정되어 있는지 명시된 것에 주목하라.

15.2 최소와 최대

실수에 대한 최대 함수를 중위 연산자 ↑로 나타내자. 이 연산은 다음과 같은 성질을 만족한다.

[최대] $[\, x \uparrow y \leq z \equiv x \leq z \wedge y \leq z \,]$ (15.16)

이것은 최대의 '정의'라기보다는 최대의 '성질'이다. (최대의 정의에 대한 식이었다면, 좌변이 $x \uparrow y$인 등식일 것이다.) 위 식을 글로 옮기면, x와 y의 최댓값은 x가 z 이하이고 y가 z 이하인 최소의 z이다. (수식을 그대로 글로 옮긴 것은 아니지만, 이 논의에서는 충분히 근접하다.) 순서 관계에 대한 함수는 등호가 들어간 정의 대신 하나 이상의 속성으로 특정되는 경우가 많다. 이 장에서 추가로 몇 가지 예시를 보

게 될 것이다. 가장 간단한 예시인 최소와 최대 연산으로 시작해 보자.

성질 (15.16)은 분배법칙이다. 불리언 값을 가진 함수($\leq z$)가 최대를 통해 분배되어 논리곱으로 바뀌는 법칙이다. 이를 이용해, 최대의 성질을 논리합의 성질로 바꿀 수 있다. 세 개의 성질을 정의로부터 쉽게 연역해 낼 수 있다. 먼저, z를 $x \uparrow y$로 두면, 정의의 좌변이 참이 되므로,

$$[x \leq x \uparrow y] \wedge [y \leq x \uparrow y]$$

가 도출된다. 다음으로, z에 각각 x와 y를 대입하면,

$$[x \uparrow y \leq x \equiv y \leq x]$$

와

$$[x \uparrow y \leq y \equiv x \leq y]$$

를 얻는다. 네 번째 성질은 $\leq$가 전순서라는 사실로부터 얻을 수 있다.

$\quad x \uparrow y = x \vee x \uparrow y = y$

$= \quad \{ \ \leq$의 반대칭성 $\ \}$

$\quad (x \uparrow y \leq x \wedge x \leq x \uparrow y) \vee (x \uparrow y \leq y \wedge y \leq x \uparrow y)$

$= \quad \{ \$ 위, '같은 것은 같다', 참은 논리곱의 단위원임 $\ \}$

$\quad y \leq x \vee x \leq y$

$= \quad \{ \ \leq$가 전순서임 $\ \}$

$\quad true$

따라서 최대는 **선택** 함수이다. $x \uparrow y$는 x와 y 중 하나를 고르는 함수이다.

추가적인 등식을 유도하기 위해, 간접 등식의 규칙을 이용한다. 두 개의 예시가 있다. 첫 예시에서는 논리곱이 결합법칙을 만족한다는 점을 이용해, 최대 연산이 결합법칙을 만족함을 보인다. 모든 w에 대해,

$\quad (x \uparrow y) \uparrow z \leq w$

$= \quad \{ \$ 최대의 정의 $\ \}$

$\quad x \uparrow y \leq w \wedge z \leq w$

$= \quad \{ \$ 최대의 정의 $\ \}$

$$(x \le w \land y \le w) \land z \le w$$

$=$ { ∧의 결합법칙 }

$$x \le w \land (y \le w \land z \le w)$$

$=$ { 최대의 정의 (두 번 적용) }

$$x \uparrow (y \uparrow z) \le w$$

따라서, 간접 등식의 규칙에 의해,

$$[\,(x \uparrow y) \uparrow z = x \uparrow (y \uparrow z)\,]$$

가 성립한다. 증명이 무척 짧고 직관적이지 않은가? 반대로 경우의 수를 나누어 정의했다면, 서로 다른 여섯 가지(세 개의 값 x, y, z를 나열하는 방법의 수) 경우를 고려해야만 했을 것이다. 이 계산은 단순히 '최대'의 성질을 '논리곱'의 성질로 변형할 뿐이다. 논리곱이 결합법칙을 만족하므로, 최대도 결합법칙을 만족한다. 논리곱이 교환법칙을 만족하고 멱등이기 때문에, 최대도 교환법칙을 만족하고 멱등이다.

두 번째 예시에서, 최대의 분배법칙을 유도한다. 모든 w에 대해,

$$x + (y \uparrow z) \le w$$

$=$ { '$x+$'를 우변으로 이항해, 최대의 정의를 이용할 수 있도록 한다.

즉 (15.9)에 $x, y, z := y \uparrow z, w - x, x$를 대입한다. }

$$y \uparrow z \le w - x$$

$=$ { 최대의 정의 }

$$y \le w - x \land z \le w - x$$

$=$ { 다시 '$x+$'를 좌변으로 이항해, 최대의 정의를 이용할 수 있도록 한다. }

$$x + y \le w \land x + z \le w$$

$=$ { 최대의 정의 }

$$(x + y) \uparrow (x + z) \le w$$

따라서 간접 등식의 규칙에 의해,

$$[\,x + (y \uparrow z) = (x + y) \uparrow (x + z)\,]$$

이다. 이 계산에서는 덧셈이 단조적이고 상쇄 가능하다는 사실을 이용했다. 양수의 곱셈 또한 단조적이고 상쇄 가능하므로, 양수의 곱셈도 최대를 통해 분배 가능하다.

최소는 최대에 대칭적이다. 최소의 정의는 방향을 제외하고는 최대의 정의와 동일하다.

[최소] $[\, z \le x \downarrow y \equiv z \le x \wedge z \le y \,]$ (15.17)

(x와 y의 최솟값은 z가 x와 y 이하인 최대의 z이다.)

15.3 약수 관계

12.7절에서 소개한 약수 관계는 정수에 대한 관계이며, 배수 관계의 역으로 정의된다.

[약수 관계] $[\, m \backslash n \equiv \langle \exists k : k \in \mathbb{Z} : n = k \times m \rangle \,]$ (15.18)

풀어 쓰면, 정수 m과 n에 대해 $n = k \times m$을 만족하는 정수 k가 존재할 때, m이 n의 약수라고 말한다. 다른 말로, 'n은 m의 배수이다.'라고 한다. 예를 들어, $1 \backslash 1$이고, $2 \backslash 6$이다.

약수 관계는 자연수에서의 부분 순서(partial order)이다. 약수 관계는 $[\, n = 1 \times n \,]$이기 때문에 반사적이다. 그리고 약수 관계는 모든 n, m, p, j, k에 대해 $n = k \times m$이고 $p = j \times n$이면 $p = (j \times k) \times m$이기 때문에 전이적이다. 약수 관계는 또한 반대칭적이다. 왜냐하면 모든 n, m, j, k에 대해 $n = k$이고 $m = j \times n$이면 $n = (j \times k) \times n$이고 $m = (j \times k) \times m$이기 때문이다. 이때, m과 n이 모두 0이거나 j와 k가 모두 1이면, m과 n은 같다.

정수에서 약수 연산은 반대칭적이 아니다. 왜냐하면 모든 m에 대해 $m \backslash -m$이고 $-m \backslash m$이지만, m과 $-m$이 꼭 같지는 않기 때문이다. 즉, 정수에 대해 약수 연산은 부분 순서가 아니다. (원순서(pre-order)라고 부른다.)

0은 모든 수의 배수이기 때문에($[\, 0 = 0 \times m \,]$), 0은 모든 수로 나누어떨어진다.

$[\, m \backslash 0 \,]$

(물론, m이 0인 경우도 포함이다. $0 \backslash 0$.) 즉, 0은 자연수의 약수 순서에서 '최대' 원소이다.

두 자연수의 최대공약수는 두 수의 최솟값과 같은 방법으로 정의된다((15.17)을 보아라).

[최대공약수] $[p\backslash(m\,gcd\,n\,) \equiv p\backslash m \wedge p\backslash n]$ (15.19)

(15.19)는 엄밀히 말하면 최대공약수의 성질을 나타내지만, 이 성질을 항상 만족하는지 여부를 직관적으로 알 수 없다. 임의의 m과 n에 대해 $m\,gcd\,n$를 계산하는 알고리즘이 필요하다. 이러한 알고리즘에는 여러 수학 책에 등장하는 유클리드(Euclid)의 알고리즘이 있다.

최소공배수('lcm'이라 쓴다)는 최대공약수와 대칭되는 정의를 가지고 있다.

[최소공배수] $[(m\,lcm\,n)\backslash p \equiv m\backslash p \wedge n\backslash p]$ (15.20)

(15.20)을 (15.16)과 비교해 보자. ↑가 lcm으로 바뀌고, ≤이 \로 바뀌었다. 따라서 최대의 성질들 가운데 결합법칙, 교환법칙과 멱등성은 최소공배수에서도 성립한다. 이하 관계의 특정한 성질에 의존하는 다른 성질들은 최소공배수에서는 성립하지 않는다. 예를 들어, 약수 관계에서 덧셈은 단조적이지 않고, 약수 관계는 최소공배수를 통해 분배되지도 않는다. 반면, 곱셈은 약수 관계에 대해 단조적이다.

[단조성] $[m \times n\backslash m \times p \Leftarrow n\backslash p]$ (15.21)

이기 때문에, m이 0이 아닐 때에는 명제를 함축(⇐)에서 등식(≡)으로 바꿀 수 있다. 덧셈이 최대를 통해 분배됨을 보이는 증명을 따라 해도, 곱셈이 최소공배수를 통해 분배된다는 것을 보일 수 없다. 실제로 곱셈은 최소공배수를 통해 분배되지만, 이를 증명하는 것은 조금 더 어렵다. (연습문제에서 이를 어떻게 구성하는지에 대한 힌트를 볼 수 있다.) 곱셈은 최대공약수를 통해서도 분배되지만 이를 증명하려면 유클리드 알고리즘에 대한 분석이 필요하다.

15.4 모듈러 연산

모듈러 연산은 정수를 나눈 나머지에 대한 계산이다. 그렇기에, 모듈러 연산에 대한 논의를 하려면 먼저 정수의 나눗셈에 대한 논의를 해야 한다.

15.4.1 정수의 나눗셈

정수의 나눗셈은 실수의 나눗셈에 대한 근사이다. (정수) m을 (정수) n으로 나눈 결과는, k에 대한 다음 부등식의 해와 같다.

$$k :: k \times n \leq m < (k+1) \times n \qquad (15.22)$$

예를 들어,

$$[\, m \times n \leq m \times n < (m+1) \times n \Leftarrow 0 < n \,]$$

이므로, $m \times n$을 양수 n으로 나눈 결과에 대한 성질을 정수 m은 만족한다.

(15.22)는 정의가 아닌 성질이다. 식의 해가 존재하지 않을 수도 있고, 해가 하나가 아닐 수도 있기 때문이다. 부등식이 유일한 해를 가짐을 보임으로써, 수 m과 n에 대해 '정수 나눗셈'을 한 결과를 나타내는 함수를 생각할 수 있다. 이를 $m \div n$으로 표현한다. 이 절에서는 이 함수에 대해 탐구해 보자.

사실, (15.22)는 n이 0일 때 해를 가지지 않는다. 식이 다음과 같이 간략화되는데,

$$k :: 0 \leq m < 0$$

이는 당연히 해가 없는 식이기 때문이다! m을 n으로 나눈 결과는 n이 0일 때 정의되지 않는 결론을 내릴 수밖에 없다. 놀라운 일은 아니다. 그런데, 사실 (15.22)는 0 이하인 어떤 n에 대해서도 성립하지 않는다. $n < 0$일 때,

$$k \times n \leq m < (k+1) \times n$$
$$= \quad \{\ \text{반단조성: (15.13)과 (15.14)}\ \}$$
$$k \times (-n) \geq -m > (k+1) \times (-n)$$
$$\Rightarrow \quad \{\ \text{전이성}\ \}$$
$$k \times (-n) > (k+1) \times (-n)$$
$$= \quad \{\ n < 0,\ \text{단조성: (15.12)}\ \}$$
$$k > k+1$$
$$= \quad \{\ \text{단조성: (15.10)}\ \}$$
$$0 > 1$$

즉, $n < 0$일 때 식 $k \times n \leq m < (k+1) \times n$의 값은 k의 값과 무관하게 거짓이라는 결론을 내릴 수 있다. 따라서 성질 (15.22)는 성립하지 않는다.

다음, (15.22)의 해가 최대 하나인지 살펴보자. $0 < n$이라 가정하고 i와 j가

(15.22)를 만족한다고 하자. 즉, $i \times n \leq m < (i+1) \times n$이고, $j \times n \leq m < (j+1)$ $\times n$이다. 이때,

$i \times n \leq m < (i+1) \times n \land j \times n \leq m < (j+1) \times n$

$\Rightarrow$ { 명제 두 개를 생략 }

$i \times n \leq m \land m < (j+1) \times n$

$\Rightarrow$ { 전이성 }

$i \times n < (j+1) \times n$

$=$ { $0 < n$, 단조성: (15.12) }

$i < j+1$

$=$ { (15.15) }

$i \leq j$

i와 j의 성질에서 두 개의 명제를 생략하고 나서 $i \leq j$라는 결론을 내릴 수 있다. 대칭적으로, 다른 두 명제를 생략하면 $j \leq i$라는 결론을 내릴 수 있다. '이하' 관계의 반대칭성을 이용하면, i와 j가 같다는 결론을 이끌어 낼 수 있다. 즉, (15.22)는 많아야 하나의 해를 가지고 있다.

마지막 목표는, (15.22)가 $0 < n$일 때 최소 하나의 해를 가짐을 보이는 것이다. 이를 위해, m이 주어졌을 때 $k \times n \leq m < (k+1) \times n$을 만족하는 정수 k를 계산하는 알고리즘을 제시해야 한다. 먼저 k에 대한 성질을 두 개의 명제 $k \times n \leq m$과 $m < (k+1) \times n$으로 분리한다. 이때, $0 = 0 \times n$이므로, 먼저 k를 0으로 초기화한 다음, 불변량 $k \times n \leq m$을 유지하면서 k를 반복적으로 증가시킬 수 있다. 이 알고리즘은 $m < (k+1) \times n$일 때에 종료한다. 반복문이 작동하는 횟수는 최대 m번이다. $0 < n$일 때 항상 $m < (m+1) \times n$이 성립하기 때문이다.

{ $0 \leq m \land 0 < n$ }

$k := 0$;

{ 불변량: $k \times n \leq m$

　　진행 측도: $m - k$ }

$do\,(k+1) \times n \leq m \rightarrow k := k+1$

od

{ $k \times n \leq m < (k+1) \times n$ }

$m \leq 0$일 때, 비슷한 알고리즘을 구성할 수 있다. 이 알고리즘은 먼저 k를 0으로 초기화한 다음, 속성 $m < (k+1) \times n$을 불변량으로 정하고 시작한다. 불변량을 유지하며, $k \times n \leq m$이 성립하게 될 때까지 k를 반복적으로 감소시킨다.

$0 < n$일 때 (15.22)가 정확히 하나의 해를 가짐을 보였다. 유일한 해를 $m \div n$이라고 쓰고, m 나누기 n이라고 읽는다. 이제, 정수의 나눗셈 연산을 **정의하는** 성질은

[정수의 나눗셈] $\quad [(m \div n) \times n \leq m < (m \div n + 1) \times n]$ $\qquad$ (15.23)

이다. 이때, 먼저 $0 < n$을 만족해야 한다.

$n < 0$일 때는, $m \div n$을 $(-m) \div (-n)$으로 정의할 수 있다. $(-m) \div n$은 일반적으로 $-(m \div n)$과 다름에 유의하라. (예를 들어, $(-1) \div 2 = -1 \neq 0 = -(1 \div 2)$이다.) 사실, (이름과 달리) 음수에 대해 정수 나눗셈을 쓰는 일은 잘 없다. 컴퓨터 프로그램에서 그러한 연산을 실행할 때에는, 해당 프로그래밍 언어에서 연산자가 어떻게 정의되는지 면밀히 확인해 보아야 한다. 연산자의 정의가 여기서 주어진 정의와 다를 수 있으며, 언어에 따라, 심지어는 컴파일러에 따라 다를 수 있다.

이로써 $m \div n$을 계산하는 알고리즘을 얻었다. 그러나 정수 나눗셈에 대해 추론하기 위한 일차적인 도구는 나눗셈을 정의하는 성질이다. 예를 들어,

$[(m \times n) \div n = m]$ $\qquad$ (15.24)

가 성립하는데, 이에 대한 증명은 다음 두 과정으로 이루어져 있다.

$\quad k \times n \leq m \times n < (k+1) \times n$
$= \quad \{ \ \text{단조성: (15.11)} \ \}$
$\quad k \leq m < k+1$
$= \quad \{ \ \text{(15.15)와 반대칭성} \ \}$
$\quad k = m$

다음, 위 식에서 k의 자리에 $(m \times n) \div n$을 대입한다. 첫째 줄은 항상 참이므로, $(m \times n) \div n = m$도 항상 참이다. (15.24)의 따름정리로는 $[0 \div n = 0]$이나 $[m \div 1 = m]$이 있다.

자연수 나눗셈의 몇몇 성질은 정의로부터 직접 도출하기 더욱 어렵다. $m \div n$의

다른 강력한 성질은, $m \div n$은 $k \times n$이 m 이하인 가장 큰 정수 k와 같다는 것이다. 일반적으로, 다음 성질

[정수의 나눗셈] $\quad [\, k \leq m \div n \equiv k \times n \leq m \,]$ (15.25)

로 표현된다. 다음과 같이 양쪽 함축을 모두 증명함으로써 (15.23)에서 (15.25)를 유도할 수 있다.

$$k \leq m \div n$$
$$= \quad \{ \ 0 < n, \text{단조성}: (15.11) \ \}$$
$$k \times n \leq (m \div n) \times n$$
$$\Rightarrow \quad \{ \ (15.23)\text{과 전이성} \ \}$$
$$k \times n \leq m$$
$$\Rightarrow \quad \{ \ (15.23)\text{과 전이성} \ \}$$
$$k \times n < (m \div n + 1) \times n$$
$$= \quad \{ \ 0 < n, \text{단조성}: (15.12) \ \}$$
$$k < m \div n + 1$$
$$= \quad \{ \ (15.15) \ \}$$
$$k \leq m \div n$$

간접 등식의 규칙과 결합했을 때, (15.25)는 간단하고 효과적인 도구이다. 이를 사용하는 예시는

$$[\, (m \div n) \div p = m \div (n \times p) \,]$$ (15.26)

에 대한 증명이다. 과정은 다음과 같다.

$$k \leq (m \div n) \div p$$
$$= \quad \{ \ (15.25) \ \}$$
$$k \times p \leq m \div n$$
$$= \quad \{ \ (15.25) \ \}$$
$$k \times p \times n \leq m$$
$$= \quad \{ \ (15.25) \ \}$$
$$k \leq m \div (n \times p)$$

여기에서 곱셈의 결합법칙과 교환법칙을 암묵적으로 이용하였다.

(15.25)가 쓰이는 두 번째 예시는 $(j \times n + m) \div n$을 간략화할 때이다.

$$k \le (j \times n + m) \div n$$
$$= \quad \{ \ (15.25) \ \}$$
$$k \times n \le j \times n + m$$
$$= \quad \{ \ 단조성:(15.9) \ \}$$
$$(k - j) \times n \le m$$
$$= \quad \{ \ (15.25) \ \}$$
$$k - j \le m \div n$$
$$= \quad \{ \ 단조성:(15.9) \ \}$$
$$k \le j + m \div n$$

여기서 간접 등식의 규칙을 이용해 다음과 같은 결론을 낼 수 있다.

$$[\ (j \times n + m) \div n = j + m \div n \ ] \tag{15.27}$$

(15.26)과 (15.27) 모두 (15.25)를 이용하지 않고 증명하기는 상대적으로 어렵다.

15.4.2 나머지와 모듈러 연산

자연수 m을 양의 자연수 n으로 나눈 나머지를 $m \ mod \ n$으로 쓴다. 이의 정의는 다음과 같다.

$$[\text{mod}] \quad [\ m \ mod \ n = m - (m \div n) \times n \ ] \tag{15.28}$$

자연수 나눗셈의 정의 (15.23)과 덧셈의 단조성 (15.9), (15.10)을 함께 이용하면,

$$[\text{mod}] \quad [\ 0 \le m \ mod \ n < n \ ] \tag{15.29}$$

를 얻을 수 있다. 범위 $0 .. n - 1$에 있는 수들을 **모듈로 n 정수**라고 부른다.

어떤 수에 대한 모듈로를 세는 것은 알고리즘 문제를 풀 때 매우 흔한 단계이다. 어떤 물건의 개수가 3으로 나누어떨어지는지 셀 때, $0, 1, 2, 0, 1, 2, 0, 1, 2, 0, \ldots$과 같이 셀 수 있다. 이는 $0, 1, 2, 3, 4, 5, \ldots$와 같이 센 다음 결과 값을 3으로 나누는 것보다 훨씬 쉽다.

모듈로 아래에서 수를 더하거나 곱할 수 있다. 그림 15.1은 모듈로 3 아래의 덧셈과 곱셈을 나타낸다.

$\oplus$	0	1	2		$\otimes$	0	1	2
0	0	1	2		0	0	0	0
1	1	2	0		1	0	1	2
2	2	0	1		2	0	2	1

그림 15.1 모듈로 3 아래의 덧셈과 곱셈

양수 n에 대해, 모듈로 n 아래의 덧셈은 모듈로 n 정수 i와 j에 대해 다음과 같이 정의된다.

$$[\, i \oplus j = (i + j)\ mod\ n \,] \tag{15.30}$$

비슷하게, 모듈로 n 아래의 곱셈은 모듈로 n 정수 i와 j에 대해 다음과 같이 정의된다.

$$[\, i \otimes j = (i \times j)\ mod\ n \,] \tag{15.31}$$

(정수의) 덧셈은 대칭적이기 때문에, 모듈로 n 아래의 덧셈이 대칭적임은 (15.30)으로부터 분명히 알 수 있다. 모듈로 n 아래의 곱셈도 비슷하게 대칭적이다. 또한, 모듈로 n 정수인 0과 어떤 모듈로 n 정수 j에 대해서, $[0 \oplus j = j]$와 $[0 \otimes j = 0]$임은 (15.30)과 (15.31)로부터 분명히 알 수 있다. 또한, $1 < n$일 때에 1은 모듈로 n 정수이고, $[1 \otimes j = 1]$임은 (15.31)로부터 분명하다.

임의의 수 k와 m에 대해, 다음과 같이 분배법칙이 성립한다.

$$[\, (k + m)\ mod\ n = (k\ mod\ n) \oplus (m\ mod\ n) \,] \tag{15.32}$$
$$[\, (k \times m)\ mod\ n = (k\ mod\ n) \otimes (m\ mod\ n) \,] \tag{15.33}$$

따라서, 모듈로 n 아래에서의 덧셈과 모듈로 n 아래에서의 곱셈은 모두 결합법칙을 만족하고, 모듈로 n 아래에서의 곱셈은 모듈로 n 아래에서의 덧셈을 통해 분배된다.

정리하면, $2 < n$을 만족하는 임의의 수 n에 대해, $\otimes$가 모듈로 n 아래에서의 곱셈, $\oplus$가 모듈로 n 아래에서의 덧셈이라 하자. 이때, 5-튜플 $(\{i \mid 0 \le i < n\}, 1, 0, \otimes, \oplus)$는 반환(semiring)을 이룬다.

15.5 연습문제

1. 0을 곱하는 것이 이하 연산에 대해서 단조적인가? 미만 연산에 대해서는 단조적인가?

2. 규칙 (15.11)을 이용해 $\frac{1}{x} \le \frac{1}{y}$를 간략하게 정리하라. 즉, 다음과 같은 형태의 규칙

   $$\left[\left(\frac{1}{x} \le \frac{1}{y} \equiv ? \right) \Leftarrow ?? \right]$$

   에, 나눗셈이 들어가지 않은 표현식 ?와 ??를 채워서 규칙을 완성하라.

3. 다음을 간략화하라. 계산의 각 단계에서 어떤 규칙을 쓰는지 명확히 서술하라.

   (a) $n - \frac{1}{2} m \le m - \frac{1}{2} n$
   (b) $n - m < \frac{1}{2} \left(m - \frac{1}{2} n \right)$

4. 다음을 증명하라.

   $$\left[(k \times m + r < j \times m \equiv k < j) \Leftarrow 0 \le r < m \right]$$

5. (15.13)을 유도하라. 다음을 사용하라.

   $$[x \le y \equiv -y \le -x]$$

6. 규칙 (15.15)은 세 가지 또 다른 형태로 쓸 수 있다. 그중 한 가지 형태는 다음과 같다.

   $$[m \le n \equiv m < n + 1]$$

   세 가지 다른 형태를 모두 나열하고, 15.1절에 있는 규칙들을 이용해서 각각을 증명하라.

7. 곱셈이 lcm을 통해 분배됨을 보여라. m이 0이 아닐 때 다음 성질을 이용하라.

   $$[m \times n \backslash p \equiv m \backslash p \wedge n \backslash p \div m]$$

8. $(10 \times m + n) \bmod 9$를 간략화하라. 식에서 곱셈 연산을 제거하라. 이를 이용해 $24 \bmod 9$, $243 \bmod 9$, $2437 \bmod 9$를 계산하라. 임의의 십진법 자연수

n(즉, 자연수의 배열 ds)에 대해 $n \bmod 9$를 계산하는 알고리즘을 공식화하라.

9. $24 \bmod 3$, $243 \bmod 3$, $2437 \bmod 3$을 계산하라. 계산을 간략화할 수 있는 일반적인 규칙을 표현하라.

10. 모든 정수 m에 대해 단항 연산자 $\ominus$를 다음과 같이 정의한다.

$$\ominus m = (-m) \bmod n$$

정수 m에 대해 $\ominus m$이 모듈로 n 정수임을 참고하라. 특히, m이 모듈로 n 정수일 때, $\ominus m$은 모듈로 n 정수이다. 단항 연산자 $\ominus$는 **모듈로 n에 대한 역**이라고 한다.

모듈로 n에 대한 역과 관련된 다음 성질들을 보여라. m은 임의의 정수이고, j와 k는 모듈로 n 정수라고 가정하라.

(a) $[\ominus m = \ominus (m \bmod n)]$

(b) $[j \oplus (\ominus j) = 0]$

(c) $[\ominus j = k \equiv j = \ominus k]$

(d) $[\ominus (j \oplus k) = (\ominus j) \oplus (\ominus k)]$

11. 정수의 나눗셈이 이하 연산자에 대해 단조적임을 보여라.

$$[i \div n \le j \div n \Leftarrow i \le j]$$

$0 < n$이라고 가정해야 한다. 힌트: (15.25)를 이용하라.

12. 정수의 나눗셈의 성질 (15.22)는, 실수 나눗셈을 한 결과를 가까운 정수로 내림함으로써 설명할 수 있다. 실수 나눗셈을 한 결과를 올림하도록 연산자를 바꾸어 보아라. 어떤 것들이 바뀌는가?

13. $\div$이 정수의 나눗셈을 뜻할 때, 다음을 보여라.

$$[i < (i+j) \div 2 < j \Leftarrow i+1 \ne j \wedge i < j]$$

정수의 나눗셈에 대한 다음 속성들을 가정하라. 짝수를 2로 나누면, 정확하게 나누어떨어진다.

$$[\,(2 \times i) \div 2 = i\,]$$

정수의 나눗셈은 이하 관계에 대해 단조적이다.

$$[\,i \div 2 \leq j \div 2 \Leftarrow i \leq j\,]$$

주의: 자연수의 나눗셈은 이하 관계에 대해 단조적이지 않다. ((15.25) 등을 사용하지 않고 제안한 방법으로 증명해 낸다면, 올바른 증명이 완성되지만, 정수의 나눗셈이 실수의 나눗셈을 내림, 올림 또는 0을 향해 올림/내림하는 방법으로 구현된다.)

16장

A l g o r i t h m i c   P r o b l e m   S o l v i n g

관계, 그래프, 경로 대수

12.7절에서 이항 연산자를 그래프로 그릴 수 있음을 보였다. 이 장에서는, 관계와 그래프가 어떻게 연결되어 있는지 더욱 자세히 논의한다. 많은 알고리즘 문제에는 그래프에서 경로를 찾고, 평가하는 과정이 포함되어 있다. 이 장의 목표는 이러한 문제를 수학적으로 잘 표현해서 풀이를 계산하는 것이다.

16.1 방향 그래프의 경로

그래프와 그래프의 경로에 대한 수학적 정의를 제시하며 이 장을 시작하려 한다. 일상 언어로는 이해하기 쉬운 개념이기 때문에, 처음 읽을 때에는 정의의 세부 사항에 신경 쓸 필요가 없다. 세부 사항은 이후에 정의가 본격적으로 이용될 때 중요하다.

정의 16.1 (방향 그래프)

방향 그래프는 **정점**과 **간선**이라 부르는 두 집합 N과 E로 이루어진다. 그리고, $E \rightarrow N$으로 가는 두 개의 함수 $from$과 to가 있다.

e가 그래프의 간선이고, $from(e) = m$이고 $to(e) = n$이라고 하자. (m과 n은 그래프의 정점이다.) 이때 e는 정점 m에서 정점 n으로 향하는 간선이라 부른다.

가끔씩 그래프를 정의하고 G라는 이름을 부여하는 대신, '$G = (N, E, from, to)$라고 하자'와 같은 형태로 적기도 한다.

대부분의 경우에, 우리가 다루는 그래프는 정점의 유한 집합과 간선의 유한 집합을 가지고 있다. 그리고 뒤에서, 간선에 가중치가 있는 그래프에 대해서도 다룰 것이다. 가중치는 그래프의 간선에서 정의되는 함수이다. 가중치(함숫값)는, 함수의 자료형이 $E \to Bool$일 때는 불리언일 수도 있고, 함수의 자료형이 $E \to \mathbb{N}$일 때는 정수일 수 있고, 그 외에도 문제에 따라 어떤 자료형이든 될 수 있다.

정점과 간선의 집합이 충분히 작을 때에는 그래프를 그려 보는 것이 도움이 될 수 있다. 그림 16.1은 n이라는 이름의 정점에서 m이라는 이름의 정점으로 향하는, 가중치가 w인 간선을 그리는 방법을 보여 준다. 이때, 화살의 방향은 이 간선에서의 $from$과 to 함수의 값을 나타낸다. 정점에 이름을 붙일 필요가 없을 때는 이를 검정색 점으로 그리곤 한다.

그림 16.1 가중치가 있는 간선

그래프의 정의에 따르면, 같은 $from$과 to를 가진 간선이 여러 개 있어도 된다. 그러나 이 책에서는 그러한 그래프는 다루지 않을 것이다. 일반적으로, 두 정점의 쌍 m과 n에 대해, 두 정점을 잇는 간선은 최대 하나 있다고 가정한다.

'방향' 그래프를 단순히 '그래프'라고 부르는 일이 많을 것이다. 방향 그래프는 모든 소통이 일방향인 소통 네트워크로 생각할 수 있다. 이때 소통의 방향은 화살표의 방향으로 나타난다. 가끔 '무방향' 그래프라는 말이 더 어울릴 때가 있다. 이는 모든 소통이 양방향이고 완전히 대칭적인 소통 네트워크로 생각할 수 있다.

정의 16.2 (무방향 그래프)

무방향 그래프는 **정점**과 **간선**이라 부르는 두 집합 N과 E로 이루어진다. 그리고, 함수 $endpts$가 있다. 각 간선 e에 대해 $endpts$의 함숫값 $endpts(e)$는, 정점으로 이루어진 크기 2의 모음(bag)이다.

'$endpts$'라는 이름은 '끝 정점(end-points)'의 준말이다. $endpts(e)$가 크기 2의 모음이라는 것은, 서로 다른 두 원소를 가진 것일 수도 있고, 한 원소가 두 번 반복된 것일 수도 있다. 후자의 경우, 해당 간선을 **셀프 루프**라 부른다. 그림 16.2는 (이름을 붙이지 않은) 정점 두 개와 간선 두 개로 이루어진 무방향 그래프이다. 두 간선 중 하나는 셀프 루프이다. 방향 그래프에서와 마찬가지로, 끝 정점의 쌍이 서로 같은 두 간선이 정의상 있을 수도 있지만, 일반적으로 각 정점들의 쌍에 대해, 두 점을 잇는 간선은 최대 한 개 존재한다고 가정한다.

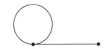

그림 16.2 정점 두 개와 간선 두 개로 이루어진 무방향 그래프

분명히, 무방향 그래프는 방향 그래프로 바꿀 수 있다. 무방향 그래프에서 끝 정점 두 개가 각각 m과 n인 간선은, 방향 그래프에서 $from$이 m이고 to가 n인 간선 e_1과 $from$이 n이고 to가 m인 간선 e_2로 바꿀 수 있다. 셀프 루프는 $from$과 to 정점이 같은 간선 하나로 바꿀 수 있다.[1] 맥락이 명확할 때에는 '방향' 또는 '무방향'이라는 말을 생략하곤 한다.

그래프에서 경로를 찾는 문제로 모델링되는 문제가 많다. 아래는 '경로'의 정의이다.

정의 16.3 (경로)

그래프 $(N, E, from, to)$와 두 정점 s와 t를 가정하자. s부터 t까지의 길이 k의 경로는, 정점과 간선이 번갈아 나타나는 길이 $2k + 1$의 수열로 정의한다. 수열은 s로 시작해서 t로 끝난다. 그리고 m, n이 정점이고 e가 간선일 때, m, e, n 형태의 모든 부분 수열에 대해 $from(e) = m \land to(e) = n$이 성립해야 한다. 두 정점 s와 t는 경로의 시작 정점과 끝 정점이라고 한다.

그림 16.3은 $start$ 정점부터 $finish$ 정점까지의 길이 3의 경로를 나타낸다. 경로는 다음 수열로 나타낼 수 있다.

$$start, e1, n1, e2, n2, e3, finish$$

그림 16.3 길이 3의 간선

---

1 주의: 어떤 문제에서는, 셀프 루프를 (동일한) 두 개의 간선으로 바꾸는 것이 더 나을 수도 있다.

경로의 정의상, 길이가 0인 경로도 가능함을 짚고 넘어가야 한다. 즉, 그래프의 모든 정점에 대해, 이 정점에서 시작해서 이 정점에서 끝나는 길이 0의 경로가 존재한다. 정점 s로만 이루어진 수열은 경로의 조건을 만족한다. 이러한 경로를 빈 경로라고 부른다. 또한, 각 간선 e에 대해서 다음과 같은 길이 1의 경로를 정의할 수도 있다.

$$from(e), e, to(e)$$

간선과 경로는 서로 다른 타입의 개체이므로 구분해서 사용해야 한다. 그럼에도, 가끔은 간선과 길이 1의 경로를 구분하지 않는 것이 편리할 때가 있다. 그러나 정점에서의 셀프 루프는, 길이 0의 경로와 구분해야만 한다. 셀프 루프는 이 정점에서 자기 자신으로 돌아오는 길이 1의 경로를 정의한다.

경로는 가끔씩 간선에 대한 언급을 생략하고 정점의 수열로 나타내곤 한다. (이러한 표현을 16.4.4절에서 사용할 것이다.) 또한, 정점에 대한 언급을 생략하고 간선의 수열로 나타내기도 한다. (예를 들어, 주어진 정점 쌍을 잇는 간선이 여러 개 있을 때에는 어떤 간선을 사용하는지 구분하는 것이 중요하다.) 대부분의 경우에 이러한 표기법은 문제되지 않는다. 단, 빈 경로의 경우에 표현이 모호해질 수 있다. 간선으로 이루어진 빈 수열은 경로의 시작 정점과 끝 정점을 구별하지 않는다.

정의 16.4 (단순 경로와 사이클)

그래프의 경로에서 반복되는 정점이 없을 때 이 경로를 단순 경로라고 한다. 길이가 1 이상인 경로 중, 시작 정점과 끝 정점이 같은 경로를 사이클이라고 한다. 어떤 그래프에 사이클이 없을 때, 이 그래프를 사이클이 없는(acyclic) 그래프라고 부른다.

16.2 그래프와 관계

변수가 두 개인 관계를 나타내기 위해 12.7절에서 처음 그래프를 소개했다. 12.7.6절에서는 그래프의 전이 폐포를 표현하는 경제적인 방법으로 하세 다이어그램을 소개했다. 이를 이용하면 그래프를 따라 경로를 보기 더 편해진다. 이 절에서는 관계와 그래프 사이의 대응에 관해 더욱 자세히 알아본다.

변수가 두 개인 연산은 두 개의 불리언 변수에 대한 함수임을 떠올리자. 또한, 집합과 불리언 함수가 '동형'이라는 점도 기억하자. 즉, 불리언 함수로 집합(함숫값이 참인 값의 집합)을 정의할 수 있으며, 집합으로 불리언 함수(어떤 값이 집합의 원소인지 아닌지 판별)를 정의할 수 있다. 이를 관계에 적용했을 때, 변수가 두 개인 연산은 집합으로 정의할 수 있다는 뜻이다. 두 매개변수의 자료형이 A와 B일 때, 관계는 $A \times B$의 부분집합이다. 다른 말로, A와 B에서의 변수가 두 개인 관계는, a가 A의 원소이고 b가 B의 원소인 쌍 (a, b)의 집합이다. 집합 A와 B의 크기가 작을 때에는 관계를 집합의 관점에서 보는 것이 더 용이할 것이다. 이 절에서 보여 주려고 하는 예시이다. 관계를 집합으로 바라보는 관점과 불리언 값을 가진 함수로 바라보는 관점 중 그때그때 적절한 관점을 찾아 보는 연습을 할 것이다.

12.7절에 제시된 관계는 모두 동종(homogeneous) 관계들이다. 즉, 자료형 A와 자료형 B가 같다는 것이다. 우리는 동종 관계에 훨씬 관심이 많지만, 지금은 이종 (heterogeneous) 관계라고 부르는 것을 고려해 보자. 이종 관계에서는 A와 B의 자료형이 다를 수 있다.

먼저 예를 들어 생각해 보자. 두 개의 집합으로 시작하자. 각각은 원소가 세 개인 집합 $\{a, b, c\}$와 원소가 두 개인 집합 $\{j, k\}$이다. 두 집합의 곱집합 $\{a, b, c\} \times \{j, k\}$는 $3 \times 2 = 6$개의 원소를 가지고 있다. $\{a, b, c\}$와 $\{j, k\}$ 사이의 관계는 $\{a, b, c\} \times \{j, k\}$의 부분집합이다. 이러한 관계는 $2^6 = 64$개 존재한다. $\{a, b, c\} \times \{j, k\}$의 6개의 원소 각각이 관계의 원소이거나 관계의 원소가 아닌 두 가지의 경우를 갖기 때문이다. 관계의 원소가 6개씩 존재하므로, 단순히 관계의 원소들을 나열하면 그 관계를 특정할 수 있다. 즉, 각각의 관계를 나타내는 그림을 그릴 수 있다.

그림 16.4는 그런 관계 한 가지를 나타낸다. 관계를 집합으로 나타내면 이는 다음과 같다.

$\{(a, j), (b, k), (c, j), (c, k)\}$

관계를 불리언 값을 가진 함수로 보면, 쌍 $(a, j), (b, k), (c, j), (c, k)$는 참, 쌍 (a, k), (b, j)는 거짓에 대응시키는 함수와 같게 된다. 말로 표현하면, a는 j와, b는 k와, c는 j, k와 관계되어 있다. 그림 16.4는 정점을 집합 $\{a, b, c\} \cup \{j, k\}$로 두고 관계를 그래프로 표현한 것이다. 서로 관계되어 있는 $\{a, b, c\}$의 원소와 $\{j, k\}$의 원소 사이에는 간선이 그어져 있다.

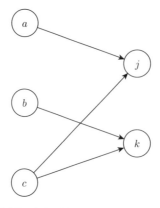

그림 16.4 관계 $\{(a, j), (b, k), (c, j), (c, k)\}$를 나타내는 이분 그래프

임의의 집합 A와 B에 대해, $A \times B$의 부분집합을 자료형 $A \sim B$의 (이종) 관계라고 부른다. 곱집합과 멱집합을 결합한 연산자로 '$\sim$'를 정의한다. $A \sim B$는 $2^{A \times B}$, 즉 $A \times B$의 부분집합의 집합과 같다. 그림 16.4는 자료형 $\{a, b, c\} \sim \{j, k\}$의 관계를 나타낸다.

그림 16.4의 그래프는 이분 그래프(bipartite graph)라 부른다. 그래프의 정점을 서로 교집합이 공집합인 두 집합으로 분리해, 모든 간선이 한 집합의 정점과 다른 집합의 정점을 잇는 간선이 되게 할 수 있기 때문이다. A와 B가 서로 교집합이 없는 집합이고, 이 그래프는 자료형 $A \sim B$의 관계를 나타내기 때문에, 이 그래프는 이분 그래프이다. 두 집합 A와 B의 교집합이 공집합이 아니면, 자료형 $A \sim B$의 이종 관계를 그래프로 나타낼 때 자료형 정보를 잃게 된다. 이를 집합 $A \cup B$에 대한 동종 관계로 나타내는 편이 낫다. 이 구별은 가끔 중요하다. (이는 16.5절에서 행렬을 다룰 때 처음으로 중요하게 다룬다.) 하지만 보통은 이를 무시해도 된다. 그럼에도 불구하고, 읽기 쉽도록 이 책의 첫 예시들은 모두 A와 B의 교집합이 공집합인 경우에 자료형 $A \sim B$에 대한 관계이다.

16.2.1 관계의 합성

그림 16.5은 위에서 보았던 관계와 함께 두 번째 관계가 그려져 있다. 두 번째 관계는 자료형 $\{j, k\} \sim \{y, z\}$의 관계 $\{(j, y), (j, z), (k, y)\}$이다. 자료형 $A \sim B$의 관계와 자료형 $B \sim C$의 관계를 합성할 수 있다. 결과는 자료형 $A \sim C$의 관계이다. 그림 16.5에서 나타낸 두 개의 관계를 합성한 결과는 그림 16.6에 나타나 있다. 그림

16.5에 있는 두 개의 그래프로부터 그림 16.6의 그래프를 합성한 방법에 대해 알아볼 것이다. 이후, 두 관계의 합성에 대해 엄밀하게 정의할 것이다.

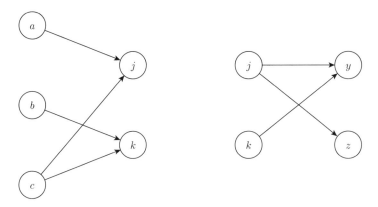

그림 16.5 합성할 수 있는 두 개의 관계를 나타낸 그래프

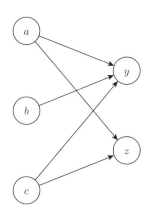

그림 16.6 그림 16.5에 있는 두 개의 관계를 합성한 관계를 나타낸 그래프

본질적으로 이 과정은 두 개의 간선을 하나로 대체하는 것이다. 예를 들어 그림 16.5에서, 왼쪽 그래프에는 a에서 j로 가는 간선이 있고, 오른쪽 그래프에는 j에서 y로 가는 간선이 있다. 이는 그림 16.6의 a에서 y로 가는 간선에 대응한다. 비슷하게, b에서 y로 가는 간선은 b에서 k, k에서 y로 향하는 두 간선에서 비롯되었다. 이때 한 가지 문제가 있다. c에서 y로 가는 간선은 하나뿐인데, 이 간선은 두 가지 방법으로 만들어진다. 정점 j와 k 모두 두 정점을 연결하는 역할을 한다.

그림 16.6에 있는 그래프의 각 간선은, 그림 16.5의 왼쪽 그래프의 간선과 오른쪽 그래프의 간선이 이어지는 경로가 적어도 하나 이상 존재할 때 만들어진다. 두 간

선은 연결되어 있을 때, 즉 가운데에 공통된 정점이 있을 때 경로를 형성한다.

과정을 되짚어 보면, 그림 16.5의 그래프 두 개는 두 관계를 나타낸다. 첫 번째 관계는 자료형 $\{a, b, c\} \sim \{j, k\}$의 관계이고, 두 번째 관계는 자료형 $\{j, k\} \sim \{y, z\}$의 관계이다. 두 관계는 합쳐질 수 있고, 합친 결과는 그림 16.6의 그래프에 그려져 있다. 일반적으로, R이 자료형 $A \sim B$의 관계이고 S가 자료형 $B \sim C$의 관계라고 하자. 이때 $R \circ S$로 나타내는 두 관계의 합성(composition)은 자료형 $A \sim C$의 관계이며, 다음과 같이 정의된다.

$$[(a, c) \in R \circ S = \langle \exists b : b \in B : (a, b) \in R \wedge (b, c) \in S \rangle] \tag{16.5}$$

정의 (16.5)는 관계를 쌍의 집합으로 나타낸다. 불리언 값을 가진 함수의 관점으로 관계를 바라보면, $(a, b) \in R$ 대신 $a \, R \, b$와 같은 형태로 쓸 수 있을 것이다. 이때 이 정의를 다음과 같이 표현할 수 있다.

$$[a \, (R \circ S) \, c = \langle \exists b : b \in B : (a \, R \, b) \wedge (b \, S \, c) \rangle] \tag{16.6}$$

관계에 대한 변수가 두 개인 연산자를 정의한 뒤에는, 반드시 이의 대수적 성질을 조사하는 것이 중요하다. 합성의 결합법칙이 성립한다는 것은 쉽게 보일 수 있다. 구체적으로, A, B, C, D가 자료형이고 R, S, T가 각각 자료형 $A \sim B, B \sim C, C \sim D$의 관계일 때, $R \circ (S \circ T)$와 $(R \circ S) \circ T$는 똑같이 자료형 $A \sim D$의 관계이다. 이는 간단한 계산으로 증명할 수 있다. 증명의 개요는 다음과 같다.

$a \, (R \circ (S \circ T)) \, d$

= { 합성의 정의를 두 번 확장;

　　　논리곱에 대한 논리합의 분배법칙과 논리합의 멱등성을 이용 }

$\langle \exists b, c : b \in B \wedge c \in C : (a \, R \, b) \wedge (b \, S \, c) \wedge (c \, T \, d) \rangle$

= { 같은 단계이지만 $(R \circ S) \circ T$에 대해 거꾸로 적용 }

$a \, ((R \circ S) \circ T) \, d$

아래 결합법칙

$$[결합법칙] \quad [R \circ (S \circ T) = (R \circ S) \circ T] \tag{16.7}$$

과 확장성의 법칙(두 함수가 항상 같은 값을 반환하면 두 함수는 같다)에 따라, 괄호를 생략하고 단순히 $R \circ S \circ T$와 같이 쓸 수 있다.

관계의 합성이 논리합과 논리곱의 용어로 정의되는 과정을 눈여겨보아라. 이는 합성의 성질에서 핵심이 되는 두 논리 연산자의 대수적 특징이다. 계산 과정의 가운데에 있는 식을 보면, 관계 $R \circ S \circ T$를 통해 a와 d가 이어져 있는 것은 R, S, T의 간선 하나씩을 순서대로 이용해 a와 d를 잇는 경로가 존재한다는 뜻임을 확인할 수 있다. 간선들이 어떤 순서로 합쳐져서 경로를 이루는지는 중요하지 않음을 합성의 결합법칙에서 확인할 수 있다.

관계의 합성은 비대칭적이다. 실제로 이종 관계에서 결합의 순서를 바꾸는 것은 말이 안 되는 이야기이다. 동종 관계에서 - 어떤 A에 대해 자료형 $A \sim A$인 두 개의 관계 R과 S를 생각하자 - 등식 $R \circ S = S \circ R$은 말이 안 되는 식은 아니지만, 참이거나 거짓일 수 있다. 물론, $R = S$일 때는 참이다. 거짓인 경우의 예를 들면, $A = \{a, b, c\}, R = \{(a, b)\}, S = \{(b, c)\}$인 경우이다. 이때 $R \circ S = \{(a, c)\}, S \circ R = \emptyset$이다. 그래프의 경로의 입장에서 생각하면, 간선의 순서는 당연히 중요하다.

방금 빈 집합을 나타내기 위해 일반적인 표기 '$\emptyset$'를 사용했다. 엄밀히는 관계의 자료형을 이야기하기 위해, $\emptyset_{A \sim A}$와 같이 빈 집합의 '자료형'을 구분해서 써야 한다. 보통은 맥락을 통해 어떤 자료형의 관계인지 명확히 알 수 있으므로 잘 구분하지 않는다. 관계의 맥락에서 $\emptyset$을 빈 관계의 의미로 쓰는 게 보통이지만, 간혹 다른 기호를 쓸 때도 있다. 이유는 16.4절에서 설명하겠지만, 여기서는 빈 관계를 0이라는 기호로 쓴다(자료형은 맥락상 분명하거나 독자가 유추할 수 있을 것이다).

(적절한 자료형의) 빈 관계는 합성의 좌영원이거나 우영원이다. 즉, 모든 관계 R에 대해,

[영원] $\qquad [0 \circ R = 0 = R \circ 0]$ $\hfill$ (16.8)

이다. (이 법칙에 등장하는 세 개의 '0'은 모두 다른 자료형인데, 이 점은 중요하지 않다.)

16.2.2 관계의 합집합

합집합(union)은 모든 집합, 따라서 모든 관계에서 정의된다. 유일한 조건은 결합되는 관계들이 같은 자료형이어야 한다는 것이다. 즉, R과 S가 모두 같은 자료형 $A \sim B$를 가지면, $R \cup S$도 자료형 $A \sim B$를 가져야 한다는 것이다. 관계의 합집합

은 교환법칙, 결합법칙, 멱등성을 만족하며, 단위원 0(빈 관계)을 가진다.

집합 $A \times B$는 $A \times B$의 부분집합이다. (당연하다. 둘은 같다!) 이는 자료형 $A \sim B$의 관계이기도 하다. 이를 전칭 관계라고 한다. A의 모든 원소를 B의 모든 원소에 대응시키기 때문이다. 흥미롭게도, 이는 관계의 합집합에 대한 영원이 된다. 자료형 $A \sim B$의 관계 R에 대해,

$$[\,(A \times B) \cup R = A \times B\,]$$

이다. 이는 R이 자료형 $A \sim B$의 관계이므로 정의상 $R \subseteq A \times B$라는 점에서 바로 알 수 있는 사실이다.

자료형 $A \sim B$의 관계를 이분 그래프로 나타내면, 합집합 $A \cup B$는 두 집합 A와 B 사이에서 선택하는 행위에 대응한다. 두 정점 a와 b에 대해, 그래프 $R \cup S$에서 a와 b를 잇는 간선이 있다는 것은 R에서 a와 b를 잇는 간선이 있고 S에서 a와 b를 잇는 간선이 있는 것과 같다. $(R \cup S) \circ T$와 같은 표현은 R 또는 S의 간선과 T의 간선을 이어 만든 경로를 나타낸다. 표현 $R \circ T \cup S \circ T$도 비슷하다. 이 표현은, R, T의 간선을 이어 만든 경로 또는 S, T의 간선을 이어 만든 경로를 나타낸다. 결국 둘은 같다. 합성은 합집합을 통해 분배된다. 즉, 어떤 A, B, C에 대해, R과 S가 모두 자료형 $A \sim B$이고, T가 자료형 $B \sim C$일 때,

[분배법칙]　　$[\,(R \cup S) \circ T = (R \circ T) \cup (S \circ T)\,]$　　　　　(16.9)

이다. 비슷하게, 어떤 A, B, C에 대해, R이 자료형 $A \sim B$이고 S와 T가 자료형 $B \sim C$일 때,

[분배법칙]　　$[\,R \circ (S \cup T) = (R \circ S) \cup (R \circ T)\,]$　　　　　(16.10)

이다. 분배법칙으로부터 곧바로, 합성이 단조적임을 알 수 있다. 구체적으로, 어떤 A, B, C에 대해, R이 자료형 $A \sim B$이고 S, T가 자료형 $B \sim C$일 때,

[단조성]　　$[\,R \circ S \subseteq R \circ T \Leftarrow S \subseteq T\,]$　　　　　(16.11)

이고, 어떤 A, B, C에 대해, S, T가 자료형 $A \sim B$이고, R이 자료형 $B \sim C$일 때,

[단조성]　　$[\,S \circ R \subseteq T \circ R \Leftarrow S \subseteq T\,]$　　　　　(16.12)

이다. 다음 계산으로 (16.11)을 밝힐 수 있다.

$$R \circ S \subseteq R \circ T$$
$$= \quad \{ \subseteq \text{의 정의} \}$$
$$(R \circ S) \cup (R \circ T) = R \circ T$$
$$= \quad \{ \text{분배법칙: (16.9)} \}$$
$$R \circ (S \cup T) = R \circ T$$
$$\Leftarrow \quad \{ \text{라이프니츠} \}$$
$$S \cup T = T$$
$$= \quad \{ \subseteq \text{의 정의} \}$$
$$S \subseteq T$$

16.2.3 전이 폐포

자료형 $A \sim B$의 이분 그래프에 대해, 간선은 A의 정점에서 B의 정점으로 향한다. 일반적인 그래프에서는 간선에 대한 제약이 없다. 그러한 그래프는 동종 관계, 즉 집합 A에 대해 자료형 $A \sim A$의 관계에 대응한다. 즉, 자료형 $A \sim A$의 모든 관계 R은 정점 집합이 A인 그래프를 정의한다. 이 그래프에서 정점 a에서 정점 a'로 향하는 정점이 존재한다는 것은, $a\,R\,a'$가 성립하는 것이다. 반대로, 그래프 $(A, E, from, to)$가 주어졌을 때, 이를 이용해 자료형 $A \sim A$의 관계 R을 정의할 수 있다. $a\,R\,a'$가 성립함은, E에 정점 a에서 정점 a'로 향하는 간선이 존재함과 같다.

이 절에서는 집합 A를 고정하고, 자료형 $A \sim A$인 관계들을 생각한다. 이렇게, 매번 자료형과 자료형 제약을 언급할 필요가 없다. 합성과 합집합은 모든 관계에서 잘 정의되며, 0을 이용해 빈 관계를 표기하는 것은 모호하지 않다. A는 항상 사라지지 않고 모든 정의에서 암시적 매개변수가 된다.

이 절에서, 관계의 전이 폐포를 계산하는 것은 관계의 그래프에서 (길이 1 이상의) 경로의 존재를 확인하는 것과 같음을 보일 것이다.

관계 R이 전이적이라는 말은, 모든 x, y, z에 대해 $x\,R\,y$가 참이고 $y\,R\,z$가 참이면 $x\,R\,z$도 참이라는 뜻이다. 이 정의를 되짚어 보자. 다음 계산에서, 이 속성을 관계 합성의 용어로 표현할 것이다.

$$R \text{이 전이적}$$
$$= \quad \{ \text{정의} \}$$
$$\langle \forall x, y, z : x\,R\,y \wedge y\,R\,z : x\,R\,z \rangle$$

$=$ { 범위 분리 }

$\langle \forall x, z : \langle \exists y :: x\,R\,y \land y\,R\,z \rangle : x\,R\,z \rangle$

$=$ { 합성의 정의: (16.6) }

$\langle \forall x, z : x\,(R \circ R)\,z : x\,R\,z \rangle$

관계를 집합의 관점에서 보면, 전칭 기호

$$\langle \forall x, z : x\,(R \circ R)\,z : x\,R\,z \rangle$$

는

$$R \circ R \subseteq R$$

과 같다. 이 방법으로, **변수 없이** 전이성을 표현하였다.

$[\,R이\ 전이적이다 \equiv R \circ R \subseteq R\,]$ (16.13)

(변수가 없다는 것은, 정의에 '변수' x, y, z가 등장하지 않는다는 의미이다.)

다시 그래프에서의 경로로 돌아오자. 정의 (16.13)에 '$R \circ R$'이 등장하는 것은 관계의 그래프 표기법을 암시하고 있다. 16.2.1절에서 $S \circ T$의 값은 S의 간선과 T의 간선으로 구성된 길이 2의 경로를 통해 이어져 있는 정점들에 대응한다는 결론을 내렸었다. 16.2.1절에서는 이분 그래프만 다루었지만, 이러한 제한이 꼭 필요한 것은 아니다. 즉, 관계 $R \circ R$의 값들은, 관계 R에 대한 그래프의 길이 2인 경로에 대응한다.

이를 일반화할 수 있다. R^1을 R, R^2를 $R \circ R$, R^3을 $R \circ R \circ R$과 같이 쓰자. 이때, (양의 자연수 k^2에 대해) R^k는 그래프에서 길이 k의 경로에 대응된다. 그림 16.7의 그래프는 이의 예시이다. 위쪽 그래프는 크기 5인 집합의 관계 R을 나타낸다. 가운데 그래프는 R^2, 아래쪽 그래프는 R^3을 나타낸다. 가운데 그래프의 간선은 위쪽 그래프의 길이 2인 경로, 아래쪽 그래프의 간선은 위쪽 그래프의 길이 3인 경로에 대응된다.

집합의 합집합은 관계들 사이에서 선택한다는 의미이다. 즉, 길이를 선택한다는 것이다. 예를 들어, 다음 관계

---

2   $k = 0$인 경우를 포함한 모든 '자연수 k'에 대해 정의할 수도 있다. R^0의 정의는, 반사 전이 폐포에 대해 이야기한 뒤에 소개된다. 이는 길이 0의 경로에 대응된다.

$\langle \cup k : 1 \le k \le 3 : R^k \rangle$

의 그래프는, R의 그래프에서 길이 1, 2, 3인 경로 중에서 선택한다는 의미를 가진다. 다음 관계

$\langle \cup k : 1 \le k : R^k \rangle$ (16.14)

의 그래프는, R의 그래프에서 길이가 1 이상인 모든 경로 중에서 선택한다는 의미를 가진다. 곧 이것이 R의 전이 폐포 R^+임을 보일 것이다.

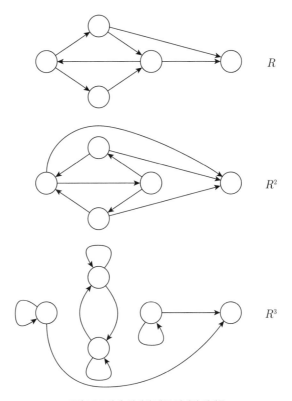

그림 16.7 관계, 관계의 제곱, 관계의 세제곱

(16.14)는 무한한 범위에서의 한정이고, 한정 표현을 다루는 규칙들이 이러한 경우에는 꼭 들어맞지 않을 수 있다는 점을 경고한 바 있지만, 이러한 한정은 관계 R의 정의역이 유한하다면 유한한 범위로 환원될 수 있다. 그래프에서의 경로와 대응해 보면 쉽게 확인할 수 있는 사실이다. 그래프의 정점의 개수가 유한한 수 n이고 한 정점부터 다른 정점까지의 경로가 존재한다면, 길이가 최대 n인 경로가 존재한다.

왜냐하면, 시점과 종점이 같은 적절한 부분 경로를 제거함으로써 모든 경로를 단순 경로로 만들 수 있기 때문이다. 물론, 단순 경로는 최대 n개의 간선으로 이루어져 있다. ('단순'의 엄밀한 정의는 정의 16.4를 참조하라.)

(16.14)가 실제로 R의 전이 폐포 R^+임을 보이기 위해, 전이 폐포의 엄밀한 정의가 필요하다. 변수 없이 정의하는 것이 가장 깔끔하다.

전이 폐포는 다음 두 식으로 정의된다. 먼저, R^+는 전이적이다.

[전이성] $\left[\, R^+ \circ R^+ \subseteq R^+ \,\right]$ $\hspace{4cm}$ (16.15)

그리고, R^+는 R을 포함하고 전이적인 가장 작은 (조건을 만족하는 부분집합이 없는) 관계이다. 즉,

[가장 작음] $\left[\, \langle \forall S : S \circ S \subseteq S : R \subseteq S \equiv R^+ \subseteq S \rangle \,\right]$ $\hspace{2cm}$ (16.16)

목표는 다음 법칙

[전이 폐포] $\left[\, R^+ = \langle \bigcup k : 1 \leq k : R^k \rangle \,\right]$ $\hspace{3cm}$ (16.17)

을 보이는 것이다. 이를 위해, R^+를 $\langle \bigcup k : 1 \leq k : R^k \rangle$로 바꾸었을 때 성질 (16.15)와 (16.16)이 성립함을 보여야 한다. 즉, 우리는

$$\left[\, \langle \bigcup k : 1 \leq k : R^k \rangle \circ \langle \bigcup k : 1 \leq k : R^k \rangle \subseteq \langle \bigcup k : 1 \leq k : R^k \rangle \,\right]$$ (16.18)

과

$$\left[\, \langle \forall S : S \circ S \subseteq S : R \subseteq S \equiv \langle \bigcup k : 1 \leq k : R^k \rangle \subseteq S \rangle \,\right]$$ (16.19)

를 보여야 한다. 먼저 전이적임을 보인다.

$\quad \langle \bigcup k : 1 \leq k : R^k \rangle \circ \langle \bigcup k : 1 \leq k : R^k \rangle$

$= \quad \{$ 분배법칙: (16.9)와 (16.10) $\}$

$\quad \langle \bigcup i, j : 1 \leq i \wedge 1 \leq j : R^i \circ R^j \rangle$

$\subseteq \quad \{$ $R^i \circ R^j = R^{i+j}, 1 \leq i \wedge 1 \leq j \Rightarrow 1 \leq i + j$ $\}$

$\quad \langle \bigcup k : 1 \leq k : R^k \rangle$

이와 같이 (16.18)을 증명할 수 있다. 이제 '가장 작음'을 증명할 것이다. (16.19)의 동치식의 양변 중 복잡한 쪽인 우변에서 시작해, 이것이 좌변과 같음을 보일 것이

다. 이 과정에서는 상호 함축(mutual implication)을 통한 증명이 필수적이다.

$$\langle \bigcup k : 1 \le k : R^k \rangle \subseteq S$$

$= \quad \{ \ \text{합집합의 정의} \ \}$

$$\langle \forall k : 1 \le k : R^k \subseteq S \rangle$$

$= \quad \{ \ \text{수학적 귀납법의 법칙} \ \}$

$$R^1 \subseteq S \wedge \langle \forall k : 1 \le k \wedge R^k \subseteq S : R^{k+1} \subseteq S \rangle$$

$\Leftarrow \quad \{ \ [R^{k+1} = R \circ R^k], \ \text{가정:} \ S \circ S \subseteq S \text{와} \subseteq \text{의 전이성} \ \}$

$$R \subseteq S \wedge \langle \forall k : 1 \le k \wedge R^k \subseteq S : R \circ R^k \subseteq S \circ S \rangle$$

$\Leftarrow \quad \{ \ \text{전이성: (16.11)과 (16.12)} \ \}$

$$R \subseteq S \wedge \langle \forall k : 1 \le k \wedge R^k \subseteq S : R \subseteq S \wedge R^k \subseteq S \rangle$$

$= \quad \{ \ [R^k \subseteq S \Rightarrow R^k \subseteq S], \ \text{그리고} \wedge \text{의 멱등성} \ \}$

$$R \subseteq S$$

$\Leftarrow \quad \{ \ k = 1 \text{일 때 범위 분리}, \ [R \subseteq \langle \bigcup k : 1 \le k : R^k \rangle], \subseteq \text{의 전이성} \ \}$

$$\langle \bigcup k : 1 \le k : R^k \rangle \subseteq S$$

이 계산은 (16.19)의 우변에서 시작하고 끝난다. 좌변은 끝에서 두 번째 표현과 같다. (16.19)를 상호 함축의 법칙을 통해 증명하는 데 성공했다.

16.2.4 반사 전이 폐포

(동종) 관계 R에 대한 반사 전이 폐포를 R^*라고 한다. 이는 전이 폐포와 비슷하게 정의된다. R을 포함하는 가장 작은 반사적이고 전이적인 관계이다.

변수 없이 간결하게 정의하기 위해, 변수 없이 반사성을 표현한다. 모든 x에 대해 $x \, R \, x$이면 R이 반사적이라는 정의를 생각해 보자. 관계 1을

$$\langle \forall x, y :: x \, 1 \, y \equiv x = y \rangle$$

로 정의하자. 이때,

R이 반사적이다

$= \quad \{ \ \text{정의} \ \}$

$$\langle \forall x :: x \, R \, x \rangle$$

$= \quad \{ \ \text{하나의 점 규칙} \ \}$

$$\langle \forall x, y : x = y : x \, R \, y \rangle$$
$$= \quad \{ \ 1의 \ 정의, 라이프니츠 \ 규칙 \ \}$$
$$\langle \forall x, y : x \, 1 \, y : x \, R \, y \rangle$$
$$= \quad \{ \ 부분집합의 \ 정의 \ \}$$
$$1 \subseteq R$$

관계 1은 항등 관계(identity relation)라 부르고, id(또는 Id)라 쓰기도 한다. 여기서는 항등 관계를 합성의 (왼쪽 또는 오른쪽) 단위원(unit)으로 사용할 것이기 때문에, 기호 1을 사용할 것이다. 이때,

[단위원] $[\ 1 \circ R = R = R \circ 1\ ]$ (16.20)

이다. 단위원의 규칙에 따르면, 다음과 같이 정의하는 게 올바를 것이다.

$$[\ R^0 = 1 \ ]$$

이제 거듭제곱에 대한 규칙을 이끌어 내자. 외양이 익숙하다. m과 n이 임의의 자연수일 때,

$$[\ R^{m+n} = R^m \circ R^n \ ]$$

이제 반사 전이 폐포를 정의할 수 있다. 먼저, R^*이 반사적이고 전이적이라고 하자.

[반사성과 전이성] $[\ 1 \cup R^* \circ R^* \subseteq R^* \ ]$ (16.21)

두 번째로, R^*는 R을 포함하는 (포함 관계에 대해) 가장 작은 관계이며, 반사적이고 전이적이다. 즉,

[최소] $[\ \langle \forall S : 1 \cup S \circ S \subseteq S : R \subseteq S \equiv R^* \subseteq S \rangle \ ]$ (16.22)

이다. 1을 그래프로 나타내면 모든 정점에 셀프 루프가 있는 형태(모든 정점에서 자기 자신으로 가는 간선이 존재하는 형태)가 된다. 어떤 그래프에 대해서든, 이 그래프는 길이 0의 경로를 나타낸다. R에 대한 반사 전이 폐포의 그래프에서는, 길이가 0인 경로를 포함해 모든 경로에 대해 간선이 존재한다. 즉,

[반사 전이 폐포] $[\ R^* = \langle \bigcup k : 0 \leq k : R^k \rangle \ ]$ (16.23)

(한정 표현의 범위에 $0 = k$가 포함되어 있음에 유의하라.) 이 법칙의 증명은 법칙 (16.17)의 증명과 거의 같다.

순서 관계를 나타내기 위하여 하세 다이어그램을 이용하고, 조상-자손 관계를 나타내기 위해 트리를 그릴 때, 법칙 (16.17)과 (16.23)이 수학적 기저가 된다. 더 넓게, 점을 선으로 연결하는 네트워크를 나타내기 위해 그래프를 이용할 때마다 이 법칙들을 이용하게 된다. 필요한 정보들을 그래프에서 연역하기 위해 경로를 머릿속으로 그릴 때, 그림의 정보량은 최소로 유지되어야 한다. 그리기에 매우 큰 그래프에 대해서도, 이 법칙들은 많은 검색 알고리즘의 기저를 이룬다. 그렇기에 그래프의 전이 폐포와 반사 전이 폐포는 매우 중요한 개념이다.

16.3 함수와 전관계

함수는 각각의 입력에 대해 정확히 하나의 출력을 가지는 관계이다. 이 절에서는 이를 더 엄밀히 다룬다.

먼저, 관계는 '입력'과 '출력'을 구분하지 않는다는 점을 짚고 넘어가자. 즉, 자료형 $A \sim B$의 관계 R이 있을 때, A가 입력이고 B가 출력이라고 간주하든, B가 입력이고 A가 출력이라고 간주하든 상관없다는 것이다. 그러나 함수의 표기법과 맞추어 B를 입력 집합, A를 출력 집합으로 두자.[3]

R이 (B에 대해) 함수적 관계(functional relation)라는 것은, A의 임의의 원소 x, y와 B의 임의의 원소 z에 대해, $x\,R\,z$이고 $y\,R\,z$이면 $x = y$가 성립한다는 것이다. (즉, R이 각 '입력' 값에 대해 최대 하나의 '출력' 값만을 가진다는 것이다.) 또, R이 (B에 대해) 전관계(total relation)라는 것은, B의 임의의 원소 z에 대해 $x\,R\,z$가 성립하는 A의 원소 x가 존재한다는 것이다. (즉, R이 각 '입력' 값에 대해 최소 하나의 '출력' 값을 가진다는 것이다.) 자료형 $A \sim B$의 관계 R이 A에서 B로 가는 함수라는 것은, R이 B에 대해 함수적인 전관계라는 것이다. 이때, 관계 R에 의해 z와 관계가 맺어진 유일한 값을 $R(z)$라 부른다.

자료형 $A \sim B$의 관계의 역을 $R^{\cup}$라 한다. $R^{\cup}$는 자료형 $B \sim A$의 관계이다. $R^{\cup}$가 A에 대해 함수적이면, R을 **단사 함수**(injective function)라고 한다. $R^{\cup}$가 A에 대해 전관계이면, R을 **전사 함수**(surjective function)라 부른다. 관계 R이 B에서 A로 가

---

3 (옮긴이) $y = f(x)$와 같은 식을 떠올리면 덜 헷갈릴 것이다.

는 함수이고, $R^\cup$ 또한 A에서 B로 가는 함수일 때 R을 자료형 $A \sim B$의 **전단사 함수**(bijective function)라고 부른다. 자료형 $A \sim B$의 전단사 함수가 있을 때, 집합 A와 집합 B 사이의 일대일 대응이 존재한다고 한다. 예를 들어, 2를 곱하는 함수는 자연수와 짝수 사이의 전단사 함수이며, 두 집합 사이의 일대일 대응을 정의한다.

함수적 관계와 단사 관계, 전관계와 전사 관계의 정의를 변수 없이 표현하면, 이들 사이의 대응이 명확하게 드러난다. A와 B에서의 항등 관계를 각각 1_A, 1_B로 나타내면, 다음과 같이 표현할 수 있다.

[함수적 관계] $[\, R$이 함수적이다 $\equiv R \circ R^\cup \subseteq 1_A \,]$ (16.24)

[전관계] $[\, R$이 전관계이다 $\equiv R^\cup \circ R \supseteq 1_B \,]$ (16.25)

[단사 관계] $[\, R$이 단사 관계이다 $\equiv R^\cup \circ R \subseteq 1_B \,]$ (16.26)

[전사 관계] $[\, R$이 전사 관계이다 $\equiv R \circ R^\cup \supseteq 1_A \,]$ (16.27)

[전단사 관계] $[\, R$이 전단사 관계이다 $\equiv R \circ R^\cup = 1_A \wedge R^\cup \circ R = 1_B \,]$ (16.28)

f와 g가 각각 자료형 $A \sim B$와 $B \sim C$의 함수적 관계일 때, 둘을 조합한 $f \circ g$는 자료형 $A \sim C$의 함수적 관계이다. 합성을 통해 함수성이 보존된다고 말한다. 비슷하게, 전관계성, 전사성, 단사성도 합성을 통해 보존된다. 특히, 자료형 $B \to A$의 함수 f(자료형 $A \sim B$의 함수적 전관계)와 자료형 $C \to B$의 함수 g(자료형 $B \sim C$의 함수적 전관계)를 합성하면 자료형 $C \to A$의 함수 $f \circ g$가 된다. 입력 z가 주어졌을 때, 관계 $f \circ g$를 통해 z와 관계되어 있는 유일한 값은 $f(g(z))$이다.

16.4 경로 찾기 문제

이 절에서는 '경로 찾기 문제'의 범주 안에 있는 그래프 이론의 여러 가지 응용을 살펴본다. 동시에, 이러한 문제의 수학적 구조를 표현하는 것이 목표이다. 마지막으로, 간선에 가중치가 있는 그래프에 대한 곱셈과 덧셈 연산을 소개할 것이다. '곱셈'과 '덧셈'의 정의는 어디에 쓰이느냐에 따라 달라진다. 그러나 수학적 구조가 이들을 하나로 묶어 준다.

16.4.1 경로의 수 세기

16.2절은 불리언 값에 초점을 맞추었다. 그래프의 두 정점이 연결되어 있는지 여부는 둘을 연결하는 경로의 존재와 연관되어 있다. 이제 두 정점이 얼마나 많은 방법

으로 연결되어 있는지 확인하려 한다. 그러려면 그래프의 구성을 재정의해야 한다.

설명을 돕기 위해, 그림 16.5에서처럼 두 개의 그래프를 그림 16.8에 그렸다. 그러나 지금은 각 간선에 가중치가 있다. 예를 들어, 왼쪽 그래프에서 정점 c에서 정점 k로 가는 간선은 가중치가 2이다. 이 가중치를, c에서 k로 가는 간선이 두 개 있다는 의미로 해석해 보자. 비슷하게, c에서 j로 가는 간선의 가중치 5는, 사실 c에서 j로 가는 간선이 5개 있다는 의미이다. 간선이 없을 때(예를 들어, 왼쪽 그래프에서는 정점 b에서 정점 j로 가는 간선이 없다) 가중치가 0인 간선이 하나 있는 것으로 볼 수 있다. 이제 정점 a, b, c 각각에서 정점 y, z 각각으로 가는 서로 다른 경로의 수를 세고 싶다고 하자. 서로 다른 여섯 가지 조합이 있을 것이다. 각 조합을 차례대로 살펴보자.

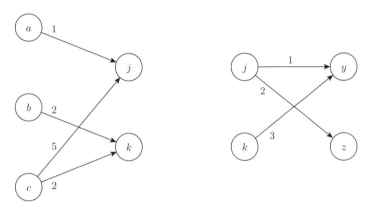

그림 16.8 서로 연결될 수 있는, 간선에 가중치가 붙은 두 개의 그래프

a에서 y로 가는 경로는 하나 존재한다. a에서 j로 가는 간선이 하나, j에서 y로 가는 간선이 하나 존재하며, 중간 정점으로는 j가 유일하기 때문이다. a에서 z로 가는 경로는 1×2개 존재한다. 중간 정점으로 j가 유일하고, a에서 j로 가는 간선이 하나, j에서 z로 가는 간선이 두 개 존재하기 때문이다.

b에서 y로 가는 간선은 2×3개 있다. b에서 k로 가는 두 간선 중 하나, k에서 y로 가는 세 간선 중 하나로 경로가 이루어지기 때문이다.

c에서 y로 갈 때는, 중간 정점을 선택할 수 있다. 중간 정점 j를 통해 c에서 y로 가는 경로는 5×1개 존재하며, 중간 정점 k를 통해 c에서 y로 가는 경로는 2×3개 존재한다. 따라서 c에서 y로 가는 경로는 총 $5 \times 1 + 2 \times 3$개 존재한다. 마지막으로, c에서 z로 가는 간선은 5×2개 존재한다.

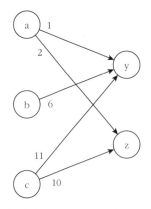

그림 16.9 경로의 개수를 센 결과: 표준 곱(standard product)

그림 16.9는 계산 결과를 보여 준다. 1(a에서 y로 가는 경로의 수)은 $1 \times 1 + 0 \times 0$과 같고, 2(a에서 z로 가는 경로의 수)는 $1 \times 2 + 0 \times 0$과 같으며, 6(b에서 y로 가는 경로의 수)은 $2 \times 3 + 0 \times 0$, 그리고 10(c에서 z로 가는 경로의 수)은 $5 \times 2 + 0 \times 0$과 같다. 또한 0(b에서 z로 가는 경로의 수)은 $0 \times 0 + 0 \times 0$과 같다. 이를 일반화하면, 정점의 쌍에 대해 경로의 수를 계산하는 체계적인 방법을 얻을 수 있다. '+'는 중간 정점을 고르는 가짓수, '×'는 중간 정점을 잇는 행위에 해당한다.

이 방법을 수식으로 표현해 보자. 앞서 관계의 자료형을 나타낼 때 소개한 표기법을 여기서도 사용할 것이다. G의 정점 집합이 $A \cup B$이고, G의 각 간선이 A에 있는 정점에서 B에 있는 정점으로 향하는 간선일 때, G가 자료형 $A \sim B$의 이분 그래프라고 하자. 이분 그래프 G와 H의 간선들에 가중치가 붙어 있고, (어떤 A, B, C에 대해) G가 자료형 $A \sim B$이고 H가 자료형 $B \sim C$라고 하자. (표준) 곱 $G \times H$는 자료형 $A \sim C$인 이분 그래프이다. a에서 b로 가는 간선에 붙은 가중치를 $a\,G\,b$로 쓸 때, $G \times H$의 간선들에 붙은 가중치는 다음과 같다.

$$[\,a\,(G \times H)\,c = \langle\, \Sigma\, b : b \in B : (a\,G\,b) \times (b\,H\,c)\,\rangle\,]$$ (16.29)

(16.29)에서 각 정점 쌍을 연결하는 간선이 없을 때에는, 이들을 연결하는 가중치 0의 간선이 있다고 간주한다. 이를 G와 H의 '곱'이라 부르는 이유는 16.4.5절을 보면 분명히 알 수 있다.

16.4.2 빈도

그림 16.10에는 다시 두 개의 예시 그래프가 그려져 있다. 이번에는 간선에 m/n과

같은 비율 형태의 가중치가 붙어 있다. 그래프의 정점이 어떤 장소를 나타내고, 간선이 장소를 연결하는 도로를 나타낸다고 상상해 보자. 두 그래프는 서로 다른 교통수단을 나타낼 수 있다. 예를 들어, 왼쪽 그래프는 자전거 경로를, 오른쪽 그래프는 버스 경로를 나타낼 수 있다. 어떤 사람은 경로의 앞부분은 자전거로, 뒷부분은 버스로 갈 수 있다. 가중치는 특정한 경로를 고르는 빈도를 뜻한다. 예를 들어, c에서 시작한 사람은 세 번 중 한 번은 j로 이동하고 두 번은 k로 이동한다. 이때, 가중치가 제대로 의미를 가지려면, 각 정점으로부터 나가는 간선의 가중치의 합이 1이어야 한다. 실제로 이는 정점 c에서 성립한다($\frac{1}{3} + \frac{2}{3} = 1$이므로). 정점 a에서 나가는 간선은 하나뿐이므로, 간선의 가중치는 1/1이 된다. 이때, 어떤 정점으로 들어가는 간선의 가중치의 합은 꼭 1이 될 필요는 없다. 예를 들어, 정점 j로 들어가는 간선의 가중치의 합은 4/3이다.

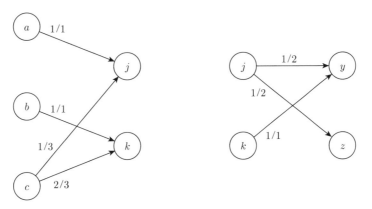

그림 16.10 빈도 가중치

여기서 물을 수 있는 질문은, 어떤 사람이 특정한 (자전거 다음 버스) 경로를 고를 확률이 어떻게 되느냐이다. 경로의 수를 셀 때와 비슷한 질문이기 때문에, 공식 (16.29)에 따라 가중치의 곱을 모두 합하면 답이 나온다는 것을 쉽게 알 수 있다. 정점 c에 대해서는 어떻게 되는지 살펴보자.

그림 16.10에 따르면, 2와 3의 최소공배수가 6이기 때문에, c에서 출발하는 6번의 여행을 생각할 것이다. 이들 중 $6 \times \frac{1}{3}(= 2)$번의 여행은 j로 향할 것이고, $6 \times \frac{1}{3} \times \frac{1}{2}(= 1)$번의 여행은 y로 향할 것이다. 즉, 6번 중 1번의 여행은 c에서 출발해 j를 거쳐 y에서 끝날 것이다. 비슷하게, $6 \times \frac{2}{3} \times \frac{1}{1}(= 4)$번의 여행은 c에서 출발해 k를 거쳐 y에서 끝날 것이다. 합하면, c에서 출발하는 6번 중 $1 + 4(= 5)$번의 여행은 y에

서 끝날 것이다. 또한, 6번 중 $6 \times \frac{1}{3} \times \frac{1}{2}(=1)$번의 여행은 z에서 끝날 것이다. 여기서 $\frac{5}{6} + \frac{1}{6} = \frac{6}{6}$임을 확인할 수 있다. 6번 중 6번의 여행 모두 y 또는 z에서 끝난다.

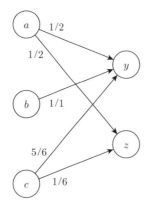

그림 16.11 빈도: 그림 16.10에 있는 그래프의 표준 곱

그림 16.11은 그림 16.10의 왼쪽 그래프의 각 정점의 빈도를 계산한 결과를 나타낸다. 빈도를 계산하기 위해 사용한 공식은 경로의 수를 세기 위해 사용한 공식 (16.29)와 정확히 같다. 앞서 말했듯 그다지 놀라운 현상은 아니다. 가중치가 모두 양의 정수의 비율이고 m이 모든 분모의 최소공배수일 때, 각 가중치를 m만큼 곱하면 경로를 m번 순회할 때마다 간선을 방문하는 횟수가 된다.

16.4.3 최단 거리

그림 16.8로 돌아가자. 16.4.1절에서 간선의 가중치를 개수로 생각했다. 즉, 예를 들어, c에서 k로 가는 간선의 가중치가 2라는 것은 c에서 k로 가는 서로 다른 간선이 두 개 있다는 뜻이다. 이번에는 가중치를 약간 다른 관점에서 보려 한다. 정점이 장소를 나타내고 가중치가 장소들 사이의 거리라고 하자. 즉, c에서 k로 가는 간선의 가중치가 2라는 것은 c와 k가 길이가 2인 (일방통행) 도로로 연결되어 있다는 뜻이다. 여기서, a, b, c에서 j, k를 거쳐 y, z로 가는 경로들이 주어질 때, 이동하는 거리가 가장 짧은 경로는 무엇일까?

경로의 개수를 셀 때와 거의 같은 방식으로 분석할 수 있다. a에서 y까지 거리는 $1 + 1(= 2)$이다. a에서 j로 가는 길이 1의 간선이 하나, j에서 y로 가는 길이 1의 간선이 하나 있고, 가운데 정점으로 가능한 것은 j뿐이기 때문이다. a에서 z까지 거리는 $1 + 2$이다. 여기서도 가운데 정점으로는 j가 유일하고, a에서 j로 가는 길이 1

의 간선과 j에서 z로 가는 길이 2의 간선이 있다. 비슷하게, b에서 y까지의 거리는 $2 + 3$이다.

16.4.1절에서와 같이, 흥미로운 경우는 c에서 y로 가는 경우인데, 이때 가운데 정점에 선택지가 생기기 때문이다. c에서 y로 갈 때, 가운데 정점 j를 통해 가면 거리가 $5 + 2$이고, 가운데 정점 k를 통해 가면 거리가 $2 + 3$이다. 최단 거리는 둘 중 최솟값인 $(5 + 2) \downarrow (2 + 3)$이다. 따라서 c에서 y로 가는 최단 거리는 5이다. 이 계산의 결과는 그림 16.12에 나타나 있다.

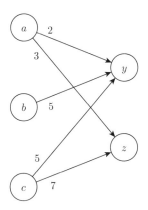

그림 16.12 최단 거리: 그림 16.8에 있는 두 그래프의 최단 거리 곱

경로의 수를 셀 때처럼, 최단 거리의 계산도 수식으로 표현할 수 있다. 이분 그래프 G와 H의 간선에 가중치가 있고, (어떤 A, B, C에 대해) G의 자료형은 $A \sim B$, H의 자료형은 $B \sim C$라고 하자. 이때, (최단 거리) 곱 $G \times H$는 자료형 $A \sim C$의 이분 그래프이다. a에서 b로 가는 간선의 가중치를 $a \, G \, b$와 같이 쓰면, $G \times H$의 간선의 가중치는 다음과 같다.

$$[\, a \, (G \times H) \, c = \langle \Downarrow b : b \in B : (a \, G \, b) + (b \, H \, c) \rangle \,]$$

(16.30)

공식 (16.30)에서 각 정점 쌍을 연결하는 간선이 없을 때에는, 이들을 연결하는 가중치 ∞의 간선이 있다고 간주한다.

16.4.4 모든 경로

앞의 절에서, 그래프 G의 간선 이후 그래프 H의 간선으로 이루어진 경로의 서로 다른 측면들을 살펴 보았다. 16.2.1절은 경로의 존재에 대한 논의였고, 16.4.1절과

16.4.2절은 경로의 수와 빈도, 16.4.3절은 최단 경로에 대한 논의였다. 마지막으로, 경로를 찾는 문제에 대해 논의해 보자.

그림 16.13은 익숙한 두 개의 그래프와 같다. 그런데 이번엔 각 간선의 가중치가 집합이다. 집합의 각 원소는 간선을 나타내는 정점의 수열이다. 정점 b와 k를 잇는 간선의 가중치 $\{dk, ek\}$는 b에서 k로 가는 두 경로를 나타낸다. 하나는 정점 d를 거쳐가는 경로, 다른 하나는 정점 e를 거쳐가는 경로이다. 비슷하게, 정점 j에서 z로 가는 간선의 가중치 $\{vz, z\}$는 j에서 z로 가는 두 경로를 나타낸다. 하나는 v를 거쳐 가는 경로이고, 다른 하나는 곧바로 가는 경로이다. (더욱 간단한 그래프로부터 경로 분석을 통해 이 그래프들이 도출되었다고 생각해 보자.) 곱의 정의를 간단하게 하기 위해 일부러 경로의 출발 정점을 생략했다. 이 표기법으로는 빈 경로를 나타낼 수 없다는 부작용이 있기는 하다.

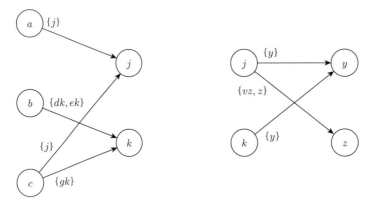

그림 16.13 두 경로 그래프

그림 16.14는 두 그래프의 (경로) 곱을 나타낸다. 앞선 절에서와 같이, 곱은 다섯 개의 간선으로 이루어져 있다. a에서 y로 가는 간선의 가중치 $\{jy\}$는, a에서 y로 가는 경로가 단 하나 존재하는데, 그게 정점 j를 거쳐가는 경로라는 뜻이다. 예를 들어, c에서 z로 가는 경로는 두 가지 있다. 하나는 j와 v를 거치고, 다른 하나는 j를 거쳐 바로 z로 간다. 간선에 붙은 유한 집합 가중치는, 같은 $from$과 to 정점을 가진 간선이 집합의 각 원소마다 하나씩 존재하는 것과 같은 의미이다.

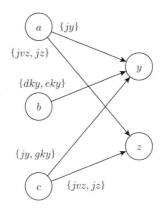

그림 16.14 모든 경로: 그림 16.13에 있는 그래프의 경로 곱

이 경우에 G와 H의 곱을 표현할 때, 먼저 경로(정점의 수열)에 대한 곱 연산과 경로의 집합에 대한 곱 연산을 정의해야 한다. p와 q가 정점의 수열이라고 하자. p와 q의 곱은 pq로 나타내며, 이는 p와 q를 이어 붙여 만든 수열이다. P와 Q가 (정점) 수열의 집합이라고 하자. P와 Q의 곱 $P \cdot Q$는 다음과 같이 정의한다.

$$[\, P \cdot Q = \{p, q : p \in P \land q \in Q : pq\} \,]$$

(16.31)

이제 이분 그래프 G와 H의 각 간선에 정수 가중치가 있고, (어떤 A, B, C에 대해) G는 자료형 $A \sim B$를, H는 자료형 $B \sim C$를 가진다고 하자. 이때 (경로) 곱 $G \times H$는 자료형 $A \sim C$의 이분 그래프이다. a에서 b로 가는 간선의 가중치를 $a\,G\,b$라고 할 때, $G \times H$의 간선들의 가중치는 다음과 같다.

$$\left[\, a\,(G \times H)\,c = \left\langle \bigcup b : b \in B : (a\,G\,b) \cdot (b\,H\,c) \right\rangle \,\right]$$

(16.32)

공식 (16.32)에서 각 정점 쌍을 연결하는 간선이 없을 때에는, 이들을 연결하는 가중치 $\emptyset$(빈 집합)의 간선이 있다고 간주한다.

지금까지 소개한 그래프의 곱 가운데, 경로 곱이 가장 복잡하다. 왜냐하면, 먼저 두 경로의 곱에 대한 정의, 그리고 경로들을 원소로 가진 두 집합의 곱에 대한 정의에 의존하기 때문이다. 이 과정은 수열에서 수열의 집합으로 곱 연산을 '확장'하는 과정이라고 한다. 그래프의 곱에 대한 정의는, 어떤 자료형의 연산을 더 복잡한 자료형의 연산으로 확장하는 예시이기도 하다.

16.4.5 그래프에서의 연산과 반환

16.2.1절과 16.4.1~16.4.4절에서, 두 이분 그래프를 합치는 것에 관한 문제들을 다루었다. 16.2.1절에서 그래프는 변수가 두 개인 관계를 나타냈고, 간선에는 가중치가 없었다. 그래프의 합성은 관계의 합성을 뜻했다. 16.4.1절에서 간선에는 개수 가중치가 붙어 있었고, 합친 그래프는 정점 쌍을 잇는 경로의 개수를 나타냈다. 16.4.2절에서 간선에는 빈도 가중치가 붙어 있었고, 합친 그래프는 한 정점에서 출발했을 때 다른 정점으로 도착하는 빈도를 나타냈다. 16.4.3절에서 간선에는 거리 가중치가 붙어 있었고, 합친 그래프는 최단 경로를 나타냈다. 마지막으로, 16.4.4절에서 간선에는 경로의 집합 가중치가 붙어 있었고, 합친 그래프 또한 경로의 집합을 나타냈다.

대수적으로 이들 문제 모두에는 공통점이 있다. 표 16.1은 네 개의 문제 각각에 대해 c에서 y로 가는 간선의 가중치가 어떻게 계산되었는지를 보여 준다. (빈도 계산은 생략되었다. 경로의 수 계산과 대수적으로 동일하기 때문이다. 간선에 가중치가 없기 때문에 관계 합성은 살짝 특별하다. 이때 우리의 관심사는 간선이 존재하는지에 있다. 대수적인 용어로, 간선에 불리언 가중치가 있는 것과 같다.) 관계 합성에 대해, 연결하는 두 간선은 논리곱($\land$)으로 결합되어 있고, 연결하는 정점의 선택은 논리합($\lor$)으로 나타난다. 경로의 수를 셀 때, 연결하는 두 간선의 가중치는 곱($\times$)으로 결합되어 있고, 연결하는 정점의 선택은 합($+$)으로 나타난다. 최단 경로에 대해서는, 연결하는 두 간선의 가중치는 합($+$)으로 결합되어 있고, 연결하는 정점의 선택은 최소 연산($\downarrow$)으로 나타난다. 마지막으로 모든 경로 찾기에 대해서는, 연결하는 두 간선은 (16.31)에 정의된 곱 연산으로 결합되어 있고, 연결하는 정점의 선택은 합집합 연산($\cup$)으로 나타난다.

| | c $\rightarrow$ y | | | |
	$c \rightarrow j$ $\quad j \rightarrow y$		$c \rightarrow k$ $\quad k \rightarrow y$	
관계 합성	(참 $\land$ 참)	$\lor$	(참 $\land$ 참)	
경로의 수 세기	(5 $\times$ 1)	$+$	(2 $\times$ 3)	
최단 경로	(5 $+$ 1)	$\downarrow$	(2 $+$ 3)	
모든 경로 찾기	($\{j\}$ $\cdot$ $\{y\}$)	$\cup$	($\{gk\}$ $\cdot$ $\{y\}$)	

표 16.1 간선의 가중치 계산하기

간선이 빠져 있을 때에도 같은 과정이 사용된다. 표 16.2는 합친 그래프의 정점 b에서 정점 y로 가는 간선의 가중치를 구하기 위해 간선의 가중치를 결합하는 방법을 나타낸다. 왼쪽 그래프의 b에서 j로 가는 간선이 없음에 주목하라. 관계 합성에서는 거짓, 경로의 수를 셀 때는 0, 최단 경로에 대해서는 ∞(무한), 모든 경로 찾기에서는 $\emptyset$의 가중치를 가진 간선이 된다. 거짓은 논리합에 대한 '영원'이고, 0은 곱셈에 대한 '영원', ∞는 합에 대한 '영원'이기 때문이다. (즉, [거짓 $\wedge$ x = 거짓], [$0 \times x$ $= 0$], 그리고 [$\infty + x = \infty$]이다.) $\emptyset$이 경로의 집합의 곱에 대한 '영원'임은 (16.31)로부터 알 수 있다.

	b		$\rightarrow$		y
	$b \rightarrow j$	$j \rightarrow y$		$b \rightarrow k$	$k \rightarrow y$
관계 합성	(거짓 $\wedge$	참)	$\vee$ (	참 $\wedge$	참)
경로의 수 세기	(0 $\times$	1)	+ (	2 $\times$	3)
최단 경로	(∞ +	1)	$\downarrow$ (	2 +	3)
모든 경로 찾기	($\emptyset$ $\cdot$	$\{y\}$)	$\cup$ (	$\{dk, ek\} \cdot$	$\{y\}$)

표 16.2 간선의 가중치 합치기

네 경우에 대해 간선과 경로를 합치는 규칙을 정리해 보면, 대수적 구조의 공통점을 분명히 알 수 있다. 표 16.3에 규칙이 정리되어 있다. 첫째 열은 연결하는 두 간선의 가중치가 결합되는 방법을 나타낸다. 둘째 열은 같은 정점 쌍을 연결하는 서로 다른 두 경로가 결합되는 방법을 나타낸다. 연산자에 해당하는 한정 기호도 괄호 안에 있다. 셋째 열은 간선 결합에서의 영원(간선이 없을 때에 주는 가중치)을 나타낸다. 넷째 열은 그래프 G와 H의 곱 $G \times H$의 (a, c)번째 원소를 결정하는 식을 나타낸다.

	경로 결합	경로 선택	영	$a\,(G \times H)\,c$
관계 합성	$\wedge$	$\vee(\exists)$	거짓	$\langle \exists b :: (a\,G\,b) \wedge b\,H\,c \rangle$
표준 곱	$\times$	$+(\Sigma)$	0	$\langle \Sigma b :: (a\,G\,b) \times b\,H\,c \rangle$
최단 거리 곱	$+$	$\downarrow(\Downarrow)$	∞	$\langle \Downarrow b :: (a\,G\,b) + (b\,H\,c) \rangle$
모든 경로 찾기	$\cdot$	$\cup(\bigcup)$	$\emptyset$	$\langle \bigcup b :: (a\,G\,b) \cdot (b\,H\,c) \rangle$

표 16.3 간선과 경로를 결합하는 규칙

12.5.6절에서 반환은 두 이진 연산자 +와 ×가 정의되는 집합이라 배웠다. 이 집합은 두 원소 0과 1을 포함한다. 0은 +의 단위원이자 ×의 영원이고, 1은 ×의 단위원이다. 일반적으로, 이분 그래프 G의 간선의 가중치가 반환 $\mathcal{S}$의 원소이고 G가 자료형 $A \sim B$일 때, G는 자료형 $A \times B \to \mathcal{S}$의 함수와 동형이다. 이분 그래프 G와 H의 간선의 가중치가 반환 $\mathcal{S}$의 원소이고, (어떤 A, B, C에 대해) G의 자료형이 $A \sim B$이고 H의 자료형이 $B \sim C$라면, ($\mathcal{S}$) 곱 $G \times H$는 자료형 $A \sim C$의 이분 그래프이다. a에서 b로 가는 간선의 가중치를 $a \, G \, b$라 하면 (정의에 따라, 간선이 없을 때에는 0으로 간주한다) $G \times H$의 간선의 가중치는 다음과 같다.

$$[\, a \, (G \times H) \, c = \langle \Sigma \, b : b \in B : (a \, G \, b) \times (b \, H \, c) \rangle \,] \tag{16.33}$$

G와 H가 같은 자료형(어떤 A와 B에 대해 $A \sim B$)이라면, $G + H$를 정의할 수 있다. $G + H$는 자료형 $A \sim B$의 그래프로, 각 간선의 가중치는 다음과 같이 정의된다.

$$[\, a \, (G + H) \, b = (a \, G \, b) + (a \, H \, b) \,] \tag{16.34}$$

두 정의에서 연산자의 표기법에 유의하라. 등식의 좌변에 있는 연산자는 그 이름으로 새로 정의하는 연산자이고, 우변에 있는 연산자는 정확히 같은 이름((16.33)에서는 ×, (16.34)에서는 +)의 연산자이다. 눈에 익는 데 시간이 걸릴 수 있다. 임의의 반환의 연산자에 해당하는 연산자 이름에 익숙해지는 건 더 어려울지도 모른다. 최단 경로의 경우에서는, ×가 일반적인 연산에서의 덧셈(+)에 해당한다. 일견 헷갈릴 수 있다. 하지만 연산자의 의미를 이와 같이 바꾸어 쓰고 나니, 새로운 곱셈과 덧셈 연산의 대수적 속성이 익숙한 모양새를 띠게 되었다.

수학적으로 표현하면, 자료형 $A \sim B$인 이분 그래프 G의 간선의 가중치가 반환 $\mathcal{S}$의 원소일 때, G는 자료형 $A \times B \to \mathcal{S}$인 함수로 나타낼 수 있다. 정의 (16.33)과 (16.34)에서 G에 인자 a와 b를 적용한 결과를 $a \, G \, b$로 나타내고 연산 ×와 +를 각각 자료형

$$(A \times B \to \mathcal{S}) \times (B \times C \to \mathcal{S}) \to (A \times C \to \mathcal{S})$$

와 자료형

$$(A \times B \to \mathcal{S}) \times (A \times C \to \mathcal{S}) \to (A \times C \to \mathcal{S})$$

로 정의한다. 다음 정리는 이 함수들의 대수적 속성을 보여 준다.

정리 16.35

그래프의 덧셈은 결합법칙과 교환법칙을 만족한다. 그래프의 곱셈은 결합법칙을 만족한다. 그래프의 곱셈은 그래프의 덧셈을 통해 분배된다. 덧셈의 단위원이자 곱셈의 영원인 그래프 0과, 곱셈의 단위원인 그래프 1이 존재한다.

$\mathcal{S} = (S, 0, 1, +, \times)$가 반환이라 하자. 이때, G, H가 어떤 A와 B에 대해 자료형 $A \times B \to \mathcal{S}$인 함수이고, 덧셈이 (16.34)와 같이 정의될 때,

$[\, G + H = H + G \,]$

가 성립한다. 또, G, H, K가 자료형 $A \times B \to \mathcal{S}$인 함수일 때,

$[\, (G + H) + K = G + (H + K) \,]$

이다. 자료형 $A \times B \to \mathcal{S}$인 함수 $0_{A \sim B}$를

$[\, a\, 0_{A \sim B}\, b = 0 \,]$

와 같이 정의하면, 다음이 성립한다.

$[\, G + 0_{A \sim B} = G \,]$

(어떤 A, B, C, D에 대해) G, H, K가 각각 자료형 $A \times B \to \mathcal{S}$, $B \times C \to \mathcal{S}$, $C \times D \to \mathcal{S}$의 함수이고 곱이 (16.33)과 같이 정의될 때,

$[\, (G \times H) \times K = G \times (H \times K) \,]$

가 성립한다. 또, (어떤 A, B, C에 대해) G가 자료형 $A \times B \to \mathcal{S}$의 함수이고, H와 K가 자료형 $B \times C \to \mathcal{S}$의 함수일 때,

$[\, G \times (H + K) = G \times H + H \times K \,]$

가 성립한다. G가 자료형 $B \times C \to \mathcal{S}$의 함수이고 A가 임의의 집합일 때,

$[\, 0_{A \sim B} \times G = 0_{A \sim C} \,]$

가 성립한다. 마지막으로, 자료형 $A \times A \to \mathcal{S}$의 함수 1_A를 다음과 같이 정의하면,

$[\, a\, 1_A\, a' = \mathit{if}\, a = a' \to 1\; \square\; a \neq a' \to 0\; \mathit{fi} \,]$

(어떤 A와 B에 대해) G가 자료형 $A \times B \to S$의 함수일 때 다음이 성립한다.

$$[\, 1_A \times G = G = G \times 1_B \,]$$

16.5 행렬

자료형 $A \sim B$의 이종 관계를 나타내기 위해 (이분) 방향 그래프를 이용했다. A와 B가 유한 집합이라면, 관계는 불리언 **행렬**로 나타낼 수 있다. 예를 들어, 그림 16.4에 나타난 관계는 다음과 같은 행렬로 나타낼 수 있다.

$$\begin{bmatrix} 참 & 거짓 \\ 거짓 & 참 \\ 참 & 참 \end{bmatrix}$$

이분 방향 그래프의 자료형이 $A \sim B$와 같은 형태이듯, 행렬은 양의 정수 m과 n에 대해 $m \times n$과 같은 형태의 **차원**(dimension)을 가지고 있다. 위의 행렬의 차원은 3×2이다. 행렬은 주로 $\mathbf{A}$나 $\mathbf{B}$와 같이 굵은 대문자로 쓰인다. 1에서 m까지의 인덱스를 행, 1에서 n까지의 인덱스를 열이라 쓴다. 행렬 $\mathbf{A}$에서 i행 j열의 원소를 a_{ij}라 한다. 가끔 수학자들은 행렬의 이름과 원소의 표기법을 함께 언급하기 위해 '$\mathbf{A} = [a_{ij}]$라 하자'와 같은 표현을 쓰곤 한다. 원소가 집합 S의 원소인 차원 $m \times n$의 행렬의 자료형은

$$\{i \mid 1 \leq i \leq m\} \times \{i \mid 1 \leq i \leq n\} \to S$$

이다. 행렬이 컴퓨터의 2차원 배열에 대응하는 표현이기 때문에, 유한 방향 그래프의 행렬 표현법은 컴퓨터 프로그램에서 자주 사용된다. (컴퓨터 배열에서는 배열의 인덱스가 주로 1이 아니라 0에서 시작한다.)

간선에 가중치가 있는 이분 그래프는 적절한 자료형의 행렬로도 표현할 수 있다. 이때, 정점의 개수가 유한하고 존재하지 않는 간선에 대한 적절한 표현('영')을 찾을 수 있어야 한다.

그림 16.8의 그래프는 서로 다른 두 문제를 표현하기 위해 사용되었다. 16.4.1절에서 가중치는 서로 다른 간선의 개수를 나타냈고, 문제는 연결된 그래프에서 한 정점에서 다른 정점으로 가는 경로의 수를 세는 것이었다. 16.4.3절에서 가중치는 거리를 나타냈고, 문제는 최단 경로를 찾는 것이었다. 두 경우 모두에서 그래프는

행렬로 나타났지만, 존재하지 않는 간선은 서로 다른 형태로 나타났다.

경로의 수를 찾는 경우에서, 그림 16.8의 왼쪽 그래프는 다음 행렬과 같이 표현되었다. 이때 존재하지 않는 간선은 0으로 표현되었다.

$$\begin{bmatrix} 1 & 0 \\ 0 & 2 \\ 5 & 2 \end{bmatrix}$$

최단 경로를 찾을 때, 그림 16.8의 왼쪽 그래프는 다음 행렬과 같이 표현되었다. 이때 존재하지 않는 간선은 ∞로 표현되었다.

$$\begin{bmatrix} 1 & \infty \\ \infty & 2 \\ 5 & 2 \end{bmatrix}$$

일반적으로, 간선에 가중치가 있는 방향 그래프의 자료형은 $A \times B \to L$의 형태를 지닌다. A와 B는 정점의 집합이고 L은 가중치의 자료형이다. (존재하지 않는 간선을 L의 원소로 적절히 표현할 수 있다고 가정한다.) 이러한 그래프에 대응되는 것은 다음 자료형의 행렬이다.

$$\{i \mid 1 \le i \le |A|\} \times \{j \mid 1 \le j \le |B|\} \to L$$

이 방법으로 표현했을 때, 정점의 이름에 대한 정보가 사라졌다는 것을 제외하면, 행렬은 그래프와 동일하다. 행렬의 곱과 합은 그래프의 곱과 합과 같다.

한 가지 여담을 전하며 이 절을 마무리한다. (공학) 수학에서는 보통 행렬의 원소가 실수라고 가정한다. 수학에서 행렬의 합과 곱에 대한 표준적인 정의는 16.4.1절에서 말했던 그래프의 '표준' 합과 곱에 대응된다. 일반적인 수학 책에서 소개하는 행렬의 합과 곱은 다음과 같다.

두 $m \times n$ 행렬 $\mathbf{A}$와 $\mathbf{B}$의 합은 $m \times n$ 행렬이다.

$$\mathbf{A} + \mathbf{B} = [\, a_{ij} \,] + [\, b_{ij} \,] = [\, a_{ij} + b_{ij} \,]$$

$m \times n$ 행렬 $\mathbf{A}$와 $n \times r$ 행렬 $\mathbf{B}$의 곱 $\mathbf{C} = \mathbf{AB}$는 $m \times r$ 행렬이다.

$$c_{ij} = \sum_{k=1}^{n} a_{ik} b_{kj}$$

여기서 i와 j는 숨겨진 전칭 기호를 표현하는 더미 변수라는 점에 유의하라. i의 범위는 1에서 m, j의 범위는 $\mathbf{A}+\mathbf{B}$의 정의에서 1에서 n, $\mathbf{AB}$의 정의에서 1에서 r이다. 또, '+' 연산자의 중의성과 숨겨진 곱 연산자 또한 유의해서 읽어야 한다.

행렬은 (표준 대수에서) 연립 방정식의 해를 구하기 위해 쓰곤 한다. 학생 때 배우는 방법은 가우스 소거법(Gaussian Elimination)이라고 부르는 방법이다. 사실 가우스 소거법도 그래프에서 경로를 찾는 방법으로 표현할 수 있지만, 이 책의 범위를 넘어선다.

16.6 폐포 연산

16.2절에서 동종 관계를 이종 관계로 일반화했던 것처럼, 간선에 가중치가 있는 이분 그래프에서의 논의를 일반적인 그래프로 확장할 수 있다. 이 그래프의 정점들의 집합을 A라고 하자. 가끔씩 변수 A에 대한 설명을 생략할 수도 있다.

다음 정리는 정리 16.35의 특수한 경우에 지나지 않는다. (매우 중요한 경우이기는 하다.)

정리 16.36 (그래프 반환)

$\mathcal{S} = (S, 0, 1, +, \times)$가 반환이고 A가 임의의 집합이라 하자. 0과 1을 정리 16.35에서 정의한 두 개의 함수 $0_{A \sim A}$, 1_A로 두자. (16.33), (16.34)에서 했던 것처럼 $A \times A \to \mathcal{S}$에서 덧셈 연산자 $+$와 곱셈 연산자 $\times$를 정의하자. 이제, $(A \times A \to \mathcal{S}, 0, 1, +, \times)$는 반환이다.

$(A \times A \to \mathcal{S}, 0, 1, +, \times)$를 (정점 집합 A에 대한) **그래프 반환**이라 부른다.

정리 16.36은 그래프에서의 탐색 문제를 푸는 근간이 된다. 탐색 문제는 (유한) 그래프에서 경로를 평가하는 문제로 모델링된다. 경로를 평가할 때, 간선의 값, 즉 가중치들을 합치는 방법($\mathcal{S}$의 곱셈)과 여러 경로가 있을 때 고르는 방법($\mathcal{S}$의 덧셈)을 반환 $\mathcal{S}$가 지시해 준다. 선택해야 하는 반환 $\mathcal{S}$는 문제의 특성에 따라 달라진다. 경로의 존재를 보이는 문제, 최단 경로의 길이를 찾는 문제, 병목을 최소화하는 경로를 찾는 문제 등, 각 문제에 다른 반환 $\mathcal{S}$를 선택하게 될 것이다.

G와 H가 (정점 집합이 동일한) 간선에 가중치가 있는 그래프일 때, 합 $G+H$는 G의 간선 또는 H의 간선을 선택하는 것으로 표현할 수 있다. 곱 $G \times H$는 G의 간선 하나를 지난 다음 H의 간선 하나를 지나는 길이 2의 경로로 표현된다. 비슷하게, K 또한 같은 정점 집합을 가진 그래프라면, $(G+H)$는 G 또는 H의 간선 하나

를 지난 다음 K의 간선을 지나는 길이 2의 경로로 표현된다.

이 방법으로, 곱 $G \times G$는 그래프 G의 길이 2인 경로에 대응되고, $G \times G \times G$는 길이 3인 경로에 대응한다. G^0을 1로 정의하면, G^0은 길이 0인 경로에 대응된다. 일반적으로, G^k는 그래프 G에서 길이 k인 경로에 대응하고, $\langle \Sigma k : 0 \leq k < n : G^k \rangle$는 그래프 G에서 길이 n 미만의 모든 경로에 대응한다.

이 논의를 임의의 길이로 확장할 땐 조심해야 한다. 예를 들어, 그래프에 사이클(자기 자신으로 돌아오는 길이 1 이상의 경로)이 있을 때 16.4.1절에서처럼 경로의 개수를 세면 n이 증가하면서 경로의 수가 무한대로 발산할 것이다. 또는 거리(16.4.3절 참고)가 음수일 수도 있다. 길이가 음수인 사이클이 있으면, 두 정점 사이의 최단 거리는 무제한으로 감소할 수 있다. 무한 합 $\langle \Sigma k : 0 \leq k : G^k \rangle$가 항상 의미 있는 값을 가지지 않을 수도 있다.

$\langle \Sigma k : 0 \leq k : G^k \rangle$가 의미 있는 값을 가질 때, 이를 G의 **반사 전이 폐포**라 부르며, G^*라고 쓴다. (정의에서 중요한 매개변수로 '반환'이 있음에 유의하라. 반환은 덧셈과 곱셈 연산에 의미를 부여한다.) 특정한 속성을 가진 반사 전이 폐포 연산자를 도입할 수 있게 하는 반환을 **정규 대수**라 부른다. (이와 같은 반환의 중요한 예시 중 하나는, 고정된 집합 위의 동종 관계에 대한 반환이다. 이 반환에서 덧셈은 합집합, 곱셈은 관계 합성에 대응한다.) 정규 대수는 전산학 커리큘럼의 근간을 이루는 주제이지만, 이 책의 범위 밖이다.

16.7 사이클이 없는 그래프

합 $\langle \Sigma k : 0 \leq k : G^k \rangle$이 의미 있는 식이 되는 그래프는 유한하고 사이클이 없는 그래프이다. 물론, 그래프의 정점 집합이 유한하다면, 이 그래프에 있는 모든 경로의 길이는 그래프의 정점의 개수보다 작을 것이다. 경로에 있는 어떤 정점도 반복해서 등장하지 않을 것이기 때문이다. 즉, G^*는, 그래프의 정점의 개수가 n일 때 $\langle \Sigma k : 0 \leq k < n : G^k \rangle$와 같다.

사이클이 없다는 조건이 필요한 이유가 궁금할 수도 있을 것이다. 이전 장들에 나온 문제에서 다룬 그래프는 무방향 그래프였고, 그런 그래프에는 항상 사이클이 있었으니!

사이클이 없는 그래프에서 정점들의 관계에 대한 반사 전이 폐포가 부분 순서 관계라는 점이 중요하다. 반사 전이 폐포는 정의에 따라 반사적이고 전이적이다. 그래프에 사이클이 없으므로, 관계가 반대칭적이라는 점도 보장된다.

사이클이 없는 속성은 4장에서 논의한 게임과 관련되어 있다. 4장에서 게임은 참가자가 어떤 선택을 하든 상관없이 종료되도록 보장되어야 한다고 했다. 다른 말로, 초기 위치에서 시작하는 모든 움직임의 그래프에 사이클이 존재하지 않아야 한다.

다른 문제에 대해서도, 문제를 풀 수 있는 서로 다른 방법의 수를 아는 것이 중요할 때가 많다. 그림 16.15의 왼쪽에는 무방향 그래프가 있다. 이 무방향 그래프의 시작 정점에서 끝 정점으로 가는 경로를 찾는 것이 문제이다.

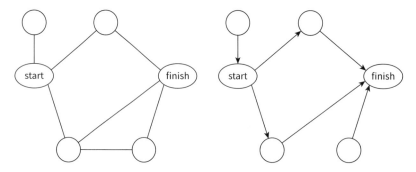

그림 16.15 무방향 그래프, 그리고 끝 정점까지 최소 길이의 경로를 결정하는 부분 그래프

경로의 수가 얼마나 많느냐고 물어보면, 답은 '무한히 많다'일 것이다. 더 그럴듯한 질문은 길이가 최소인 경로의 수를 묻는 것이다. 그림 16.15의 오른쪽에 있는 사이클이 없는 방향 그래프를 보면 이 질문에 대한 답을 얻을 수 있다. 이 그래프의 반사 전이 폐포를 보면, 각 정점에서 끝 정점으로 가는 최소 거리를 알 수 있다. 또한, 최소 거리로 시작 정점에서 끝 정점으로 가는 경로의 수가 두 개 있음을 명확하게 알 수 있다. 이와 같은 분석에 대한 아주 간단한 예시는 3.2.1절의 염소-양배추-늑대 문제에 대한 논의에서 볼 수 있다.

유한한 개수의 정점이 있는 그래프 G와 끝 정점 하나가 정해졌을 때, 최소 거리로 끝 정점까지 가는 모든 경로를 정의하는 G의 부분 그래프를 결정할 수 있다. 어떤 정점에서 끝 정점까지의 거리를, 끝 정점으로 가는 임의의 경로의 길이의 최솟값으로 정의하자. 각 정점에서 끝 정점까지 가는 경로의 길이를 계산할 때, 차례로 끝 정점으로부터 거리가 0인 정점, 1인 정점, 2인 정점, …의 순서로 계산하게 된다. 끝 정점으로부터 거리가 0인 유일한 정점인 끝 정점에서 계산을 시작한다. 부분 그래프의 간선 집합은, 어떤 k에 대해 거리 $k+1$인 정점에서 거리 k인 정점으로 가는 모든 간선들의 집합으로 정의한다. (시작 정점이나 끝 정점으로부터의 거리 순서로 정점을 탐색하는 기법은 완전 탐색을 할 때 자주 사용된다.)

16.7.1 위상 정렬

유한하고 사이클이 없는 그래프에서 정점들에 대한 정보를 수집하면서 모든 정점을 '방문'하는 것은 흔한 문제이다. 예를 들어, 가계도를 나타낸 트리에서 각 사람의 남자/여자 자손의 수를 알고 싶을 수 있다. 더 일반화해 보면, a가 그래프의 정점이라 하자. 그리고 a에서 정점 $u, \dots, v$로 가는 간선들 $e, \dots, f$가 존재한다고 하자. 이때 어떤 함수 g에 대해 $g(e, \dots, f, m, \dots, n)$의 값을 계산하려 한다. 이를 위해, **위상 순서**(topological order)라 부르는 순서대로 정점들을 방문해야 한다. 가계도 트리에서 남자 자손의 수를 계산할 때, 각 정점에 대해 함수 g는 하나의 값을 반환한다. 자녀가 없는 사람에 대해서 함수 g(인자 없이 계산된다)는 0을 반환한다. 자녀가 있는 사람에 대해, 함수 g는 남자 자녀의 수와, 각 자녀의 남자 자손의 수를 합해서 반환한다. 위상 순서로 하는 탐색은 자녀가 없는 사람들부터 시작해서, 트리의 모든 정점을 방문할 때까지 한 단계씩 트리를 올라가면서 진행한다.

일반적으로, 사이클이 없는 그래프에서 정점들의 **위상 정렬**(topological ordering)은, a에서 b로 가는 정점이 있을 때 a가 b 이후에 등장하도록 정점들을 배열하는 것이다. 유한 집합 N에서, R^*이 부분 순서 함수인 관계 R이 주어졌다고 하자. 위상 정렬에서 N의 각 정점 a에 다음 조건을 만족하도록 번호 $ord.a$를 붙인다.

$$\langle \forall a, b : a \in N \wedge b \in N : a\,R^+\,b \Rightarrow ord.a > ord.b \rangle$$

(R을, 두 정점에 대해 간선이 존재하는지를 나타내는 관계로, R^+를, 두 정점을 잇는 경로가 존재하는지를 나타내는 관계로 생각하자.)

다음 알고리즘은 위상 정렬을 수행한다. 알고리즘에서 N(정점 집합)의 원소들 중 방문한 정점들을 집합 V로 나타내고, 방문하지 않은 정점들을 집합 NV로 나타낸다. 수 k는 최초에 0이고, 정점 하나에 순서가 매겨질 때마다 1씩 증가한다.

$\{\ \ R^*$은 유한 집합 N의 부분 순서이다 $\ \ \}$

$V, NV, k := \emptyset, N, 0$

$\{\ $ 불변량:

$\qquad V \cup NV = N$

$\quad \wedge \ \langle \forall a, b : a \in V \wedge b \in V : a\,R^+\,b \Rightarrow ord.a > ord.b \rangle$

$\quad \wedge \ \langle \forall b : b \in V : k > ord.b \rangle$

$\quad \wedge \ \langle \forall a, b : a \in V \wedge a\,R\,b : b \in V \rangle$

$\quad$ 진행 측도: $|NV|\ \}$

$do\ NV \neq \emptyset \quad \rightarrow \quad \langle \forall b : a\,R\,b : b \in V \rangle$를 만족하는 $a \in NV$를 고른다 ;

$\qquad\qquad\qquad\qquad ord.a, k := k, k + 1$;

$\qquad\qquad\qquad\qquad$ 집합 NV에서 a를 제거하고, 집합 V에 a를 추가한다

od

$\{\ \ V = N \wedge \langle \forall a, b : a \in N \wedge b \in N : a\,R^+\,b \Rightarrow ord.a > ord.b \rangle\ \ \}$

이 알고리즘의 불변량에서, 각 단계에서 R의 정의역을 V로 제한해서 얻은 부분 관계가 선형이 되었음을 알 수 있다.

$\langle \forall a, b : a \in V \wedge b \in V : a\,R^+\,b \Rightarrow ord.a > ord.b \rangle$

V의 각 원소에는 k 미만의 순서가 각각 배정되었다.

$\langle \forall b : b \in V : k > ord.b \rangle$

그리고 방문한 정점의 집합 V는 관계 R에 대해 닫혀 있다.

$\langle \forall a, b : a \in V \wedge a\,R\,b : b \in V \rangle$

반복을 수행할 때마다, 아직 방문하지 않은 정점 a를 고른다. 이때, a에서 출발하는 모든 간선이 이미 방문한 정점이어야 한다.

$\langle \forall b : a\,R\,b : b \in V \rangle$

(나가는 간선이 없는 정점에 대해서, 한정 표현은 (공허하게) 참이다. 첫 번째 반복에서는 그러한 정점을 고르게 될 것이다.) R^*가 N에서의 부분 순서여야 한다는 사전 조건은 그러한 선택을 항상 할 수 있도록 보장하기 위해 꼭 필요하다. 사전 조건

이 성립하지 않는다면, R^*이 부분집합 NV에 대한 부분 순서가 되지 않을 수도 있다. 선택한 정점에 수 k를 배정하면서 이 정점을 '방문'하게 된다. 집합 V와 NV, 수 k는 이에 따라 바뀐다. 진행 측도는 이 알고리즘이 항상 종료될 것임을 보장한다. 각 반복에서 집합 NV의 크기는 1 줄어든다. 알고리즘이 반복되는 횟수는 집합 NV의 최초 크기인 $|N|$ 이하이다. 이는 가정에 의해 유한하다.

실제로 이 알고리즘의 주요 목적은 선형으로 만드는 것이 아니기 때문에, 선형으로 만드는 과정은 암묵적으로 두었다. 예를 들어, 주어진 정점으로 향하는 최소 길이 경로의 수를 구하기 위해 사용할 수 있다. 개수는 (주어진 정점에서 출발해서 자기 자신으로 가는 자명한 경로가 있으므로) 1에서 시작하고, 남은 정점들에 대해 위상 순서로 경로의 수를 계산한다. 그러나 이 과정에서 각 정점이 몇 번째인지 명시적으로 계산하지는 않는다. 그래프의 간선에 길이를 나타내는 가중치가 있을 때, 각 정점에서 주어진 정점으로 가는 최단 경로의 길이를 계산하기 위해 위상 정렬을 사용할 수 있다. 자기 자신으로부터의 거리가 0인 주어진 정점에서 탐색을 시작해, 주어진 정점에서 다른 정점으로의 거리를 위상 순서로 계산한다. 이와 같은 맥락에서, 이 기법을 **동적 계획법**(dynamic programming)이라 부른다.

16.8 조합론

조합론은 어떤 것의 조합의 수를 일일이 세지 않고 계산하는 방법에 대한 것이다. 예를 들어, 신발 세 켤레, 윗옷 두 벌, 모자 다섯 개가 있을 때, 옷을 입을 수 있는 가짓수를 직접 나열하지 않고 구하고 싶을 수 있다.

16.8.1 기본 법칙

조합론의 기초 몇 가지는 12장에서 살펴봤다. 집합 $A + B$(A와 B의 서로소 합)의 원소의 수는 $|A| + |B|$이고, 집합 $A \times B$(A와 B의 곱집합)의 원소의 수는 $|A| \times |B|$이고, 집합 A^B(B에서 A로 가는 함수의 집합)의 원소의 수는 $|A|^{|B|}$이다.

이 규칙들 가운데 앞에 있는 두 규칙의 예시로서, 호위하기 문제(연습문제 3.3)의 풀이를 되짚어 보자. 올바른 상태의 수를 수식으로 계산하는 방법을 보인다. 문제의 지문과 상태의 정의가 기억나지 않는다면 3.3절로 돌아가서 읽고 오자.

배의 위치와 귀빈과 경호원의 위치에 따라 상태가 완전히 결정된다는 사실을 짚고 넘어가자. 따라서 상태는 다음 곱집합

$BoatPosition \times PBconfigurations$

의 원소가 된다. $BoatPosition$은 원소가 두 개인 집합 $\{left, right\}$이고, $PBconfi$ $gurations$는 두 둑에 있는 귀빈과 경호원의 위치로 가능한 구성을 나타내는 집합 이다. 따라서, 가능한 상태의 수는

$2 \times | PBconfigurations |$

가 된다. (도달할 수 있는 상태의 수가 아닌, 올바른 상태의 수를 세고 있는 것이다! 예를 들어, 두 사람 모두 배가 위치한 둑이 아닌 다른 둑에 있는 경우는 올바르지 만, 도달할 수 있는 상태는 아니다.)

다음으로, 귀빈과 경호원의 위치가 왼쪽 둑에 있는 귀빈의 수와 경호원의 수에 의해 결정된다는 사실이다. (왼쪽과 오른쪽 둑에 있는 귀빈/경호원의 수를 합하면 N이 되기 때문이다.) 두 변수를 나타내는 변수를 lP와 lB로 두자. 이제, 쌍 $(lP,$ $lB)$는 정확히

$$lB = 0 \lor lB = N \lor lB = lP \tag{16.37}$$

를 만족할 때 올바른 위치를 나타낸다. (주의: 이 부분에서 실수를 하기 쉽다. 텍스 트로 쓰여 있는 조건을 식으로 바꾸는 단계이기 때문이다. 자신의 경호원도 함께 있지 않는 이상 귀빈은 다른 경호원과 같은 둑에 있으면 안 된다는 조건을 엄밀히 서술해야 한다. 또, 구하려 하는 것이 무엇인지 엄밀히 서술해야 한다. 문제 설명이 엄밀하지 않은 경우가 많고, 그럴 때에 이를 수식으로 써서 엄밀함을 더해야 한다. (16.37)이 올바른 상태를 실제로 특정하고 있는지 꼭 확인해야 한다.)

(16.37)로부터, 귀빈과 경호원의 올바른 구성의 수는 다음과 같다는 결론을 내릴 수 있다.

$$| \{lB, lP : 0 \leq lB \leq N \land 0 \leq lP \leq N \land (lB = 0 \lor lB = N \lor lB = lP) : (lB, lP)\} | \tag{16.38}$$

이 식을 간단하게 만들기 위해, 귀빈과 경호원의 구성의 집합을 서로소인 몇 개의 부분집합으로 분류해서 표현하려 한다. 먼저 (16.37)을

$$lB = 0 \lor lB = N \lor 0 < lB = lP < N$$

으로 바꾼다. 이 식은 ($N \neq 0$이라는 전제하에) 귀빈과 경호원의 구성의 집합을 세

개의 서로소인 집합으로 나눈다. 구체적으로 $lB = 0$인 상태, $lB = N$인 상태, $0 < lB = lP < N$인 상태로 나뉜다. 이러한 상태의 수는 각각 $N + 1, N + 1, N - 1$이 된다.

귀빈과 경호원의 구성의 가짓수에 배의 위치의 가짓수인 2를 곱하면, 올바른 상태의 수는

$$2 \times ((N + 1) + (N + 1) + (N - 1))$$

가 된다. 따라서, 올바른 상태의 수는 $6N + 2$가지 존재한다. (귀빈과 경호원이 세 쌍 있는 문제는 20가지, 다섯 쌍 있는 문제는 32가지의 올바른 상태가 존재한다.)

16.8.2 경우의 수 세기

서로 구별할 수 없는 m개의 공이 있다. 모든 공을 서로 다른 n가지 색으로 칠하려 한다. 이 문제는 집합의 (서로소) 합, (카르테시안) 곱(=곱집합), (함수 공간) 거듭 제곱 등의 법칙으로 해결할 수 없다. 공에서 색으로 가는 함수를 문제에서 정의할 수 있기는 하지만, 공을 서로 구별할 수 없기 때문에 더 복잡해진다.

이러한 문제에서 집합의 '순열'이라는 개념이 중요하다. 집합 A의 **순열**(permutation)은 A의 원소에 대한 전순서이다. A가 유한 집합일 때에는, 첫 번째 원소가 무엇인지, 두 번째 원소가 무엇인지, 세 번째 원소가 무엇인지와 같이 모든 원소의 순서를 지정하면 특정한 순열을 정의할 수 있다. A의 원소가 n개라면, 첫 번째 원소로 가능한 원소는 n개 존재한다. 이 원소를 제외하면 두 번째 원소로 가능한 원소는 $n - 1$개 존재한다. 따라서 첫 번째와 두 번째 원소를 고르는 방법은 총 $n \times (n - 1)$가지 존재한다. 세 번째 원소로 가능한 원소가 $n - 2$개 존재하기 때문에, 첫 번째, 두 번째, 세 번째 원소를 고르는 방법은 $n \times (n - 1) \times (n - 2)$가지 존재한다. 이렇게 n번째 원소로 가능한 마지막 원소 1개가 남을 때까지 계속한다. 크기가 n인 집합에는 서로 다른 $\langle \prod k : 0 \leq k < n : n - k \rangle$가지 서로 다른 순열이 존재한다는 결론을 내릴 수 있다. 이 수는 n '팩토리얼'이라고 부르고 $n!$이라고 쓴다. 표준적인 표기는 아니지만, (서로소) 합과 (카르테시안) 곱을 표기할 때와 비슷하게, 집합 A의 모든 순열을 모은 집합을 $A!$이라 쓰자. 이제 다음 규칙을 표현할 수 있게 되었다.

$$[\, |A!| = |A|! \,]$$

빈 집합은 0개의 원소를 가지고 있고, $\langle \Pi\, k : 0 \leq k < 0 : 0 - k \rangle$의 값은 1임에 유의하라. 따라서

$$|\emptyset\,!| = 0! = 1$$

이다. 일반적으로, 원소가 n개인 집합에서 m개의 원소를 고르는 방법의 가짓수는

$$\langle \Pi\, k : 0 \leq k < m : n - k \rangle$$

가지 존재한다. 이 식을 $P(n, m)$으로 쓰곤 한다. $(n - m)!$이 $\langle \Pi\, k : m \leq k < n : n - k \rangle$이라는 점에서, 다음과 같은 $P(n, m)$의 정의를 쉽게 이끌어 낼 수 있다.

$$\left[\, P(n, m) = \frac{n!}{(n - m)!}\, \right] \tag{16.39}$$

이제 원소가 n개인 집합에서 원소가 m개인 부분집합을 고르는 방법의 수에 대해 생각해 보자. 이 값은 (일단) $C(n, m)$으로 표기한다. 예를 들어, 서로 다른 색으로 칠해진 6개의 공이 있을 때, 이들 중 4개를 고를 수 있는 방법의 수는 몇 가지일까? 즉, $C(6, 4)$의 값은 무엇일까?

원소가 n개인 집합에서 **순서대로** 원소 m개를 고르는 알고리즘을 한번 생각해 보자. 두 단계로 이루어진 알고리즘이다. 먼저 원소가 n개인 집합에서 원소가 m개인 부분집합을 고른다. $C(n, m)$가지의 방법이 존재한다. 그런 다음, 고른 부분집합의 m개의 원소를 나열하는 순서를 고른다. $m!$가지의 방법이 존재한다. 두 단계를 합치면, 원소가 n개인 집합에서 m개의 원소를 고르는 방법은

$$C(n, m) \times m!$$

가지 존재한다. 그런데, 이는 앞서 $P(n, m)$으로 소개했던 값이다. 따라서,

$$[\, P(n, m) = C(n, m) \times m!\,]$$

이다. 정의 (16.39)로부터 간단한 계산을 하면,

$$\left[\, C(n, m) = \frac{n!}{m! \times (n - m)!}\, \right] \tag{16.40}$$

라는 결론을 내릴 수 있다. 앞서 $C(n, m)$이라는 표기법을 '일단' 사용한다고 했다. 왜냐하면, 이 값은 수학에서 매우 중요한 값이라 특별한 표기법을 사용하기 때문이

다. **이항 계수**(binomial coefficient)[4]라 부르고, $\binom{n}{m}$과 같이 표기한다. 따라서 정의 (16.40)은 다음과 같이 쓸 수 있다.

[이항 계수] $$\left[\binom{n}{m} = \frac{n!}{m! \times (n-m)!}\right]$$ (16.41)

예를 들어, 6개 중 4개의 색을 고르는 방법의 수는 $\binom{6}{4}$이고, $\frac{6!}{4! \times 2!}$과 같다. 이를 간략하게 하면 $\frac{6 \times 5}{2 \times 1}$, 즉 15와 같다. 이때,

$$\left[\binom{n}{m} = \binom{n}{n-m}\right]$$

임을 짚고 넘어가자. 크기 m인 부분집합을 고르는 방법의 수는 크기 $n-m$인 부분집합을 고르는 방법의 수와 같다. 구체적으로, 크기 0인 부분집합을 고르는 방법의 수는 1이고, 이는 크기 n인 부분집합을 고르는 방법의 수와 같다. (크기 n인 부분집합은 전체집합이다.) 공식 (16.41)은 m이 n과 같거나 m이 0일 때에도 성립한다. 0!을 1로 정의했기 때문이다. 또 다른 특별한 경우로, 원소가 n개인 집합에서 1개의 원소를 고르는 경우가 있다. 공식 (16.41)에 대입하면 $\binom{n}{1}$은 (익히 예상했듯이) n이다.

16.8.3 경로의 수 세기

많은 조합론 문제는 일명 **재귀 관계**(recurrence relation)로 풀 수 있다. 그리고 앞선 장에서 보았듯 관계는 그래프로 나타낼 수 있다. 많은 조합론 문제들은 그래프에서 경로의 수를 셀 때과 같은 과정을 통해 풀 수 있다. 어떤 문제들은 잘 구조화되어 있다 - 이 구조는 '재귀' 패턴과 관계가 있어서, 잘 활용하면 문제 풀이를 한 눈에 들어오는 공식으로 쓸 수 있게 된다. 그러나 많은 문제들은 '약간만' 구조화되어 있다. 이런 문제들은 그래프에서 경로의 수를 세는 과정을 통해 풀 수 있지만, 한 눈에 들어오는 수학적 공식의 형태로 풀이를 쓸 수는 없다. 대신, 이런 문제들의 풀이는 효율적인 알고리즘의 형태로 나타난다. 이 절에서는 두 개의 예시를 살펴본다. 하나는 다른 하나보다 훨씬 구조화되어 있다.

---

4 '이항 계수'라는 이름은 '이항식(항이 두 개인 식)' $(x+y)^n$을 전개하는 다음 공식에서 비롯되었다.

$$\left[(x+y)^n = \langle \Sigma m : 0 \leq m \leq n : \binom{n}{m} \times x^m \times y^{n-m} \rangle\right]$$

$x^m \times y^{n-m}$의 '계수'는 $\binom{n}{m}$이다.

앞서 언급한 공 칠하기 문제를 다시 떠올려 보자. 서로 구별할 수 없는 m개의 공을 n가지 색으로 칠할 수 있는 방법은 몇 가지나 있는가? n가지 색을 각각 1번 색, 2번 색, …, n번 색으로 두자. 공을 색칠하는 방법으로 $no.$라는 이름의 함수를 정의해 보자. $no.c$는 c번 색을 갖고 있는 공의 개수이다. (즉, $no.1$은 1번 색을 가진 공의 수, $no.2$는 2번 색을 가진 공의 수이다.) 모든 공이 색칠되어야 하므로,

$$no.1 + no.2 + \ldots + no.m = n$$

이어야 한다. 문제는, 이러한 성질을 가진 함수 $no.$로 가능한 가짓수를 찾는 것이다. 다른 말로, 수 n이 있을 때, 합해서 n이 되는 m개의 수들로 이 수를 분할하는 서로 다른 방법의 개수를 구해야 한다.

이 문제를 푸는 한 가지 방법은 실제로 분할을 하는 알고리즘을 상상하는 것이다. 모든 공을 일렬로 나열해 보자. 공을 b로 표현한다. 예를 들어, 공이 7개 있을 때,

$$b\,b\,b\,b\,b\,b\,b$$

로 쓴다. 공들 사이에 세로선을 삽입하여 공들을 나누자. 각 결과는 공을 색칠하는 한 가지 방법을 나타낸다. 예를 들어,

$$b\,|\,b\,b\,|\,b\,b\,b\,b$$

는 1번 색으로 공 1개를, 2번 색으로 공 2개를, 3번 색으로 공 4개를 칠하는 방법을 나타낸다.

$$|\,b\,b\,b\,b\,b\,b\,b\,|$$

는 2번 색으로 모든 공을 칠하고, 1번 색이나 3번 색은 쓰지 않는 방법을 나타낸다.

공이 m개, 색이 n가지 있으면, 세로선을 포함한 수열의 길이는 $m + n - 1$이 된다. 다른 말로, 길이가 $m + n - 1$인 수열에서 글자 b를 놓을 위치를 m개 고르고, 남은 위치에 분할 기호 $|$를 놓으면 된다. 따라서, 색을 칠하는 방법의 가짓수는

$$\binom{m+n-1}{m}$$

과 같다는 결론을 내릴 수 있다.

앞의 알고리즘을 시각화하는 한 가지 방법은 그래프를 이용하는 것이다. 그림 16.16은 다섯 개의 공과 세 가지 색이 있는 경우의 그래프를 나타낸다. 공의 순서는 그래프 위에, 색의 번호는 그래프 왼쪽에 숫자로 적혀 있다. 그래프의 정점은 가로선과 세로선이 만나는 점이다. 왼쪽 위 구석에 있는 정점에서 시작해서 오른쪽 아래 구석에 있는 정점에서 끝나는 각각의 경로는, b와 분할 기호로 이루어진 순열을 구성하는 과정을 나타낸다. 오른쪽으로 이동할 때마다 b를, 아래로 이동할 때마다 분할 기호를 수열의 끝에 하나씩 추가하면 수열이 하나 만들어진다. 좌표 $(5,3)$인 왼쪽 위 구석에서는 아무것도 완성되지 않았다. 좌표 $(0,1)$인 오른쪽 아래 구석에서는 모든 공이 분할되었다. 좌표 (i,j)인 가운데 정점에서는, 해당 정점 왼쪽에 있는 정점에는 색이 배정되었고, 나머지 정점에는 아직 색이 배정되지 않았다. i는 아직 색칠되지 않은 정점의 개수이고 j는 아직 사용하지 않은 색의 가짓수이다. 위치 (i,j)에서 위치 $(i-1,j)$로 오른쪽으로 이동하는 것은 수열에 b를 추가하는 행위, 즉 색칠되지 않은 공 하나를 집어서 j번 색으로 칠하는 행위에 대응된다. 위치 (i,j)에서 위치 $(i,j-1)$로 아래로 이동하는 것은 이제 j번 색으로는 다른 공을 칠하지 않기로 하는 행위에 대응된다. 모든 공을 색칠하는 방법의 가짓수는 왼쪽 위 정점에서 오른쪽 아래 정점까지 이동하는 경로의 수와 같다.

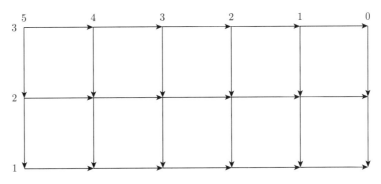

그림 16.16 공을 색칠하는 경우의 수 세기

사이클이 없는 크기 $(m+1) \times (n+1)$인 직사각형 격자판의 왼쪽 위에서 오른쪽 아래 정점으로 이동하는 경로의 수는 $\binom{m+n}{n}$(또는, $\binom{m+n}{m}$)과 같다. 각 경로의 길이가 $m+n$이고, 그중 m개가 가로선, n개가 세로선이기 때문이다.

이 그래프의 왼쪽 위 정점에서, 각각의 경로는 가로선이거나 세로선에서 시작한다. 이 선택은 경로 집합을 서로소인 경로의 집합들로 분리할 수 있게 해 준다. 가로선으로 시작하는 경로는 (가로선을 제외하면) 크기 $((m-1)+1) \times (n+1)$인 직사각형 격자판에서의 경로와 같다. 비슷하게, 세로선으로 시작하는 경로는 크기 $(m+1) \times ((n-1)+1)$인 직사각형 격자판에서의 경로와 같다. 따라서 다음과 같은 결론을 내릴 수 있다.

$$\left[\binom{m+n}{n} = \binom{m-1+n}{m-1} + \binom{m+n-1}{n-1} \right] \tag{16.42}$$

(16.42)는 재귀 관계인 등식의 예시이다. 좌변의 이항 계수가 우변에 '재귀적으로' 등장하는 등식이다. 이 성질은 이항 계수의 **덧셈 공식**(addition formula)이라 불린다.

그림 16.16에 있는 그래프는 직사각형 격자판 구조를 갖추고 있다. 다른 조합론 문제들은 이처럼 제대로 된 구조를 갖추고 있지 않은 경우가 많지만, 그래도 몇몇 문제는 사이클이 없는 그래프에서 경로의 수를 세는 문제로 표현할 수 있다. 이러한 문제에서 경로의 수를 세기 위해서는 위상 정렬(또는 비슷한 알고리즘)을 꼭 사용해야 한다. 예를 들기 위해 3.1절의 경호하기 문제를 마지막으로 한 번 더 들고 오려 한다.

그림 16.17은 강을 건너는 세 쌍의 사람들에 대한 상태 전이 다이어그램이다. 가능한 상태 20개 가운데, 세 쌍의 사람들이 모두 왼쪽 둑에 있는 시작 지점에서 도달 가능한 상태 16개만을 나타내고 있다. (그림에서 나타내지 않은 상태 4개는 올바른 상태이지만, 도달할 수 있는 방법이 없다.) 귀빈과 경호원의 위치를 나타내기 위해 3.3.3절에서와 동일한 이니셜을 사용했고, 여기에 배의 위치를 표시하기 위한 짧은 가로선을 추가해 두었다.

그림 16.17의 구조는 3.3.4절에서 분석한 문제의 구조를 그대로 반영하고 있다. 풀이의 집합은 그림 16.17의 '가운데 이동'에 대해 대칭적이다. 귀빈이 먼저 건너고 나서 가운데 이동을 할 수 있는 상태까지 두 번 더 움직여야 한다. 두 번의 움직임은 그림 16.17에 '2단계'로 표시되어 있다. 가운데 이동 이후에, 귀빈의 이동과 2단계 이동을 거꾸로 수행한다.

각 귀빈이나 경호원을 서로 구분하지 않는다면, 최소 횟수의 움직임으로 모두가 강을 건널 수 있는 방법은 네 가지뿐이라는 사실을 그림 16.17에서 알 수 있다. 그러나 각 사람에게 이름을 부여해서 모두를 서로 구분한다고 하자. 모두가 강을 건널 수 있는 서로 다른 방법은 몇 가지 존재할까?

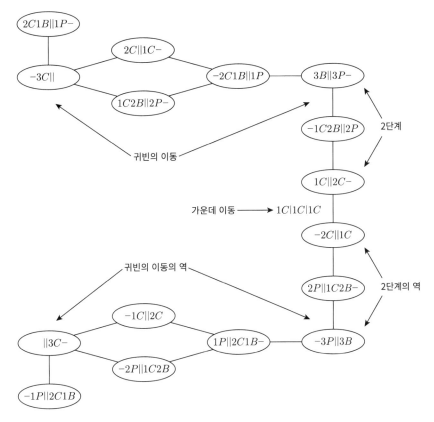

그림 16.17 경호하기: 상태 전이 다이어그램

상태 다이어그램을 다시 그릴 필요는 없다. 움직임을 나타내는 각 간선에, 이 움직임을 수행하는 경우의 수를 가중치로 적어 두는 것으로 충분하다. (자세한 설명은 16.4.1절을 참조하라) 추가로, 이 그래프의 대칭성을 이용할 수 있다.

상태 다이어그램에서 최소 횟수로 강을 건너는 것과 관련된 다섯 부분 중 세 부분인 귀빈의 이동, 2단계, 가운데 이동을 그림 16.18에서 보이고 있다. (나머지 두 개는 대칭되는 그림이기에 생략하였다.) 상태 전이의 방향을 나타내기 위해 화살표를 추가했다. 그리고 각 간선의 가중치로 이 움직임을 수행하는 경우의 수를 적었다. 예를 들어, 상태 $3C\,\|$에서 상태 $1C, 2B\,\|\,2P$로 가는 간선에는 가중치 3이 붙어 있다. 강을 건너는 귀빈 2명을 정하는 방법이 $\binom{3}{2}(=3)$가지 있기 때문이다. 비슷하게, 강을 건너는 가운데 이동에는 가중치 2가 붙어 있다. 2쌍의 사람들 중 강을 건널 1쌍을 고르는 방법이 2가지 있기 때문이다.

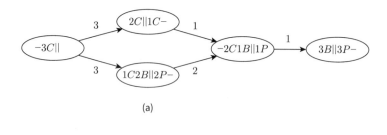

(a)

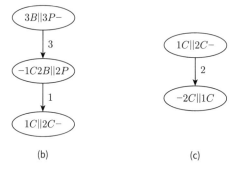

(b)   (c)

그림 16.18 강 건너는 방법의 수 세기: (a) 귀빈의 이동, (b) 2단계, (c) 가운데 이동

각 그래프에서 시작 정점에서 끝 정점까지 가는 경로의 수를 간단한 위상 탐색을 통해 계산할 수 있다. 2단계에서 서로 다른 경로의 수는 $3 \times 1 (= 3)$가지 존재하고, 귀빈이 이동하는 경우의 수는 $(3 \times 2 + 3 \times 1) \times 1 (= 9)$가지 존재한다. 마지막으로 계산한 모든 부분을 합하면 된다. 각 사람을 구분할 때 모두가 강을 건너는 방법의 수는

$$9 \times 3 \times 2 \times 3 \times 9$$

가지, 즉 1,458가지나 존재한다!

이 예시는 이 책의 마지막 예시로 들기 매우 좋다. 문제를 푸는 전략이 미숙할 때, 풀이를 탐색하는 공간의 크기가 불필요하게 커지는 현상을 그대로 보여 주기 때문이다. 알고리즘 문제 해결을 할 때 첫 단계는 항상 무엇이 필요하고 무엇이 필요하지 않은지 구별하는 것이다. 이는 문제가 어떻게 표현되었는지를 보고 알 수 있다. 문제를 잘못 표현하면 간단한 문제도 풀 수 없는 문제로 바뀌어 버리고 만다. 문제가 다룰 수 있는 범위 내에 있을 때에도, 불필요한 복잡도를 제거하기 위해 항상 철저하게 검토해야 한다.

16.9 연습문제

1. 다음 관계를 그래프로 나타내어라. 관계의 타입이 $\{a, b, c, d\} \times \{u, v, w\}$라고 가정하라.

   (a) $\{(a, u), (b, v), (c, w)\}$

   (b) $\{(a, u), (a, v), (a, w), (b, v), (c, w)\}$

   (c) 전칭 관계

   (d) 공집합 관계

2. 그림 16.9는 동종 관계를 나타낸다. 이 관계를 R이라 하자. 이때, R^0, R^1, R^2, R^3을 계산하라.

   $n = 0$부터 시작해서 몇 개의 값에 대해 $\langle \bigcup k : 0 \leq k < n : R^k \rangle$를 계산한다고 하자. n이 어떤 값 이상일 때에 값이 바뀌지 않기 시작한다. 즉, 어떤 값 n에 대해,

   $$\langle \bigcup k : 0 \leq k < n : R^k \rangle = \langle \bigcup k : 0 \leq k < n+1 : R^k \rangle$$

   가 성립한다. 그래프를 분석해서 이를 만족하는 n의 최솟값을 구하라. 실제로 $\langle \bigcup k : 0 \leq k < n : R^k \rangle$의 값을 계산하지 않고 값을 구해야 한다.

3. 그림 16.19에 있는 그래프에서 가장 오른쪽에 있는 정점은 끝 정점이라 부른다. 그래프의 각 정점에서 끝 정점으로 가는 모든 최단 경로를 나타내는 그래프를 구성하라. 끝 정점과의 거리가 $0, 1, 2, \ldots$인 정점들을 표시하고, 어떤 k에 대해 거리 $k + 1$인 정점에서 거리 k인 정점으로 향하는 간선을 표시하면 문제를 풀 수 있을 것이다.

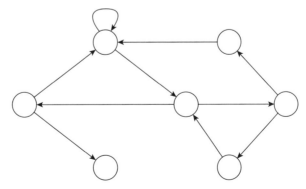

그림 16.19 동종 관계

4. 간선에 가중치가 있는 사이클 없는 그래프가 그림 16.20에 그려져 있다. 어떤 정점은 이 정점으로 향하는 간선이 존재하지 않는다. 어떤 정점은 이 정점에서 나가는 간선이 존재하지 않는다. 이들을 각각 시작 정점과 끝 정점이라 부르자.

(a) 간선의 가중치가 정점 쌍 사이에 있는 간선의 수를 나타낸다고 하자. 시작 정점에서 끝 정점까지 가는 서로 다른 경로의 수를 위상 탐색을 이용해 계산하라.

(b) 간선의 가중치가 거리를 나타낸다고 하자. 시작 정점에서 끝 정점까지의 최단 경로의 길이를 위상 탐색을 통해 계산하라.

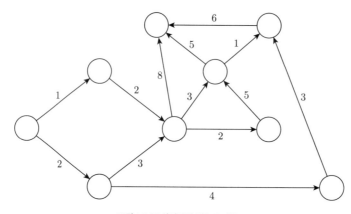

그림 16.20 사이클이 없는 그래프

5. 그림 16.20의 그래프를 다시 확인하라. 간선이 두 정점을 잇는 다리를 나타내고, 가중치가 다리의 높이를 나타낸다고 하자. 시작 정점에서 끝 정점까지 자동차를 타고 가는데, 경로상에서 가장 높이가 낮은 다리의 높이를 최대화해야 한다. 경로에 대한 적절한 곱과 합 연산을 정의하고, 이 조건에 따라 최고의 경로를 계산하라.

6. 그림 16.20의 그래프를 또 다시 확인하라. 그래프의 간선이 하나의 작업을 나타낸다고 하자. 두 간선이 정점을 사이에 두고 이어져 있다는 것은, 이 작업을 끝내기 전에는 다음 작업을 시작할 수 없음을 의미한다고 하자. (예를 들어 집을 짓는다고 하면, 터를 닦는 작업은 무조건 벽을 세우기 전에 끝내야 한다.) 간선의 가중치는 이 작업을 끝내는 데 걸리는 시간을 뜻한다고 하자.

동시에 여러 개의 작업을 수행할 수 있다고 할 때, 시작 정점에서 끝 정점까지 모든 작업을 수행하는 데 걸리는 최소 시간을 구하고 싶다. 그림 16.20의 그래프에 대하여, 최소 시간을 구하라.

힌트: 이 문제를 경로를 찾는 문제로 표현해 보아라. 이어져 있는 두 경로를 결합하는 방법(곱 연산)과 같은 정점 쌍을 잇는 두 경로를 어떻게 선택해야 하는지 생각해 보아라.

(경영 관리 분야에서, 이와 같이 작업의 순서와 (예상) 완료 시간을 나타내는 그래프를 **간트 차트**(Gantt Chart)라 부른다.)

7. 16.7.1절에 있는 위상 탐색 알고리즘은 R^*이 부분 순서라고 전제한다. 알고리즘을 적절히 바꾸어, R^*이 부분 순서인지 아닌지 판별할 수 있는가?

연습문제 해답

풀이 2.1

1233번의 게임이 진행되어야 한다. 탈락한 플레이어의 수를 k, 지금까지 진행된 게임의 수를 g라고 하자. 초기에, k와 g의 값은 모두 0이다. 한 번의 게임이 진행될 때마다, 한 명의 플레이어가 탈락한다. 따라서, k와 g의 값은 항상 같다. 토너먼트의 최종 승자가 결정되려면, $1234 - 1$명의 플레이어가 탈락해야 한다. 따라서, 이 값이 바로 진행된 게임의 수다.

일반적으로, p명의 플레이어가 참가하는 토너먼트는 총 $p - 1$번의 게임이 진행된다.

풀이 2.4

앞에서 소개한 변수 b와 e를 사용하면, 빈 상자에 작은 상자를 넣는 작업은 아래의 대입문으로 모델링할 수 있다.

$$b, e := b + k, e + k - 1$$

$(k - 1) \times b - k \times e$의 값은 불변량이다. 초깃값은 $-m$이다. 따라서, 모든 작업이 끝났을 때에는

$$(k - 1) \times b - k \times n = -m \tag{S.1}$$

이 성립한다.

$k \neq 1$를 가정하고 식을 단순화하면, $b = n + \dfrac{n - m}{k - 1}$을 얻는다. 문제가 잘 정의되기 위해서는, 이 값은 반드시 자연수가 되어야 한다. 즉, n은 최소 m이고, k는 최소 2이며, $n - m$은 $k - 1$의 배수여야 한다.

$k=1$이라면, (S.1)은 $n=m$으로 단순화된다. 즉, 빈 상자의 수는 언제나 그대로다. 그러나 상자의 총 개수는 결정되지 않는다.

풀이 2.5

흰 돌과 검은 돌 문제는 아래와 같은 선택문으로 모델링된다.

$$b,w := b+1, w-2 \ \square \ b,w := (b-2)+1, w \ \square \ b,w := b-1, w$$

각각 순서대로, 흰 돌 두 개, 검은 돌 두 개, 흰 돌 하나, 검은 돌 하나를 항아리에서 꺼내는 상황을 모델링한다. 분명하게, w의 값은 유지되거나 2만큼 감소한다. 즉, w의 홀짝성이 불변량이다. 따라서, 항아리에 남는 최후의 돌이 흰색인 경우는 바로, 항아리에 들어 있는 흰 돌의 수가 홀수일 때와 같다.

도미노 문제를 보자. 덮인 검은 칸과 흰 칸의 수를 각각 b, w라고 하자. 체스판에 하나의 도미노를 놓는 작업은 아래의 대입문으로 모델링된다.

$$b, w := b+1, w+1$$

차이 $b-w$가 불변량이다. 이 값은 초기에 0이다. (b와 w가 모두 0이기 때문이다.) 따라서 체스판 위에 도미노가 얼마나 있든 간에 이 값은 항상 0이다. 하지만 체스판을 모두 덮으려면 이 값은 반드시 -2가 되어야 한다. (망가진 체스판에서 검은 칸은 흰 칸보다 두 개 적기 때문이다.) 이는 불가능하다.

풀이 2.6

f는 대칭적이어야 한다.

풀이 2.7

(a) $m \bmod 3$이 불변량이다.

(b) $m \bmod (j \gcd k)$가 불변량이다.

$$(m \bmod (j \gcd k))[m := m+j]$$
$$= \quad \{ \text{ 치환 } \}$$
$$(m+j) \bmod (j \gcd k)$$

$$= \quad \{ \text{ 덧셈에 대한 } mod\text{의 분배법칙 } \}$$

$$(m + j \, mod \, (j \, gcd \, k)) \, mod \, (j \, gcd \, k)$$

$$= \quad \{ \ j\text{는 } j \, gcd \, k\text{의 배수이므로}, j \, mod \, (j \, gcd \, k) = 0 \ \}$$

$$m \, mod \, (j \, gcd \, k)$$

비슷하게, $m \, mod \, (j \, gcd \, k)$는 대입문 $m := m + k$의 불변량이다.

(c) 그러하다. 임의의 j에 대하여, $j \, gcd \, 0 = j$다. 만약 k가 0이라면, $m \, mod \, j$는 불변량이며, 이는 (b)에서 답한 것과 같다. $m \, mod \, 0 = m$이므로 j가 0인 경우에도 성립한다. 만약 j와 k가 모두 0이라면, 선택문은 $skip$과 같고, m은 확실히 불변량이다.

또 다른 극단적인 경우로는 $j \, gcd \, k$가 1인 경우가 있다. (즉, j와 k는 서로소다.) m의 값에 상관없이 $m \, mod \, 1 = 0$이므로, 선택문의 불변량이 0이라는 결론을 얻는다. 이는 자명한 불변량으로 도움이 되지는 못한다.

풀이 2.8

$p \, mod \, 3$이 불변량이다. 이는 단 하나의 변수를 포함하는 유일한 불변량이다. $n - 2 \times m$은 첫 번째 대입문의 불변량이고, $3 \times n - p$는 두 번째 대입문의 불변량이다. 둘 모두 비결정론적 선택문의 불변량이 되지 않는다. 그러나, 이 둘을 결합한

$$3 \times n - p - 6 \times m$$

은 비결정론적 선택문의 불변량이 된다. 또다른 방법으로는, $A \times m + B \times n + C \times p$가 불변량임을 가정하고, 다음과 같이 A, B, C의 값을 계산할 수 있다.

$$A \times m + B \times n + C \times p \text{는 불변량이다}$$
$$= \quad \{ \text{ 불변량의 정의, 치환 } \}$$
$$A \times m + B \times n + C \times p = A \times (m+1) + B \times (n+2) + C \times p$$
$$\wedge \ A \times m + B \times n + C \times p = A \times m + B \times (n+1) + C \times (p+3)$$
$$= \quad \{ \text{ 소거 } \}$$
$$0 = A + B \times 2 \wedge 0 = B + C \times 3$$
$$= \quad \{ \text{ 치환 } \}$$
$$A = C \times 6 \wedge B = -(C \times 3)$$

풀이 2.9

(a) 불변량이 되는 유일한 선형 결합은 0뿐이다.

(b) 적합한 b, d, l의 선형 결합을 구성하는 방법은 다음과 같다.

$$A \times b + B \times d + C \times l$$은 불변량이다

$=$ $\{$ 불변량의 정의, 치환 $\}$

$$A \times b + B \times d + C \times l = A \times (b+3) + B \times (d+1) + C \times l$$

$$\wedge \ A \times b + B \times d + C \times l = A \times (b+1) + B \times d + C \times (l+1)$$

$=$ $\{$ 소거 $\}$

$$0 = A \times 3 + B \ \wedge \ 0 = A + C$$

$=$ $\{$ 치환 $\}$

$$B = -(A \times 3) \ \wedge \ C = -A$$

$\Leftarrow$ $\{$ 치환 $\}$

$$A = 1 \ \wedge \ B = -3 \ \wedge \ C = -1$$

같은 방법으로 불변량 $b + 8 \times l - 3 \times w$를 구성할 수 있다.

(c) 네 개의 계수(미지수)에 대한 두 개의 등식을 얻을 수 있다. 따라서, (b)에서 얻은 해를 포함하여 무수히 많은 해가 존재한다.

풀이 3.1

$\{5C \,\|\,\}$

$2C,3B\,|3P|\ ; 2C,3B\,|1P|\,2P\ \ ; 5B\,|3P|\,2P$

$;\ \{5B \,\|\, 5P\}$

$5B\,|2P|\,3P\ ; 2C\,|3B|\,3P$

$;\ \{2C \,\|\, 3C\}$

$2C\,|1C|\,2C$

$;\ \{3C \,\|\, 2C\}$

$3P\,|3B|\,2C\ ; 3P\,|2P|\,5B$

$;\ \{5P \,\|\, 5B\}$

$2P\,|3P|\,5B\ ; 2P\,|1P|\,2C,3B\ \ ; |3P|\,2C,3B$

$\{\,\|\, 5C\}$

풀이 3.2

사실상 귀빈-경호원 한 쌍을 왼쪽 둑에 내버려 둠으로써 다섯 쌍일 때의 해를 네 쌍일 때로 바꿀 수 있다.

$\{4C \parallel\}$

$1C, 3B \mid 3P \mid$; $1C, 3B \mid 1P \mid 2P$; $4B \mid 2P \mid 2P$

; $\{4B \parallel 4P\}$

$4B \mid 2P \mid 2P$; $2C \mid 2B \mid 2P$

; $\{2C \parallel 2C\}$

$2C \mid 1C \mid 1C$

; $\{3C \parallel 1C\}$

$3P \mid 3B \mid 1C$; $3P \mid 1P \mid 4B$

; $\{4P \parallel 4B\}$

$2P \mid 2P \mid 4B$; $2P \mid 1P \mid 1C, 3B$; $\mid 3P \mid 1C, 3B$

$\{\parallel 4C\}$

좌우를 반전하면, 또 다른 해를 얻을 수 있다.

$\{4C \parallel\}$

$1C, 3B \mid 3P \mid$; $1C, 3B \mid 1P \mid 2P$; $4B \mid 2P \mid 2P$

; $\{4B \parallel 4P\}$

$4B \mid 1P \mid 3P$; $1C \mid 3B \mid 3P$

; $\{1C \parallel 3C\}$

$1C \mid 1C \mid 2C$

; $\{2C \parallel 2C\}$

$2P \mid 2B \mid 2C$; $2P \mid 2P \mid 4B$

; $\{4P \parallel 4B\}$

$2P \mid 2P \mid 4B$; $2P \mid 1P \mid 1C, 3B$; $\mid 3P \mid 1C, 3B$

$\{\parallel 4C\}$

풀이 3.4

좌우 대칭성을 활용하자. (동전을 오른쪽으로 여섯 칸 옮기는 것은, 동전을 왼쪽으로 여섯 칸 옮기는 것과 같다.) 먼저, 시작 위치에서 오른쪽으로 여섯 칸 떨어진 곳에 동전이 있도록 만들어 보자. (반대로 말하면, 종료 위치에서 왼쪽으로 여섯 칸 떨어진 곳에 동전이 있도록 해 보자.)

이 목표는 달성하기 쉽다. 아래의 그림과 같이 여섯 번의 이동을 통해, 시작 위치에서 오른쪽으로 여섯 칸 떨어진 곳에 동전을 놓을 수 있다. (점은 칸 위에 놓인 동전을 나타낸다. 빈 사각형은 그 칸 위에 동전이 없음을 뜻한다.)

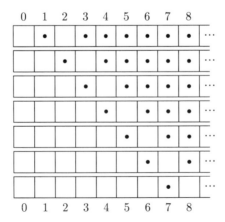

반대로, 그림을 아래에서 위로 해석하면, 종료 위치에 동전이 있을 때, 종료 위치에서 왼쪽으로 여섯 칸 떨어진 곳에 동전을 놓는 작업 또한 여섯 번의 이동으로 수행할 수 있다.

이제, 이 두 개의 중간 상태를 이어 주어야 한다. 다음은 그 (대칭적인) 과정을 보여 준다. 중간의 (대칭적인) 상태를 만드는 (대칭적인) 이동 방법을 떠올리기 위해서는 약간의 창의력이 필요하다. (첫 번째 그림 → 마지막 그림 → 두 번째 그림 순으로 이어 주면 된다.)

```
     0   1   2   3   4   5   6   7   8
   | • | • | • | • | • | • |   | • |   | ···
   | • | • | • | • | • | • |   |   | • | ···
   | • | • | • | • |  •• |   | • |   | ···
   | • | • | • |  •• | • | • | • | ···
   | • | • |   |  •• | • | • | • | • | ···
   | • |   | • | • | • | • | • | • | ···
   |   | • |   | • | • | • | • | • | ···
     0   1   2   3   4   5   6   7   8
```

풀이 3.5

```
        1
    1   1   1
    1   2   1   1
    1   2   2   1   1
    1   2   2   2   1   1
    1   2   2   2   2   1   1
    1   1   2   1   2   1   1
    1   1   2   2   2   2   1
        1   1   2   2   2   1
            1   1   2   2   1
                1   1   2   1
                    1   1   1
                        1
```

문제에서 준 힌트를 활용한 다른 해도 존재한다. 또한 비대칭적인 해도 존재한다.

풀이 3.6

동전을 세 칸 옮기는 것이 가능하다. 아래는 그중 한 가지 방법이다.

```
   1
1  2  1
1  3  2  1
1  3  3  2  1
1  3  3  3  2  1
1  2  2  2  2  1
1  2  3  3  3  1
   1  2  3  3  1
      1  2  3  1
         1  2  1
            1
```

풀이 3.13

$t.1 \leq t.2 \leq t.3 \leq t.4$라고 하자.

강을 건너는 데 필요한 최소 시간은

$$t.1 + t.2 + t.4 + (t.3 + t.1) \downarrow (2 \times t.2)$$

이다.

  문제에서 주어진 값을 대입하면, 최소 시간은 $1 + 2 + 10 + 5 \downarrow 4 (= 17)$이다.

  네 사람이 강을 건너는 시간이 각각 1, 2, 2, 2분이라고 하자. 1번 사람이 한 명씩 데리고 건너는 경우에는 총 8분이 걸리지만, 1번 사람과 2번 사람이 같이 왕복하면 총 9분이 걸린다.

풀이 3.14

네 명의 사람에게 각자 이름을 부여하면, 강을 건너는 방법은

$$\binom{4}{2} \times \binom{2}{1} \times \binom{3}{2} \times \binom{3}{1} \times \binom{2}{2}$$

$(= 108)$가지가 된다.

풀이 3.15

(가장 느린 세 명이 같이 건너면) 다섯 번의 이동이 필요하고, 이때 총 소요 시간은 8분이다. 단 세 번의 이동만에 모두가 강을 건너려면 9분의 시간이 필요하다. (이 경우, 가장 느린 세 명이 같이 강을 건너서는 안 된다.)

이 연습문제의 두 번째 문제의 풀이는 10장의 보조명제 10.1을 참조하라.

풀이 3.16

각 칸을 다음 세 종류로 분류하자. (1) 정중앙의 칸, (2) 꼭짓점의 네 칸, (3) 모서리의 네 칸. 정중앙의 칸은 나머지 여덟 칸과 모두 닿아 있다. 꼭짓점의 네 칸은 각각 정중앙의 칸과 모서리의 두 칸과 닿아 있다. 모서리의 각 칸은 정중앙의 칸과 꼭짓점의 두 칸, 모서리의 두 칸과 닿아 있다.

정중앙의 칸은 나머지 모든 칸과 닿아 있기 때문에, 네 가지 색 중 하나는 오로지 정중앙의 칸을 위해 쓰여야 한다. 각 모서리의 칸은 두 개의 모서리 칸과 닿아 있기 때문에, 모든 모서리 칸을 하나의 색으로 칠할 수는 없다. 즉, 모서리의 네 칸에 두세 가지의 색이 쓰여야 한다. 정중앙의 칸과 모서리의 네 칸의 색이 모두 결정되었다면, 꼭짓점의 네 칸을 칠하는 것은 쉽다. 꼭짓점 칸과 닿아 있는 정중앙의 칸과 모서리의 두 칸의 색은 모두 서로 다르기 때문에, 네 가지 색 중 (유일하게) 남은 색을 칠해야 한다. 모서리의 네 칸을 두 가지 색으로 칠하는 방법은 유일하다. 서로 마주보는 두 모서리 칸을 같은 색으로 칠하면 된다. 모서리의 네 칸을 세 가지 색으로 칠하는 방법 또한 유일하다. 서로 마주보는 모서리 칸 쌍 중 하나를 같은 색으로 칠하면 된다. 즉, 체스판을 칠하는 방법은 두 가지이며, 네 가지 색이 모두 필요하다.

풀이 4.1

(a)

12월에서 31일을 제외한 다른 날을 말하면 진다. 이러한 상황은 상대방이 11월 30일(즉, 11월의 마지막 날)을 말하면 강제된다. 같은 원리로, 11월에서 30일을 제외한 다른 날을 말하면 진다. 왜냐하면, 상대방이 11월 30일을 말할 수 있기 때문이다. 이러한 상황은 상대방이 10월 31일을 말하면 강제된다. 이를 일반화하면, 그 달의 마지막 날을 말하는 것은 승리 전략이 된다. 그러면 상대방이 반드시 그다음 달의 1일을 말해야만 하기 때문이다. 여기서 윤년인지 여부는 중요하지 않다.

(b)

12월에서, 패배 위치는 홀수일이고, 승리 위치는 짝수일이다. ('패배 위치'란 **승리하는** 플레이어가 말한 날임에 유의하라.) 즉, 마지막으로 불린 날이 홀수일이면, 지금 차례의 플레이어는 반드시 짝수일을 말해야 하고, 결과적으로 패배한다.

특히, 12월 1일을 말한 플레이어는 승리한다. 즉, 11월의 모든 날은 승리 위치다. 10월은, 12월과 비슷하게, 홀수일이 패배 위치고, 따라서, 9월의 모든 날은 승리 위치다. 같은 원리로, 8월의 홀수일은 패배 위치고, 6월의 모든 날은 승리 위치다.

이러한 패턴은 6월에서 변한다. 6월에는 짝수 개의 날이 있기 때문이다. 7월 1일을 말한 플레이어는 패배한다. 즉, 6월의 모든 날은 패배 위치다. 그 말은 즉, 5월의 짝수일은 승리 위치고, 또한 4월의 모든 날도 승리 위치임을 뜻한다. 3월 31일은 패배 위치다. 3월에는 홀수 개의 날이 있으므로, 12월과 11월에서 보았던 패턴이 다시 등장한다. 3월의 홀수일은 패배 위치고, 2월의 모든 날은 승리 위치다. 마지막으로, 1월의 홀수일은 패배 위치가 된다.

따라서, 후수가 승리함을 알 수 있다. 승리 전략은, 마지막으로 불린 날이 11월, 9월, 7월, 4월, 2월이면 그다음 달의 1일을 말하는 것이다. 아닌 경우, 마지막으로 불린 날의 다음 날을 부르면 된다.

이 또한 윤년 여부는 중요하지 않다.

풀이 4.2

표 S.1의 첫 세 행은 첫 11개 위치의 정보를 보여 준다. 이 패턴은 그다음 11개의 위치에서도 동일하게 나타나며, 아래쪽 세 행이 이를 보여 준다.

위치	0	1	2	3	4	5	6	7	8	9	10
승패	L	L	W	W	L	W	W	W	L	W	W
수			2	2		5	6	6		5	6

위치	11	12	13	14	15	16	17	18	19	20	21
승패	L	L	W	W	L	W	W	W	L	W	W
수			2	2		5	6	6		5	6

표 S.1 제거 집합 $\{2, 5, 6\}$일 때의 승리(W) 및 패배(L) 위치

풀이 4.3

사다리의 하단부나 뱀의 머리가 놓인 칸은 위치로 보아서는 안 된다. 사이클에 속하는 위치는 승리 위치인지 패배 위치인지 확인할 수 없다. 여기서, 사이클이란 처

음과 마지막 위치가 같은 이동 서열이다. 승리 위치와 패배 위치를 결정하기 위해서는 플레이어가 어떤 수를 두는지에 관계없이 항상 게임이 종료됨이 보장되어야 한다. 사이클이 존재한다면, 게임 종료가 보장되지 않는다.

사이클이 존재하는 경우, 각 위치는 패배 위치, 승리 위치, 무승부 위치로 분류할 수 있다. 패배 위치에서는 어떤 수를 두더라도 승리 위치로 간다. 승리 위치에서는 패배 위치로 가는 수가 존재한다. 무승부 위치로 가는 수는 있고 패배 위치로 가는 수는 없는 위치는 무승부 위치다.

무승부 위치에서 할 수 있는 최선의 전략은, 무승부 위치로 이동하는 것이다. 패배 위치로는 갈 수 없고, 승리 위치로 간다면 플레이어는 패배하기 때문이다. 상대방 또한 동일한 전략을 택할 것이며, 따라서 이 경우에 게임은 영원히 끝나지 않는다.

표 S.2는 모든 위치의 정보를 보여 준다. 위치 4는 이 게임에서 유일한 무승부 위치다. 이 위치에서 6번 칸으로 이동하면 다시 4번 칸으로 돌아오게 된다. 이외의 이동은 모두 승리 위치로 간다.

위치	1	2	4	5	7	13	14	16	18	21	22	23	24	25
승패	W	W	S	W	W	L	W	W	L	W	W	W	W	L
수	3	3	6	9	9		18	18		25	25	25	25	

표 S.2 사다리와 뱀 게임. 승리(W), 패배(L) 및 무승부(S) 위치

풀이 4.5

4.4.1절에서 다룬 단순한 합 게임을 생각해 보자. 왼쪽과 오른쪽 더미에 있는 성냥개비 수가 각각 최대 1, 2라고 하자. 이 합 게임에는 2×3개의 위치가 있다. 4.4.1절에서 보았듯이, 위치 $(1, 2)$는 승리 위치고, 위치 $(1, 1)$은 패배 위치다. 또한, 개별 게임에서 위치 1과 2는 모두 승리 위치다. 만약 연산자 $\oplus$가 있다면,

$$true = winning(1, 2) = winning(1) \oplus winning(2) = true \oplus true$$

그리고

$$false = winning(1, 1) = winning(1) \oplus winning(1) = true \oplus true$$

가 성립할 것이다.

이는 곧, $true = false$이며, 따라서 그러한 연산자는 존재하지 않는다.

만약 $losing_G(l) \land losing_H(r)$을 만족하는 위치 (l, r)에서 시작한다면, 완벽한 플레이어의 전략은 이 성질을 계속 유지하는 것이다. 이 위치에서 시작하면, 상대방은 반드시 왼쪽 게임에서 수를 두거나(이 경우, $winning_G(l) \land losing_H(r)$이 참이 된다), 오른쪽 게임에서 수를 두어야 한다(이 경우, $losing_G(l) \land winning_H(r)$이 참이 된다). 상대방이 선택한 게임에서 다시 수를 두면, 승자는 항상 $losing_G(l) \land losing_H(r)$이 참이 되게 만들 수 있다.

풀이 4.6

(a)

표 S.3은 위치 10까지 각 위치의 mex 값을 보여 준다. 이 mex 값은 11개의 위치마다 반복된다. 즉, 위치 m의 mex 값은 위치 $m \bmod 11$과 같다.

위치	0	1	2	3	4	5	6	7	8	9	10
승패	L	L	W	W	L	W	W	W	L	W	W
mex 값	0	0	1	1	0	2	1	3	0	2	1

표 S.3 제거 집합이 $\{2, 5, 6\}$일 때의 mex 값

(b)

왼쪽 게임에서, 위치 m의 mex 값은 $m \bmod 3$과 같다. 위에서 살펴본 오른쪽 게임의 mex 값과 결합하면, 표 S.4를 채울 수 있다. (승리하는 수에 대해 이외에 다른 답이 있을 수 있다.)

왼쪽 게임	오른쪽 게임	'패배' 또는 승리하는 수
10	20	$R14$
20	20	패배
15	5	$R0$
6	9	$R4$
37	43	패배

표 S.4 승리하는 수

풀이 4.7

(a)

패배하는 위치는 위치 $2^{i+1} - 1$이다. 여기서, i는 자연수다. 이외에 다른 모든 위치는 승리 위치다.

　증명은 크게 두 부분으로 나눌 수 있다. 먼저, 모든 i에 대하여, 위치 $2^{i+1} - 1$에서 갈 수 있는 위치 n은 항상 $2^i - 1 < n < 2^{i+1} - 1$을 만족하며, 모든 i에 대해 $n \neq 2^{i+1} - 1$인 위치 n에서는 적절한 i가 존재하여 위치 $2^i - 1$로 갈 수 있음을 확인할 수 있다.

　$i = 0$인 경우, $2^{i+1} - 1$의 값은 1이다. 위치 1은 종료 위치이고, 따라서 패배 위치다. i가 0보다 크다면, 위치 $2^{i+1} - 1$에서 갈 수 있는 위치 n은 항상 $n < 2^{i+1} - 1 \leq 2 \times n$을 만족한다. 그러나,

　$n < 2^{i+1} - 1 \leq 2 \times n$

$=$ 　 { 연속된 등식의 의미 }

　$n < 2^{i+1} - 1 \land 2^{i+1} - 1 \leq 2 \times n$

$=$ 　 { 정수 부등식, $\land$의 대칭성 }

　$2^{i+1} - 2 < 2 \times n \land n < 2^{i+1} - 1$

$=$ 　 { $2 \times$의 단조성 }

　$2^i - 1 < n \land n < 2^{i+1} - 1$

$=$ 　 { 연속된 등식의 의미 }

　$2^i - 1 < n < 2^{i+1} - 1$

이므로, 증명의 첫 번째 부분을 완성했다.

　두 번째 부분은, 모든 i에 대해 $n \neq 2^{i+1} - 1$이라고 가정하자. i를 $2^i - 1 < n$을 만족하는 가장 큰 수라고 두자. i의 정의에 따라, $n \leq 2^{i+1} - 1$이다. 즉, $2^i - 1 < n \leq 2^{i+1} - 1$이다. 그러면 이제,

　n에서 $2^i - 1$로 가는 수가 존재한다

$=$ 　 { 유효한 수의 정의 }

　$2^i - 1 < n \leq 2 \times (2^i - 1)$

$=$ 　 { 계산 }

　$2^i - 1 < n \leq 2^{i+1} - 2$

$=$　{ 정수 부등식 }

$2^i - 1 < n < 2^{i+1} - 1$

$=$　{ 가정: 모든 i에 대해, $n \neq 2^{i+1} - 1$ }

$2^i - 1 < n \leq 2^{i+1} - 1$

$=$　{ i의 정의 }

$true$

(b)

위치:　　1

mex 값:　0

위치:　　2　3

mex 값:　1　0

위치:　　4　5　6　7

mex 값:　2　1　3　0

위치:　　8　9　10　11　12　13　14　15

mex 값:　4　2　5　1　6　3　7　0

일반적으로, $mex(2 \times n)$의 값은 n이고, $mex(2 \times n + 1)$의 값은 $mex(n)$와 같다.

(c)

표 S.5를 보아라.

열의 수	행의 수	'패배' 또는 승리하는 수
2	15	$C1$ (또는 $R11$)
4	11	$C2$ (또는 $R9$)
4	14	$R9$
13	6	패배
21	19	$C19$ (또는 $R10$)

표 S.5 격자판 게임의 해답

풀이 5.4

$\neg true$

$=$　{ $[\neg p \equiv p \equiv false\,]$에 $p := true$을 대입 }

$$true \equiv false$$
$$= \quad \{ \ [\ true \equiv p \equiv p \ ]$에 $p := false$을 대입 $\quad \}$$
$$false$$

풀이 5.5

$$\neg\neg p$$
$$= \quad \{ \ \neg p \equiv p \equiv false \ ]$에 $p := \neg p$을 대입 $\quad \}$$
$$\neg p \equiv false$$
$$= \quad \{ \ [\ \neg p \equiv p \equiv false \ ]$에 $p := p$을 대입, 동치의 교환법칙 사용 $\quad \}$$
$$p$$

풀이 5.7

col을 칸의 색, n을 움직인 횟수라고 하자. 이때 움직임은

$$col, n := \neg col, n + 1$$

로 표현된다. 이의 불변량은,

$$col \equiv even(n)$$

이다. 모든 칸을 한 번씩 방문하려면 홀수인 63번의 비교가 필요하지만, 칸의 색은 변하지 않는다. 따라서 기사를 원하는 대로 움직이려면, 불변량인 $col \equiv even(n)$이 바뀌어야 한다. 이는 불가능하다.

풀이 5.8

부부가 n쌍 있다고 하자. 사람은 호스트를 포함해 $2n$명 있고, 각자 0에서 $2n - 2$명 사이의 사람과 악수를 한다. 만약 $2n - 1$명(호스트를 제외한 모두)가 서로 다른 수의 사람들과 악수를 했다면, 0과 $2n - 2$ 사이(양 끝 포함)의 모든 k에 대해, k명과 악수한 사람이 존재할 것이다.

n이 1이라면, 호스트를 제외한 사람은 호스트의 배우자뿐이다. 부부는 서로 악수하지 않으므로, 둘 모두 0번 악수했다.

이제 n이 1 초과라고 하자. 이때, 호스트와 호스트의 배우자를 제외한 사람이 적어도 두 명 있다. 이 중, 0번 악수한 사람과 $2n - 2$번 악수한 사람을 생각해 보자.

$2n - 2$번 악수한 사람은 자신의 배우자(와 물론 자신)를 제외한 모든 사람과 악수했다. 그러나 악수의 대칭적 성질에 따르면, 이 사람의 배우자를 제외한 모든 사람은, 적어도 한 번 악수를 했어야 한다. 따라서, 0번 악수한 사람은 $2n - 2$번 악수한 사람의 배우자여야 한다. 둘 모두 호스트가 아니므로, 둘 모두 호스트의 배우자도 아니다.

이제 이 부부를 제외하고 생각해 보자. 즉, 이 부부를 제외한 $n - 1$쌍의 부부로 이루어진 파티를 생각해 보자. 각 사람이 악수한 횟수는 하나씩 줄어든다. 이제 다시, 호스트를 제외한 모든 사람은 서로 다른 횟수만큼 악수를 했다.

이 과정을 반복하면, 파티에서 호스트와 호스트의 배우자만 남을 때까지 모든 부부를 제외할 수 있다. 매번 호스트와 호스트의 배우자가 악수하는 횟수는 1씩 감소한다. 따라서, 호스트와 호스트의 아내는 각각 $n - 1$번 악수했어야 한다.

풀이 5.10

(a) $false$

(b) $false$

(c) $false$

(d) p

(e) $false$

(f) $q \not\equiv r$

(g) p

(h) $true$

풀이 5.11

암호화 후 복호화 과정은 $a \not\equiv (a \not\equiv b)$를 계산하는 것이다. 이때,

$\quad a \not\equiv (a \not\equiv b)$

$= \quad \{ \not\equiv$는 결합법칙을 만족한다 $\}$

$\quad (a \not\equiv a) \not\equiv b$

$= \quad \{ (a \not\equiv a \equiv false) \}$

$\quad false \not\equiv b$

$= \quad \{ \not\equiv$의 정의 $\}$

$$false \equiv \neg b$$
$$= \quad \{ \ 부정의 \ 정의: (5.3) \ \}$$
$$b$$

풀이 5.12

문제를 Q라고 하자. 이때, $Q \equiv A \equiv A \not\equiv B$이므로, $Q \equiv \neg B$이다. 즉, A에게 "B가 건달입니까?"라고 물어보면 된다.

풀이 6.1

먼저, 서로 다른 두 선은 모두 교점에서 교차해야 한다. 직선이 아닌 두 선이 교점이 아닌 교선에서 교차하게 되면, 한 부분의 색을 뒤집은 뒤에 왼쪽과 오른쪽 부분의 경계에 인접한 영역의 색칠이 좋은 색칠이 된다고 보장할 수 없다. 뒤집기 전, 교선을 사이에 둔 양쪽 부분의 색이 다르기 때문이다. 이는 앞의 가정에 모순된다.

이 풀이는 모든 선이 평면을 둘로 나눈다는 가정하에 올바르다. 공 위의 선은 그러하지만, 도넛 위의 선은 꼭 그렇지 않을 수 있다.

좋은 색칠의 가짓수는 선이 몇 개든 상관없이 2가지이다. 선이 없는 경우에는 명백하다. 선이 $n + 1$개 있을 때, 아무 선을 고른다. 이 선을 따라 종이를 자른다. 귀납적으로 나눠진 각 부분을 칠하는 방법은 두 가지씩 있다. 두 부분을 결합하면 종이 전체를 칠하는 방법은 네 가지 있다. 그러나 그중 두 가지는 좋은 색칠이 아닌데, 고른 선에 인접한 양쪽 부분의 색이 달라야 하기 때문이다. 따라서 $n + 1$개의 선이 있는 종이를 색칠하는 방법은 두 가지가 남는다.

풀이 6.2

$n = 0$인 기저 경우는 자명하다. 삼각형의 크기는 1이고 남은 영역을 덮기 위해서는 바구니가 0개 필요하다.

귀납 단계를 위해, 길이 2^{n+1}인 삼각형을 같은 크기의 삼각형 네 개로 쪼갠다. 넷 중 한 삼각형의 위쪽 꼭짓점은 덮여 있다. 귀납법에 따라, 이 삼각형의 나머지 부분을 바구니로 덮을 수 있다. 남은 세 삼각형(크기 2^n의)은 한 꼭짓점에서 만난다. 이 꼭짓점에 바구니를 놓으면, 크기 2^n인 각 삼각형의 한 꼭짓점이 덮여 있게 된다. 귀납법에 따라, 이 삼각형들의 나머지 부분도 바구니로 덮을 수 있다.

풀이 6.3

기저 단계는 그림 6.5에서 뽑을 수 있다. 가장 위에 있는 각 변의 길이가 3인 정삼각형을 보아라. 귀납 단계에서, 각 변의 길이가 $3(n+1)$인 삼각형($1 \leq n$)을, 각 변의 길이가 3인 삼각형 n개와 각 변의 길이가 $3n$인 삼각형 1개로 나눈다. 그림 S.1에서 n이 3인 경우의 예시를 보여 준다. 귀납법에 따라, 이 삼각형들은 모두 덮인다.

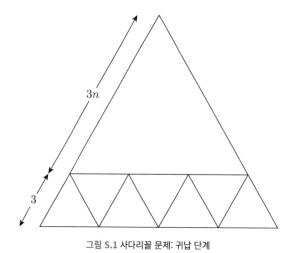

그림 S.1 사다리꼴 문제: 귀납 단계

풀이 7.1

(a)

기저 단계는 $n = 0$일 때이다. $0 \leq m \leq (3^0 - 1)/2$, 즉 $m = 0$일 때는, 알고리즘은 아무것도 할 필요가 없다. 동전이 없으니, 가짜 동전도 있을 리 없다.

다음으로, 귀납 가정을 세운다. 동전의 개수 m이 $0 \leq m \leq (3^{n+1}-1)/2$를 만족한다고 하자. $m \leq (3^n - 1)/2$일 때는 귀납 가정을 직접 적용할 수 있다. 따라서 $(3^n - 1)/2 < m \leq (3^{n+1} - 1)/2$인 경우만 고려하면 된다.

$(3^n - 1)/2$개의 동전은 옆에 치워 두자. 남은 $m - (3^n - 1)/2$개의 동전을 저울에 올리고, 올린 동전의 개수가 홀수 개라면 주어진 진짜 동전 하나도 저울에 올리자. 이때 저울에 올린 동전의 개수는 최대 3^n이다. ($m \leq (3^{n+1} - 1)/2$이므로, $m - (3^n - 1)/2 \leq 3^n$이다.)

저울이 한쪽으로 기울면, 저울의 모든 동전을 각각 '무거울 수 있음' 또는 '가벼울 수 있음'으로 표시해 두고 (b)의 풀이를 적용하자. 그렇지 않다면, 옆에 치워 뒀던

$(3^n - 1)/2$개의 동전을 이용해 귀납 가정을 적용한다. 총 비교 횟수는 $1 + n$ 이하가 된다.

(b)

기저 단계는 $n = 0$일 때이다. $1 \le m \le 3^0$이므로 $m = 1$이고, 알고리즘은 어떤 것도 하지 않는다. 이 동전은 가짜이며, 이 동전에 붙은 표시를 보고 이 동전이 진짜 동전보다 무거운지 가벼운지 알 수 있다.

다음으로, 귀납 가정을 세운다. 동전의 개수 m이 $1 \le m \le 3^{n+1}$을 만족한다고 하자. $m \le 3^n$일 때에는 귀납 가정을 직접 적용할 수 있다. 따라서 $3^n < m \le 3^{n+1}$인 경우만 고려하면 된다.

귀납 가정을 적용하기 위해서, 크기가 각각 3^n 이하인 세 개의 그룹으로 동전을 나눠야 한다. 이 중 두 그룹은 각각 저울의 왼쪽과 오른쪽에 올릴 그룹이므로, 전체 동전의 개수도 같아야 하고, '무거울 수 있는' 동전의 개수도 같아야 한다. 7.2.3절에서 다룬 방법으로, 한 번에 동전을 두 개씩 골라 저울의 양쪽에 놓는 방법으로 그룹을 나눌 수 있다. 고를 동전이 3개 이상 남아 있으면, 같은 표시가 되어 있는 동전이 2개 이상이므로 이 과정을 수행할 수 있다. 이와 같이 동전을 나누는 과정은 저울의 양쪽에 각각 3^n개의 동전이 놓이거나, 책상에 동전이 2개 이하로 남을 때까지 계속하자.

동전을 나누는 과정이 끝났다면, 저울의 양쪽에는 최대 2×3^n개의 동전이 올라가 있고, 책상에는 최대 3^n개의 동전이 남아 있다. 두 가지 경우가 있을 수 있다. 첫 번째, 저울에 동전을 0개 올린 경우인데, 이는 $m = 2$일 때이다. 이때에는 둘 중 하나를 주어진 진짜 동전과 비교해 보면, 둘 중 어떤 동전이 가짜인지를 알 수 있다. 두 번째, 저울에 0개보다 많은 동전을 올린 경우이다. 저울이 한쪽으로 기울었다면, 저울의 무거운 쪽에 있는 '무거울 수 있음' 표시의 동전들과 저울의 가벼운 쪽에 있는 '가벼울 수 있음' 표시의 동전들을 남겨서 고려해 보면 될 것이다. 저울에 양쪽에 각 표시가 된 동전의 개수가 같도록 맞추었기 때문에, 저울에 올린 동전의 정확히 절반이 남을 것이다. 이는 최대 3^n개이므로 귀납 가정을 적용할 수 있다. 따라서 비교 횟수는 총 $1 + n$회가 된다. 저울이 한쪽으로 기울지 않았다면, 저울에 올린 동전은 모두 진짜 동전이며, 귀납 가정은 남은 동전들(최대 3^n개)에 대해 적용할 수 있다. 이 경우에도 최대 $1 + n$번의 비교로 충분하다.

(c)

기저 단계는 $n = 2, m = 3$일 때이다. 가짜 동전(있다면)을 밝혀내는 데 2번의 비교로 충분하다는 점은 자명하다. 자세한 과정은 직접 생각해 보자. 귀납 단계에서, $2 \leq n, 3 \leq m < (3^{n+1} - 1)/2$라고 가정하자. (a), (b)에서와 같이, $(3^n - 1)/2 \leq m < (3^{n+1} - 1)/2$인 경우만 고려하면 충분하다.

$(3^n - 1)/2$이 m과 같은 경우와 $(3^n - 1)/2$이 m과 다른 경우, 두 가지 경우를 고려해 보자. 전자의 경우에는 아무 두 동전을 비교해 보자. 저울의 균형이 맞으면, 둘 다 진짜 동전이고, (a)의 결과를 이용해 남은 $(3^n - 1)/2 - 2$개의 동전들 중 가짜 동전을 알아낼 수 있다. 총 비교 횟수는 $1 + n$이다.

후자의 경우에는 $(3^n - 1)/2 < m < (3^{n+1} - 1)/2$이다. $m - (3^n - 1)/2$이 짝수냐 홀수냐에 따라, $(3^n - 1)/2$개 또는 $(3^n - 1)/2 - 1$개의 동전을 테이블에 남기고, 나머지 동전들을 저울에 동일하게 나누어 올리자. 저울의 균형이 맞으면, 저울에 올린 모든 동전은 진짜 동전이고, 이들 중 하나를 '주어진 진짜 동전'으로 사용해 (a)의 결과를 적용할 수 있다. 저울이 한쪽으로 기울면, 테이블에 남아 있는 동전은 모두 진짜이다. 저울에 올린 동전은 모두 '무거울 수 있음' 또는 '가벼울 수 있음'으로 표시할 수 있고, 테이블에 남긴 동전 중 하나를 '주어진 진짜 동전'으로 사용해 (b)의 결과를 적용할 수 있다. 각 경우에 비교 횟수는 최대 $1 + n$개이다.

12개의 동전이 있을 때, 먼저 $(3^2 - 1)/2 < 12 < (3^3 - 1)/2$임을 확인하자. 알고리즘은 동전을 4개씩 세 그룹으로 나누는 과정에서 시작한다.

저울의 균형이 맞으면, 테이블에 있는 4개의 동전과 저울에 있는 1개의 진짜 동전을 이용해 알고리즘을 계속 진행한다. 추가로 두 번의 비교를 하면 (자세한 과정은 독자들에게 맡긴다) 가짜 동전(있다면)을 찾아낼 수 있다.

저울의 균형이 맞지 않으면, 저울에 있는 8개의 동전에 적절한 표시를 할 수 있고, 테이블에 있는 동전 하나를 진짜 동전으로 이용해 진행할 수 있다. 표시된 8개의 동전 중 6개를 저울에 다시 올린다. 즉, 저울의 왼쪽과 오른쪽에 각각 $2 + 1$개의 동전을 올리는데, 2개는 저울의 한쪽에서, 1개는 저울의 반대쪽에서 온 동전이 될 것이다. 비교 후, 저울의 균형이 맞으면 2개, 맞지 않으면 3개의 표시된 동전이 남아 있을 것이다. 2개가 남았을 때에는, 둘 중 하나를 진짜 동전과 비교하면 가짜 동전을 찾을 수 있다. 3개가 찾을 때에는, 같은 표시가 되어 있는 2개의 동전을 비교하면 가짜 동전을 결정할 수 있다.

풀이 7.2

$m = 0$일 때에는 물건이 단 하나 존재한다. 이는 특이한 물건이고, 이 사실을 아는 데는 0번의 비교가 필요하다.

이제 m이 0보다 크다고 하자. 3^m개의 물건을 3^{m-1}개의 물건으로 이루어진 그룹 3개로 나누자. 세 그룹 중 두 그룹은 무게가 같고, 나머지 한 그룹은 무게가 다르다. 그게 어떤 그룹인지는 2번의 비교로 알 수 있다. 여기서 귀납법을 이용하면 그 그룹에서 특이한 물건이 무엇인지 찾기 위해서는 $2 \times (m-1)$번의 비교가 추가로 필요하다. 따라서, 총 $2 \times (m-1) + 2 = 2 \times m$번의 비교로 특이한 물건을 찾을 수 있으며, 이는 귀납 가설과 같다.

특이한 물건이 다른 물건들보다 가벼운지 또는 무거운지도 알아낼 수 있다. (물건이 하나일 때에는 결론이 '다른 물건들보다 가볍기도 하고, 무겁기도 하다'로 정해지겠지만) 이는 첫 두 번의 비교로 결정할 수 있다.

풀이 7.3

(a)

$n = 1$일 때 0번의 비교가 필요하다는 건 분명하다. 귀납법을 사용하여, n개의 물건 중 가장 가벼운 물건을 찾는 데 $n-1$번의 비교가 필요하다고 가정하자. $n+1$개의 물건 중 가장 가벼운 물건을 찾으려면, 우선 $n-1$번의 비교를 통해 n개의 물건 중 가장 가벼운 물건을 찾은 뒤, 그것을 마지막 $n+1$번째 물건과 비교한다. 둘 중 가벼운 물건이 $n+1$개의 물건 중 가장 가벼운 물건이다. 추가로 1번의 비교를 했으므로, 총 n번의 비교를 한 것이다.

(b)

$n = 2$일 때 1번의 비교가 필요하다는 건 분명하다. 귀납법을 사용하여, n개의 물건 가운데 가장 가벼운 물건과 가장 무거운 물건을 찾기 위해 $2n-3$번의 비교가 필요하다고 가정하자. $n+1$개의 물건 가운데 가장 가벼운 물건과 가장 무거운 물건을 찾으려면, 우선 $2n-3$번의 비교를 하여 n개의 물건 중 가장 가벼운 물건과 가장 무거운 물건을 찾고, 이를 L과 H라고 두자. $n+1$번째 물건을 N이라 하자. L과 N을 비교했을 때 가벼운 물건이 가장 가벼운 물건이고, H와 N을 비교했을 때 무거운 물건이 가장 무거운 물건이다. 추가로 2번의 비교를 했으므로, 총 $(2n-3) + 2 = 2(n+1) - 3$번의 비교를 한 것이다.

(c)

A와 C를 비교한다. 둘 중 가벼운 물건이 넷 중 가장 가벼운 물건이다. B와 D를 비교한다. 둘 중 무거운 물건이 넷 중 가장 무거운 물건이다.

네 개의 물건이 있을 때, 먼저 두 개를 비교한다. 가벼운 것을 A, 무거운 것을 B라 하자. 마찬가지로 나머지 두 개의 물건을 비교하고, 가벼운 것을 C, 무거운 것을 D라 하자. 이제 앞의 과정을 진행한다.

(d)

$m = 1$일 때에는 2개의 물건 가운데 가장 가벼운 물건과 가장 무거운 물건을 찾는 데 1번의 비교가 필요하다는 것이 명확하다. 그리고 $1 = 3 \times 1 - 2$이다.

$2(m + 1)$개의 물건이 있다고 하자. 이들 중 임의로 2개를 골라서 비교하자. 그리고 가벼운 것을 A, 무거운 것을 B라고 하자. 귀납법에 따라, $3m - 2$번의 비교를 하면 나머지 $2m$개의 물건들 가운데 가장 가벼운 것과 가장 무거운 것을 찾을 수 있다. 이를 각각 C, D라고 하자. 이제 우리는 $A < B$, $C < D$를 만족하는 네 개의 물체 A, B, C, D를 가지고 있다. (c)를 이용하면, 추가로 2번의 비교를 이용해서 넷 중 가장 가벼운 물건과 가장 무거운 물건을 찾을 수 있다. 이들은 모든 $2(m + 1)$개의 물건들 중 가장 가벼운 물건과 가장 무거운 물건이 된다. 총 비교 횟수는 $1 + (3m - 2) + 2$번, 즉 $3(m + 1) - 2$번이 된다.

풀이 7.4

(a)

저울의 왼쪽과 오른쪽을 구분해서 생각한다면, 각각의 추는 저울의 왼쪽에 올리거나, 오른쪽에 올리거나, 올리지 않을 수 있다. 총 n개의 추가 있을 때 이들을 저울에 올리는 배치의 가짓수는 총 3^n가지일 것이다. 좌우대칭인 경우는 단 한 가지 존재한다(저울에 아무것도 올리지 않을 때). 나머지는 모두 비대칭적인데, 물체의 무게를 측정하는 관점에서 이는 같은 배치가 두 번씩 세어진다는 뜻이다. 따라서 실제로 서로 다른 배치의 가짓수는 $(3^n - 1)/2 + 1 = (3^n + 1)/2$가지이다.

결론적으로, n개의 추를 이용해 측정할 수 있는 서로 다른 무게의 가짓수는 최대 $(3^n + 1)/2$가지이다.

(b)

다음과 같은 귀납 가설을 가정하자. $3^0, 3^1, 3^2, \ldots$의 무게를 가진 총 n개의 추를 이용하면, $0 \leq w < (3^n + 1)/2$을 만족하는 모든 w를 무게로 갖는 물체를 측정할 수 있다.

기저 조건은 $n = 0$일 때이다. 무게가 0인 물체를 저울의 한쪽에 올려 두고, 반대편에 0개의 추를 올려 두면 측정할 수 있다.

귀납 단계에서, $n + 1$개의 추를 이용해 $(3^n + 1)/2 \leq w < (3^{n+1} + 1)/2$을 만족하는 w를 무게로 갖는 물체들의 무게를 측정할 수 있음을 보이면 충분하다. 추가로 주어진 무게 3^n의 추는 사용할 수밖에 없을 것이다. 간단한 계산을 거치면

$$[(3^n + 1)/2 \leq w < (3^{n+1} + 1)/2 \equiv -(3^n + 1)/2 < w - 3^n < (3^n + 1)/2]$$

임을 보일 수 있다. $w - 3^n$의 부호에 대해 경우를 나누어 분석해야 한다. $0 \leq w - 3^n$일 때에, 귀납 가설은 $w - 3^n$인 물체의 무게를 재는 방법을 설명해 준다. 이 물체를 올리는 반대쪽에 무게 3^n인 추를 올려 두면, 무게 w인 물체의 무게를 측정할 수 있다. 반대로, $0 \leq -(w - 3^n)$일 때에, 귀납 가설은 무게 $-(w - 3^n)$인 물체의 무게를 재는 방법을 설명해 준다. 이 물체를 올리는 쪽에 무게 3^n인 추를 올려 두면, 무게 w인 물체의 무게를 측정할 수 있다.

풀이 8.1

$\quad T_0(d)$

$= \quad \{ \; T$의 정의 $\; \}$

$\quad$ 길이$(H_0(d))$

$= \quad \{ \; H_0(d)$의 정의 $\; \}$

$\quad$ 길이$([\,])$

$= \quad \{ \;$ 길이의 정의 $\; \}$

0

그리고,

$\quad T_{n+1}(d)$

$= \quad \{ \; T$의 정의 $\; \}$

$\quad$ 길이$(H_{n+1}(d))$

$$= \quad \{ \ H_{n+1}(d) \text{의 정의} \ \}$$

$$\text{길이}(H_n(\neg d) \, ; [\langle n+1, \neg d \rangle] \, ; H_n(\neg d))$$

$$= \quad \{ \ \text{길이의 정의} \ \}$$

$$\text{길이}(H_n(\neg d)) + \text{길이}([\langle n+1, \neg d \rangle]) + \text{길이}(H_n(\neg d))$$

$$= \quad \{ \ T \text{의 정의(두 번)와 길이} \ \}$$

$$T_n(\neg d) + 1 + T_n(\neg d)$$

즉,

$$T_0(d) = 0$$
$$T_{n+1}(d) = 2 \times T_n(\neg d) + 1$$

H에 대한 등식처럼 이 식을 $n = 0, 1, 2, \ldots$일 때 풀면, (모든 d에 대해) $T_0(d)$는 0, $T_1(d)$는 $1, T_2(d)$는 3이다. 이 사실과 $T_{n+1}(d)$의 등식의 형태를 보면 (구체적으로, 2를 반복해서 곱하므로) $T_n(d)$는 $2^n - 1$이라는 가설을 세울 수 있다. 귀납법을 이용한 증명은 간단하므로 생략한다.

풀이 8.2

먼저 퍼즐에서 허용되는 상태를 생각하자. 각 상태에서 임의의 막대 위에 있는 원반은 위로 갈수록 크기가 작아지는 순서로 있다. 즉, 퍼즐의 상태를 적을 때에는 각 원반이 어떤 막대에 있는지만 쓰면 된다. 예를 들어 원반이 다섯 개이고, 원반 1이 막대 A, 원반 2가 막대 B, 원반 3과 원반 4가 막대 A, 원반 5가 막대 B에 있다고 하자. 이때, 막대 A의 맨 아래에는 원반 4가, 그 위 원반 3이, 그리고 그 위 원반 1이 있어야 한다. 그리고, 막대 B의 맨 아래에는 원반 5가, 그 위에는 원반 2가 있어야 한다. 다른 방법으로 원반을 배치하면, 자신보다 작은 원반 위에 있을 수 없다는 규칙에 위반된다.

따라서, 원반 n개가 있는 퍼즐의 상태는 막대 이름 n개의 수열로 나타낼 수 있다. 수열의 첫 번째 원소는 원반 1의 위치, 두 번째 원소는 원반 2의 위치와 같이, k번째 원소를 원반 k의 위치(막대의 이름)로 둘 수 있다. 각 원반이 막대 셋 중 하나 위에 있으므로, 가능한 서로 다른 상태는 3^n가지 있다.

이제, 상태 전이를 보자. 먼저 원반이 없는 문제부터 고려하고, 다음 원반이 1개, 2개인 문제, 그리고 일반적으로 원반이 n개인 문제를 본다. 원반이 없을 때 상태는 하나뿐이다(어떤 막대에도 원반이 없는 상태). 이는 그림 S.2에 그려져 있다. (그림이 잘 안 보일 수 있는데, 점 하나다!)

•

그림 S.2 원반이 0개인 문제의 상태 전이 다이어그램

이제 임의의 n에 대해, 원반이 n개인 문제의 다이어그램이 있을 때 원반이 $n+1$개인 문제의 상태 전이 다이어그램을 그리는 방법을 살펴보자. (그림 S.3) 각 상태는 막대 이름 $n+1$개의 연속으로 이루어져 있다. 첫 n개의 이름은 가장 작은 n개의 원반의 위치를 나타내고, $n+1$번째는 가장 큰 원반의 위치를 나타낸다. 즉, 원반이 n개인 문제의 상태 전이 다이어그램에 있는 각 상태에서, 원반이 $n+1$개인 문제의 상태 전이 다이어그램의 상태가 3개 나온다. 이는 원반이 $n+1$개인 문제의 상태는, 막대 이름 n개의 수열에 막대 이름 A, B, C 중 하나를 붙인 모양이 된다. 그리고 허용되는 움직임을 '가장 큰 원반을 움직이는 움직임'과 '다른 원반을 움직이는 움직임' 두 집합으로 나눈다.

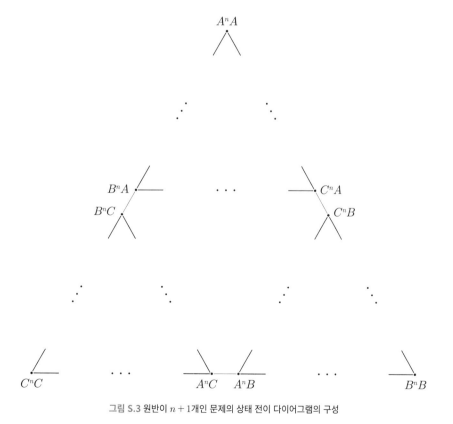

그림 S.3 원반이 $n+1$개인 문제의 상태 전이 다이어그램의 구성

먼저 가장 큰 원반이 아닌 다른 원반을 움직이는 경우를 생각해 보자. 이때, 가장 큰 원반은 막대 A, B, C 중 하나에 있을 수 있다. 하지만 이는 더 작은 원반을 움직일 수 있는지 여부와 무관하다. 즉, 막대 이름 p가 A, B, C 중 하나일 때, 원반이 n개인 문제에서 상태 s에서 상태 t로 가는 모든 전이는 원반이 $n+1$개 있는 문제에서 상태 sp에서 상태 tp로 가는 올바른 전이이다. 원반이 n개인 문제의 다이어그램에서 원반이 $n+1$개인 문제의 다이어그램을 구성하는 첫 단계는, 원반이 n개인 문제의 다이어그램의 복사본을 세 개 만드는 것이다. 그 뒤, p번째 복사본의 각 노드에 있는 막대 번호 수열의 뒤에 p를 붙인다.

이제 가장 큰 원반인, $n+1$번 원반을 움직이는 경우를 생각해 보자. 가장 큰 원반이므로, 다른 모든 원반이 이 원반이 없는 하나의 막대에 모여 있어야만 한다. 이제 $n+1$번 원반을 움직일 수 있는 경우의 수는 여섯 가지이고, 상태 전이 다이어그램의 무방향 간선 세 개로 나타난다. A^nB와 A^nC, B^nC와 B^nA, 그리고 C^nA와 C^mB를 잇는 간선들이 이에 해당한다. 그림 S.3에 이와 같은 구성이 나타나 있다. 내부의 삼각형 세 개 안에는 $n+1$번 원반을 움직이지 않는 모든 움직임이 담겨 있다.

풀이 8.3

(a)

$C_n(d)$가 원반이 움직이는 순서를 나타내는 수열이라고 하자. n이 0인 기저에서 이는 빈 수열이다.

귀납 단계에서, d가 시계 방향인 경우와 시계 반대 방향인 두 경우를 구별해야 한다. 전자는 귀납 가설에 의해, 가장 작은 원반 n개를 시계 반대 방향으로 움직이는 것이 가능하다. 그 뒤, $n+1$번 원반을 (시계 방향으로) 움직이고, 가장 작은 원반 n개를 시계 반대 방향으로 움직인다. 이제 $n+1$개의 원반 모두를 시계 방향으로 움직이는 데 성공했다. 후자는 좀 더 어렵다. 핵심은 가장 큰 원반이 시계 방향으로 두 번 움직여야 한다는 것이다. 전자와 같이, 먼저 가장 작은 원반 n개를 시계 반대 방향으로 움직인 다음, $n+1$번 원반을 움직인다. 그 뒤, 가장 작은 원반 n개를 시계 방향으로 움직인다. (가장 작은 원반 n개가 원래 위치로 돌아온다.) 다시 $n+1$번 원반을 움직인다. 마지막으로, 가장 작은 원반 n개를 시계 반대 방향으로 움직인다. 완성된 알고리즘은 다음 세 등식으로 표현할 수 있다.

$$C_0(d) = [\,]$$
$$C_{n+1}(cw) = C_n(aw)\,;[\,n+1\,]\,;C_n(aw)$$
$$C_{n+1}(aw) = C_n(aw)\,;[\,n+1\,]\,;C_n(cw)\,;[\,n+1\,]\,;C_n(aw)$$

(b)

(a)의 간단한 일반화.

풀이 8.4

짝수. 움직임의 방향은 가장 작은 원반(번호가 홀수인)이 움직이는 방향과 반대이다.

풀이 8.5

이 알고리즘은 다음 과정을 더 이상 실행할 수 없을 때(즉, 1단계에서 k를 고를 수 없을 때)까지 반복한다.

1. $k>1$일 때(원반 1이 가장 작은 원반이다), 원반 k를 방향 d'으로 움직일 수 있다고 하자. d를 $odd(k) \equiv d'$로 둔다.
2. 원반 k를 (물론, 방향 d'로) 움직인다.
3. 가장 작은 원반을 방향 d로 움직인다.

이 알고리즘의 정당성은 다음과 같이 보일 수 있다. 1단계를 실행할 때, 첫 $k-1$개의 원반은 모두 원반 k로부터 방향 $\neg d'$에 있는 막대에 있음을 안다. 이 가장 작은 원반 k개가 같은 막대로 이동할 수 있을 때 과정을 실행한다. 이를 위해, 가장 작은 원반 $k-1$개를 방향 $\neg d'$로 이동해야 한다. 1번 원반이 움직일 방향인 d는, 다음을 만족한다.

$$even(k-1) \equiv \neg d' \equiv even(1) \equiv d$$

이를 간단히 하면, $d = (odd(k) \equiv d')$이다. (즉, k가 홀수라면, 원반 k를 움직이는 방향으로 가장 작은 원반을 움직인다. 아니라면, 원반 k를 움직이는 반대 방향으로 가장 작은 원반을 움직인다.) 하노이의 탑 문제의 풀이가 정확하므로, 위와 같이 움직인 뒤 모든 $k-1$개의 원반이 원반 k 위로 움직일 것이다. 이와 같이 움직일 동안 가장 작은 원반은 계속해서 같은 방향으로 움직인다. 그러나, 그 이후에 위 알고리즘을 실행하면 가장 작은 원반의 방향은 바뀔 수도, 그렇지 않을 수도 있다.

1단계를 실행할 수 없는 경우는, 우리가 원하는 대로 모든 원반이 같은 막대에 있을 때뿐이다.

풀이 8.6

색깔별로 가장 큰 원반부터 가장 작은 원반까지 순서대로 원반을 놓아야 한다. 옮길 원반의 남은 개수를 k로 두자. 처음에 k는 N이고, k가 0일 때 끝난다. k의 값이 바뀔 때마다, 가장 작은 원반 k개가 같은 막대 위에 있어야 한다.

k번째 원반이 올바른 위치에 있을 때, k를 1 감소시킨다. 그렇지 않다면, 이 원반을 현재 위치에서 방향 d로 옮겨야 한다고 하자. 가장 작은 원반 $k-1$개를 방향 $\neg d$로 옮기고, 원반 k를 필요한 위치로 옮긴다. 그런 다음, k를 1 감소시킨다. 이 과정을 k가 0이 될 때까지 반복한다.

풀이 9.4

모든 물건이 같은 종류이고, 그 물건이 두 개 이상일 때에는 목적 달성이 불가능함은 분명하다. 즉, 서로 다른 두 종류 이상의 물건이 존재한다고 가정하는 것이 좋다. 각 종류의 물건이 m, n, p개 있다고 하자.

작업은 다음 대입문과, 여기서 m, n, p의 순서를 바꾼 총 세 가지 대입문으로 나타난다.

$$m, n, p := m+1, n-1, p-1$$

이때, 1을 증가/감소시키는 것은 수의 홀짝성을 바꾸기 때문에, '수들이 모두 짝수이거나 수들이 모두 홀수이다'가 불변량이라고 결론지을 수 있다. 목표는 짝수 두 개(0 두 개)와 홀수 한 개(1 한 개)인 상태에 도달하는 것이다. 이때 불변량은 거짓이다. 따라서 최초에 불변량이 참인 경우, 즉 모두 짝수이거나 모두 홀수인 경우에는 목표 달성이 불가능하다고 결론지을 수 있다.

최초에 한 종류의 물건의 개수가 다른 두 물건의 개수와 다른 홀짝성을 가졌다고 하자. 구체적으로, $even(m) = even(n) \neq even(p)$라고 하자. 목표는 m과 n을 0으로 만들고 p를 1로 만드는 것이다. 앞서 언급했듯, 다음도 가정한다.

$$\neg (m = n = 0 \wedge p \neq 1)$$

이는 초기에 다음과 같이 가정하는 것과 같다.

$$(m \neq 0 \vee n \neq 0 \vee p = 1) \wedge (even(m) = even(n) \neq even(p))$$

이는 알고리즘의 불변량이다.

만약 m이나 n이 0이라면, p는 홀수이며, 0이 아닐 것이다. 따라서 m이나 n이 0이 아니라면, 서로 다른 종류의 두 물건이 항상 존재한다. 최소 횟수로 나타난 종류의 물건 개수를 늘리도록 선택하면 불변량을 유지하고, 물건 개수를 감소시킬 수 있다. 이는 다음 알고리즘으로 표현된다.

{ 불변량: $(m \neq 0 \vee n \neq 0 \vee p = 1) \wedge (even(m) = even(n) \neq even(p))$

진행 측도: $m + n + p$ }

$do\ m \neq 0 \vee n \neq 0 \quad \rightarrow \quad if\ m \leq n \downarrow p \rightarrow m, n, p := m+1, n-1, p-1$

$\square\ n \leq p \downarrow m \rightarrow m, n, p := m-1, n+1, p-1$

$\square\ p \leq m \downarrow n \rightarrow m, n, p := m-1, n-1, p+1$

fi

od

$\{m = 0 \wedge n = 0 \wedge p = 1\}$

이 대입이 유효한지 검사해야 한다. 즉, 어떤 수가 0일 때 감소시키려는 시도를 하지 않는지 확인해야 한다. 여기에는 다음 불변량이 관련되어 있다.

$$even(m) = even(n) \neq even(p)$$

우리는 각 대입문이

$$m \neq 0 \vee n \neq 0 \vee p = 1$$

을 참으로 만드는지(밝히는지) 보여야 한다. 앞의 두 대입문은 $m \neq 0$과 $n \neq 0$을 밝히고, 세 번째 대입문은 $p = 1$을 밝히거나, 그렇지 않다면 m과 n이 모두 2 이상이었기 때문에, $m \neq 0 \wedge n \neq 0$을 유지한다(두 조건 모두를 만족한다).

풀이 9.6

종이컵의 수가 N이었다고 하자. 종이컵이 0번부터 순서대로 번호 붙여졌다고 하자. 알고리즘은 반복적으로, 첫 k개의 종이컵이 뒤집혀 있었음을 확인한다. 진행 측도는 $N - k$이다. 최초에 k는 0이다. 각 반복에서 k번 종이컵이 올바른 상태가 됨이 보장된다. 필요하다면, k번과 $k+1$번 종이컵을 뒤집으면 된다. N이 홀수라면, 항상 뒤집힌 종이컵의 개수가 짝수 개라는 사실 덕분에 마지막 반복에서 존재하지 않는 N번 종이컵을 뒤집는 일은 일어나지 않는다는 것이 보장된다. 형식에 맞추어 알고리즘을 나타내면 다음과 같다.

$\{\ even(\langle\, \Sigma\, i : 0 \le i < N \wedge down(i) : 1\rangle)\ \ \}$

$k := 0;$

$\{\ $불변량$: 0 \le k \le N \wedge even(\langle\, \Sigma\, i : k \le i < N \wedge down(i) : 1\rangle)$

$\quad \wedge\ \langle \forall i : 0 \le i < k : up(i)\rangle$

$\quad$ 진행 측도$: N - k\ \}$

$do\ k < N\ \ \rightarrow\ \ if\ down(k) \rightarrow \{0 \le k < k+1 < N\}\ k$번과 $k+1$번 종이컵 뒤집기

$\qquad\qquad\qquad\quad \square\ up(k) \rightarrow skip$

$\qquad\qquad\qquad\quad fi;$

$\qquad\qquad\qquad\quad k := k+1$

od

$\{\langle \forall i : 0 \le i < N : up(i)\rangle\}$

풀이 9.7

시스템 불변량은

$$(lB = lP) \vee (lB = 0) \vee (lB = N) \tag{S.2}$$

이다. 즉, 각 둑에 두 명의 짝 가운데 한 명만 있는 일이 없거나, 모든 경호원이 두 둑 중 한 곳에 있어야 한다. 위 성질이 불변량인 것은 모든 풀이의 요구사항이다. (그렇지 않다면, $0 < lB < lP$ 또는 $0 < rB < rP$가 성립한다. 즉, 두 둑 중 하나에는 귀빈이 경호원보다 많다. 두 경우 모두 풀이는 올바르지 않다.)

이제, M과 N에 주어진 위 조건하에, 다음 둘 중 하나가 참임을 보이려 한다.

(a) 배가 왼쪽 둑에 있고,

$$M < lB \tag{S.3}$$

(b) 배가 오른쪽 둑에 있고,

$$M \le lB \tag{S.4}$$

최초에는 항상 (a)가 참이다. (M과 N에 대한 가정을 기억하자.)

이제, (a)가 참이고, 배가 왼쪽에서 오른쪽으로 건넌다고 하자. 이때, 건너기 전과 후 모두 $lB \neq 0$이 성립한다. (건너기 전에는, $M < lB$라는 가정에 의해 $lB = 0$일 수 없고, 건넌 뒤에는, 최대 M명의 경호원이 같이 건널 수 있으므로 $lB = 0$일 수 없다.) 따라서 불변량 (S.2)보다 더 강한 조건을 적용할 수 있다. 강을 건너기 전과 후의 상태가 항상 다음

$$(lB = lP) \lor (lB = N) \tag{S.5}$$

을 만족한다는 것이다. 이때, 왼쪽에서 오른쪽으로 건너면 lB나 lP가 (어쩌면 둘 다) 감소한다는 것이다.

건너기 전에 두 가지 경우를 생각하자. $lB = N$인 경우와 $(lB = lP) \land (lB \neq N)$인 경우.

최대 $N/2$명의 경호원이 같이 건널 수 있기 때문에, 건너기 전에 $lB = N$이었다면, 왼쪽 둑에는 최소 $N/2$명의 경호원이 남게 된다. 즉, 건넌 이후에 (b)가 참이 된다.

건너기 전에 $(lB = lP) \land (lB \neq N)$이 참이었다면, 건너는 중에 성질 $lB = lP$는 유지되어야 한다. ((S.5)가 유지되어야 하고, 건너는 동안 lB가 증가할 수 없기 때문이다.) 즉, 같은 수의 귀빈과 경호원이 강을 건너야 한다. 한 번에 한 쌍만이 건널 수 있으므로, lB의 값은 최대 1 감소한다. 그러나 건너기 전에 (S.3)이 참이어야 하므로, 건넌 뒤에는 (S.4)가 참이고, 배는 오른쪽 둑에 있다. 따라서 건넌 뒤에는 (b)가 참이다.

두 경우 모두, 건넌 뒤에는 (b)가 참이다.

이제 (b)가 참이라 가정하고 오른쪽에서 왼쪽으로 건넌다고 하자. 오른쪽에서 왼쪽으로 건널 때에는 lB나 lP가 (어쩌면 둘 다) 증가한다. 건너기 전에 $lB \neq 0$이었고, lB가 감소하지는 않으므로, 건넌 뒤에도 $lB \neq 0$이다.

다시, 두 경우를 고려한다. 이번에는, 경호원이 건너지 않는 경우와 경호원 몇 명이 건너는 경우이다.

경호원이 건너는 경우에, 건너는 행위는 lB를 증가시킨다. 따라서 건넌 뒤에는 $M < lB$이고, (물론) 배는 왼쪽 둑에 있다. 즉, (a)는 강을 건넌 뒤에 참이다.

귀빈만 건너는 경우는, $lB = N$인 경우일 것이다. ((S.5)가 유지되어야 하고, 귀

빈만 건너는 경우에는 $lB = lP$를 유지할 수 없기 때문이다.) 즉, lB는 바뀌지 않고, $M < lB$는 강을 건너기 전후 모두 만족한다. 강을 건넌 뒤에 배는 물론 왼쪽 둑에 있다. 따라서, (a)는 강을 건넌 뒤에 참이다.

두 경우 모두 (a)가 강을 건넌 뒤에 참임을 보였다.

정리하면, (a)는 최초에 참이다. 또, (a)가 참일 때 왼쪽에서 오른쪽으로 강을 건너면 (b)가 참이 된다. 마찬가지로, (b)가 참일 때 오른쪽에서 왼쪽으로 강을 건너면 (a)가 참이 된다. 즉, 모든 경우에 (a) 또는 (b)가 참이다. 즉, 모든 경호원이 오른쪽 둑에 있는 경우는 있을 수 없다.

풀이 10.15

연속한 두 OT 함숫값의 차이가 음수에서 양수로 바뀌는 지점을 찾기 위해 이분 탐색을 사용한다. 이분 탐색은 아래와 같이 이루어진다.

$\{\ \ 2 \le N\ \ \}$

$i, j := i, N \div 2\,;$

$\{\ \text{불변량:}$

$\qquad 1 \le i \le j \le N \div 2$

$\quad \wedge\ \langle \forall k : 1 \le k < i : OT.(k+1) - OT.k \le 0 \rangle$

$\quad \wedge\ \langle \forall k : j \le k < N \div 2 : 0 \le OT.(k+1) - OT.k \rangle\ \ \}$

$do\ i < j\ \ \rightarrow\ \ m := (i+j) \div 2\,;$

$\qquad\qquad if\ 2 \times t.2 \le t.1 + t.(N - 2m + 1) \rightarrow i := m$

$\qquad\qquad \square\ 2 \times t.2 \ge t.1 + t.(N - 2m + 1) \rightarrow j := m$

$\qquad\qquad fi$

od

$\{\qquad 1 \le j \le N \div 2$

$\quad \wedge\ \langle \forall k : 1 \le k < j : OT.(k+1) - OT.k \le 0 \rangle$

$\quad \wedge\ \langle \forall k : j \le k < N \div 2 : 0 \le OT.(k+1) - OT.k \rangle\ \ \}$

알고리즘이 종료될 때, j는 규칙에 맞는 최적의 모음에서 $\{1, 2\}$의 개수가 되고, $OT.j$는 최소 소요 시간이 된다. 따름정리 10.12를 이용해 힘든 이동의 구성을 결정할 수 있고, 보조정리 10.10을 이용해 이동의 순서를 결정할 수 있다. 나머지 N

$-2j+2$명의 사람들은 본문에서 설명한 것과 같이 $N-2j+1$개의 좋은 이동을 통해 강을 건널 것이다.

풀이 10.16

(a)

임의의 상태에서, 각 사람이 있을 수 있는 위치는 두 가지이며, 횃불이 있을 수 있는 위치도 두 가지이다. 크기 $N+1$의 집합에서 두 위치로 가는 함수는 2^{N+1}개가 존재한다. 그러나 모든 사람이 한 위치에 있으면, 횃불도 같은 위치에 있어야 하기 때문에, 이 중 두 가지 함수는 허용되지 않는다. 또, 둘 중 한 위치에 횃불과 한 명의 사람만 존재하는 경우도 상태가 될 수 없으며, 이는 $2 \times N$개의 함수에 대응된다. 따라서, 가능한 상태의 가짓수는

$$2^{N+1} - (2 + 2 \times N)$$

이 된다. N이 $2, 3, 4, 5, 6$일 때 서로 다른 상태의 가짓수는 각각 $2, 8, 22, 52, 114$가 지가 된다.

(b)

출발 위치에 k명의 사람이 있으면, 다리를 건널 두 사람을 고르는 방법은 $\frac{1}{2} \times k \times (k-1)$가지이다. k는 N에서 시작해서 2까지 각각의 값을 가질 것이다. 따라서, 앞으로 이동을 구성할 수 있는 서로 다른 방법의 가짓수는

$$\left\langle \prod k : N \geq k \geq 2 : \frac{1}{2} \times k \times (k-1) \right\rangle$$

가지이다. 도착 지점에 k명의 사람이 있으면, 돌아올 사람을 정하는 방법의 가짓수는 k가지이다. k는 2에서 시작해서 $N-1$까지 각각의 값을 가질 것이다. 따라서 뒤로 이동을 구성할 수 있는 서로 다른 방법의 가짓수는

$$\left\langle \prod k : 1 \leq k \leq N-1 : k \right\rangle$$

가지이다. N명의 사람들이 다리를 건너는 서로 다른 방법의 가짓수는 두 식의 곱이다. 정리하면

$$\frac{N! \times (N-1)! \times (N-1)!}{2^{N-1}}$$

이 된다. N이 $2, 3, 4, 5, 6$일 때 사람들이 다리를 건너는 서로 다른 방법의 가짓수는 $1, 6, 108, 4320, 324000$가지이다.

가능한 상태의 수는 지수적으로 증가하고, 다리를 건너는 방법의 가짓수는 팩토리얼 함수가 증가하는 속도로 증가한다.

풀이 11.1

(a)

이동 횟수는 칸의 개수와 같아야 한다. 홀수 번 이동한 뒤 도착한 칸의 색깔은 출발한 칸의 색깔과 다르기 때문에, 홀수 번 이동한 뒤 출발점으로 돌아오는 것은 불가능하다.

(b)

2×1 체스판은 직선 이동으로 순회할 수 있다. 한 칸에서 시작해서 다른 칸으로 이동한 뒤 돌아오면 된다. 그러나 이 경우를 제외하면 직선 이동으로 순회할 수 없다. m이 1 초과이면, 적어도 한 칸은 출발점으로부터 두 칸 이상 떨어져 있다. 가운데 칸을 두 번 이상 방문하지 않은 채로 그 칸을 방문하고 출발점으로 돌아오는 것은 불가능하다.

(c)

2×1 체스판에서는 (b)에서 보인 방법으로 가능하다. n이 1 초과일 때, 구석 칸에서 출발해서 같은 줄에 있는 모든 칸을 순서대로 방문한 다음, 둘째 줄로 이동해 모든 칸을 순서대로 방문해서 돌아오는 방법으로 $2 \times n$ 체스판을 순회할 수 있다.

풀이 11.2

제외한 칸이 모퉁이 칸이거나 가운데 칸이라면 3×3 체스판에 대한 순회는 쉽게 구성할 수 있다. 체스판의 검정색 칸과 흰색 칸을 생각하자. 체스판의 크기가 홀수이므로, 모퉁이 칸들은 모두 같은 색이다. 그리고 모퉁이 칸과 다른 색을 가진 칸이 하나 이상 존재한다. 모퉁이 칸이 검정색 칸이라 가정하자. 그러면 검정색 칸의 개수는 흰색 칸의 개수보다 하나 많다. 순회에는 검정색 칸과 흰색 칸이 번갈아 등장하기에, 순회에 등장하는 검정색 칸의 개수와 흰색 칸의 개수는 같다. 따라서, 제외한 칸은 검정색 칸이어야 한다.

제외한 칸이 검정색 칸이고 좌표 (m, n)에 있다고 하자. (좌표의 시작점이 0이거나 1인지, 또는 어떤 꼭짓점을 기준으로 좌표를 정하는지는 중요하지 않다.) 이때, $even(m) = even(n)$이 성립한다.

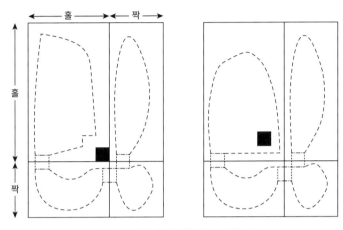

그림 S.4 한 칸을 제외한 직선 이동 순회의 구성

구성하는 과정에서, 체스판을 4개의 직사각형으로 나누게 된다. 이때 그림 S.4와 같이 제외할 칸이 홀수 개의 칸으로 이루어진 직사각형의 모퉁이에 놓이게 한다. (왼쪽 그림처럼 제외할 칸이 모퉁이 칸이 되거나, 오른쪽 그림처럼 모퉁이에서 한 칸 떨어진 칸이 될 수 있다.) 홀수 개의 칸으로 이루어진 직사각형의 크기는 3×3 이상이지만 전체 체스판보다는 작아야 한다. (제외할 칸의 좌표 (m, n)이 $even(m) = even(n)$을 만족하면 항상 가능하다.) 다른 세 개의 직사각형은 각각 짝수 개의 칸으로 이루어져 있기 때문에, 각 직사각형에서 순회를 구성할 수 있다. 세 직사각형에서 순회를 구성한 다음, 제외한 칸이 있는 직사각형에서도 귀납적으로 순회를 구성한다. 귀납의 기저는 3×3 체스판이다. 다음으로, 그림 S.4와 같이 네 개의 순회를 연결한다. 왼쪽은 제외할 칸이 각 모퉁이로부터 홀수 거리에 놓인 경우, 오른쪽은 제외할 칸이 각 모퉁이로부터 짝수 거리에 놓인 경우를 나타낸다. 그림과 같이, 귀납 단계에서는 직사각형 안에서의 움직임은 고려하지 않고 직사각형들을 오가는 움직임만을 고려하면 된다. (꼭 짚고 넘어가야 하는 사실인데, 연결하는 과정에서 지운 선들은 모두 꼭 존재해야만 하는 선이다. 구석의 칸에 한 번은 들어가고 나와야 하기 때문이다.)

풀이 11.6

표 S.6을 보아라.

;	n	v	h	c
n	n	v	h	c
v	v	n	c	h
h	h	c	n	v
c	c	h	v	n

표 S.6 뒤집기 연산의 합성 결과

왼쪽 위에서 오른쪽 아래로 가는 대각선에 대해 표가 대칭임을 관찰하면 (11.7)을 보일 수 있다. 결합법칙을 보이는 것은 더 까다롭다. x, y, z 중 하나가 n인 경우는 쉽게 보일 수 있다. 남은 27가지 경우는 직접 보이면 된다. '귀찮지만 직관적인' 증명의 예시이다!

풀이 11.9

표 S.7을 보아라.

;	n	r	a	c
n	n	r	a	c
r	r	c	n	a
a	a	n	c	r
c	c	a	r	n

표 S.7 회전 연산의 합성 결과

풀이 11.10

그림 S.5를 보아라.

서로 다른 무늬의 순회를 연결하기 위해 사용한 평행한 이동을 표시할 때, 직선 이동은 검은색 좁은 점선으로 표시하고 대각선 이동은 검은색 실선으로 표시하였다.

평행한 이동을 선택한 방법이 빗금 칸을 잇는 순회를 고르는 방법을 어떻게 제약했는지에 주목하라. 반대로, 흰색 칸을 잇는 순회와 색칠된 빗금 칸을 잇는 순회는 자유롭게 고를 수 있다. 색칠된 칸을 잇는 순회는 일부 자유롭게 고를 수 있지만, 약간의 제약은 있다. 이와 같이 평행한 이동을 이용해 순회를 합치는 방법으로 전체 순회를 구성할 수 있다. 그림에서, '색칠된', '흰색', '색칠된 빗금' 칸을 잇는 순회는 '빗금' 칸을 잇는 순회를 복사해서 만들었다.

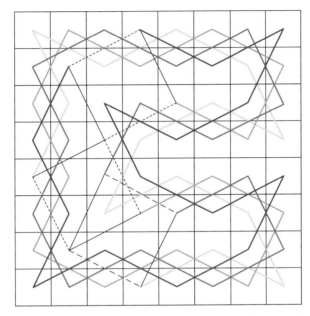

그림 S.5 기사의 순회. 순회는 직선과 점선으로 구성되어 있다. 평행한 검은색 좁은 점선으로 그려진 직선 이동 두 쌍은 검은색 실선으로 그려진 대각선 이동 두 쌍으로 대체되었다.

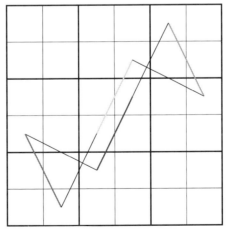

그림 S.6 직선 순회 이동 네 개가 합쳐진 방법의 세부사항을 나타낸다. 그림 S.5에서 검은색 좁은 점선으로 그려진 직선 이동은 검은색 실선으로 그려진 대각선 이동으로 대체되었다.

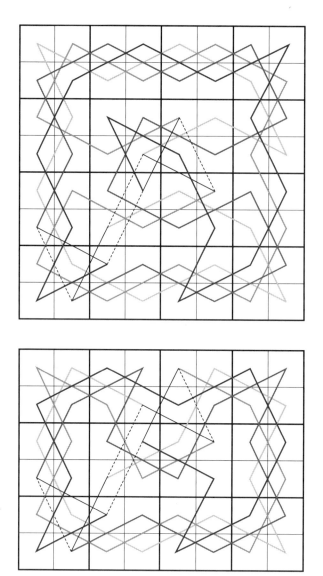

그림 S.7 8 × 6 체스판과 8 × 8 체스판에서 기사의 순회. (검은색 점선은 순회의 일부가 아니다. 이들은 그림 S.6에서와 같이 검은색 실선으로 그려진 대각선 이동으로 대체되었다.)

8 × 6 체스판에서 순회를 구성할 때도 동일한 평행한 이동들을 합치면 된다. 직선 이동 순회를 더 작은 체스판에 '줄여서' 담는 과정이 필요하다. (그러나 이 방법으로 6 × 8 체스판에서 순회를 구성할 수는 없다.)

풀이 11.11

그림 S.6은 직선 이동 순회를 합치는 과정의 세부사항을 나타낸다. 검은색 점선으로 그려진 직선 이동은 검은색 실선으로 그려진 대각선 이동으로 대체되었다.

그림 S.7은 이 방법으로 얻은 순회를 나타낸다. 검은색 점선은 순회의 일부가 아니다. 이들은 검은색 실선으로 그려진 대각선 이동으로 대체되었다.

크기 $4m \times 2n(m \geq 2, n \geq 3)$의 체스판에서 순회를 구성하기 위해, 그림 11.2와 그림 11.3과 같이 임의의 크기의 체스판에서 직선 이동 순회를 구성하는 방법을 이용하면 된다. 8×6 체스판에서의 문제 풀이에 등장한 직선 이동 회로마다 한 번씩, 총 네 번 적용하면 된다.

풀이 11.12

그림 11.15에서의 이동을 먼저 확인해 보자. 그림 S.8을 보아라. (대칭성에 주목하라.)

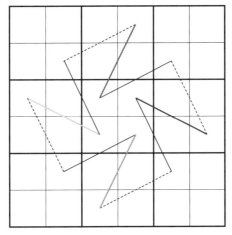

그림 S.8 순회를 합치는 방법. 대각선 이동은 검은색 실선으로, 직선 이동은 검은색 점선으로 표시되어 있다. 네 가지 회색 실선으로 그려진 직선 이동은 검은색 실선으로 그려진 이동들로 대체되었다.

남은 칸들을 잇는 직선 이동 순회를 구성하는 것은 쉽다. 그림 S.9를 보아라.
직선 이동 순회를 확장하면 일반적인 경우에도 쉽게 풀 수 있다.

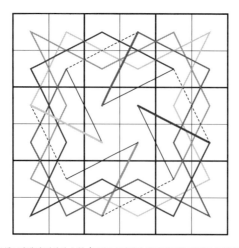

그림 S.9 6×6 체스판에서 기사의 순회. (그림 S.8에서와 같이 검은색 점선은 순회의 일부가 아니다.)

참고 문헌

[Bac08]   Roland Backhouse. The capacity-C torch problem. In Philippe Audebaud and Christine Paulin-Mohring (eds), *Mathematics of Program Construction, 9th International Conference, MPC2008, Marseille, France, Lecture Notes in Computer Science* 5133, pp. 57-78. Springer, 2008.

[BCaF10]   Roland Backhouse, Wei Chen, and João Ferreira. The algorithmics of solitaire-like games. In Claude Bolduc, Jules Desharnais, and Béchir Ktari (eds), *Proceedings of 10th International Conference on Mathematics of Program Construction, Lecture Notes in Computer Science* 6120, pp. 1-18. Springer, 2010.

[BCG82]   Elwyn R. Berlekamp, John H. Conway, and Richard K. Guy. *Winning Ways*, vols I and II. Academic Press, 1982.

[BF01]   Roland Backhouse and Maarten Fokkinga. The associativity of equivalence and the Towers of Hanoi problem. *Information Processing Letters*, 77: 71-76, 2001.

[BL80]   P. Buneman and L. Levy. The Towers of Hanoi problem. *Information Processing Letters*, 10: 243-244, 1980.

[Dij76]   Edsger W. Dijkstra. *A Discipline of Programming*. Prentice Hall, 1976.

[Dij90]   Edsger W. Dijkstra. EWD1083: The balance and the coins. *http://www.cs.utexas.edu/users/EWD/ewd10xx/EWD1083.PDF*, September 1990.

[Dij92]   Edsger W. Dijkstra. EWD1135: The knight's tour. *http://www.cs.utexas.edu/users/EWD/ewd11xx/EWD1131.PDF*, September 1992.

[Dij97]   Edsger W. Dijkstra. EWD1260: The marked coins and the scale. http://www.cs.utexas.edu/users/EWD/ewd12xx/EWD1260.PDF, March 1997.

[DS90]   Edsger W. Dijkstra and Carel S. Scholten. *Predicate Calculus and Program Semantics*. Springer-Verlag, 1990.

[DW00]   John P. D'Angelo and Douglas B. West. *Mathematical Thinking. Problem-Solving and Proofs.* Prentice Hall, 2000.

[Fer10]   João Ferreira. Principles of algorithmic problem solving. PhD thesis, School of Computer Science, University of Nottingham, 2010.

[Gar08]   Martin Gardner. *Hexaflexagons, Probability Paradoxes and the Tower of Hanoi: Martin Gardner's First Book of Mathematical Puzzles and Games.* Cambridge University Press, 2008.

[Gri81]   David Gries. *The Science of Programming.* Springer, 1981.

[GS93]   David Gries and Fred B. Schneider. *A Logical Approach to Discrete Math.* Springer, 1993.

[Lei69]   Gottfried Wilhelm Leibniz. *Philosophical Papers and Letters, A Selection Translated and Edited, with an Introduction by Leroy E. Loemker*, chapter A Study in the Logical Calculus, pages 371 -382. D.Reidel Publishing Company, Dordrecht-Holland, 1969.

[Hon97]   Ross Honsberger. *In Pólya's Footsteps: Miscellaneous Problems and Essays, Dolciani Mathematical Expositions* 19. Mathematical Association of America, October 1997.

[Knu68]   Donald E. Knuth. *The Art of Computer Programming*, Vol. I: *Fundamental Algorithms.* Addison-Wesley, 1968.

[Knu69]   Donald E. Knuth. *The Art of Computer Programming*, Vol. Il: *Seminumerical Algorithms.* Addison-Wesley, 1969.

[Lev03]   Anany Levitin. *Introduction to The Design and Analysis of Algorithms.* Addison-Wesley, 2003.

[MM08]   Zbigniew Michalewicz and Matthew Michalewicz. *Puzzle-Based Learning: An Intro-duction to Critical Thinking, Mathematics and Problem-Solving.* Hybrid Publishers, 2008.

[Rot02]   Günter Rote. Crossing the bridge at night. *Bulletin of the European Association for Theoretical Computer Science*, 78: 241-246, 2002.

[Smu78]   Raymond Smullyan. *What Is the Name of This Book?* Prentice Hall, 1978.

[Ste97]   Ian Stewart. *The Magical Maze*. Weidenfield and Nicolson, 1997.

[Tar56]   Alfred Tarski. *Logic, Semantics, Metamathematics: Papers from 1923 to 1938*, translated by J. H. Woodger. Oxford University Press, 1956.

[vG90]   A. J. M. van Gasteren. *On the Shape of Mathematical Arguments, Lecture Notes in Com-puter Science* 445. Springer, 1990.

[Wil87]   J. G. Wiltink. A deficiency of natural deduction. *Information Processing Letters*, 25: 233-234, 1987.

찾아보기